MEITI SHIJIE YU MEIJIE RENLEI XUE

媒体世界与媒介人类学

邓启耀　主编

中山大学出版社
SUN YAT-SEN UNIVERSITY PRESS
·广州·

版权所有　翻印必究

图书在版编目（CIP）数据

媒体世界与媒介人类学/邓启耀主编．—广州：中山大学出版社，2015.4
ISBN 978-7-306-05249-0

Ⅰ.①媒…　Ⅱ.①邓…　Ⅲ.①传播媒介—人类学—文集　Ⅳ.①G206.2-05

中国版本图书馆 CIP 数据核字（2015）第 065662 号

出 版 人：	徐　劲
策划编辑：	王　润
责任编辑：	周　玢
封面设计：	曾　斌
责任校对：	江克清
责任技编：	何雅涛
出版发行：	中山大学出版社
电　　话：	编辑部 020-84111996，84113349，84111997，84110779
	发行部 020-84111998，84111981，84111160
地　　址：	广州市新港西路 135 号
邮　　编：	510275　　传　真：020-84036565
网　　址：	http://www.zsup.com.cn　　E-mail：zdcbs@mail.sysu.edu.cn
印 刷 者：	虎彩印艺股份有限公司
规　　格：	787mm×1092mm　1/16　20.25 印张　495 千字
版次印次：	2015 年 4 月第 1 版　2016 年 1 月第 2 次印刷
定　　价：	65.00 元

如发现本书因印装质量影响阅读，请与出版社发行部联系调换

本书由中山大学"985 工程"人文社会科学出版基金
芙兰跨界学术研究基金
资助出版

编 委 会

李焯芬　香港大学工程院士
李　萍　中山大学哲学教授
陈运河　中山大学校友
刘修婉　中山大学校友
邓启耀　中山大学人类学教授
王　瑾　麻省理工大学比较媒体研究教授
吴　飞　浙江大学传播学教授
郭建斌　云南大学传播学教授
朱健刚　中山大学社会学教授

目　录

媒介人类学理论与方法

"新媒体"与媒介人类学的当代论域 ………………………… 邓启耀（3）
媒体人类学：一项基于文献的探究 …………………………… 郭建斌（17）

媒介转型与社会文化变迁

警察权力制衡机制与警务商品化
　　——G市警务/商业广告研究 …………………… 徐建华（杜洁莉　译）（49）
为公益而协同，为传播而设计：以中山大学"公益与协同设计"
　　课程实验为例 …………………………………… 朱健刚　周如南　COOK（69）
媒介人类学视野下的社区营造
　　——以于都寒信村为考察中心 ……………………………… 周小龙（79）

媒体调查与网络民族志

数字时代的纪实影像生产
　　——以《南方都市报》视觉中心的视频作品为例 …………… 熊　迅（89）
ChinaRen虚拟社区的美女形象建构 …………………………… 刘晓斯（98）
人类学视角下的"土豆网"分析 ………………………………… 董谷雨（134）
"QQ秀"虚拟形象的社会文化分析 …………………………… 廖自睿（157）

新媒体文化群体研究

广州动漫亚文化及其群体研究 ………………………………… 谭佳英（183）
国产"御宅族"的生活方式
　　——浅谈以御宅族为主的亚文化群体 ……………………… 祝　硕（246）
Hello Kitty的全球化及其在中国的本土化过程研究 ………… 池　敏（263）
老广摄影，从商业到娱乐
　　——一种影像媒体的视觉人类学研究 ……………… 魏乐平　何　靖（286）
广州LOMO摄影爱好者群体研究 ……………………………… 谢从旸（298）

后记 ……………………………………………………………………（319）

媒介人类学理论与方法

"新媒体"与媒介人类学的当代论域

邓启耀*

内容摘要：以数字媒介和网络技术为基础的"新媒体"，为人类学田野观察和民族志写作提供了另外的眼和笔，它成为了跨学科进行理论探讨和应用性开发的一种工具性学科，在对文化遗产的保护和研究中发挥了很大作用；在人或社会的转型及其文化变迁中，媒介的转型是关键的催化剂，它深深嵌入到人民生活、社会交往和国家利益中。关于新媒体群体、新媒体环境中的人际关系及其虚拟社区的"田野考察"，对拓展人类学民族志空间具有意义；在人的知识获取、流通和传播，知识的阐释和观念表达等过程中，新媒体对人类认知模式和知识生产的影响，也是难以预料的。

关键词：新媒体　媒介人类学　工具　人文　认知

在国务院学位委员会2007年、2008年"全国新媒体艺术系主任（院长）论坛"上，我曾就"新媒体与传统学科的互动"和"媒介转型中的视觉文化传播及其群体"两个话题求教于学界同仁。前者主要从"器"（工具、技术）和"用"（应用）的角度，讨论以数字媒介和网络技术为基础的所谓"新媒体"，首先，它是通过一种与传统媒介不同的媒介工具和传播方式而确立了自己的地位，因其知识生产和信息传播的高速度、高质量，已经成为可能帮助任何学科，包括文、史、哲之类传统学科进行理论探讨和应用性开发的一种工具性学科，比如近年做得风生水起的文化遗产数字化保护项目；后者则从"人"和"文"的角度，探讨社会转型和文化变迁中的新媒体，是如何对人产生巨大的影响。作为一种人为的工具，我们不可能离开创造和使用这些工具和技术的人。在人或社会的转型中，媒介的转型起到了关键性的作用：多时态、多语境的视觉表达格局出现了，多样化的视觉呈现方式出现了，多向化或非线性的传播和交流方式出现了，多元化的视觉文化群体和社区出现了，多学科化的媒介研究出现了。表达和书写方式的多样化，传播方式的多向化，媒介文化群体的多元化，媒介研究的多学科化，已经成为一种趋势。①

本义拟继续沿着上述思路，做一些必要的补充，并延伸探讨新媒体在社会转型和文化变迁中，如何在知识获取、流通和传播，知识的阐释和观念表达等过程中，深刻地影

---

* 中山大学社会学与人类学学院、中山大学媒介人类学研究中心教授。

① 详见笔者《新媒体与传统学科的互动》，载国务院学位委员会"全国新媒体艺术系主任（院长）论坛"执行委员会编委会：《新媒体艺术与创新教育——2007全国新媒体艺术系主任（院长）论坛》，中国传媒大学出版社2008年版，第99~103页；《媒介转型中的视觉文化传播及其群体》，载国务院学位委员会"全国新媒体艺术系主任（院长）论坛"执行委员会编委会：《新媒体、新观念、新生活——2008全国新媒体艺术系主任（院长）论坛》，同济大学出版社2008年版，第441~447页。

响到人的认知方法、认知途径及认知模式（即"心"和"道"）及其新知识生产的。

一、"器"和"用"：作为工具与传播平台的新媒体

以数字媒介和网络技术为基础的所谓"新媒体"，首先是作为一种与传统媒介不同的媒介工具和传播方式而确立了自己的地位。这是我们要谈的"器"（工具、技术）和"用"（应用）的问题。

传媒现象在当代是一个很重要的社会文化现象。它跟过去那种口传身授，或者图文印刷的传播方式，无论在质量、速度还是规模上都大不一样。目前，无论什么学科，要是不研究这个时代特色，不与新媒体发生关系，显然是不明智的。

1. 田野观察的"机械眼"和民族志书写的另一支"笔"

一百多年前，摄影机和电影机的发明，即已经开启了人类从用肉眼观察叙录到用"机械眼"观察叙录的革命性转型，通过高科技机械媒体获取的视觉性信息和视觉图像，成为夺取文化"主因"显赫位置的先锋力量。它们带来表达和传播的新的尺度，新的速度和新的模式，也将带来人们观察方式、叙述方式和思维方式的改变，带来社会、文化的转型，带来人们的生活习惯、文化模式以至整个世界的改变。① 苏联未来主义艺术家吉加·维尔托夫为此将机械的"电影眼睛"视为"一场革命"。他对"电影眼睛"的解释是"用纪录手段对可见的世界作出解释"，是蒙太奇的"我看"："我是电影眼睛，我是机械眼睛。我向你显示只有我才能看见的世界。我的这条路，引向一种对世界的新鲜感受，我以新的方法来阐释一个你所不认识的世界。"② 维尔托夫敏锐地直觉到通过摄影机这样的新媒体（"机械眼"），能够获得与几千年视觉习惯完全不同的感觉和认知经验，呈现、阐释和建构一个新的世界。

人类学家对这样的"新媒体"的认识，最初主要体现在田野考察的辅助工具方面，用于民族志附录的图像资料。很快，就有许多人类学家发现这种新媒体是民族志书写十分方便的一支"笔"，能够独立进行视觉表达和图像叙事。人类学纪录片或影像民族志由此大行其道。

同时，它也可以成为人际沟通的媒介，馈赠照片和在田野考察现场回放视频，常常成为人类学家与调查对象搞好关系或观察反馈意见的很好方式。这种通过观察观众反应，研究被调查者认知状态的做法，启发了一种另类的"田野考察"方法。如美国人类学家本尼迪克特在"二战"时受美国政府委托研究日本，无法到敌国做"田野考察"，便选择和美籍日本人一起看日本电影，他们对影片的反应，成为她观察日本人心理及其认知模式的一个媒介。③

和被拍摄者一起讨论民族志电影的拍摄方案和拍摄细节，使暴力感很强的"摄像

---

① 邓启耀：《视觉人类学导论》，中山大学出版社2013年版。
② ［苏］维尔托夫：《电影眼睛人：一场革命》，皇甫一川、李恒基译，1923年版。单万里主编：《纪录电影文献》，中国广播电视出版社2001年版，第512页。
③ 这一研究的成果是剖析日本国民性格的人类学经典著作《菊与刀》（露丝·本尼迪克特著，田伟华译，中国画报出版社2011年版）。

枪"，变成拍摄者和被拍摄者沟通的媒介，法国影视人类学家让·鲁什实践并倡导的"共享的人类学"，是影视人类学家追求的理想境界。现在，更直接的尝试在许多社区和少数民族群体中展开，这就是把照相机或摄像机交给他们，由他们自主拍摄，让他们通过这些媒介"发声"。

新媒体在科学研究中的运用，引起国内外人类学学术机构和许多人类学家的重视，力图使媒介工具和学术研究有机结合，成为可以从理论和方法上探讨的一个学科研究方向及新的学科增长点。当然，由于人类学纪录片或影像民族志的传统，国外有关Visual Anthropology的成果和会议，大多还离不开放映田野考察纪录片。国内更是直接把Visual Anthropology翻译为"影视人类学"。所以，人类学界对它的质疑，至今停留在工具或器用层面。

影视人类学或视觉人类学，跨人类学、艺术学和传播学，可以视为媒介人类学或艺术人类学的一种共生性学科形态，彼此形成紧密互补的学科结构关系。事实上，从学科发展的情况看，Visual Anthropology至少应该在研究视野上，从"影视"的拍摄拓展到对媒介转型和"视觉"文化的研究。关于这一点，我已经在另外的文章里有所表述，这里就不谈了。① 即使就"影视"之事论事，我还是想补充一点："影视人类学"远不止于在田野中拍些照片或视频。几年前，我参加一次影视人类学国际研讨会。美国人类学家 G. 西蒙（Gary Seaman）提交的论文是《Yanomamo 互动光盘使用与功能》，介绍以计算机多媒体技术分析著名民族志电影《斧头大战》。《斧头大战》是 Timothy Asch 和 Napoleon Chagnon 于 1971 年在 Yanomamo 村民中拍摄的一部关于村民械斗的影片。不久，该影片就成为人类学界的一部经典纪录片。但是，作为一个突发事件的纪录片，如果只让观众实时观看一遍电影，他们对其中的文化行为及人物关系很难理解。但如果反复慢速播放影片并链接相关信息，观众头脑中可以形成对影片有很强解释力的概念。所以，1997 年 Napoleon Chagnon, Peter Biela 和 Gary Seaman 合作，制作了这张光盘。这张光盘中包括了整部影片，观众可以随意控制影片播放的进程。更重要之处在于，它为观众提供了大量背景文字和数据资料，并将其与影片的情节链接起来，使观众得以从不同角度对影片中的事件，人物及背景进行深入细致地分析，使学生在观看民族志电影的同时得以接触到文字性的学术成果。它不仅体现了民族志电影能够做到的和应该做到的，而且也揭示了民族志电影还未做过的。这种线性公共媒体本来是被动观看的，但它用新媒体手段增加了互动性，从而改变了探讨的要素。它使电影题材与经验性资料最大限度地结合起来。② 可见，当代人类学民族志的"书写"，显然也要在大量文字民族志、图像民族志、影视民族志等的基础上，实现民族志书写的全媒体整合。

2. 跨学科的工具和传播平台

在课堂或讲座里使用 PPT 模式的展示文本，已经为大家所熟悉。它不仅可以让图片、文字、数据、视频、音频和动画交错或协同出现，而且可以通过超链接和网络，让

---

① 邓启耀：《视觉人类学的理论视野》，载《广西民族大学学报》2008 年第 1 期，第 2～8 页。
② G. 西蒙（Gary Seaman）：《Yanomamo 互动光盘使用与功能》，宋志方译。邓启耀主编：《视觉表达：2002》，云南人民出版社 2003 年版，第 447～450 页。

万里之外的影像即时呈现。有人审慎地认为这是一组"滑动展示"的电脑程序，有人将这种方式看作是"生动的图像文本"。美国人类学家伊尔·古恩蒂（Fadwa El Guindi）认为，在某种意义上看来，这也应该被看作是一种关于人们将多样性、复杂化信息综合起来后展现出来的文本讲演。①

文科如何发挥新媒体的工具平台作用，习惯了传统研究手段的学者，似乎难找到合适的对接口。其实，一些传统学科的学科设置，已经具有了和其他许多学科交叉融合的空间。例如人类学，它本身就对体质人类学、文化人类学、考古学和语言学几大领域进行了学科的整合，而衍生的医学人类学、生态人类学对应地和生命科学、医学与生态学产生关系，影视人类学、媒介人类学和传播学产生关系，考古学、博物馆学和多光谱影像拍摄、虚拟成像技术，语言人类学和大数据分析技术等，更是取得了令人瞩目的成就。艺术设计学表面看是艺术学科，最多把它划到文科，但它和理工科的关系其实也是十分密切的，如中山大学传播与设计学院的艺术设计专业和工学院的工业设计专业的整合，数字媒体艺术专业和软件学院的数字媒体技术专业的整合，都是一种跨界整合的尝试。目前学院在全媒体方面给予了更多的关注，它需要整合的领域更广。总而言之，新媒体，在学科整合中能够起到很好的工具平台和学科勾连平台的作用。

欧美学术界从20世纪90年代中期以来就极为关注对新媒体的研究。哈佛大学、麻省理工大学、斯坦福大学等世界名校，都建立专门的研究机构来关注新媒体对社会文化的影响，学术界已经出版有《媒介人类学》（Media Anthropology）等相关著作。关于新媒体对人类社会文化影响的人类学研究，近年来在美国已经基本成形。麻省理工大学在新媒体技术方面的研究一直占据着全球领先地位，其研究人员分别来自文化研究、人类学与电子技术领域，人类学的民族志方法被广泛应用于研究在线社区等领域。麻省理工大学还专门设计了一个历史、人类学、科学技术与社会的博士生项目（HASTS），它着重研究在社会和文化情境中科学和技术活动及其影响。其中互联网是其研究要点之一，对数字鸿沟和社会的公正、公平的关注也是他们重要的方向。哈佛大学人类学系于2001年设立媒介人类学实验室，它由人类学系与视觉与环境系共同设立，通过科学、艺术与人文的多重视角来观察新媒体对社会文化的影响。其主要目标就是通过原创性的媒体实践来支持美学和民族志技术的创新整合。媒介人类学实验室通过对声音图像等的研究逐步改变人文和社会科学对于书写文字的依赖，发展出"sensory ethnography"（感知民族志）的新的民族志方式。它的实验方式也使得它卓越于美国其他的视觉人类学项目。目前这个实验室已经有自己的硕士和博士研究生项目，并能够开展相关的培训。②

对于新媒体的研究，目前国内还缺乏文理结合的研究，也没有相应的学科归属。但它的重要性已经引起社会各界的关注。在高校和研究机构，以"新媒体""全媒体"命名的院系或研究中心不计其数。国务院学位办近几年也在促进关于新媒体的学科设置，成立了新媒体院系主任（院长）论坛组委会，探讨国际新媒体教学和研究发展的趋势。

---

① Guindi, Fadwa El. *Visual Anthropology: Essential Method and Theory*. AltaMira Press, 2004, p48.
② 据我的同事朱健刚对我们的合作伙伴麻省理工大学王瑾及其团队的介绍。

作为国家重点学科建设的中山大学的人类学，在新媒体与传统学科的学科互动方面也做过一些尝试。比如在考古学、医学人类学、影视人类学等研究方向的探讨，都在借助新媒体的力量。除了努力将新媒体技术、理论和方法引入教学，还在一些应用性项目上做了一点摸索，如2003年我们和一个文化传播公司尝试合作的中山大学人类学数字博物馆建设。①我们和公共卫生领域专家合作的一个关于"社区影像活动"和"手机短信"国际合作项目，也在影像的"文化持有者"主位表达、建设网络平台等方面进行了一些尝试。社区影像活动的方式是把照相机发给云南怒江和西双版纳地区傈僳族、傣族村民，而且在培训的时候只教基本的操作模式和维护手段，尽量不用外来的观点影响村民，不设定具体拍摄目标，让拍摄者"放下外来的审美方式"（如模仿新闻摄影或宣传图片），仅仅把相机作为一种交流的手段来使用。研究者的工作是观察村民怎么拍，拍什么，为什么拍这些等等，分析村民对影像的看法，以及如何使用相机与村落内其他人及"外面的人"交流。借助数字相机，我们看到了少数民族生态移民通过影像重建记忆中的故乡的需求。以此建立的网络互动空间，为一个虚拟而又现实的"故乡"提供了可见并可建构"组装"的交流平台。②而在边境地区正在建设的高速公路沿线，大量流动人口带来了诸如艾滋病传播这样的问题。对于这类涉及公共卫生安全但又往往被"个人隐私"掩盖的敏感话题，通过手机卡发放和匿名短信等方式进行信息交流、健康知识传递，可帮助流动人群在需要的时候得到必要的信息和帮助，但要保证过程在匿名状态下进行，这样既能保密又可互动，能尽量减少交流某些隐秘话题的潜在障碍。③新媒体在互动性、有效性和尊重、保护被访谈对象隐私权等方面，都有传统媒介所无法比拟的优势。

在濒危文化遗产保护的文献式的基础采录、整理工作方面，新媒体更是发挥了传统媒体所不易发挥的作用。近年来，中国物质文化遗产和非物质文化遗产的数字化保存整理工作，在许多领域成规模的开展，国家也加大了支持的力度。这项工作的意义，将在未来呈现。

显而易见，新媒体技术在各个领域的应用，已经十分普遍。它有效地为不同学科的拓展创新，搭建了应用前景广泛的工具平台。围绕新媒体的研究和应用，文理结合开展相关的社会实验研究成为当前重要的学术前沿。

二、"人"和"文"：社会转型和文化变迁中的新媒体

新媒体作为一种新的媒介和工具，对不同学科进行应用性开发和深度开发的支持作

---

① 本项目为中山大学人类学系、传播与设计学院和广州士丹尼文化传播公司联合设计制作：《中山大学人类学数字博物馆》，2005。项目负责人邓启耀，项目执行闫丽，总监George Stankevich，总技术指导何炎桐、Tommy，数字资源管理梁广寒，技术员张晓浓等。做了马丁堂及部分藏品的虚拟建模。后因经费和协调问题未能继续。

② 本项目由美国日内瓦国际组织（Geneva Global）资助，云南省健康与发展研究会项目发展部勐腊及腾冲预防艾滋项目组与中山大学健康与人类发展研究中心合作完成，项目负责人邓启耀，项目组成员熊迅、贺聪、梁笑媚，2008年。

③ 本项目来源同上，项目负责人张开宁等。

用，容易理解，也便于实施。新媒体这种亦虚亦实的"物"，与"人"及其"文化"的现实关系，却十分微妙，让人有些始料不及。在人或社会的转型中，媒介的转型起到了关键性的作用。但新媒体再"新"，也是一种人为的工具，不可能离开创造和使用这些器物的人及其由此产生的文化问题。所以，创造和使用这些工具和技术的人及其文化境况如何，才是关键。社会转型和文化变迁中的新媒体，是如何对人产生巨大的影响，这就是我们要谈的"人"及其"文化"的问题。

1. 新媒体改变生活

由中国互联网络信息中心（CNNIC）于2013年1月发布的《第33次中国互联网络发展状况统计报告》显示：截至2013年12月底，中国网民规模已达6.18亿人，互联网普及率为45.8%，其中使用手机上网的用户人数达到5亿，约占全球网民数量的1/4，所占比重为81%，人均每周上网时长达到25小时，相比上年增加了4.5小时。[①]现实是，社会政治、经济和文化生活，国防和国家安全，都从常规化迅速向数字化、网络化发展。忽视新媒体已经成为极端落伍的表现，将影响政府运作、企业经营、文化交流，甚至影响日常生活。这样巨大的社会转型和媒介转型，必然形成新的社会文化模式、价值体系、媒介群体及其认知、行为方式。显而易见，新媒体已经深深嵌入到人民生活、社会交往和国家利益中。面对这样巨大的社会转型、"文化"群体及其行为方式，人类学不能视而不见。以研究人及其文化见长的人文社会科学，如何面对新媒体带来的新问题和新研究对象？这意味着传统学科是面对生活事实开拓新的研究空间，还是困守一隅，继续自说自话、自娱自乐？

2014年，人类学系迎新晚会的学生表演节目中，表演者个个都大咧咧拿一部手机上台，原来是他们需要看着从网络下载的文字表演诗歌朗诵。现在，手机几乎成为人们身体的一部分，许多人片刻不能离身。无论什么场合，低着头摆弄手机的现象已经成为常态。手机和无线网络消解了传统的神圣空间和私密空间，让庄重的聚会被指头隔绝，个人隐私"晒"为流行话题。近年常有家庭节日聚会因各自埋头看手机不欢而散，微信、微博引爆社会事件的情况。

有一次我在商场，看到一个"神经兮兮"的小孩。家人正在购物，年龄大概还在学前阶段的他戴个厚厚的眼镜，一个人站在商铺的一个台面旁，手臂和手指飞快地舞动，模仿打键盘，同时模仿屏幕上变幻的图像，嘴里发出各种机器或武器的声音。看得出来，他正在沉迷于一个假想的网络游戏中，通过那个假想的键盘和屏幕呈现他熟悉的动作和影像。他的整个动作太神经质了，以致于我在暗暗为他的健康担心的同时，突然感到强烈地困惑：这就是"新新人类"活生生的生活现实？

人们已经注意到这样一个事实：在全球化进程和社会转型中，媒介的转型对人及其文化的影响最为直接和潜移默化。在偏僻的山村，新的媒介物带来新的人际交往关系，改变了传统的时空关系甚至文化模式。火塘、神龛和祖灵专享的神圣空间被流俗的影像侵扰，它们的至尊位置被电视机占据；家人朋友间的温馨对话被拿腔拿调的台词干扰；民族文化的地位和作用遭遇困境；手机使乡村社会的人际交往和时空概念发生转变；博

---

① 参见《第33次中国互联网络发展状况统计报告》，http://www.cnnic.net.cn/hlwfzyj/hlwxzbg/hlwtjbg/。

客、微博、微信等快速介入并影响社会生活。这种数字化环境将导致文化和社会的变迁。

在城市，网络、广告、电子游戏、手机短信等新媒体的出现，更是根本改变了人们的生活方式和社会文化认知。这种数字化环境所导致的社会文化变迁，对于理解新媒体时代人与人的新型关系，理解新媒体思维中的知识生产，十分重要。这种数字化环境将导致文化和社会的变迁。于是，新的社会学问题出现了。由于电视、手机和网络，一些新的社区（如网络虚拟社区）和人群（如沉迷于网络游戏和动漫世界的亚文化群体）因此产生，一些社会问题、文化问题和健康问题也出现了。比如那些让小孩痴迷、学校和家长头痛的网吧，那些如药物依赖一样沉溺在电视、电脑、网络、动漫、游戏中的人，由于他们对这类与现实脱离的"幻觉"、"梦境"的爱好极端偏激，而且老把自己关在家里，沉迷于网络世界的虚拟空间中，不与别人沟通，而可能出现生理、心理或人格结构等病态。特别是如果长期受不良暗示（如迷恋暴力游戏、色情网站等），心理慢性中毒，产生认知障碍和认同危机，妒忌或仇恨他人，就可能出现类似日本"宫崎勤事件"这样的变态行为。这些网络时代的新问题，已经引起国际社会的密切关注。

新媒体帮助人们实现的，还不仅仅是恣肆放任或"独善其身"。只要有可能，普通人也乐于"兼济天下"，此等情怀并不仅仅属于处于权力高位的"英雄"。人们已经注意到，自2007年开始，中国庞大网民队伍中开始涌现出一批先锋、新锐群体——网络公民。网络公民在虚拟性的网络世界里先行一步从事公民社会实践，他们大都受过良好的教育，懂得如何获取真实信息，不被蒙蔽；关注公共事件，着眼全人类的共同命运，勇于承担公共责任；独立思考、宽容并蓄，理性、建设性地借助新媒体平台追求社会公平正义。他们以自己的方式介入重大公共事件，影响并改变着事件发展，书写着历史进程，推动中国发展，完成了从非主流到主流的嬗变。① 近年的许多重大社会事件，都是通过手机、微博、微信等披露、激发，同时也催生了往昔不可能有的反应。网络媒体对公民具有越来越大的影响力，而"网络公民"，不经意间成为推进中国公民社会发育的催化剂。所以，有主流媒体设"网络年鉴"专版，推出"涛哥触网"、"总理回应"、"岭南十拍"、"高官在线"、"网友议政"、"曝光出国"、"人肉反腐"、"市长网辩"、"西丰事件"、"'猥亵'门"等重大网络问政事件，称2008年是"网络问政元年"："网络民意强力问政、网络情绪影响政情、网络民主平台初步搭建"，"一个用钢条也封不死的虚拟空间，一个个删不完的永久论题"。② 南方都市报常务副总编辑、发布许多网络问政信息的奥一网CEO任天阳指出：奥一网有个基本理念"看见了一切"。意即智慧与真知蕴于民间，通过网络这个新技术平台，原生态草根的舆论和智慧可以被集纳和传播，因此得以看见一切。网民不是刁民，更不是坏人，他就是人群中的你我。这些年诸多重大事件强有力地表明，网络舆论正成为社会舆论的源头，中国正以网民人群为基础产生出新的社会意见阶层。网络问政正以前所未有的力量和广度深刻地影响着中国社会。

---

① 《谁是2008网络公民?》，载《南方都市报》2009年1月7日。
② 《2008网络年鉴：网络问政元年》，载《南方都市报》2009年1月7日。

网络是虚拟的，却比现实更真实。网络已全方位渗透到人类生活中，相信就在不远的将来，其也会成为包括政治文明领域的应用性工具。互联网的发明被认为是继蒸汽机、电力之后的人类第三次革命，将深刻改变人类的生活方式。互联网精神的核心是自由、开放、共享、创新、平等。互联网在中国的价值，除其已经产生的门户、即时通讯、电子商务、搜索商业模式外，没有人预料到这一新技术以 BBS 论坛、个人博客、搜索等产品在网络民主方向上具有独特价值，这是因技术进步而推动制度和思想进步。互联网在中国的意义将远远超出网络的技术与商业意义。[①] 网络文化已经成为当代一种重要的社会文化现象。

对于人类学来说，关于不同类型的新媒体群体及其虚拟社区的"田野考察"，在人类学民族志知识生产方式的拓展上，具有探索性意义。人类学家以往必须到一个相对封闭的现实社区进行田野考察的工作方式，在网络时代也有所拓展。各种虚拟社区可以成为一种新的田野点，并产生一种其实并不"虚拟"的民族志。当代人类学曾提出要"重新界定访谈对象"，对访谈对象进行重新界定的基础，就在于对访谈对象的重新认知。

2. 媒介转型与"新人类"的虚拟社区

媒介人类学除了一如既往地关注"弱势群体"、"边缘社区"，还关注复杂社会，关注当前事件，关注"主位视角"，甚至关注一些街头流行的、大众文化的现象。这样的现象，其实很多大师都是注意的。比如福柯，他也是从当代性很强的流行文化等入手，从哲学等方面来做，做得很精彩。现在许多人已经意识到，当代人类学要对现在的数字媒体时代、网络时代的图像，做更多的研究。显而易见，与社会转型和媒介转型相生相随的，是一些"新人类"的诞生。所以，我们除了掌握传统人类学的做法，也可以关注一下关于网络和广告图像、动漫群体及其虚拟身份认同等方面的东西，而且尝试用人类学来分析这些现象，研究这类人群。例如，对于各种层次的媒体从业人群、媒体依赖者、艺术家群体和"飞地"式社区或虚拟社区等的民族志研究。

人往往需要在他日常的社会现实中建构另外一个非同寻常的理想现实。这是文学、艺术、宗教等存在的人性基础。而文学艺术的"技艺性"不是每个人都可以把握的，宗教在信仰缺失的人群中又显得有些虚无缥缈。这个时候网络正好填补了空白。网络是一个人人都可以参加表演的大舞台。由于互联网这样的虚拟空间的存在，人们可以在现实的"第一人生"之外，建构自己希望的"第二人生"，这种建构可以通过游戏、博客等媒介实现。由于网络的匿名性，人们以为可以隐去真实面目，重塑一个"不一样的我"，建构新的社会角色和身份认同关系。就像一个可以控制的梦一样，日（常）有所思，博（客）有所梦。但也就像梦起来实际很难控制一样，在梦中，人的本性往往暴露无遗。特别是有利害冲突的时候，梦中的行为就是一种最本能的反应，梦相就是本相。这时候的自我可能是建构的，也可能是更本真的，特别是在来不及深思熟虑、乔装打扮的时候。真相多半可能在这个"现场"出现。分析梦的大师弗洛伊德为此扬名。但弗洛伊德永远无法进入别人的梦里去做"现场观察"，而且他把一切都只和性联系在

---

① 任天阳：《网络问政　雏凤清声》，载《南方都市报》2009 年 1 月 7 日。

一起，所以他的学说有局限。新的媒介打破了这个局限。比如博客、网络游戏等，在某种程度上把梦显影了；不仅显影了，而且你可以以不同的面目进入"梦境"，观察别人的梦，创造自己的梦。你扮演不同的角色，实现不同的自我。在"虚拟现实"中的人类学参与观察，许多时候得到的信息，也许比在所谓现实中得到的更为真实。有的人自以为隐身了而将内心的一切暴露无遗，所以，进行网络现场调查，可以获得许多在生活现场面对面观察得不到的材料。因为"现实"中的人，出于现实的种种考虑，自觉不自觉地总会有一些装扮、粉饰和过滤。身份姓名、模样都让对方知道了，某种仪表、仪态与"面具"就成为必需。一旦从网络的掩体中走出来，失去了隐身的遮蔽物，下意识都会需要一点东西遮挡一下，就像亚当、夏娃走出伊甸园时用来遮盖的树叶。这就是从虚拟空间回到现实空间，面对面相"看"需要的一些"雾"，它和在网络场景中无遮无拦的状态完全不一样。而一旦在网络世界中潜水，人往往就会很放得开，甚至很放肆。互联网改变了我们的生活，也放大或释放了人性的许多东西。

有段时间我一直在跟踪一个以"双面"为主题的博客大赛，通过扮"多面"粉丝，深入到博客选手、粉丝甚至管理员的界面，参与观察了许多有趣的东西。一个很深的感触是，虚拟世界并不虚。这个世界中人，无论以什么形式的虚拟名头出现，扮演什么样的虚拟角色，却都是现实世界的某种镜像折射。甚至可以这样说，由于匿了名，人们以为隐匿了现实身份，别人便不会认识自己，不用像在生活中那样需要举止得体，反而更加容易地显露自己一直掩饰的另一面。既然无需再披各种伪装，所以能够直陈心底的真实想法，袒露赤裸裸的真相。事实上，对虚拟世界的向往，是现实中人内心最隐秘冲动的一种表现形式，就像做梦一样，俗人借此暂时脱离日常的身不由己。但在虚拟的舞台，利用虚拟的面具，扮演再怎么多面的角色，表演者却都是现实中的人。自古以来人类就通过神话、巫术、宗教和某些民俗活动造梦。仪式是群体性的入梦，神话是对族群梦境的叙述；而网名，就是通往某个幻化之境的门票或身份证。信息时代关于"我"和"他人"的集体神话、巫术和宗教是什么呢？在由各种新媒体和电子网络构成的虚拟世界中，人又如何设立和确定自己的身份，如何造梦，参与群体性的入梦仪式、角色扮演和对族群梦境进行叙述？人如何被新媒体涵化、物化甚至异化？这些，何尝不是当代人类学应该关注的话题。

三、"心"与"道"：新媒体对认知模式和知识生产的影响

新媒体作为一种新的工具、符号和媒介物，不仅仅体现在它的工具属性方面，也不仅仅表现在它对当今社会生活、文化模式和传播人群等方面的影响，它还可能对人类的感知、认识、表达、交流甚至思维方式，产生颠覆性的后果。对于理解新媒体时代人与人的新型关系，理解新媒体思维中的知识生产，也十分重要。

自从电脑、影像、网络等新的书写和传播工具出现以后，知识的生产、流通和传播量发生了巨大的膨胀。由于数字媒体的作用，现在人类每年产生的信息，比人类有史以来产生的所有书面信息还要多。根据分析调研机构 IDC 发布的数字宇宙研究报告

（digital universe study）——《大数据，更大的数字身影，最大增长在远东》（2013），全球信息总量每过 2 年，就会翻一番。2013 年，全球被创建和被复制的数据总量为 2.8 ZB，相当于人类有史以来全部书籍信息的数千万倍。个人日常生活的"数字足迹"大大刺激了数字宇宙的快速增长。互联网以及社交网络、电子邮件、移动电话、数码相机和在线信用卡交易等多种方式，使大多数人的日常生活都被数字化了。数字宇宙已经通过许多方式对人类社会产生了深刻影响。然而，目前只有 3% 的潜在有效数据被标记，而得到分析的数据量则更少。①

人在使用新媒体的过程中，互联网、数字技术等带来的全新认知、传播和交流方式及它们导致的社会转型和文化变迁，将对人们产生无可估量的影响。从日常用语到国家意识的形成，互联网都扮演了重要的作用。面对新媒体导致的社会转型，文化变迁，面对人的涵化、物化甚至异化，人们"想"什么？如何"想"？这不能不涉及心理、意识、认知方式、认知途径、思维模式、媒体伦理、社会制度等"心"与"道"的问题。而这一切，正是传统人文社会科学素有优长并可以和新媒体互动，形成新的学科增长点的地方。

一种对于历史的里程碑式标志的叙述，往往与人类使用的工具、符号和媒介物相关。新媒体的划时代意义，在全球性的社会转型中所发生的巨大影响，已经有目共睹。

我们已经提到，工具的革命将导致一个时代的形成。新媒体作为一种具备更多信息功能的特殊"工具"，它带来的全新认知、传播和交流方式及它们导致的社会转型和文化变迁，将影响人类的认知模式、生活方式和知识生产。在这种转型和变迁中，工具或媒介对人的涵化、物化甚至异化，都是以往时代和社会所不能比拟的。

瓦尔特·本雅明（W. Benjamin）对"技术复制时代"的媒介，将导致人类感知方式的改变早有预见。② 现在的摄影，早已不是"技术复制时代"的媒介了。由于数字技术的进入，它使实像，也就是我们认为的影像现实、真实的成像，变成了虚像、梦像和幻象。照相机发明之初，人们争论的影像真实的问题几乎成为不必讨论的问题，而数字媒体和网络使得复制迅速扩散，创意摄影、影像拷贝或伪造更加轻而易举，它使"眼见为实"的认知传统被颠覆。再看看我们周围那些伴着电脑和网络长大的年轻一代，他们无论在感觉还是思维层面，都与习惯了传统认知和书写的上一辈人有了很大不同。他们的生活方式、价值观念和前辈很不一样，他们的社会交往渠道和信息传播方式在虚拟社区呈现出了奇异的精神症候，甚至他们的言说方式、语言符号，也形成了一些特别的风格。

人是通过符号和媒介进行思维的，我们获取知识的方式多种多样。哲学或哲学人类学对人类认知的起源、认知模式和知识的生产一直有浓厚兴趣，媒介人类学也是如此。"媒介人类学因而包涵了民族志学的广泛、历史学的根基、人们对媒体技术所应用的丰

---

① 参见《大数据，更大的数字身影，最大增长在远东》，http：//news. 3snews. net/2013/industry_0301/23194. html；《多元化膨胀的数字宇宙：到 2011 年全球信息增长预测》，http：//news. zdnet. com. cn/zdnetnews/2008/0319/774927. shtml 和 blog. sina. com. cn/biznewswire；http：//storage. chinabyte. com/163/12110163. shtml。
② ［德］本雅明：《技术复制时代的艺术作品》，胡不适译，浙江文艺出版社 2005 年版，第 94、97 页。

富感知和逻辑严密的分析。"①

过去的分析文本有物象的树叶信、图像的岩画及陶纹、口述的神话和文字的文献，现在的分析文本可以是被数字技术、网络技术摄取、分解或整合了的海量信息，云计算、大数据、虚拟建模等数字信息虚空而来又超常实用；过去的田野考察地必须是考古现场、民俗生活实地，现在的"田野"考察对象可能是网络世界中的虚拟社区或隐身的群体。通过在网络虚拟空间中知识呈现的田野调查，我们可以看到不同文化境况和社会分层中的人们认知模式和知识呈现的差异。

在知识的获取中，电视、电脑、手机和网络提供了新的工具和更加开放的空间环境。通过网络的搜索引擎，在海量信息中迅速获取自己需要的信息，成为现在流行的一种学习方式。它对于人们特别是年轻一代认知模式和知识建构特征的塑造和影响，已经成为家庭教育、学校教育和社会教育共同关注的话题。迅速普及的电视、电脑、手机和网络等新媒体，打破了家、教室等有形空间环境的局限。现在无论什么教育，已经不可能在一个封闭的环境中进行。当然，这样"便捷"地打破现实空间封闭环境的同时，也造成了另外的封闭。越来越多的人"宅"在家里，绑定在手机上，身不由己地漫游于虚拟世界，获取一些经过反复拷贝的流行知识，知识的获取日益碎片化，忽略了对经典的阅读，弱化了面对面的人际交往和身体对第一现实的感知体验。

在知识的流通和传播中，以往单向的线性传播模式和信息垄断权力受到挑战，非线性的、交互性的言说方式甚至新的语言符号产生了。新媒体提供了新的传播渠道及方式（互联网、艺术展演中的互动设计、聊天室、QQ、微博、微信等），互联网的交互性和多向传播模式改变了人们的言说方式和信息传播方式。和以往"我说你听""我给你看"的宣传体制大为不同，新媒体创造了一种相对开放和可以互动的言说和交流境况。显而易见，这样的信息流通和传播方式，是一种与建立在平等言说基础上的社会设计相匹配的，它们和那些试图垄断话语监控言说的意识形态格格不入。同时，时间与空间、真实和虚拟等概念在与新媒体结合的时候悄然发生了转换。数字媒体和网络传播技术使复制迅速扩散，它一方面让信息垄断被打破，另外一方面也使拷贝和盗版轻而易举，信息垃圾泛滥成灾，流言蜚语来去自如。网络媒体成为了让人又爱又怕的社会公器，既可高扬民声也可倾倒垃圾甚至制造伤害。信息的隐私保护、可用性、可靠性、著作权等方面问题成了热点和焦点，媒体伦理问题成为了新媒体面临的新问题。EMC 公司首席执行官乔图斯说："全球社会已经认识到数字信息爆炸的初步影响。人们应该规划好，如何利用新的信息使用方式来创造无限机会，但同时也要为信息的隐私保护、可用性和可靠性等方面负责。"② 面对难题最简单粗暴当然也是最愚蠢的办法，或当以"为什么要广电网适应互联网，而不是互联网去适应广电网"为代表。互联网管理显然已经成为和权力控制、国家安全相关的大事。

---

① 参见美国人类学会网站 http：//www. aaanet. org/press/an/0405aa-news. htm。
② 美国 EMC 公司：《多元化膨胀的数字宇宙：到 2011 年全球信息增长预测》，载 CNET 中国旗舰网站：《美国研究显示"数字宇宙"急速膨胀超预期》http：//news. zdnet. com. cn/zdnetnews/2008/0319/774927. shtml 和 http：//blog. sina. com. cn/biznewswire 82K 2008 - 1 - 10 - 百度快照。

在知识的生产中，电脑和网络不仅产生了新的可操作的工具性知识，而且建构了新的知识信息和媒介意义。对开放的文本进行可争议、能干预的解释，有助于创造一种多元的、互动的知识解释系统并形成富有活力的知识经济和意识形态。对媒介的认知直接影响着知识生产和创意产品的诞生。包括受众的二度认知在内，都会反馈或反作用于知识生产。

事实证明，新媒体带来的不仅仅是一种认知现象、文化现象和社会现象，它同时也促成了一种知识生产，并迅猛崛起为影响世界经济的文化产业。例如，目前全球动画产业，成为继 IT 产业之后又一个快速发展的新兴产业。仅中国就有几亿人是动漫影视产品的消费群，每年花在动漫产品上的消费额巨大。据广州一家动漫展览的策展机构统计，广州地区参加该机构举办的各类活动和展览的人数累计超过 50 万人，每年每届参展社团有 200 多个，相关联的商家超过 30 个。广东是目前全国的动漫产业中心之一，其中，广东省中山市动漫产业的产值占全国动漫产值的七成左右。动漫热潮作为近年来文化产业发展的显著现象，也是国家全力投入给予扶持的产业。以广州为例，近几年市政府已决定用 5 年时间投入 1.5 亿元人民币来推动动漫产业的发展，而广东省据说要拿出 10 个亿，这说明动漫产业的发展已经刻不容缓①。中国动漫市场已成为全世界最大的潜在消费市场。但我国动漫产业在高速发展的同时也存在着许多困境，其中最重要的就是引进和模仿外国动漫多，中国本土原创动漫少；制作力量强，创作力量弱等问题。我们的学生，大四时做的动漫作业，就几乎已经可与美国动漫乱真，但最多不过是人家的山寨版而已。距离形成具有自己的个性和文化气韵的原创产品，还十分遥远。尽管出现这种困境的原因是多方面的，但是毫无疑问，动漫产业高级原创人才的不足和整体研发水平与文化水准不高是主要原因，而关键在于媒介转型中的知识生产的原创力。这种原创力的动力不在器，而在人，在文，在心，在道，或者就在那么一点点想象力。有次坐飞机，见到报上有这样一篇报道，讲一位叫爱林·格雷夫的华裔德国人，怎样在虚拟世界做虚拟的"房地产"做成了百万富翁。她用 9.50 美元在一个名为"第二人生"的网络空间买了一块"地"，在上面盖"房"、"装修"，开发相关服务项目并收取虚拟的钱币"林登币"。而这种虚拟的游戏币居然可以和现实的美元相兑换！这是一种闻所未闻的"赚钱"方式。这些情况至少提醒我们，需要重新认识多媒体传播中的认知、文化等"虚"问题，以及知识生产、"虚拟"经济如何具备现实性的"实"问题，也就是"虚拟"经济的现实性问题。软件设计青年出身、并曾任携程高管的 7 天连锁酒店集团 CEO 郑南雁说，自己已悟到电子商务的第四层境界："就是虚拟与真实世界的穿插进行，相互影响。"②

在知识的建构和创新中，作为多学科共同平台的新媒体，过去几乎无法沟通的学科有了高速立交的通道，它们的交叉互动产生新的知识和新的学科增长点。新媒体不仅在激发创新点方面具有诸多优势，而且在整合不同学科创新点，形成创新面和创新环境方

---

① 数据来自 2003 年以来我对广东动漫产业的调查及我指导的硕士研究生谭佳英的《广州动漫亚文化研究》一文，中山大学 2006 年硕士学位论文。

② 南都记者：《中国消费者以人群意见为主要信息来源》，载《南方都市报》2009 年 1 月 7 日。

面具有潜力。它将形成知识的全新语境。最近，我在网络上看到麻省理工学院做的一个项目——一个用大数据建模分析人类认知和交流模式的实验。这个跨学科实验团队在一个刚生了孩子的志愿者（也是项目成员）家里各个房间都安装了摄像头，全天候拍摄家庭成员活动影像，把几年来家庭成员、保姆和婴儿活动的海量影像，经计算机处理进行大数据建模，以此观察儿童活动空间和语言学习的过程情境。通过小孩在与人或物接触过程中的行为轨迹和牙牙学语过程，分析儿童认知和学习的过程。通过大数据时空关系结构的建模，将漫长的成长过程压缩为可见的时空峰值模型，让不知不觉的学习过程和社会概念形成的过程呈现为可见的图式。我们看到，人几年甚至更长的成长时间及其活动轨迹，被压缩为一种可见的空间位移模型，使我们"看见"了在成长的漫长过程和社会化的海量信息交流中，某种认知的突变性的峰值，或某种认同的互动结构，是怎么形成的。这项研究进一步从家庭空间扩大到社会空间，拓展到对媒体的可视化研究，建立对更复杂社会人际交往和信息传播脉络的结构模式，进而提出了"共视群体"的说法，说明学习过程和社会概念的形成过程是海量的互动的结果。①

在知识的阐释和观念表达方面，新媒体的介入，使人类的想象力和表达空间有了更大的拓展。数字仿真技术"真实"呈现了肉眼和常规媒介所不能呈现的场景，当代艺术由于有了和科技的结合，显得更具前卫性，同时也更具颠覆性。照片、电影、电视、动画和广告经由电脑图形数字技术的修改，实像变成了梦像、心像和幻象，同样，梦像、心像和幻象也可以"逼真"地让人看到。罗伯特·阿瑟（Robert Ascher）在《神话和电影》一文中指出：神话与电影的共同之处在于梦，也就是说，他们通过梦互相关联。神话–梦的核心关系建立在很平常的逻辑之上。在神话与梦中，平常看来荒谬可笑的东西会变得完美而合理。在银幕或者梦的屏幕（神话的世界）中，时间是自由的，可以不受约束地跳跃。学习一些不同的文化，会发现人们的梦很相似，几乎可以忽略文化差异。无论文化特征有多么不同，梦在结构和兴趣上是有普遍性的。比如，飞过天空普遍地发生在许多时区、地域、传统都截然不同的文化中，并且它们都有着类似的解释。如果我们用人类梦的普遍性将神话、梦、电影放在一起，那么运用电影媒介将神话跨文化地传递，将变成一个合理的愿望。人类学的目标是对一种基本文化的解释：解释来自另外一种文化的神话以这样的方式出现，我们能够理解它，但是我们却想不到。电影《阿凡达》将部落神话和太空科幻结合在一起，甚至通过3D技术使这种幻象似乎伸手可触。经由新媒体技术，"写真"和"写实"可以变成"写意"和"写虚"，"写意"和"写虚"也可变成"写真"和"写实"。照相机发明之初人们惊叹的所谓摄影的真实性问题，成为不必讨论也不用相信的问题。目前，虚拟现实技术在军事仿真、娱乐、游戏、教育、医学、遥控机器人、虚拟设计、虚拟制造等领域都得到了广泛的应用。随着相关技术的不断进步，虚拟现实技术将会得到普及，并且将改变人类的生存方式。

有文字民族和无文字民族、使用象形文字的民族和使用拼音文字的民族，在感觉、阐释、认知和思维上有什么差异，应该是个饶有趣味的问题。"媒介人类学因而包涵了

---

① 视频见 http://video.sina.com.cn/p/edu/news/2013-04-11/121262286277.html。

民族志学的广泛、历史学的根基、和人们对媒体技术所应用的丰富感知和逻辑严密的分析。"① 拿石头做符号媒介进行认知、表达和传播的人和应用互联网进行认知、表达和传播的人，在思维方式、叙述方式和价值观念等方面都不会一样。这些"不一样"，不仅是人类学、社会学和传播学，也是哲学、心理学、伦理学、思维学或逻辑学等学科需要涉足的领域。

显而易见，新媒体对当代人类社会的影响，不仅仅体现在它的工具属性方面（即"器"和"用"），也不仅仅表现在它对当今社会生活、文化模式和传播人群等方面（即"人"和"文"）的影响，作为一种新的工具、符号和媒介物，它还可能对人类的感知、认识、表达、交流、思维方式、价值观念甚至社会意识形态（即"心"和"道"），产生颠覆性的后果。对于理解新媒体时代人与人的新型关系，理解新媒体思维中的知识生产，也十分重要。

---

① 参见美国人类学会网站 http：//www.aaanet.org/press/an/0405aa-news.htm。

媒体人类学：一项基于文献的探究

郭建斌*

内容摘要： 基于文献，本文对西方媒体人类学的含义、发展历史、"询问与记录"以及相关的一些重要的理论概念进行了梳理。最后，对中国内地媒体人类学的相关研究进行了简要介绍。通过这样的梳理，力图为媒体人类学的研究呈现出一个较为完整、清晰的图景，为初学者提供一个索引。

关键词： 媒体人类学　概念　历史　方法　中国实践

一、何谓媒体人类学？

（一）概念

在以英、美人类学界为代表的西方学界，关于媒体人类学的研究实践，始于20世纪三四十年代，但是对于"媒体人类学"（media anthropology）这个概念的讨论，却是始于20世纪末21世纪初。这也符合学术研究的逻辑，先有研究实践，再讨论这样一类研究到底叫什么。

即便在最近10多年里西方学界对"媒体人类学"的概念进行了一些讨论，但是，无论在英文中的词语表述，还是在具体内涵的界定等方面，仍未完全达成统一的认识。

美国传播学研究者艾瑞克·W. 罗森布勒（Eric W. Rothenbuhler）曾给媒体人类学做过这样一种十分宽泛的界定，他认为媒体人类学包含两方面的内容，一是媒体研究（media studies）中使用人类学的概念和方法进行的研究，另一类是人类学对媒体的研究[①]。

作为一个传播学研究者的罗森布勒对于媒体人类学的界定非常之宽泛，在这里暂时不说那些从事媒体研究（media studies）的研究者所从事的相关研究，仅从后一个方面来说，他认为媒体人类学就是人类学家对媒体的研究，作为对这样一类研究的一种最为简单的表述，这样的说法并非完全一无是处，但是作为对一个研究领域的界定，这样的表述的确过于空泛，缺乏具体的内涵。

---

* 云南大学新闻系传播与民族文化研究所教授。

① 艾瑞克·罗森布勒曾在2005年和米海·柯门（Mihai Coman）合编过一本名为《媒体人类学》（*Media Anthropology*）的论文集，这也是英、美学界比较早的以"媒体人类学"命名的书籍。上述对于媒体人类学的界定引自罗森布勒的一篇没有公开发表的文章 *Media Anthropology as a Field of Interdisciplinary Contact* (2008)。来源：http://www.philbu.net/media-anthropology/rothenbuhler_interdiscontact.pdf.

美国密歇根大学人类学家凯利·阿斯库（Kelly Askew）[①] 在《媒体人类学读本》（*The Anthropology of Media: a Reader*）一书的导论中对"媒体人类学"作出了这样的界定：

> 媒体人类学就是由对人们使用和理解媒介技术的民族志式的、历史性的、语境化的分析所构成的。

在给出这个界定之前，阿斯库首先强调了媒体人类学是一种严格意义上的民族志研究（Kelly Askew & Richard R. Wilk, ed., 2002: 3）。在这个界定中，阿斯库把媒体人类学理解为一种分析，而这种分析的对象是人们对媒介技术的使用和理解，分析的方法是民族志式的、历史性的、语境化的。这样一种界定把人们对于媒介技术的使用和理解放到一个特定的社会历史环境中来做具体分析。比如，对人们使用电视这样一种媒介的分析，人类学家通常不会只关注电视机本身，更不会主要聚焦于电视节目的内容，而是会把电视机在一个家庭中所摆放的位置，或者说是它在一个家庭空间里的位置，电视机是何时、以怎样的方式进入这个家庭空间中的，以及具体的电视观看情景（如是一些什么样的人聚在一起看电视，这些观看者之间的关系是怎样的）结合起来考察。较之罗森布勒对媒体人类学的界定，阿斯库的这个界定要具体得多，其内涵也要丰富得多。但是阿斯库的界定的问题在于仅仅看到了媒体使用者的方面，无法涵盖既往媒体人类学相关研究的全部内容。

奥地利维也纳大学（University of Vienna）人类学家菲利普·布德卡（Philipp Budka）曾就"媒体人类学"的界定发起过一组邮件组讨论，在这次讨论中，菲利普·布德卡曾对媒体人类学作出了这样的界定：

> 媒体人类学是对（流行或大众）传媒的民族志研究，它承诺要对文化差异进行精致的分析，是一种运用人类学理论和方法去理解显在的媒介化实践和潜在的其他实践之媒介化方面之间关系的批判理论建构。（转引自李春霞，彭兆荣，2008）

在这个界定中，布德卡使用了"媒介化实践"（mediated practices）的表述，并且包含了显在的媒介化实践与潜在的媒介化实践两个方面。同时，布德卡还把媒体人类学归为"批判理论建构"的范畴。在我们看来，这些均是布德卡的界定最为精彩的地方。并且，和阿斯库一样，在方法上，布德卡强调的也是民族志的方法。在这里，我们需要对布德卡所说的媒介化实践的显在和潜在方面做一个说明。比如，对电影观看活动进行研究，这是一种对显在的媒介化实践的研究，但是另外和观影活动相关的一些社会、自然环境，或是在观影活动之后的日常生活中再次讲到电影的内容，这些都属于潜在的媒介化实践。

但是，在布德卡的邮件组中，我们也看到有学者指出了布德卡"媒介化实践"表

[①] 关于阿斯库的个人简介，参见：http://www.lsa.umich.edu/anthro/people/faculty/ci.askewkelly_ci.detail。

述的不足之处，认为"媒介化实践"可以改为"和媒体相关的实践"（media-related practices）①。我们认为这样的建议同样是有启发作用的。同时，在邮件组中，我们还看到有人对"大众"或"流行"的表述心存疑虑，比如说对某些新的媒体或是一些小范围内使用的媒体的研究，这些媒体未必已经成为大众媒体，也未必流行，但这样的研究仍然属于媒体人类学的范畴。

在我们看来，布德卡的这样一个对媒体人类学的界定，虽然不够简练，但如果把上述两方面的建议考虑进去，应该能够认为是对"媒体人类学"的较为全面、准确的界定。

综上所述，我们对媒体人类学作出如下表述：媒体人类学是对与媒体相关的社会实践的民族志研究。

在这里，我们主要是从研究对象和方法两方面入手来对媒体人类学进行界定，同时考虑到了定义的简洁性。至于对这个界定中的两个方面，在接下来的部分里我们将作出更为详尽的说明。

（二）研究对象

1. 与媒体相关的社会实践

笼统地说，媒体人类学的研究对象就是"与媒体相关的社会实践"。在这一部分中，我们将对这个问题进行较为详细的说明。

借用美国人类学家菲·D. 金斯伯格（Faya D. Ginsburg）②等学者的说法，我们在这里所说的"与媒体相关的社会实践"，亦是想"将媒体生产、流通和接收，与广泛的、彼此相互影响的社会和文化场域，包括在地的（indigenous）、区域性的、全国的、跨国的种种场域相连接"（菲·金斯伯格，等，2008：8-9）。亦包含了前面说到的布德卡所说的"显在的"和"潜在的"两个方面。这样一种社会实践，核心在于媒体的生产、流通和接收（或者说是使用）③，但无论主要聚焦于哪个环节的研究，都要考虑到与之相联系的社会、文化场域。同时，由于当下很多与媒介相关的实践的"去地域化"趋势日益凸显，因此还需考虑地理空间方面的因素。为了便于理解，我们将围绕媒体的生产、流通和接收分别进行说明，但这绝不意味着这三者是完全可以分割开来的。

（1）生产。在这里所说的生产，主要讲的是媒体内容的生产，但是我们也认为，如果把媒体本身的生产包括进去，也是有意义的。关于媒体内容的生产，笼统地说，也就是媒体内容是如何被生产出来的。这方面，美国人类学家豪腾斯·鲍德梅克（Hortense Powermaker）在1946—1947年对好莱坞的研究就是最好的先例。这方面情况，后面还会讲到。关于媒体内容的生产，在1970年代的美国社会学界，也备受社会学家关注，产生了一批十分重要的"新闻室观察研究"的重要成果，如1973年出版的爱德

---

① 这个建议是邮件组中由Yazan Doughan提出的，资料来自邮件组。
② 金斯伯格的个人情况参见：https://files.nyu.edu/fg4/public/。
③ 关于这一点，并非如有的学者所说的那样"人类学家对于媒体在现代社会中是如何被生产、被消费的几乎没有兴趣"（Mihai Coman, 2005），在我们看来，这两个方面恰恰是既往媒体人类学研究的重点。

华·爱泼斯坦（Edward Epstein）的《来自乌有之乡的消息》（News from Nowhere）、1978年出版的盖伊·塔奇曼（Gaye Tuchman）的《做新闻》（Making News）、1979年出版的赫伯特·甘斯（Herbert Gans）的《什么在决定新闻》（Deciding What's News），以及1980年出版的马克·费什曼（Mark Fishman）的《生产新闻》（Manufacturing the News）等等（李立峰，2009）。这种"新闻室观察研究"，"是指研究者在新闻机构里进行长时间的观察，甚至当记者，亲身参与新闻制作过程，然后根据观察所得，对新闻结构的内容运作以及新闻生产过程作出深入浅出的、概念性的、具有理论意义的描述或分析"（李立峰，2009）。这样的一种工作方式，和人类学家的田野工作方式没有什么不同。塔奇曼的《做新闻》一书的研究阶段，对电视台、报社进行了长时间的参与观察（观察时间累计已经超过1年），同时对这些媒体的从业者进行了访谈；甘斯早期的研究主要与城市规划、城市文化与城市社区有关，他曾跟随人类学家路易斯·芒福德（Lewis Mumford）学习过，所采用的方法也大都是人类学的田野调查方法（李立峰，2009）。

虽然甘斯、塔奇曼等所做的是新闻社会学的研究，但是，他们这样的一类研究放到我们前面所界定的媒体人类学，似乎也没有太大问题。除了这样一些关于内容生产的研究之外，对于媒介自身的生产方面的研究，其实也不乏一些上乘之作，如项飚对世界信息产业和印度技术劳工的研究①，在我看来，也是和媒体产品生产相关的研究。还有一些关于信息产业的劳工问题的实地研究②，同样可以纳入广义的媒体生产的范畴。

（2）流通。媒体内容一旦被生产出来，作为媒体的介质与内容就融合在一起了，我们在这里所说的流通，主要指的是附着了内容的媒体产品的流通。在既往的媒体人类学相关研究中，这方面的确比较少受到关注，或者是说研究者通常不单独去关注这样一个方面，更多地是把流通和接收（或使用）、生产结合到一起来考虑。在这里，我们并非是一定要把流通作为一个单独的环节来进行研究，而是说即便是聚焦于这样一个方面，也可以发现很多有趣的研究。在这方面，如中国大陆新闻传播学者孙五三关于中国农村非法卫星天线的研究③，可以算是对流通环节的研究。还有对盗版光碟、图书等的销售情况进行研究，也属于对流通环节的研究。

（3）接收。关于这方面的研究，成果最为突出的应该是在传播研究中。但是传播研究中那些成果丰硕的关于传播效果的"行政研究"（administrative research）不属于我们这里说的范畴。除此之外，在传播研究中采取文化研究取向的研究者中，关于媒体的使用、媒体内容的接收，这是他们关注较多的方面。美国人类学阿斯库等人认为，这方面研究，最早的是洪美恩（Ien Ang）④对《达拉斯》的观众研究⑤（Kelly Askew &

---

① 项飚：《全球"猎身"：世界信息产业和印度技术劳工》，王迪译，北京大学出版社2012年版。
② 邱林川：《新型网络社会的劳工问题》，载《开放时代》2009年第12期。
③ Wusan Sun. Top-down polices versus grassroots resistance: the management of illegal satellite dishes in Chinese village. Wanning Sun & Jenny Chio ed. Mapping Media in China: Region, Province, Locality, Routledge, 2012: pp. 62~75.
④ 洪美恩是一个华裔学者，现任教于澳大利亚西悉尼大学（University of Western Sydney），个人资料参见：http://uws.academia.edu/IenAng.
⑤ Ang I. Watching dallas: soap opera and the melodramatic imagination. Della Couling. London: 1982. Trans.

Richard R. Wilk, ed., 2002：237）。在1990年代，随着西方媒体人类学研究的正式兴起，在美国人类学界，里拉·阿布-卢赫德（Lila Abu-Luhod）① 关于埃及电视观看方面的研究，菲·金斯伯格（Faye Ginsburg）对于居住在加拿大的因纽特（Inuit）人以及澳洲的原住民的媒体使用的研究，以及布莱恩·拉金（Brian Larkin）② 对于尼日利亚电影院的研究，还有普尼尔玛·曼克卡（Purnima Mankekar）对印度电视观众的研究，等等，均是这方面最为出色的研究成果，后面还将对这部分内容进行详细介绍。前面说到的阿斯库对于媒体人类学的界定，重点也在于接收的方面。

在这里我们把这三个方面分开来讲，主要是从方便理解的角度来考虑的，无论是对上述某个方面的研究，或是把这三者结合起来进行研究，正如前文引用过的金斯伯格等人所说的，均要"与广泛的、彼此相互影响的社会和文化场域，包括在地的、区域性的、全国的、跨国的种种场域相连接"。这一点恰恰是较好地彰显了媒体人类学较为开阔的学术视野。

2. 理解媒体

在对"与媒体相关的社会实践"的说明中，还包含着另外一个问题，这就是对于媒体的理解。在20世纪60年代，加拿大多伦多学派的学者麦克卢汉（Marshall Mcluhan）③ 出版了《理解媒介》④ （*Understanding Media*）一书，这本书还有一个副标题是"论人体的延伸"。在麦克卢汉看来，除了我们熟悉的报纸、电影、电视、广播等之外，口语词、书面词、道路、数字、服装、住宅、货币、时钟、交通工具等等，都属于媒体。虽然他的那些富于文学表现力的文字着实让人难以捉摸，但是他对于媒介的理解，的确是极具启发意义的。并且，麦克卢汉在这本书中提出了一个著名的观点——"媒介即讯息"（the medium is the message）。或许正是因为麦克卢汉对于理解的媒体的那些极具启发性的观点，在阿斯库等人编的《媒体人类学读本》中，收录了麦克卢汉关于"媒体即讯息"的这篇文章。

在这里，我们无需过多地重复麦克卢汉的观点，而是从媒体研究学的研究实践出发，对媒体人类学中所涉及或是可以涉及的几类媒体做一个简单说明。

（1）大众传媒。大众传媒，在这里指的是报纸、广播、电影、电视、杂志等大众传播媒介。美国传播学者约翰·费斯克（John Fiske）⑤ 把由报纸、杂志、电影、电视、广播、广告、书籍（特别是通俗小说）和音乐（流行音乐）等统称为"大众传播"⑥。相应地，报纸、杂志、电影、电视、广播、书籍等这些介质，也就是我们所说的大众传媒。由于"新媒体"的出现，这样一些大众传媒也被称为"传统媒体"。或许是大众传媒破坏了以往人类学家所追逐的那种社会、文化的"原生态"，因此，"多年来，大众

---

① 关于里拉·阿布-卢赫德的介绍，可参见：http://socialdifference.columbia.edu/lila-abu-lughod。
② 关于布莱恩·拉金的介绍，可参见：https://barnard.edu/profiles/brian-larkin。
③ 关于麦克卢汉的介绍，可参见：http://en.wikipedia.org/wiki/Marshall_McLuhan。
④ 马歇尔·麦克卢汉：《理解媒介：论人体的延伸》，何道宽译，商务印书馆2000年版。
⑤ 关于费斯克的介绍，可参见：http://en.wikipedia.org/wiki/John_Fiske_(media_scholar)。
⑥ 约翰·费斯克：《关键观念：传播与文化研究辞典》，新华出版社2004年版，第158页。

媒体被人类学家认为是一个几乎是禁忌的主题"①。这种情况一直到20世纪80年代以后才得到改变。

（2）新媒体。新媒体是当下人们经常使用的一个词汇，但是其内涵尚未得到很好的厘清。其实，任何一种大众媒体出现时，在那个时代，它们都是一种新媒体。而我们现在所说的"新媒体"，则是指数字技术在信息传播中的应用所产生的新的传播技术或媒体形态。1995年，美国麻省理工学院的尼古拉斯·尼葛洛庞帝（Nicholas Negroponte）结集出版了《数字化生存》（Being Digital）一书，虽然这本书也曾被人质疑为技术乌托邦（techno-utopian），但是尼葛洛庞帝"世界因比特而转动"（move bits, not atoms）的观点却深入人心。在我们的生活日益被数字化的今天，在新媒体已经弥漫于人们的生活的当下，尼葛洛庞帝仿佛是一个新媒体时代来临的预言家。人类学家对于新媒体的态度，与对大众传媒的态度有很大不同，几乎新媒体一出现，就受到了人类学的关注。在这方面，英国伦敦大学人类学系的丹尼尔·米勒（Daniel Miller）是较为突出的代表，后文我们将对他的研究作更为具体的介绍。由于互联网，在网络上出现了一些"虚拟社区"，随之也出现了"虚拟民族志"（virtual ethnography）这样的概念。正如海因（Hine, 2008: 8）所说的："我们对互联网及其特征是什么的信仰就像阿赞德人对巫术的信仰、英国人对亲属关系的信仰和美国人对免疫系统的理解或其他民族志的主题一样，是可以进行探索的。"② 具体的研究，如R. H. 琼斯（Jones, 2005）对男同性恋聊天室（chat room）的研究，科雷尔（Correll, 1995）对一个名为"女同咖啡吧"（Lesbian Café）的BBS的研究，盖特森等学者（Gatson & Zweerink, 2004）对以电视剧为主题的"青铜社区"（Bronze Community）的研究，等等。③

（3）原住民媒体④（indigenous media）。这是西方人类学者在对美国、加拿大、澳大利亚等地的原住民媒体实践进行研究时提出的一个概念。严格说来，它不是一种特殊的媒体形态，而仅仅是一种较为特殊的媒体实践。如同我们在前面介绍过的"虚拟社区"的研究，它也不是一种具体的媒体，而是和某种特定的媒体形态相关的媒体实践。在国内，类似的情况如"社区影像"，但这两者之间也有差别⑤。由于"原住民媒体"在西方人类学研究中具有重要的意义，因此在这里把它单独提出来进行介绍。由于后面还会对相关的研究情况进行介绍，在这里只作简单说明。1970年代，一个泛因纽特的社会运动组织——因纽特团结联盟（Inuit Tapirisat），开始推动向加拿大政府争取执照，以建立他们自己的北极卫星电视公司：因纽特广播公司（Inuit Broadcast Corporation，简称IBC），这家公司终于在1981年取得执照。"因纽特广播公司是拍摄各种因纽特节目的制作中心，它的创立成为当今加拿大北极区人民生活的一项重大发展，同时也成为世界各地原住民为科技赋予新用途的一个榜样。"（金斯伯格，等，2008: 43）在因纽特

---

① 菲·金斯伯格、莉拉·阿布-卢格霍德、布莱恩·拉金主编：《媒体世界：人类学的新领域》，国立编译馆主译，巨流编译馆2008年版，第5页。
② 卜玉梅：《虚拟民族志：田野、方法与伦理》，载《社会学研究》2012年第6期。
③ 同上。
④ 此处借用了我国台湾地区学者的译法。
⑤ 在国内人类学界，这方面的实践通常归入"影视人类学"，因此在这里不多作介绍。

人"原住民媒体"实践的带动下，澳洲的原住民也开始了类似的实践。与早期的因纽特人一样，在刚开始时，这类由他们自己制作的关于自己的录像与叙事，也是通过非法的低功率内陆电视在地方上播出。澳洲原住民争取媒体使用权的斗争，比加拿大的情况更加复杂。

（4）"小众"媒体。这不是一个准确的表述，只是一个相对于"大众媒体"，我们临时编造出的概念，指的是那些在某个特定范围内被某一群人所使用的媒体。这样一些媒体在技术层面上借用了现代较为先进的媒体技术，但是其内容，并非是面对所有社会成员，而仅仅是在某个特定的群体（如宗教组织、族群）内部流通。在既往的媒体人类学的研究中，这是研究者关注的一种媒体。比如露伊莎·沈恩（Louisa Shein）对生活在美国的苗族（Hmong）对于自己生产和消费的媒体的研究（金斯伯格，等，2008：239-255），珍妮·邱（Jenny Chio）对中国贵州乡村那些由当地人自己拍摄、制作，甚至在市场上出售的"乡村影碟"（village videos）的研究（Jenny Chio, 2012：79-93），均属于此类。在此需要说明的是，这里所说的"小众"媒体与前面说到的"土著媒体"（indigenous media）是有区别的，简单地说，"土著媒体"主要是指那些由原住民使用的媒体，"小众"媒体的范围则不仅限于原住民，它可以是某个特定的宗教组织、族群内部所使用的媒体。从某种意义上来说，那些网络上的"虚拟社区"，它同样具有"小众"的意义，但是因"虚拟社区"归入了"新媒体"范畴，也不在这里所说的"小众"媒体之列。

（5）"原生"媒体。这里所说的"原生"媒体，是指那些在某个特定的社会或群体中人们自己发明同样具有信息传递功能的媒体。如中国云南的景颇族青年人用来传递爱情信息的"树叶信"（李金印，等，1990；金黎燕，1995）、中国云南的独龙族曾经使用过的用来传递信息的"木刻"，中国云南的佤族使用的"木鼓"，等等。这样一些东西，均属于我们这里所说的"原生"媒体。从历史的角度来考察，这样一些媒体同样具有重要的研究价值，但是在现在的相关研究中，却很少见到这方面的研究。中国学者在考察少数民族地区的与媒体有关的社会实践时，更多关注的是"外来"的大众传媒或新媒体，却忽视了这样一些"原生"媒体。这一点，或许会是未来中国媒体人类学研究中一个值得重点关注的方面。这方面的研究，或许也会取得西方人类学研究中诸如"原住民媒体"那样的学术成就。

（三）研究方法

正如前面所提到的，媒体人类学研究所使用的方法，是一种民族志的田野调查方法。这仅仅是一种笼统的说法，具体到媒体人类学的研究中，学者们对于民族志方法的一些新的讨论或许在媒体人类学的研究中会被更多地使用到。另外，还有一些方法是因为直接与媒体相关，虽然这样的方法并不仅仅限于媒体人类学的研究，但因为这些方法涉及媒体，所以还是在此做一个简单介绍。

1. 多点民族志

多点民族志（multi-sited ethnography）这种方法是由人类学家乔治·马库斯

(George E. Marcus)① 在 1995 年的一篇关于民族志研究综述的文章中提出来的②，马库斯提出这种方法的初衷在于人类学研究如何适应当下日益凸显的全球化趋势，以及把既往人类学研究更多的只是注重微观层面的碎片式观察与更为宏观的社会结构秩序结合起来，把"地方的"（local）与"全球的"（global）、"生活世界"（lifeworld）和"体系"（system）结合起来（Marcus，1995）。并且，马库斯在文章中也说到，多点民族志的研究出现在一个交叉学科形成的新的研究领域中，这些学科包括媒体研究（media studies）、女性研究（feminist studies）、科技研究（science and technology studies）、文化研究（cultural studies）（Marcus，1995）。从某种意义上来说，马库斯对于多点民族志的讨论，为当时的媒体人类学研究提供了一个更为具体的方法指向。前文中提到过的里拉·阿布-卢赫德在一篇文章中也这样应和了马库斯的观点："关于电视观众的深度民族志描述，需要采取多点民族志写作方式。"（Lila Abu-Lughod，1999）多点民族志的方法并非是为媒体人类学而"发明"的，但是多点民族志的方法却为媒体人类学的研究提供了一个十分重要的工具。

2. 网络民族志

网络民族志（netnography）是由于互联网的兴起而出现的一种"在线"研究的方法，这和以互联网上的虚拟社区为研究对象的"虚拟民族志"③（virtual ethnography）（Hine，2000；卜玉梅，2012）不可等同，后者是媒体人类学的一项内容，而我们在这里所说的网络民族志，主要是把互联网看做是一种新的民族志研究的方法或手段。网络民族志的方法最早是由从事市场研究的罗伯特·科济涅茨（Robert V. Kozinets）于 20 世纪 90 年代末期提出来的④，并且在市场研究中颇受一些研究者欢迎。这个词由互联网（Internet）和民族志（ethnography）两个词的后半部分合成，该方法以传统的民族志方法为基础，注重对成员在线交互内容和形式的定性分析，旨在研究在线群体所呈现出来的亚文化、交互过程和群体行为特征（周志明，等，2012）。科济涅茨认为："作为一种方法，'网络民族志'更加便捷、简单，较之传统的民族志，它更加经济；较之焦点小组或访谈，它更加自然且不唐突。它提供了网上消费群体的符号、意义及消费模式。"（Kozinets R V，2002）在实践这样一种方法时，需要将传统的民族志研究法（如面对面访谈、田野调查）和新的在线研究法（如在线观察、即时访谈、E-mail 访问）结合在一起（周志民，等，2012）。科济涅茨在 2002 年的那篇文章中，还具体介绍了他用这种方法对一个网络上的咖啡新闻组的在线研究（Kozinets，2002），这也就是前面说到的对"虚拟社区"进行研究的"虚拟民族志"。与多点民族志一样，这样一种方法

---

① 关于马库斯的介绍，可参见：http://political-science.williams.edu/profile/gmarcus/。
② Marcus G E. *Ethnography in/of the world system: the emergence of multi-sited ethnography*. Annual review of anthropology，1995，p95～117.
③ 有学者对"虚拟民族志"作出过这样的界定："它是以网络虚拟环境作为主要的研究背景和环境，利用互联网的表达平台和互动工具来收集资料，以探究和阐释互联网及相关的社会文化现象的一种方法。"（卜玉梅，2012）随着互联网的日益普及，"虚拟民族志"的研究将为未来媒体人类学的研究提供一个巨大的发展空间。
④ 关于这种方法更为详尽的讨论，详见 Kozinets R V. *Netnography: Doing ethnographic research online*. Sage Publications，2010.

也只是媒体人类学研究中可以采用的一种新方法，但是如果是关于网络"虚拟社区"的研究，一定会使用到这种方法。媒体不仅仅是媒体人类学研究的对象，而且成为了方法或工具，这一点，和后面说到的影像志有很多相似之处。

3. 影像志

在人类学中，"影视人类学"是一个重要的分支学科，影视人类学的发展与媒体的发展密切相关。我们在这里所说的影像志，指的是在田野研究使用摄影、摄像的方法来收集资料，这和影视人类学以影像作为目的（或是最终的成果）是不同的。早在1936—1939年间，人类学家玛格丽特·米德（Margaret Mead）与她的丈夫贝特森（Gregory Bateson）在对巴厘岛土著文化进行研究时，就将电影和照片运用到了他们的研究之中（李春霞，彭兆荣，2008）。在现代人类学的田野研究中，对于摄影、摄影等技术的使用，愈加普遍。因为在这里不是讨论具体的方法问题，不再展开说明。

（四）研究的属性——理论建构型研究

在讨论媒体人类学的概念时，我们提到过奥地利人类学家布德卡的定义，他认为媒体人类学是一种批判性理论建构。我们认为这样的一种表述较为准确地传达出了媒体人类学这样一类研究的研究属性。自从乔治·E. 马库斯（George E. Marcus）和米开尔·E. J. 费彻尔（Michael E. J. Fischer）出版了《作为文化批评的人类学》一书以来，人类学家首先开启了对于人文学科的实验时代的讨论。在这本书中，两位作者指出：

> 人类学作为一种有力的文化批评形式，是人类学者们早已对社会作出的承诺。不过，在相当程度上，这一承诺依然未得到兑现，通常仅作为民族志中的旁白、页边评注或结论性章节而出现（马尔库斯，费彻尔，1998：157）。

美国当代从事媒体人类学研究的著名学者里拉·阿布-卢赫德也曾对当代人类学的转向作出过这样的表述：

> 作为"当代人类学"或是"当代变化、转型人类学"的部分产物，早期的对于亲属制度的兴趣已经被性别研究所取代，或是被新的再生产技术开启的不确定性改变了方向；宗教和宇宙学研究转向了对公共政治或是主流意识形态的分析；政治体系的比较研究被对族群的文化建构、暴力（或非暴力）的意义、行政运作方式，或是地方的、全国的、国际的组织之间的相互作用的研究所取代；文化研究作为一个整体，甚至文化自身，被怀疑为同质化和受操纵团体、否认了人的历史、具体化实践以及去本土化。文化开始转向对内部差异探索，如同那些基于种族或是认同的其他形式、历史的转型，或是权力与文化、文明形成之间的联系。（Lila Abu-Lughod，2005：25）

因此，他们在回顾了文化批评的学术传统以及民族志自身的发展情况之后，呼吁人类学回归文化批评。西方媒体人类学的发展，与人类学回归文化批评传统的思潮的兴起大致相同，在这样一种思潮的影响下，媒体人类学本身带上了较为浓郁的文化批评的色彩。同时，这样一种文化批评，又是以理论建构作为最终的追求的。正如米哈·库门（Mihai Coman）和艾瑞克·卢森布海尔（Eric W. Rothenbuhler）所说的："尽管尚未发现新的理论和方法，媒体人类学并非是对人类学家的概念和技巧的机械地应用。"（Mihai Coman, Eric W. Rothenbuhler, 2005：1）媒体人类学的研究，与人类学中的文化批评转向之间有着密切的关联，在前面介绍媒体人类学的研究方法时我们谈到的多点民族志，同样是在人类学转向文化批评的过程中浮现出来的一个新的方法问题。

因为篇幅所限，我们在这里不打算对理论建构的问题展开说明，只想以一个例子来说明。旅美华人传播学者潘忠党曾以中国传媒产业的整合（集团化）现象为例，在研究中可以问这样 3 类问题：

> 中国传媒产业如何做强、做大？（产业发展政策指导型问题）
> 中国传媒产业集团正在如何重组？（现象描述型问题）
> 在中国这一特殊的转型社会，党－国力量在传媒集团化过程中的行使方式及其原因是什么？（理论建构型问题）①

在这 3 类问题中，最后一类就属于理论建构型的研究问题。在这样的研究问题指引下开展的民族志研究，从研究属性来看，与当代媒体人类学的研究属性就没有什么区别了。

二、西方媒体人类学发展概况

考察西方媒体人类学发展的历史，虽然时间并不长，仅有 70 多年的历史，但是由于媒体人类学是一个多学科交叉的新领域，要对其发展作出一个清晰的描述，的确是一件不太容易的事情。

李飞曾在一篇文章中把西方媒体人类学的发展分为三个阶段，分别是 1969 年之前，20 世纪 70—90 年代，20 世纪 90 年代至今（李飞，2006）。但是，菲·金斯伯格（Faye Ginsburg）等从事媒体人类学研究的学者认为：直到 1980 年代末期，人类学家开始将媒体视为一种社会实践而有系统地关注（金斯伯格，等，2008：5）。这样的一种判断，与我们前面说到的媒体人类学是在人类学向文化批评转向的背景下发展起来的观点是一致的。金斯伯格等人也这样写道：

> 媒体人类学出现在一个特定的历史和理论关头：1980、1990 年代人类学理论和方法学的分裂，以及一种"现在的人类学"的发展（Fox, 1991），它是对过去半个世纪以来的改变进行研究分析，而媒体在其中扮演着愈趋重要的角色。（金斯伯格，等，2008：5）

---

① 这是潘忠党在为"文化·传播·社会"译丛写的总序，在该译丛的各个文本中均可找到。

因此，在这里我们把西方媒体人类学的发展演变分为两个阶段，即20世纪90年代之前和之后。

（一）20世纪90年代之前

在20世纪90年代之前，在西方人类学界已经在使用"媒体人类学"（media anthropology）这个概念。20世纪60年代末期70年代初期，美国人类学界就出现了"媒体人类学"（media anthropology）这个概念，但是当时的这个概念和90年代以后所讲的"媒体人类学"有较大的区别。严格说起来，20世纪60年代末期和70年代，人类学家在使用"媒体人类学"这个概念时，主要的意图在于"指导人类学家应该如何操作才能成功地借助媒体走向公众"（李春霞，彭兆荣，2008）。因此，在1969年，美国人类学会（AAA）年会创造了"媒体人类学"（media anthropology）一词。一年后与会的一些人类学家举办了一次关于媒体的研讨会，会后由E. B. Eiselein和M. Topper编写出版了《媒体人类学家指南》（Directory of Media Anthropology），汇集了44位在媒体工作的人类学家的经验，指导人类学家应该如何操作才能成功地借助媒体走向公众（李春霞，彭兆荣，2008）。因此，在整个20世纪70年代美国人类学界对于"媒体人类学"的讨论，还不能说是真正意义上的媒体人类学的研究，更不能说是一种学术上的繁荣[1]。

零星地有一些对20世纪70年代之前媒体人类学的研究情况：如20世纪40年代玛格丽特·米德（Margaret Mead）、贝特森（Gregory Bateson）等人对剧情片和宣传片的讨论，豪腾斯·鲍尔梅克（Hortense Powermaker）对大众传媒在非洲的影响的研究，以及20世纪60年代沃思（Worth）等人对纳瓦荷族人（Navajo）拍摄电影的研究。[2]

美国人类学家萨拉·迪基（Sara Dickey）在总结第二次世界大战期间人类学家对媒体进行的研究时这样写到：

> 第二次世界大战期间，在美国产生的远距离文化法（culture at a distance approach）就是研究无法直接接触的文化（包括当时对国防有重大关系的文化）的方法。在这种方法流行的那十年里，主要是依靠电影、小说和报纸进行研究。几乎所有使用这种方法的人类学家都是文化和人格学派（当时这一学派主要研究民族性格）的活跃分子。他们尤其重视对电影的研究，因为电影中反复出现的主题揭示了"动态心理变量"（沃尔芬斯泰因，1953年，第267页）。[3]

迪基这里所说的这类研究中最有名的，或许就是露丝·本尼迪克特（Ruth Benedict）在去世之前2年出版的《菊与刀》（1946）。这样的一些研究虽然和媒体有关，但

---

[1] 相关情况，也可见 E. B. Eiselein 等人在这一时期的一些单篇文章，如：E. B. Eiselein & M. Topper, (1976). A brief history of media anthropology. Human Organization, 35 (2), 123–134，等。
[2] 这部分资料转引自金斯伯格等人主编的《媒体世界》一书第5页。
[3] 萨拉·迪基：《人类学及其对大众传媒研究的贡献》，载《国际社会科学杂志》（中文版）1998年第3期。

他们是对媒体文本的分析，所以在讲到"媒体人类学"时，通常不会把他们同样是有关媒体的研究纳入媒体人类学的范畴。

在20世纪70年代之前，西方人类学家涉及媒体研究的，最有名的莫过于豪腾斯·鲍德梅克（Hortense Powermaker，1900—1970）对好莱坞的研究。鲍德梅克是美国纽约大学女王学院人类学教授，著名人类学家马林诺斯基（Bronislaw Malinowski）的学生。1946—1947年，鲍德梅克对好莱坞进行了一年的针对电影工业的民族志研究，研究对象为电影工业链条上的每类人，包括剧作家、制片人、导演、演员、舞台设计者、灯光师等。1950年，鲍德梅克出版了专著《好莱坞梦工厂：一个人类学家对电影生产者的考察》（*Hollywood the Dream Factory: an Anthropologist Looked at the Movie Maker.* Boston: Little, Brown）。这样一本书，从某种意义上来说，奠定了鲍德梅克在西方媒体人类学史上开创者的地位。正如前面提到了，除了这项关于好莱坞的研究之外，鲍德梅克还在赞比亚一个开掘铜矿的小镇上做过关于广播和电影的民族志研究（Kelly Askew & Richard R. Wilk, ed., 2002: 4）。

在《好莱坞梦工厂：一个人类学家对电影生产者的考察》一书中，鲍德梅克把好莱坞称为极权主义（totalitarianism）的代表，这样一种观点，和那时流亡美国的法兰克福学派代表人物霍克海默和阿多诺在同一时期提出的"文化工业"（culture industry）所表达的意思，基本上是一致的。虽然那时他们都没有相互引用过对方的论述（Kelly Askew & Richard R. Wilk, ed., 2002: 4-5）。

在20世纪50年代，其实还有一项关于重要的媒体人类学的研究，这就是莫顿·威廉姆斯（Morton-Williams）关于尼日利亚教育电影的研究（Morton-Williams, 1954）。布莱恩·拉金在20世纪90年代对北尼日利亚的电影院进行研究时，提到了这项研究，但具体情况不太清楚。

在鲍德梅克之后，如同我们在前面讲到的，虽然在20世纪60年代末期美国人类学家已经开始使用"媒体人类学"这样一个概念，但是或许正是因为那时使用"媒体人类学"这个概念的关注点还仅仅在于协调人类学和媒体的关系，因此并没有出现如同鲍德梅克对好莱坞研究那样的成果。美国当代人类学家阿斯库在讲述西方媒体人类学的这段历史时，主要讲的是以斯图尔特·霍尔（Stuart Hall）等为代表的英国文化研究。在阿斯库看来：前面说到的鲍德梅克、阿多诺等人更为关注的是媒体内容的生产，文化研究的理论家们对媒体信息从生产者到接收者简单的、单向传播提出了质疑。虽然文化研究的理论家们同样关注权力问题，但是他们更多地是从接收者的角度来考察。在霍尔的"编码/解码"（encoding/decoding）理论中，他企图把生产和接收结合起来进行考察。在阿斯库卡那里，20世纪70年代这样一个从生产到接收的研究视角上转向，为媒体人类学的研究提供了一个新的着陆点。她所理解的媒体人类学的研究，主要是沿着这样的一个思路（或侧重点）来进行的。[①]

在上述这样一种由人类学家作出的梳理中，我们并没有看到前面提到过的20世纪

[①] 此段内容是根据阿斯库为《媒体人类学读本》所写的导言综述而成。详见：Kelly Askew & Richard R. Wilk, 2002。

70年代风行于美国社会学界的"新闻室观察研究",这多少让人感觉有些纳闷。① 从学术传统上来看,"新闻室观察研究"沿用了70年代之前鲍德梅克、阿多诺等对于生产的关注。而后来从事媒体人类学相关研究的学者们,似乎更青睐以霍尔为代表的显示了从生产到接收的转向之后的文化研究。

(二) 20世纪90年代之后

虽然在1993年的一篇文章中,黛博拉·史宾托尼克(Debra Spitulnik)② 认为还不存在一种"大众传播人类学"(anthropology of mass media)(Debra Spitulnik,1993),但是从20世纪80年代末期开始,有越来越多的人类学家开始关注与媒体相关的社会实践。在这个媒体人类学出现的特定的历史和理论关头,"人类学除了对北美洲和欧洲进行人类学研究的接受程度愈来愈高外,它还更加关注城市与乡村之间,'第一'和'第三'世界之间在经济、政治和文化上的交流"(金斯伯格等,2008:5-6)。

这个时期,媒体人类学的研究议题十分广泛。除了延续20世纪90年代之前那种由英国文化研究那里继承的对于接收(或是受众)研究的关注之外,如同在人类学其他分支学科一样,反思也是这个时期媒体人类学研究的一个重要特征。此外,在关于接收(或受众)的研究中,视野不仅限于某个狭小的范围,而是拓展到了民族国家的层面,把具体的接收(或观看、使用)行为与国家的政策、制度联系起来一并进行考察(如里拉·阿布-卢赫德对埃及电视的研究等)。甚至,还出现了跨越国界的研究(如前面提到的Louisa Schein对中国、东南亚及美国的苗族媒体的研究)。在方法上,如同前面讲到过的,"多点民族志"成为一个新的方法取向。

由于这一时期的研究内容非常丰富,在这里我们只选择了几项重要的研究来进行介绍。

1. 金斯伯格等的"原住民媒体"研究

金斯伯格所从事的研究,严格说来是"影视人类学",后来他及像他一样的一批从事影视人类学研究的学者对他们既往的研究进行重新思考。在一篇介绍媒体人类学的文章中,金斯伯格这样写道:

> 以这样的方式来理解媒介生产、流通及接受势必要聚焦于当地的日常生活实践,以及他们作为不同形式的媒介的生产者和消费者的社会行为者的意识。他们的兴趣及反应是被各种可能的客观存在所塑造的,如文化的、代际的、性别的、地方的、国家的、区域性的,以及跨国的认同社区(communities of identify),在这些认同社区里,受众的想法日趋复杂、多元。(Faye Ginsburg,2005)

在20世纪70年代初,S. Worth和J. Adair就对居住在美国新墨西哥、亚利桑那、犹他等州的印第安人种的诺瓦霍人(Navaho)的影像实践进行过研究,就提出了"原

---

① 这方面情况在金斯伯格等人编的《媒体世界》一书中简单提到一点。
② 关于史宾托尼克的介绍,可参见:http://anthropology.emory.edu/home/people/faculty/vidali.html。

住民媒体"（indigenous media）的概念（Worth S. & Adair J., 1972）。金斯伯格后来在对加拿大因纽特人以及澳洲原住民的研究中，继承了这样的学术传统。在1993年史宾托尼克（Debra Spitulnik）的那篇综述文章中，也强调了"原住民媒体"研究的重要意义。金斯伯格在关于原住民媒体的研究中，把那些原住民用影像方式所记录下来的内容称为"荧幕记忆"（screen memories），认为"原住民并不使用荧幕媒体来遮盖过去，而是用它们来恢复他们的集体故事和历史——其中有些是充满创痛的；这些故事和历史过去被主流文化的国族叙事（national narratives）所抹灭，并且在原住民世界中也有被遗憾之虞"（金斯伯格等，2008：42-43）。这样一种观点，直接挑战了弗洛伊德使用的这个概念的原来的含义——人们如何藉由层层模糊记忆保护自己，让自己免于受到过去创痛的伤害（转引自：金斯伯格等，2008：42）。

2. 里拉·阿布-卢赫德的电视观看研究

正如我们在前面说到的，在20世纪70年代之后，在从生产研究转向了接受研究之后，在媒体人类学的研究中，"受众"研究也日益受到重视。人类学的这种受众研究和美国传播研究中那种以量化研究方法为主的受众研究不一样，媒体人类学的受众研究，更加注重把受众与相关的社会、政治、经济与文化因素结合起来考虑，而不仅仅是关于某个特定的信息接收"行为"的研究。

从1989年底，里拉·阿布-卢赫德就开始了她关于埃及电视的研究。由于她的名字的首字母是A，因此，在很多有关媒体人类学研究（尤其是电视观众研究）的文献中，你通常都会最先看到她的名字。里拉·阿布-卢赫德透过电视剧对当代埃及的媒介实践以及由国家主导的政治文化进行了多层次的分析。她也是马库斯提出的"多点民族志"的积极的践行者。

此外，美国人类学家普尼尔玛·曼克卡（Purnima Mankekar）20世纪90年代初期在富布赖特-海斯论文奖学金（Fulbright-Hays Dissertation Fellowship，1990—1991年）和美国印度研究学会博士论文奖学金（1992年）的资助下开始在印度进行田野调查，她观察的重点是在家庭中观看电视的情况，包括谁在看？什么时候看？如何看？与谁一起看？以及观看者对他们在电视中所看到的东西的解释（Kelly Askew & Richard R. Wilk, ed., 2002：238）。

无论是里拉·阿布-卢赫德，还是普尼尔玛·曼克卡，她们既是媒体人类学研究者，同时也是性别研究者，更为重要的是，她们关于电视的研究，均是放到国家的框架下来进行考察的，里拉·阿布-卢赫德也把这样一种视角称为"国家媒体的民族志"（Lila Abu-Lughod, 2005）。

3. 布莱恩·拉金对尼日利亚电影院的研究

在20世纪90年代的媒体人类学田野研究中，布莱恩·拉金（Brian Larkin）对于尼日利亚的研究是十分有趣的。他对尼日利亚的电影院、广播、数字媒体等都有关注，其中对电影院的研究视角尤为独特。其对北尼日利亚卡诺省（Kano state）的电影院的研究中，他"检视了电影院如何在殖民政治下成为公共空间的一部分。这些新的空间——图书馆、公园、剧院、电影院——创造了新的种族、社会和性别的互动。电影院建被认可的样子——谁可以看电影、电影院如何建造、电影院建在何处——都是殖民现代性特定计划的结果"（金斯伯格，等，2008：23）。

4. 丹尼尔·米勒的新媒体研究

当代西方人类学学家在新媒体的研究方面，英国伦敦大学人类学系的丹尼尔·米勒（Daniel Miller）应该是较为突出的代表。这位研究消费文化的人类学家在 2006 年出版了一本新媒体对牙买加低收入者的影响的书——《手机：一项传播人类学的研究》（*The Cell Phone：An Anthropology of Communication*，与 Horst, Heather A. 合著）①。此后，2011 年，根据他在特立尼达岛（Trinidad）的田野研究完成了《facebook 的呼唤》（*Tales from Facebook*）一书。2012 年，丹尼尔·米勒有一本名为《数字人类学》（*Digital Anthropology*）的书出版②。《手机》那本书是对牙买加（Jamaica）低收入社区手机使用的民族志研究，被称为是"第一部关于发展中国家的手机的民族志研究"③。

由于篇幅所限，我们无法在这里再对 20 世纪 90 年代之后丰富的媒体人类学的研究内容进行更多的列举。或许正是由于 90 年代中很多人类学家在田野调查中开始关注与媒体相关的实践，在 20 世纪 90 年代末期到 21 世纪初期，大量关于媒体人类学的研究专著开始出版，以媒体人类学命名的"读本"、"文集"等也大量出现，在这样一些文集中，我们在上面提到的几个人类学家的文章，在不同的文集中均可见到。在我们看来，进入 21 世纪以来的这十多年中，是媒体人类学蓬勃发展的时期。正如有学者在 21 世纪初这样写道的："媒体人类学，这个由米德、贝特森和鲍德梅克开创的研究领域，最终浮现出来了。"（Kelly Askew & Richard R. Wilk, ed., 2002：12）

三、新领域，新问题：媒体人类学的研究问题

前面我们说到媒体人类学的研究对象是一种与媒体相关的社会实践，这只是表明媒体人类学的研究对象。在前面说到媒体人类学的属性时，我们说媒体人类学是一种理论建构型的研究。但是，这样的一些说明或许还不能让我们清晰地把握媒体人类学较为完整的知识体系，以及它和人类学之间到底具有怎样的学理上的关联。因此，在这里还想作更为详细的说明。

美国人类学家约翰·奥莫亨德罗（John Omohundro）④ 在其新著《像人类学家一样思考：文化人类学导引》（*Thinking Like an Anthropologist：a Practical Introduction to Cultural Anthropology*）一书中，把人类学的问题归纳为 11 个问题，具体是：什么是文化（概念性问题）、如何理解文化（自然性问题）、这种实践或观念的背景是什么（整体性

---

① 在米勒的这本书中，我们也注意到了他使用了一个与既往人类学家使用的"媒体人类学"不同的概念——"传播人类学"（anthropology of communication），从某种意义上来说，"传播人类学"的表述似乎更能涵盖这一领域的相关研究。

② 以上内容，参阅了丹尼尔·米勒的个人网页：http://www.ucl.ac.uk/anthropology/people/academic_staff/d_miller。

③ 这是 Jeffrey S. Juris 在一篇关于该书的述评中所说的，资料来源：http://www.jeffreyjuris.com/articles/juris_cell_rev.pdf。

④ 奥莫亨德罗为纽约州立大学波茨坦分校人类学系杰出的教学教授，他曾在香港、台湾等地求学，博士论文的田野调查对象是菲律宾的华人。

问题)、其他社会也会这么做吗(比较性问题)、这些实践与观念在过去是什么样的(时间性问题)、人类生物性、文化与环境是如何互动的(生物-文化性问题)、什么是群体与关系(社会-结构性问题)、这意味着什么(阐释性问题)、我们的观点是什么(反身性问题)、我们在下判断吗(相对性问题)、人们怎么说(对话性问题)①。这样一种归纳,应该说是较为完整地涵盖了既往人类学研究的几乎所有的问题。在本书的"结语"部分,作者以手机为例,这样问道:"人类学家如何考察这种新技术,以及该技术对文化的影响?"(奥莫亨德罗,2013:435)最后,他用他在书中归纳出来的 11 个问题进行了举例说明,并认为这 11 个问题同样是我们研究像手机这样的新技术(或是新媒体)的秘诀。

的确,作者在这部分里使用手机这样一种具体的研究对象并结合人类学的各种问题为我们提供了一个十分精彩的研究示例,从某种意义上来说,这就是一个由人类学家提供的对手机进行研究的"询问与记录"②。因此,在这个部分中,我们想借鉴奥莫亨德罗的思路,围绕他所提出的人类学中的 11 个问题,对媒体人类学的"询问"作出一个具体的示例,或许在不久的将来,在这个示例的基础上,从事媒体人类学研究的学者们也可以作出一个更为完善的"媒体人类学的询问与记录"。

(一) 概念性问题③

所谓现代"传媒文化"是一种怎样的文化?这样一种文化形态在现代人的生活中又是如何实践的?这样的一种文化实践中存在着怎样的问题?我们在前面提到过,媒体人类学的研究,与媒体研究(media studies)、文化研究(cultural studies)均有密切的关联,作为一种理论建构型研究的媒体人类学,自然不会去抽象地讨论和"传媒文化"相关的概念性问题,但是如同我们在前面所说的媒体人类学是一种与媒体相关的社会实践的民族志研究,这样的社会实践,同样也包括了文化的方面。

(二) 自然性问题

媒体及相关内容是如何被生产、传输、接收的?我们又如何对这些方面进行观察?④ 前面所说到的关于媒体生产、传输、接收方面的研究,都是对这样一个问题的回答。奥莫亨德罗在这里所说的"自然性问题",其实就是一个广义的人类学田野调查方

---

① 约翰·奥莫亨德罗:《人类学入门:像人类学家一样思考》,张经纬等译,北京大学出版社 2013 年版。
② 在这里,我们借用了由英国皇家人类学会主编的那本非常有名的《人类学的询问与记录》(Notes and queries on anthropology)的表述,在奥莫亨德罗的书中,他也多次引用了这个手册中的内容,在某种意义上,奥莫亨德罗的《人类学入门:像人类学家一样思考》,也可以理解为一本现代版的"询问与记录"。
③ 在奥莫亨德罗以手机为例进行示例时,没有把"概念性问题"(什么是文化?)纳入,或许是就手机这样一种新媒体而言,单独去讨论所谓的"手机文化"问题没有太大意义。但是对于在这里就媒体人类学所作的说明,我们认为此时可以纳入概念性问题。
④ 奥莫亨德罗在讲到这一问题时,似乎还是沿用了一种较为传统的人类学的观点,强调在观察的过程中尽量避免研究者对研究对象的"干扰"。但是他在这里所讨论的是如何了解文化的问题。尽管我们不完全同意作者在讨论这一问题时的某些观点,但是这样一个问题本身是有意义的。为了理解的方便,我们在这里还是沿用了奥莫亨德罗的表述,但请一定记住我们在这里要讲的是"如何了解媒体?"的问题。

法问题。在这一点上,和我们前面所强调的媒体人类学是一种民族志研究的观点也是完全一致的。所谓"自然性"的说法,就媒体人类学的研究而言,也就是与媒体相关的社会实践的具体形态是怎样的,它们又是如何被实践的?

(三) 整体性问题

媒体与人们的其他社会生活有着怎样的联系?这一点也正是我们前面提到的金斯伯格等人所说的关于媒体的研究要"与广泛的、彼此交互影响的社会文化场域"连接的意思。媒体研究的整体性问题非常之重要,也非常之复杂,并且,针对不同的媒体形态(如前面讲到过的大众传媒、新媒体等等),整体性问题也有较大差别。在这里对媒体人类学的研究提出整体性的要求绝不是说要做到包罗万象(在一般意义上的人类学研究中同样也没有这样的要求),而是强调尽可能地考虑到与媒体相关的社会、政治、经济及文化因素,不要把媒体看做是一个孤立的、与其他方面没有关联的存在物。由于这个问题过于复杂,我们在这里仅从媒体使用方面来作出一个概要式的说明。比如说看电视,从整体性的要求出发,我们不宜仅仅只观察某个具体的观看场景,而要把这样的观看场景与更大的社会时空结合在一起来考察。我们或许可以问这样一些问题:这个具体的观看场景是一个什么样的场景?其空间构成怎样?电视机摆在什么位置?观看者是一些什么样的人?在这个观看场景中他/她们处于什么样的位置?周围的环境如何?电视信号来自什么地方?观看者是如何获得电视信号的?电视机可以接收到一些什么样的节目?国家或地方对于电视信号以及电视节目又是如何进行管制(或管理)的?他们所使用的电视机又是从哪里来的?购买电视机或缴纳相关的收视费用在其家庭支出中所占比重是多少?当地人通常每天在什么时间看电视?看电视对当地人的日常生活时间安排带来了怎样的影响?这样的问题还可以接着再追问下去,但是我们必须打住。我们之所以要在这里不厌其烦地列举这样一些问题,只是想就这样一个媒体人类学研究中可能会遇到的方面,结合人类学研究中的整体性要求,作出一个具体的示例。

(四) 比较性问题

不同人群的与媒体相关的实践之间又有着怎样的区别?这是从比较性问题入手我们可以问的一个最大的问题。奥莫亨德罗在那本书的第四章讲到比较性问题时,提供了2种进行文化比较的模式,分别是Q模式和R模式,前者用于比较不同文化中的特征差异,后者用于比较某些文化特征在不同文化中的分布(奥莫亨德罗,2013:142-143)。虽然我们在这里不宜直接去套用这2种分析模式,但是这样的分析模式可以为我们如何做比较提供有益的启示。在给本科学生上课讲到这方面内容时,我让学生做了一次作业,请学生把即将到来的中秋节里自己做了一些什么事情记录下来。我在看学生们的作业时,发现有不少同学在中秋节这天晚上看了电视,或者给家人打了电话,或是是用手机、微博、微信等向亲人或朋友送出了祝福。在学生的作业中,我看到了在中秋节这样一种中国传统节日中,某些具有传统意味的活动(如赏月、吃月饼、家庭团聚等)还延续着,但是我也看到出现了一些新的变化,而这些变化,其中相当一部分,和媒体有关。这样的一次具有某种实验性质的课程作业,让我看到了很多有趣的东西。从纵向的角度来看，随着各种形态的媒体日益介入人们的日常生活，这样一些新的与媒体相关的实践也嵌入到了一个传统的节日中，这本身就是一种比较滞后的发现。如果从横向的方面来考察，在这样一个群体中，他/她们在中秋节中的媒体使用又有着怎样的区别？尽管从这样一次作业中我所得到的资料十分有限，但是从中我也看到了即便在这样一个同质化程度比较高的群体中，他/她们的媒体使用仍然存在差别。如果再有其他群体的观察资料，我们还可以进行群体之间的比较。人类学的比较性问题，同样也给媒体人类学的研究提供了很多有趣的思路。

（五）时间性问题

在某个时间范围内，与媒体相关的实践发生了怎样的变化？这其中，既包括了媒体形态的变化，也包括人们在使用媒体方式上的变化，当然也包括与媒体相关的社会环境的变化。比如说在电话、互联网普及之前，书信是我们一种重要的人际交流方式，但是现在估计还在写信的人越来越少。这就是一种人际交流方式在时间上变化，这种人际交流，当然也和媒体有关。我们一旦想到了时间性问题，在媒体人类学的研究中，我们同样可以有很多有趣的发现。

（六）生物-文化问题

与媒体相关的实践与人的身体、生理，以及自然环境之间又是如何相互作用的？这是我们从生物-文化问题入手给媒体人类学研究提出的最为巨大的问题。在这里，我们以奥莫亨德罗讲手机时的那些问题为例：手机的设计考虑了人类手指的按键方式、耳朵与嘴的相对位置，以及其他解剖学的因素。还有所谓手机微波增加脑癌风险的说法。开车时使用手机增加的事故风险。另一方面，用手机求救也减少了受伤或疾病的影响。手机基站塔还造成迁徙鸟类的死亡，分割了山顶覆盖的树木（奥莫亨德罗，2013：439）。

（七）社会-结构性问题

笼统地说，从社会-结构的视角进行媒体人类学的研究，要考察的是与媒体相关的社会实践与社会-结构之间有着怎样的关系。在一个大众传播媒体内部（不论是电视台、报社，还是广播电台）也有不同的结构，即便在一个编辑部，同样也有部门主管和普通员工的区别。同时，任何一个媒体，又是镶嵌在一个更大的社会结构中的。在媒体使用者那里，同样存在不同社会阶层的差别，不同社会阶层的人所使用的媒体形态及内容，同样存在差别。甚至这样的差别，在一个家庭内部也存在着。10多年前我在云南独龙江地区做关于电视的研究，在一个村落里，不同的家庭具有不同的经济资本和社会资本，这两者的差别，同样体现在这些家庭以什么样的方式得到电视机（郭建斌，2005）。虽然现在的互联网上，互联网出现初期大家所说的"在互联网上没有人知道你是一条狗"的情况仍然存在，但是人类原有的社会结构同样会投射到互联网上，还有，在这样的一个所谓的"虚拟"世界中，还有可能形成新的结构。

(八) 阐释性问题

与媒体相关的社会实践意味着什么？具体来说，手机、互联网、电视、广播、报纸以及相关的社会实践对于人类生活来说，到底意味着什么？在阐释人类学时，关于文化的意义的探寻始终是一个最为重要的问题。从阐释性问题的视角来思考媒体人类学，同样会得到很多的启发。在任何一种新的媒体出现之初，使用这一媒体无论对于家庭或个人来说，都有身份象征的意味。几年前在给学生上调查方法课时，我也让学生带着这样一个开放性问题去询问访谈对象："手机对你来说意味着什么？"有人说离开了手机，有魂不守舍的感觉；有人说手机拉近了自己与朋友、家人的距离；有人说手机可以陪伴自己度过那些孤独的时光……在我以前对独龙江的电视观看活动进行研究时，也从阐释的视角对当地人的电视观看活动进行过考察，我的问题也是"这样一种电视观看活动意味着什么"。最后我的回答是"在场"（郭建斌，2008）。从一个更为宏观的层面来讲，某些电视、电影跨越了国界，在全球很多国家或地区受到很多人的追捧，这样一种媒介景观又意味着什么？

(九) 反身性问题

奥莫亨德罗对于反身性问题是这样解释的——反身性问题指的是：你在观察这一文化时，站的是怎样的地形？也就是说，你的视角是什么？你观察谁？这个山谷里发生的事情，对一个在山谷里的观察者和一个在山谷两侧半山腰上的观察者来说，为什么会有所不同？（奥莫亨德罗，2013：331）对于媒体人类学的研究来说，针对某个特定的与媒体有关的社会实践，我们同样可以这样问："我的观点是什么？我在这个问题上的立场是什么？"（奥莫亨德罗，2013：439）正如奥莫亨德罗所说的："当我们观察某个文化时，我们就是仪器。"（奥莫亨德罗，2013：333）因此，研究者在观察别人时，也要不断地意识到自己所处的位置。2012年我们跟随西藏昌都地区丁青县觉恩乡的一个年轻的电影放映员去放了几天的电影，其中我的一个同事负责拍摄一些影视资料，后来她把这几天的素材剪成了一部60分钟的纪录电影，并且写了一篇文章，在这篇文章中，她对处于整个放映场景中的不同角色进行了分析，包括作为拍摄者的她本人[①]。从这样一个例子可以看出，从反身性问题入手，在研究过程中对于自身所处的位置、研究者与研究对象之间的合作或对抗，本身就可以成为很好的研究问题。

(十) 相对性问题

我们是否在对我们所观察到的与媒体相关的实践在下判断？2010年我们第一次到康巴藏区进行和农村电影放映有关的田野调查，从成都乘坐卧铺车去昌都。车上除了我和我的学生之外，其余的大多数是从贵州、四川等地去西藏打工的"农民工"。刚开始有几个躺在车厢最后一排的农民工用手机放音乐，手机的音量调得很大，感觉很吵。经过了两天多的漫长旅途之后，有一天晚上，因为前面的货车陷在路上，我们被困在一个

[①] 这篇文章题为《合作游戏观看与反视》，即将出版。杂志名称叫《看电影》，光盘将会附在该杂志中。

海拔近 4 000 米的地方。这里手机没有信号，客车司机也把车熄了火，那个农民工的手机里传出的音乐几乎成为了车厢里大多数人的唯一的精神安慰。当他要停止播放音乐时，还有人要求他再放一放。此时，还是那部先前让很多人感觉吵的手机，此时已经完全没有吵的感觉。正是在这个时候，我似乎真正明白了这样一些农民工为什么在选择手机时会选择那些音量比较大并且待机时间长的手机。这个时候，我原来的那些对于这样一种"山寨"手机的"偏见"完全没有了。我们在刚刚进行田野时，时常会用自己此前所习得的一些文化标准来给我们所观察到的东西下判断。比如你去观察一个群体，他/她们正在观看一些在你看来完全没有"品味"的电视剧，当我们这样一想，我们就在下判断。当然，要我们一下子完全抛弃自己既往习得的东西很困难，但是如果我们能够减少一些这样的判断，和那些人一起坐下来观看、甚至是讨论，我们或许会有很多新的发现。

（十一）对话性问题

我们的研究对象对我们对于他们的分析会怎么看？我曾经写过一本名为《独乡电视》的书，书出版之后我送了一些给当地的朋友。或许是碍于面子，他们没有告诉我他们对于书中的内容的想法。如果你拍一部关于当地人的影片，在片子正式成型之前能够带着这个片子去听听那些拍摄对象的意见，他/她们的意见或许会让你在后期的修改中得到很多启发。在我们前面讲到马库斯在讨论多点民族志时，以及他和克利福德·詹姆斯（James Clifford）合编的《写文化》一书中，都强调民族志是由研究者和研究对象共同书写的，甚至就是以一种对话的方式来书写的①。从对话性问题来看，在民族志的书写中，彻底消解了研究者作为唯一的权威，正如奥莫亨德罗所说的："我于报道人之间对话的结果，共同建构了我们之间的理解，让我们都作出了变化、贡献和妥协。"（奥莫亨德罗，2013：426）

从上述 11 个问题入手，我们对媒体人类学的研究或"询问"作出了一个概要式的说明。我们在这里列出这样一些问题，并非是说在一项具体的研究中要完全考虑到这些问题。我们看到的一些关于媒体人类学的著作或文章，也都仅仅是从某一个问题视角来入手的。在我们看来，奥莫亨德罗在这里所提出的 11 个问题，犹如一张巨大的网，用这张网去捕鱼，最终捕到鱼的，只是某个具体的网眼。借用他对于整体性问题的论述，我们不能因为某个网眼捕到了鱼，就忽略了这张网的意义。

还有一点需要说明的是，奥莫亨德罗所归纳出的 11 个问题，其实是人类学研究中的传统问题，但是当我们在这样一些"传统问题"的指引下对一种新的研究对象进行"询问"时，我们又能获得很多新的研究问题。因此，媒体人类学作为一个新的研究领域，那些在人类学"传统问题"指引下所得到的问题，我们称它们为"新问题"。

---

① 如肖斯塔克（Marjorie Shostak）的《妮莎：一个昆人妇女的生活与世界》。

四、和媒体人类学研究相关的几个重要概念

如上所述，媒体人类学在西方学界也还是一个尚存争议的概念。尽管也有人类学家强调过媒体人类学的研究并非是简单地用人类学的理论概念来考察媒体现象，但是作为一个新兴的学术研究领域，虽然其学科边界模糊不清，还是有一些重要的理论视点，是从事媒体人类学研究的学者们经常涉及的，并且，这几个点或许也是未来媒体人类学学术创新重要的理论基点。

（一）媒体景观（mediascape）

在德波（Guy Debord，1967，2007中文版）《景观社会》①的启发下，不同学科的学者们围绕"景观"的概念进行了不计其数的讨论。在当代西方人类学界，阿尔君·阿帕杜莱（Arjun Appadurai）②是这方面的一个重要代表人物。在1991年的一篇标题为《对跨国人类学的看法与疑问》的文章中，阿帕杜莱创造了"媒体景观"（mediascape）这个概念。他这样说道："大众媒体已经在20世纪晚期成为人们生活的中心，而与此现象同时并存的要求，就是人类学家应该去探讨大众媒体在分析与实务上的意义。"（金斯伯格等，2008：3）在对全球文化的流动进行考察时，阿帕杜莱提出了五个考察维度，具体是：①族群景观；②媒体景观；③技术景观；④金融景观；⑤意识景观（阿帕杜莱，2012：43）。对于"媒体景观"，阿帕杜莱是这样解释的：一是指生产和散布信息的电子能力（报纸、杂志、电视台、电影制片厂）的分配；二是指这些媒体所产生出的世界影像（阿帕杜莱，2012：46）。在阿帕杜莱看来，媒体景观（特别是在电视、影片和磁带形式中）为全世界的观众提供着丰富而庞杂的影像、叙事及族群景观，商品世界与新闻政治的世界在此混杂一团无从辨认（阿帕杜莱，2012：46）。

（二）文化展演（culture performance）

美国芝加哥大学的麦克阿隆（J. J. MacAloon）③（1984）在《奥运会以及现代社会中的景观理论》（Olympic Games and the Theory of Spectacle in Modern Societies）一文中，从"文化展演"的视角对奥运会进行考察时，对奥运会的游戏（game）、仪式（ritual）、节日（festival）和景观内涵进行了区分。按约翰·麦卡隆的界说，文化表演是"这样的一些场合，我们作为一种文化或作为一个社会对自我进行反思并加以界定，将我们共同的神话和历史戏剧化，以不同的方式表现自我，最终在某些方面有所改变而在其他方面却又依然故我"（转引自，迪基，1998）。美国人类学家迪基认为：文化表演包括从仪式到电影到体育的诸多方面。在研究这些事件并使之理论化的方法中，有许多可以用于传媒研究，它们确实精确地预见了在大众传媒的分析中出现的问题并就此提请

---

① 德波：《景观社会》，王昭凤译，南京大学出版社2007年版。
② 关于阿帕杜莱的介绍，可参见：http://steinhardt.nyu.edu/faculty_bios/view/Arjun_Appadurai。
③ 关于麦克阿隆的介绍，可参见：https://socialsciences.uchicago.edu/faculty/john-macaloon。

注意（迪基，1998）。

（三）想象

美国学者本尼迪克特·安德森（Benedict Anderson）[①] 在 1991 年出版了《想象的共同体》（*Imagined Communities: Reflections on the Origin and Spread of Nationalism*）一书，该书的一个最为重要的理论创新点在于认为民族国家是一种"想象的共同体"。并且，在安德森看来，18 世纪初兴起的两种想象形式——小说与报纸——"为'重现'（representing）民族这种想象的共同体提供了技术手段"[②]。正如美国人类学家萨拉·迪基所说的：

> 历史上所有媒体的一个主要功能，就是描绘让人心悦诚服的形象；这些形象传播得越广泛，其重要性就越大，为建立认同和想象的现实的表达也就越加升级，对媒体控制权的争夺越激烈。形象在当代的重要性应该不足为怪，因为媒体为我们提供了可视度最高的表象。（萨拉·迪基，1998）

安德森对于"想象的共同体"的讨论激发了无数学者理论上的想象，前面说到阿帕杜莱在讨论想象与民族志的关系时，由于媒体的普及以及全球的人口流动，"它意味着民族志已不再能简单地满足于对地方和特殊者的青睐，也不再能假定接近地方就是接近更基本、更偶然的事物，或比在更大规模视角下看到的生活更为真实"（阿帕杜莱，2012：71－72）。与安德森一样，阿帕杜莱强调媒体在现代社会中对于想象的重要意义，在他看来：

> 媒体的重要性与其说是为生活可能提供了新影像和新场景的直接支援，倒不如说它拥有强大的权力的区分符号，同时也影响着我们通过其他渠道与大都会世界进行的社会接触。（阿帕杜莱，2012：70）

（四）身份认同

从某种意义上来说，认同和想象具有某种内在的逻辑关联，想象为认同提供了某种基础，认同则是想象的某种结果。"认同"一词译自英语的 identity。Identity 这个词本身有两重含义：一是指本身、本体、身份，是对"我是谁"的认知；一是指相同性、一致性，是对与自己有相同性、一致性的事物的认知（王莹，2008）。

Andrew J. Weigert 等学者在《社会和认同》（*Society and Identity: Toward a Sociological Psychology*）一书中总结了社会学领域中影响认同研究的五条理论脉络，即：弗洛伊德和精神分析理论，G. H. 米德和符号互动论，舒茨和知识社会学，涂尔干和结构功能

---

① 关于安德森的介绍，可参见：http://en.wikipedia.org/wiki/Benedict_Anderson。
② 转引自《想象的共同体》一书中译本译者吴叡人所写的导读，见该书 2003 年版，第 10 页。

主义，马克思和批判理论（转引自，王莹，2008）。

在当下关于认同的研究中，曼纽尔·卡斯特（Manuel Castells）① 对于网络社会的认同的讨论，对于媒体人类学的研究来说，无疑是最具启发意义的。卡斯特在《认同的力量》（*The Power of Identity*）一书中把认同区分为三种形式：合法性的认同（legitimizing identity）、拒斥性的认同（resistance identity）和计划性的认同（project identity）②。卡斯特延续了吉登斯对于现代性中的认同的讨论，不无见地地这样写道：

> 在现代性之中（不管是早期还是晚期），计划性的认同是由公民社会所建构的（如社会主义是以劳工运动为基础的例子），然而在网络社会中，如果计划性的认同终究能够发展起来，那么它就是从社区拒斥产生的。这就是在网络社会中认同政治新的要义。从拒斥转变为具备转化性的主体的过程、条件及结果正是信息时代里的社会变迁理论所处理的领域（卡斯特，2003：9）。

从事媒体人类学相关研究的学者也对媒介和认同之间的关系进行了具体考察。如美国伊利诺斯大学（UIC）人类学系的利希蒂（Mark Liechty）研究了印刷和视觉媒体对尼泊尔城市青年建构自我认同的影响。他说，媒体使认同商品化，并且，"消费者现代性的逻辑助长了物性的自我认同概念，人们被怂恿着将此种认同当做一种消费商品来购买（利希蒂，1995年，第169页）（转引自，迪基，1998）。

（五）权力

在当代人类学研究中，"权力"问题成为了一个显性的话题，作为当代人类学的一种组成部分，在媒体人类学的研究中，"权力"也成为其考察的一个重点。在媒体人类学的研究中，除了对权力本身进行批判性的研究之外，另一个重要方面是"赋权"（empower）。正如有学者所说的：

> 这几十年社会技术的主要进步之一，就是在控制模式、制作、内容和消费方式等方面都与过去的大众传媒形式大不相同的新式媒体的普及。在国际上，最重要的新式媒体包括录像、复印、个人电脑网络、有线电视、传真、卫星通讯，和……卡式录音带……，这些新式媒体在所有权、控制和消费方式上都趋于分散化；它们为消费者参与和交流提供了更大的潜力，使用户对消费方式及与传媒经营者之间的关系有了更大的控制权（曼纽尔，1993年，第2页，转引自，迪基，1998）。

在当下，由于媒介环境所发生的巨大变化和大量社交媒体的出现，我们一方面要看到这样一些媒介在促进社会民主化进程中的作用，同时，我们也不能对"权力"在这

---

① 关于卡斯特的介绍，可参见：http://annenberg.usc.edu/Faculty/Communication%20and%20Journalism/CastellsM.aspx。

② 曼纽尔·卡斯特：《认同的力量》，夏铸九、黄丽玲等译，社会科学文献出版社2003年版，第4页。

样一些平民化媒介中的作用丧失警惕。

（六）政治参与

宽泛地说，"政治参与"（political participation）是指"普通公民在任何类型的政治系统中为影响统治者的行为所做的各种努力"①（周永明，2013：11）。由于互联网的日渐普及，相对于那些由政府、商业团体所控制的传统媒体来说，互联网为现代社会公民的政治参与提供了一个重要的平台。美国威斯康星大学华人人类学家周永明②是较早关注到中国社会中互联网在公民社会参与中的特殊意义并对此进行研究的学者③。并且，在他的研究中，他把视野拓展到了清朝末期引入中国的电报。通过对电报和互联网的研究，周永明发现：电报和互联网对中国社会最深远的影响在于帮助政治转变成一种在中国历史上前所未有的公共事务。两者迅速传输信息的能力使政府对政治信息散播的管理更加困难。民族主义的兴起和中国社会在这两个时期里的剧烈转变，使得个人能够利用这两种技术扩展政治参与空间。民族主义往往使政治参与合法化，社会变迁迫使政府在一定程度上放松了规制。正是在这些特定的历史环境下，现代信息技术才起到让中国政治更加公开的作用（周永明，2013：15）。在很多关于当代社会运动的研究中，媒体在社会运动中的作用通常是一个人们十分关注的方面（赵鼎新等，2012）。这方面的相关研究，还有 A. Sreberny & A. Mohammadi 对 20 世纪 70 年代末期伊朗革命中包括复印传单（photocopied leaflets）和磁带（audiocassette tapes）等"小媒体"的研究（Sreberny & Mohammadi，1994）。

五、中国大陆媒体人类学相关研究

在国内人类学界，有少数从事人类学研究的学者对媒体与人类学的关系进行过讨论（王铭铭，1996），或是就某些传媒现象从人类学的视角进行过讨论（朱凌飞，2007；朱凌飞 & 孙信茹，2005），但是像西方人类学界那样对于与媒体相关的实践进行系统深入的民族志研究的成果，并不多见。2005 年出版的刘华芹的《天涯虚拟社区：互联网上基于文本的社会互动研究》是中国大陆从事人类学研究的学者中较早涉及与媒体相关的社会实践的研究，虽然作者并没有使用媒体人类学的概念，但是从某种意义上来说，这是中国人类学界最早的"媒体人类学"研究专著。2009 年黄少华在兰州大学的博士论文《网络空间的族群认同》以中国穆斯林网站 BBS 虚拟社区为例，运用民族志的方法对网络空间中的穆斯林族群认同进行了研究；2011 年龙运荣在中南民族大学的博士论文《大众传媒与少数民族社会文化变迁研究》，以一个湘西侗寨——芷江侗族自治县碧涌镇碧河村为个案，运用民族学人类学的田野调查和传播学的量化研究两种主要

---

① 在周永明的分析中，他认为中"个人"代替"公民"更加合适（周永明，2013：12），但是在这里，我们是在一般意义上来讨论，所以仍然沿用了公民的说法。

② 关于周永明的介绍，可参见：http://www.anthropology.wisc.edu/people_zhou.php。

③ 由于种种原因，周永明的《中国网络政治的历史考察》一书中译本在出版过程中删去了关于互联网的那部分内容。而这部分内容，在前期的研究中，周永明使用了我们前面提到过的"网络民族志"的方法。

方法，探讨了大众传媒与民族社会文化变迁的关系。

最近10年中，在中国大陆的新闻传播学科中，出现了一批学者在博士论文的研究中采用民族志的研究方法，在较为扎实的田野调查基础上完成了博士论文①。这样一些研究，他们虽然未直接采用媒体人类学的表述，但是从研究对象、研究方法上来看，与西方人类学界所讲的媒体人类学并没有太大区别。即便在西方的媒体人类学研究中，从事新闻或传播（甚至是文化研究）的学人，也是媒体人类学研究中的一支重要力量。

2003年，郭建斌在复旦大学新闻学院完成了他的博士论文《电视下乡：社会转型期大众传媒与少数民族社区——独龙江个案的民族志阐释》。该博士论文是在云南怒江傈僳族自治州贡山独龙族怒族自治县的独龙江乡进行半年田野调查的基础上完成的，是中国内地新闻传播学界第一篇用人类学的田野调查方法完成的博士论文。2005年，李春霞在四川大学完成了她的博士论文《电视与彝民生活》，该博士论文的田野调查地点是在四川省攀枝花市米易县的2个叫草坝子、马鹿寨的村子，作者在这2个村子调查了近4个月（李春霞，2007：82）。2005年，郭建斌的《独乡电视：现代传媒与少数民族乡村日常生活》一书和他的博士论文有一定关系，但和博士论文相比，是两个差别很大的文本。《独乡电视：现代传媒与少数民族乡村日常生活》中完全没有理论方面的内容，而仅仅是一些当地人关于电视的"故事"。2009年，浙江大学吴飞出版了其在中国社会科学院社会学所的博士后出站报告《火塘·教堂·电视：一个少数民族社区的社会传播网络研究》，这本研究专著的田野调查地点主要也是在云南的独龙江，作者先后3次到独龙江及贡山县丙中洛乡的小茶腊等独龙族聚集地进行田野调查，累计调查时间也有4个月。2010年，金玉萍在复旦大学新闻学院完成其博士论文《日常生活实践中的电视使用——托台维吾尔族受众研究》。作者的田野调查地点是在新疆维吾尔自治区吐鲁番地区托克逊县的托台村，田野调查时间也超过了4个月（金玉萍，2012）。2012年张斌在华中科技大学的博士论文《大众传媒与少数民族乡村政治生活》，以湘黔桂毗邻边区三个民族村寨为田野调查地点，运用"多点民族志"等方法对这3个村寨进行了一年多的调查（张斌，2012）。2011年张丕万在武汉大学的博士论文《电视与柳村的日常生活》，没有选择少数民族地区，而是以江汉平原的一个普通村庄——柳村作为个案，以电视为主要关注的媒体，对柳村的社会生活变迁进行了考察。此外，2012年张祺在中国社会科学院的博士论文《草根媒介：社会转型中的抗拒性身份建构》，基于在贵州、福建等地对苗语影像传播过程的多点民族志观察（调查时间为9个多月）：①描述了苗语影像的生产组织和传播过程；②说明了西部苗族农民工群体借助苗语影像生产形成的跨空间族群网络；③阐释了西部苗族农民工群体使用苗语影像重新想象和建构族

---

① 在中国内地的新闻传播研究中，最早使用田野调查方法并有较大影响的是陆晔和潘忠党的《成名的想象：中国社会转型过程中新闻从业者的专业主义话语建构》一文。据作者介绍，该项研究的田野资料是由一批经过培训的复旦大学和中国人民大学的研究生于2000年上半年深入媒体，进行了为期3～6个月的参与观察获得的。几乎在同一时期，云南大学的孙信茹的硕士论文（孙信茹，2002），也采用了田野调查的方法，对位于云南元江的一个社区（甘庄）进行了为期三个月的田野考察。这篇论文入选2002年复旦大学第二届研究生学术年会，并得到了较高的评价。这是一篇在中国大陆新闻传播学界产生了较大影响的硕士论文，虽然孙信茹硕士研究生的专业是中国民间文学，但是他的导师张宇丹教授是云南大学新闻系教师，孙信茹硕士毕业后也留在云南大学新闻系任教。

群身份与族群"传统"的具体过程;④通过对苗语影像的形态、产生的条件以及功能的探索,提出苗语影像是一种大众文化工业之外,也在专业主义范畴之外的"草根媒介"(张祺,2012)。张祺所关注的这样一种"草根媒体",可以归为我们前面所说的"小众"媒体的范畴,而她所关注的现象,却是一种中国当代社会中的特定现象。张祺这样的研究,和我们前面所说的作为人类学者的 Jenny Chio 在贵州做的"乡村影像"的研究,几乎没有什么差别。她的这项研究,也是中国大陆民族志传播研究的一种新的典范。

除了这些在中国西部少数民族地区或农村进行的研究之外,在方法和研究取向上比较近似的还有近年来深圳大学的丁未在深圳"鹏城村"(2009)、石厦村(丁未,天阡,2009)进行的农民工媒体使用的研究。

另外,中国内地第一套"媒体人类学"译丛中的第一本书(即周永明的《中国网络政治的历史考察》)已经出版,该译丛第一批共有 5 本书,包括前面介绍过的里拉·阿布-卢赫德的《国家戏剧》(*Dramas of Nationhood*)、普尔玛·曼克卡的《观文化,看政治》(*Screening Culture, Viewing Politics*)、布莱恩·拉金的《信号与噪音》(*Signal and Noise*),以及金斯伯格等人主编的《媒体世界:新领域人类学》(*Media World: Anthropology on New Terrain*)①。

随着中西方学术对话的日趋频繁,随着中国内地不同学科中从事相关研究的学术共同体的齐心协力,在不久的将来,"媒体人类学"这样一个新的研究领域,或许也会为中国人类学研究开启一片新的天空。

参考文献:

[1] 阿尔君,阿帕杜莱. 消散的现代性:全球化的文化维度 [M]. 刘冉,译. 上海:上海三联书店,2012.
[2] 本尼迪克特·安德森. 想象的共同体——民族主义的起源与散布 [M]. 吴叡人,译. 上海:上海世纪出版集团,2003.
[3] 卜玉梅. 虚拟民族志:田野、方法与伦理 [J]. 社会学研究,2012 (6).
[4] 德波. 景观社会 [M]. 王昭凤,译. 南京:南京大学出版社,2007.
[5] 丁未,田阡. 流动的家园:新媒介技术与农民工社会关系个案研究 [J]. 新闻与传播研究,2009 (1).
[6] 丁未. 黑白世界:一个城中村的互联网实践——社会资源分配与草根社会的传播生态 [J]. 开放时代,2009 (3).
[7] 菲·金斯伯格,莉拉·阿布-卢格霍德,布莱恩·拉金. 媒体世界:人类学的新领域 [M]. 国立编译馆,译. 台北:巨流图书公司,2008.
[8] 盖伊·塔奇曼. 做新闻 [M]. 麻争旗,等,译. 北京:华夏出版社,2008.
[9] 郭建斌. 电视下乡:社会转型期大众传媒与少数民族社区——独龙江个案的民族志阐释 [D]. 上海:复旦大学,2003.

---

① 该书的繁体版于 2008 年出版,简体版翻译过程中参照了繁体版,但是是由简体版译者重新翻译的。

[10] 郭建斌. 独乡电视：现代传媒与少数民族乡村日常生活 [M]. 济南：山东人民出版社，2005.

[11] 郭建斌. 电视、象征资本及其在一个特定社区中的实践：独乡个案之田野研究 [J]. 中国传播学评论，2005：1-28.

[12] 郭建斌. 在场：民族志视角下的电视观看活动——独乡田野资料的再阐释 [J]. 传播与社会学刊，2008（6）：193-217.

[13] 黄少华. 网络空间的族群认同 [D]. 兰州：兰州大学，2009.

[14] 金黎燕. 树叶信与草桥：景颇族 [M]. 昆明：云南教育出版社，1995.

[15] 金玉萍. 日常生活实践中的电视使用——托台村维吾尔族受众研究 [D]. 上海：复旦大学，2010.

[16] 金玉萍. 作为物、技术与媒介的电视——托台村维吾尔族电视使用研究 [J]. 新闻大学，2012（3）.

[17] 李春霞. 电视与彝民生活 [M]. 成都：四川大学出版社，2007.

[18] 李春霞，彭兆荣. 媒介化世界里人类学家与传播学家的际会：文化多样性与媒体人类学 [J]. 思想战线，2008（6）.

[19] 李飞. 西方媒体人类学研究简述 [J]. 社会科学，2006（12）：105-112.

[20] 李金印，杨荣，晓飞. 独特的爱情媒介：树叶信 [J]. 山茶，1990（2）.

[21] 李立峰. 新闻室观察研究的经典之作. 此文为作者为赫伯特·甘斯的《什么在决定新闻》一书中译本（石琳，李红涛，译. 北京：北京大学出版社，2009年）所写的序。

[22] 刘华芹. 天涯虚拟社区：互联网上基于文本的社会互动研究 [M]. 北京：民族出版社，2005.

[23] 龙运荣. 大众传媒与民族社会文化变迁 [D]. 武汉：中南民族大学，2011.

[24] 陆晔，潘忠党. 成名的想象：中国社会转型过程中新闻从业者的专业主义话语建构 [J]. 新闻学研究，2002（71）：17-59.

[25] 曼纽尔·卡斯特. 认同的力量 [M]. 夏铸九，黄丽玲，等，译. 北京：社会科学文献出版社，2003.

[26] 萨拉·迪基. 人类学及其对大众传媒研究的贡献 [J]. 国际社会科学杂志：中文版，1998（3）：127-141.

[27] 孙信茹. 甘庄的民俗生活及民俗艺术——传媒视野下的个案分析 [J]. 云南艺术学院学报，2002（4）：43-50.

[28] 王铭铭. 传媒时代与社会人类学 [J]. 新闻与传播研究，1996（4）.

[29] 王莹. 身份认同与身份建构研究评析 [J]. 河南师范大学学报：哲学社会科学版，2008（1）：50-53.

[30] 吴飞. 火塘·教堂·电视：一个少数民族社区的社会传播网络研究 [M]. 北京：光明日报出版社，2009.

[31] 项飚. 全球"猎身"：世界信息产业和印度技术劳工 [M]. 王迪，译. 北京：北京大学出版社，2012.

[32] 约翰·奥莫亨德罗. 人类学入门: 像人类学家一样思考 [M]. 张经纬, 任珏, 贺敬, 译. 北京: 北京大学出版社, 2013.

[33] 约翰·费斯克. 关键观念: 传播与文化研究辞典 [M]. 北京: 新华出版社, 2004.

[34] 赵鼎新, 潘祥辉. 媒体, 民主转型与社会运动——专访芝加哥大学社会学教授赵鼎新 [J]. 社会科学论坛, 2012 (4).

[35] 张祺. 草根媒介: 社会转型中的抗拒性身份建构 [D]. 北京: 中国社会科学院研究生院, 2012.

[36] 周志民, 郑雅琴, 陈然, 等. 网络志评析: 一种探索在线社群的定性方法 [J]. 经济管理研究, 2012 (3).

[37] 周永明. 中国网络政治的历史考察: 电报与清末时政 [M]. 尹松波, 石琳, 译. 北京: 商务印书馆, 2013.

[38] 朱凌飞, 孙信茹. 走进"虚拟田野": 互联网与民族志调查 [J]. 社会, 2004 (9).

[39] 朱凌飞, 孙信茹. 文化表演: 传媒语境中的理解与阐释 [J]. 广西民族研究, 2005 (1).

[40] 朱凌飞. 对电影《花腰新娘》的人类学解读 [J]. 民族研究, 2007 (1).

[41] Abu-Lughod L. Dramas of nationhood: the politics of television in Egypt [M]. Chicago: University of Chicago Press, 2005.

[42] Abu-Lughod L. The interpretation of culture(s) after television [M]. California: University of California Press, 1999.

[43] Ang I. Watching dallas: soap opera and the melodramatic imagination [M]. London: Trans, 1982.

[44] Eiselein E B, Topper M. A brief history of media anthropology [J]. Human Organization, 1976, 35 (2): 123 – 134.

[45] Faye Ginsburg, Mihai Coman, Eric W, et al. Media anthropology: an introduction [J]. Media Anthropology. 2005: 17 – 25.

[46] Jenny Chio. "Village videos" and the visual mainstream in rural, ethnic Guizhou [J]. Mapping Media in China: Region, Province, Locality. Routledge, 2012: 79 – 93.

[47] Kelly Askew, Richard R. The anthropology of media: a reader [M]. Blackwell Publisher Ltd, 2002.

[48] Kozinets R V. The field behind the screen: using netnography for marketing research in online communities [J]. Journal of marketing research, 2002: 61 – 72.

[49] Kozinets R V. Netnography: doing ethnographic research online [J]. Sage Publications, 2010.

[50] Marcus G. Ethnography in/of the world system: the emergence of multi-sited ethnography [J]. Annual Review of Anthropology, 1995, 24: 95 – 117.

[51] MacAloon J J. Olympic Games and the theory of spectacle in modern societies. Rite,

drama, festival, spectacle: Rehearsals toward a theory of cultural performance, 1984: 241-80.

[52] Coman M. Media anthropology: an overview [J]. European Association of Social Anthropologists (EASA), 2005.

[53] Morton-Williams P. Cinema in rural nigeria: a field study of the impact of fundamental-education films on rural audiences in Nigeria [M]. Ibadan: West African Institute of Social Research, 1954.

[54] Rothenbuhler E W, Coman M. Media anthropology [M]. Sage, 2005.

[55] Rothenbuhler E W. Media anthropology as a field of interdisciplinary contact [EB/OL]. http://www.philbu.net/media-anthropology/rothenbuhler_interdiscontact.pdf.

[56] Spitulnik D. Anthropology and mass media [J]. Annual review of anthropology, 1993, 22: 293-315.

[57] Worth S, Adair J. Through navaho eyes: an exploration in film communication and anthropology [M]. Bloomington: Indiana University Press, 1972.

[58] Sreberny A, Mohammadi A. Small media, big revolution: communication, culture, and the Iranian revolution [M]. Minnesota: University of Minnesota Press, 1994.

[59] Sun W. Top-down polices versus grassroots resistance: the management of illegal satellite dishes in Chinese village [J]. Mapping Media in China: Region, Province, Locality, Routledge, 2012, 62-75.

媒介转型与社会文化变迁

警察权力制衡机制与警务商品化
——G市警务/商业广告研究

徐建华* （杜洁莉** 译）

内容提要：本文以G市警务/商业广告为例，致力于探讨中国的警务商品化现象。文章认为，如果说西方社会的警务商品化有其新自由主义的思想基础，中国的警务商品化却因缺乏对警察权力有效的制衡机制而具有其特殊性。文章指出，由于制度与现实原因，在管理非法商业广告中，城管不是一个有效的警察权力的制衡机构。中国警察权力的商品化不仅仅是一个基层问题，还是一个更广泛的警察制度的问题。同时，它也是中国社会国家权力和经济资本之间的共生关系的一部分。本文的数据收集来自三年的民族志田野调研以及对警察、警察学者、商人、城管、普通市民和保安人员深入的半结构式访谈。

关键词：警务/商业广告 共生关系

一、引言

自20世纪80年代开始经济改革以来，中国社会经历了巨大而前所未有的变化。在短短的三十年中，中国已经从僵化的国家计划经济转变为市场经济，从一个贫穷落后的国家成了世界第二大经济体。然而，经济改革并没有带来如许多观察家所预言的民主变革（Fukuyama, 1992; MacFarquhar, 1991; Waldron, 1995）。相反，中国的党国体制被证明是有韧性的，其适应新挑战的能力是引人惊叹的（Heilmann & Perry, 2011; Nathan, 2003）。为了促进经济改革和保持社会稳定，中国政府对其国家强制力的基石——警察部门进行了积极的变革。事实上，三十年的经济改革也见证了警察部门的极大变化，这些变化涉及到它的作用和功能、核心价值、领导权力、组织结构和流程、管理理念、运作程序和实践等（Wong, 2002, 2009）。然而，当前的中国警察诞生于抗日战争、内战和革命等政治运动之中，它的任务是保护其革命成果不受政敌的破坏（Bakken, 2005），它向一支重视职业化与法治的现代警察的转型尚未完成（Dutton, 2000a, 2005）。

当政治化的历史遗留仍然影响着中国警察转型的同时，因经济改革而出现的市场力

---

* 澳门大学社会学系，美国宾西法尼亚大学犯罪学系富布莱特访问学者。
** 深圳职业技术学院，中山大学社会学与人类学学院。

量也影响着依法治警及其合法性。现有研究已广泛探讨了中国警察作为专政工具的职能是如何影响着其向现代警察的转型（Dutton，2000b；Tanner，1999；Trevaskes，2002）。然而，新兴的市场力量如何影响依法治警及其合法性的建立仍有待研究。基于 G 市警务/商业广告的调查，本文将分析中国的警务商品化问题。警务/商业广告是那些同时包含着由警察提供的犯罪预防信息和由商家提供的商业信息的广告。以 G 市为例，本文将论证警务/商业广告是中国警务商品化的一种方式。在一定程度上，警察权力已经成为商品，商家可以根据自己的目的购买和使用。如果说西方社会中警务商品化有其新自由主义思想基础，中国警务商品化却因缺乏对警察权力的有效制衡而有其独特性。在非法的警务/商业广告的管理中，由于制度与现实原因，"城管"不是一个有效的警察权力制衡机构。在警务/商业广告的制作过程中，警察和商家已经形成某种共生关系。这种共生关系不但存在于基层，而且成为了一种广泛的警察制度现象。本文将进一步论证，对警务/商业广告制作过程中所体现出来的警务商品化现象，应该放诸于中国社会国家权力和经济资本之间的共生关系这个更大的社会背景中进行解析。

二、警务商品化在全球的发展

警务商品化，有时被称为警务市场化、商业化和私有化，过去的 30 年中这一现象在西方社会被广泛讨论。争论的主要焦点是警务或安保，越来越成为一种商品，它取决于人们的支付意愿和能力，可以从市场上自由购买（Loader，1999：374）。在现有的文献中，有 2 种主要的论调。第一种是关于私人警务的扩张。虽然私人警务一直与我们同在，但它已经从几十年前几乎看不见的状态发展成为如今无处不在，这一现象在大城市里更为明显（Ayling et al.，2009：33）。事实上，就私人警务而言，不仅私营保安公司雇用的人数已经超过了公共警察，它还包括了范围广泛的其他活动，如防盗报警、调查服务、过程处理、债务和收租、安保咨询、保险柜业务、出入控制和监控录像等（Newburn，2001：832）。第二种是伴随着私人警务的增长与普及以及新监控技术的传播，公共警务本身也在商品化。一方面，警察已逐渐退出一些传统的领域，如安全警报和警察局防卫，改由市场提供这样的服务（Ayling et al.，2009：33）。许多警察的工作也外包给私人企业，包括训练和招聘、交通管理、录音带转录、法医调查、网络犯罪调查，甚至包括囚犯的监管和运输等（Ayling & Grabosky，2006：667）。另一方面，一些警察部门也积极进入市场销售自己的产品和服务，从出租休班警察给私人企业到向私人保安队伍提供培训；从向营利的活动（如体育赛事、游行、节日和音乐会）收费到向电影制作咨询、警察形象的商业使用收费等（Ayling et al.，2009：133-167）。因此，警察从一个几乎完全基于税收的公共机构到向企业性、合作伙伴关系的模式发展，他们越来越把自己变成生意人（Ayling et al.，2009：12，24）。

尽管学者们对警务商品化这一现象从多种视角进行过研究，如国家财政危机、大规模私有财产的出现、来自于焦虑的公民的未受满足的保护性需求、政府和社会的转型、以及消费文化的兴起等（Jones & Newburn，1998；Loader，1999），学者们普遍认为新自由主义思想的传播是西方社会警务商品化现象产生的总体背景。在新自由主义思想影响下，国家往往退出他们的许多传统的角色而把其交付给市场（Ayling et al., 2009: 3）。因此，市场交换的逻辑渗透到生活的其他领域，包括警务（Loader, 1999: 375）。如果新自由主义是西方国家的警务商品化的主要原因，中国的情况可能会提供一个不同的案例。

三、中国的警务商品化

自从邓小平于三十多年前启动中国的经济改革以来，中国社会的总体思想从"阶级斗争"转向"经济发展"。在著名口号"致富光荣"的号召下，整个社会久被压抑的赚钱欲望一触而发，资本主义、消费主义的精神已经蔓延到社会的各个角落（Davis, 2005; Ong, 2006）。20世纪80年代曾被视为一个"全民经商"时代。党、政、军、普通人和学生都参与到商业大潮之中（Yang, 2004: 372）。1992年邓小平南方谈话呼吁进一步深入改革之后，改革的步伐迅速加快。在全国"经商热"之时，军队和警察作为两个最强大的群体卷入其中，直到20世纪90年代末才被明令禁止（Hu, 1999）。

中国警察权力的商品化一直是一个全国性的现象，它以许多不同的形式存在。第一，对于小的违法犯罪，尤其针对是赌博和卖淫的案件，警察不是使用监禁，而是广泛采取罚款、没收的方式，这在一定程度上使执法变成了经济交易。第二，警察建立自己的企业，尤其是在他们直接监管下的"特种行业"，如酒店、娱乐业或私营保安公司等。第三，警察通过介入单纯的经济纠纷、扮演讨债者的角色而获得经济利益。第四，警察也可能会从受害人，特别是经济案件的受害人那里获得赞助（Fu & Choy, 2003）。在解释为什么警察广泛使用他们的权力获取经济利益时，一种流行的说法是，他们资金不足（Zhai & Zhang, 2002）。这个论点言下之意是，虽然警察权力的商品化是不可取的，但它是使警察机构得以运作不得不做的一个选择。我把这样的观点称之为"资金论"。

虽然"资金论"有一定的道理，但它却存在几个问题：首先，警察权力的商品化至少需要两个条件，一是警察要去赚钱的"动机"，二是能够阻止警察将权力商品化的"监督者"的缺位（Cohen & Felson, 1979）。"资金论"解释了"动机"而没有解释"监督者"。其次，"资金论"也不足以解释警察权力的商品化为何成为一个全国性的现象。中国警察由地方政府提供资金。一些发达城市的警察资金供给充足，如北京，上海和广州，但警察权力的商品化依然存在。本文以G市警务/商业广告研究为例，旨在探索警察制衡机制及其对中国警务商品化的影响。

本文将在以下几个方面对现有文献进行完善。首先，它阐释了警务商品化已经成为一个全球性趋势。在西方大部分国家，它出现在法治框架之中，对于中国警务商品化的研究可以更进一步地丰富现有文献，因为中国警察权力制衡机制缺失是一个重要的因素。其次，虽然对于中国警务的研究看起来很广泛，但它仍然很"肤浅"（Dai, 2008），或者说是"粗略的、零星的和浅显的"（Wong, 2009: 112），实证研究尤其缺乏，本文是笔者为持续努力推动中国警政实证研究所做的又一努力（Xu, 2009, 2010, 2012）。再次，警务/商业广告不仅仅是G市所特有的，它们也出现在许多其他城市。

对 G 市警察的研究具有特别重要的意义，因为它被视为比其他地方更"先进"和"文明"，它可能代表了中国警察的未来。如一名警察学者所说：

> G 市是相对比较文明的。老实说，G 市警察，他们的工作比中国其他地方更加规范，而中国内地其他地方的警察更糟。（一位警察学者，G 市）

最后，传统的犯罪学研究主要依赖于"文字和数字"。本文也旨在贡献于最近兴起的用图像进行犯罪学研究的这一方法（carrabine 2012）。正如一句中国谚语所说"一画胜千言"（Landsberger *et al.*，2011：6）。所以，让图像说话吧。

四、研究问题，资料收集和方法

本文将专注于一种类型的公共警务的商品化：警务/商业广告。在这些广告中，商业广告和警察的警示同时出现。当笔者的香港同事展示这些广告时，他们笑着说："这是中国！"他们的笑容背后所隐含的解读是：考虑到中国的国情，这没什么好奇怪的。在本文中，笔者将从特定的历史和当下社会结构的视角，来对 G 市的警务/商业广告提供一个社会学的解释（Mills，1959）。具体地说，本文将进行以下问题的探讨：①警务/商业广告有什么问题？②为什么警察和商家会共同制作这些广告？③在制作警务/商业广告的过程中，什么样的社会结构性原因使得警察和商家的共生关系成为可能？

本文的数据来自一个针对 G 市的犯罪预防而进行的一个更大的研究项目。作为中国最发达的城市之一，G 市的犯罪率之高广为众知。2012 年，G 市拥有 1 600 万人口，其中流动人口和本地居民各占一半左右（Zeng & Lei，2012）。

笔者采取了多种方法来收集资料。第一部分数据来自我在 G 市进行的 3 年的实地观察。在 2009 年到 2012 年之间，我每周前往 G 市观察在公共空间里所采取的犯罪预防措施。我通过步行、骑自行车访遍了该市的绝大部分区域，特别是重点走访了被警察视为"黄赌毒"中心的城中村。G 市有 138 个城中村，我走访了其中的绝大部分。生活在这里的人大多数是农民工。我尽可能拍摄与犯罪及其控制相关的所有信息，如犯罪预防的广告、条幅和墙画，招募"男女公关"（男、女性工作者）的非法广告、制造假证件、私家侦探和放高利贷等的广告。我总共拍摄了 5000 张左右的犯罪及其预防的照片。在本文中，我的分析将集中于其中一种类型的犯罪预防广告，即警务/商业广告。在这些广告上，预防犯罪的警察警示和商业广告共存。这些广告的尺寸从 A4 纸大小到近十平方米不等。商业广告和警察警示所占用的空间比例也不同，从警察警示占绝大多数空间到商业广告占绝大多数空间不等。在所有的广告中，我发现了如下 8 种不同的类型，包括：①贴在墙上或门的纸质广告；②路边的广告牌；③警务公告栏；④墙上的铁板；⑤社区警务信息栏；⑥太阳伞；⑦贴在墙上的巨大的塑料广告；⑧感谢板（见图 1～8）。笔者一共收集到了 89 种不同类型的警务/商业广告。

图1 一面墙上的纸质广告
左边部分是玛丽女子医院的广告,强调港式连锁风格。右边部分号召市民的支持与配合,并提供了地方派出所的报警电话。

图2 不锈钢广告牌
该广告牌上面的2/3是警察提示,关于深夜公园等地的安全隐患、盗窃以及诈骗的安全警告。下面的1/3是附近麦当劳的方向指示。

图3 警务公告栏
左侧是一个私人医院的广告,右侧是警方提示。中间张贴的广告介绍了典型的犯罪案例和防范手段。

图4 墙上的铁牌
铁牌左侧的2/3是"清除毒品祸害,造福子孙后代"的标语,右侧的1/3是中国联通电话服务公司的广告。

图5 社区民警信息栏
包含社区民警的相片、姓名、警号、报警电话和提醒市民防范盗窃和欺诈的技巧。信息栏的下方是一家房地产中介的广告。

图6 印有××区公安和一家旅行社广告的太阳伞

图7　墙上十平方米左右的大幅塑料布广告

左边是派出所的电话号码，提醒如欠电话费、身份证资料冒用、莫名的刷卡消费、意外的中奖信息、征婚交友、送开业花篮、购汽车退税、合伙炒股高利润回报、以家人和朋友出意外的名义求助汇款等各种形式的诈骗伎俩。右边是一个酒店的广告。

图8　感谢板

在一个封闭小区的门上，写有标语："你已进入监控区，请保持微笑！"下面的信息是："本社区监控系统由以下单位赞助提供，特此鸣谢！"

数据的第二部分来源于深入的半结构式访谈，访谈对象包括21名警察、3名警察学者、5名商人、5名城管、6名普通市民和2名保安（共42人）。由于警察是制作警务/商业广告的主要实施者，因而有必要就这些广告的制作以及警察和商家的"合作"问题对他们进行访谈。他们中的一部分来自市、区一级的公安局，但绝大多数来自地方派出所。与商家的联系则直接通过他们在警务/商业广告中提供的电话号码取得，经他们同意后进行访谈。由于户外广告是城市管理部门的管辖范围，与城管的访谈可以发现他们在实践中如何处理这些非法广告的关键信息。对城管的访谈是通过私人关系以及滚雪球的方式招募进行的。为了能从不同的角度更好地理解警务/商业广告，3名警察学者、2名保安和6名普通公民也被招募进行访谈。此外，我还利用慧科新闻（Wisenews）——一个包含了大部分中国报纸的数据库，来搜索有关警务/商业广告的新闻报道；同时还查阅了官方的一些关于如何处理这些广告的文件。

五、赞助警务/商业广告的商家

89家涉及赞助警务/商业广告的商家中，最常见的是电话和互联网公司。近1/3的商家（27家企业）属于这种类型。这些广告通常出现在住宅区的大门和墙壁上，尤其在城中村特别多，他们几乎可以在城中村建筑屋的每一个大门处看到。一方面，城中村是犯罪高发区。警察认为这些广告可以增强居民的犯罪防范意识。另一方面，因为几乎90%的城中村居民为农民工，他们对互联网和电话服务有巨大的需求，而其高流动性则进一步增加了对这些服务的需求。

第二大类警务赞助商家是民营医院，占所有数据的13%。民营医院赞助的广告也经常出现在城中村，因为农民工通常被排斥在国家医疗服务体系之外（Chan & Zhang, 1999），这些小规模的私人医院可以为他们提供相对廉价但也低质量的服务。城中村也常被视为"卖淫"的中心，因而这些私立医院特别强调与性有关的服务，例如性病、堕胎和生育等。

第三类商家的企业包括餐厅和酒店，如麦当劳、肯德基、真功夫和七天连锁酒店等。这些警务/商业广告通常是出现在主要街道和繁华的商业区。与前面2种广告类型的主要受众是农民工不同，这种酒店餐饮广告的主要受众是能支付得起这种相对昂贵服务的当地居民和外来游客。

第四类是与安保行业有关的商家，包括开锁公司（5个）、物业管理公司（2个）和安防设备公司（2个）等。这些广告通常出现在传统的居民小区和现代化的高档住宅区。

除了上述四种主要类型的商家外，还有大量从事其他业务的商家赞助警务/商业广告，他们包括售卖某种特定商品的商家（5个）、旅行社（4个）、驾驶员培训学校（4个）、体育和舞蹈中心（3个）、软件公司（2个）、汽车售卖店和购物中心（3个）、房地产中介机构（2个）、广告公司（2个）、1个银联卡办理机构、1个律师事务所、1家国际咨询公司和1家铁路产业集团。

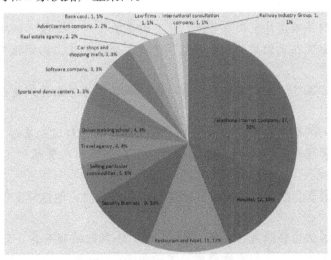

图9 赞助警务广告的商家类型

六、警务/商业广告的问题

不断增加的警务商品化问题引发了公众越来越多的关注，人们尤其担心其会增加警力资源分布不公平性以及破坏警察的合法性（Ayling & Shearing, 2008; Loader, 1999; Manning, 2010）。这种担忧也同样存在于 G 市的警务/商业广告中。一方面，市民担心警察的公正性。众所周知，有大量的报道显示中国警察高度腐败与滥用权力（Fu, 2005）。警务/商业广告被视为警察滥用权力又一个例子。当警察从商家那里得到经济利益的时候，人们会怀疑他们能否在执法的过程中保持中立。特别是当警察收到他们直接监管范围下的商家赞助或捐赠的时候，如酒店、驾驶员培训学校，或者那些和警察相关工作，如律师事务所等，他们更加担心，因为这里有一个明显的利益冲突。一位市民这样批评这种警察与商家关系：

> 警察正在利用他们的公共权力，并把它变成商品。这在驾校和律师事务所例子中非常明显。比如说律师事务所，如果我想请一个律师，我可能会认为，他们与警察有着特殊的关系，我可能会请他……作为一个消费者，我肯定这么想……（一位市民）

另一方面，甚至警察自己也担心他们的合法性，因为这些警务/商业广告会损害他们的形象，损害市民对警察的信任，而后者则是警察工作的基础（Manning, 2010: 9）。由于大多数警务/商业广告涉及到基层派出所和警务室，上级部门的警察机关通常不支持这种类型的警务/商业合作，虽然他们自己偶尔也会参与其中。即使在派出所，那些没有直接参与这项工作的警察也可能批评这种"合作"。他们特别批判那种专治"男女问题"的小型私营医院的赞助商（见图1）。

典型的表达如下：

> 其实我们并不支持他们这样做。这些都是派出所和街道办事处他们搞的。有些商家不应该出现在我们的警示中，尤其是那些妇科医院，影响很不好。（一名市公安局警察）

> 这些很不规范。玛丽医院的广告对政府和警察的形象特别负面。（一位警察学者）

> 我们的上级部门曾经下发过文件，不允许我们这样做。有些商业广告不太好。但是当他们管得不严的时候，我们又做了。（一名派出所警察）

当我请一位警察介绍其他的警察让我进行访谈的时候，他这样友善地提醒我：

> 你不应该把这些照片（警务/商业广告）给我们的领导看。你在香港做这样的研究，这不是在暴露我们内地警察的黑暗面吗？（一名区公安分局的警察）

另外还有2个关于警务/商业广告更具体的问题。首先，它们实际上是非法广告。在中国，所有的户外广告必须获得城管的许可。这些警察和商家所张贴的警务/商业广告都没有获得城管的许可，因而他们显然都是违法的。虽然大多数时候城管对它们视而不见，但在2011年8月，在G市争创"全国文明城市"的称号时，城管开展了一个月的拆除这些警务/商业广告的运动（Lu, 2011）。城管选择性执法的原因将在后面进行讨论。其次，一些商家自己张贴警务/商业广告而没有告知警察。他们假装是在和警察进行合作，在其广告中印上警徽、卡通警察形象和110服务热线，并通过使用和警务/商业广告同样的印刷与排版方式来逃避城管的干预。在89种警务/商业广告中，16种来自商家单方而没有获得警察的同意。有时候警察会干预这些"假"的警务/商业广告，但更多时候他们太"忙"了，没有时间来处理这些微不足道的违规行为。

七、"双赢"：警察和商家之间的共生关系

本研究致力于探讨在制作警务/商业广告过程中警察和商家所形成的共生关系的原因，并为在中国出现这样的关系提供一个社会学解读。首先，让我们来探讨警察做这些广告的动机。

对警察来说，最重要的原因是可以免费地进行犯罪预防宣传。通常，商家负责这些广告的费用，而警察来负责张贴。G市因其高犯罪率而闻名中国。2007年以前，街头犯罪，尤其是"双抢"（抢夺、抢劫）特别猖獗。G市政府采取了一种"驱赶"型警务战略，即在市中心区全面禁止摩托车。正如预计的那样，街头犯罪下降，但入室盗窃和诈骗犯罪却急剧增加（Xu, 2012）。与抢劫和抢夺案件难以预防不同，G市警察认为入室盗窃和诈骗犯罪可以通过提高人们的防范意识来预防。在公共空间里，以大横幅和广告的形式出现的警示被广泛地用来提醒人们关注此类犯罪。然而，警察们却经常抱怨他们没有犯罪预防宣传的经费。面对这个问题时，一位警察提供了与商家合作的详细信息：

> 有时候我们主动找商家，有的时候他们也会主动寻找我们。当我们想做这些广告的时候，我们没有钱。因为没有犯罪预防的经费，我们不得不找商家，让他们给钱。他们够机灵的话，也会主动找我们，我们也不是纯粹的商业广告，只是将他们的名称印在广告的底部……广告的内容由我们提供，包括犯罪预防的提示和警察的电话号码。（一名派出所警察）

在G市，这样的警务广告费用大概从几千元到3万元不等，这取决于广告的数量和形式，最昂贵的广告是竖立在路边的不锈钢牌子（见图2）。
它们每个的成本约为1 500元。一位商人反映：

> 我们根据当地派出所的要求制作这个（广告）。他们告诉我广告的长、宽和高。警察说那个地方不安全，因此他们打算在那里树2个牌子。它花了我们3 000

元左右，是警察主动找我们的。（一名公司经理）

纸张广告的成本（见图1）则便宜得多，每份成本不到1元。然而，大量的这样广告成本也相当可观。一个酒店经理自豪地说：

> 这个是吴警官帮我们设计的，我们负责制作。我们提出了几个不同的版本，最后决定用这一个。它看起来相当清楚和全面……我们制作了大概2万份……共花费近3万元。它涵盖了所有公共区域、小区，甚至包括银行、麦当劳和肯德基里面。（一名酒店经理）

总的来说，缺少经费是警察与商家"合作"时最常提到的原因。对于某一派出所来说，缺少犯罪预防的经费可能是真的，但G市警察作为一个整体，其资金应该说是相当充足的。比如说，G市警察在2006年拥有55.4亿元的预算，在2008这一预算增加了20%，达到65.4亿元，占G市整个财政预算的10%（Li, 2009: 19-21）。可以说，G市警察享有的预算比全国平均水平高得多。2010年，中国国家公共安全经费首次超过了国防支出。但即便在这一年，公共安全支出也仅占政府总支出的6.14%（National Bureau of Statistics of China, 2011）。从国际上来说，G市警察预算也相当高。例如，香港警察在2008年的预算为119.1亿港币，仅占政府总预算支出的4.6%（Hong Kong Government, 2009）。相比而言，与其说"资金不足"，不如说G市警察"资金充足"。事实上，即使是G市警察自己也承认，所有的部门资金都到位了（Guangzhou Public Security Bureau, 2008: 55）。因此，该问题更多涉及的是预算分配问题而非预算资金总额问题。如果经费是最明显的原因，下面的这个原因则相对没那么明显。

警察积极地和商家合作的第二个原因是为了减少记录在案的犯罪数。警察通过警务/商业广告来宣传当地派出所的电话号码，而不是统一的110警察热线。这样做，基层警察可以减少其辖区的记录在案的犯罪数量，从而获得较好的绩效评价、更高的奖金和更大的晋升机会。1986年，G市成为中国第一个采取110报警热线的城市，其系统在2003年进行了进一步升级以便能够容纳所有的紧急呼叫（Lai & Xiao, 2008）。此后，110的警情数成为评估派出所辖区犯罪状况的一个重要指标。在这些警务/商业广告上，警察只公布派出所的电话号码，治安保卫委员会（以下简称"治保会"）的电话或者社区民警的手机号码，并敦促民众在需要帮助时拨打这些电话号码。因此，110的警情数就可以减少。一名警官这样说：

> 这些广告有一个重要的功能，由于我们的所长要求我们社区民警降低发案数，这并不是说就没有案件发生，而是当有案件发生时，直接打我们的电话。我们派出所有3个电话，且相互连接着。如果其中一个电话占线，它将自动被转移到另一个电话。我们强调24小时服务……这是我们工作的一个亮点。（一名派出所警察）

另一名警察则抱怨说，由于他们近来在推广派出所电话方面的努力减少，导致110

警情数增加了：

> 我们以前经常派发传单，要求人们到我们警务室来，不要打110。对于一些小的案件，我们可以在警务室处理，最好不要搞得我们社区看起来很乱。那时候警情比较少。因为我们最近没有加强这个方面的工作，警情数又上去了。（一名社区民警）

虽然大多数警务/商业广告只是委婉地鼓励人们打电话给当地的警察，而其他一些广告则明确地在广告上写着这样的信息："发现警情，请第一时间拨打我们的电话"，旁边则标注着当地派出所的电话号码（见图10）。有时降低110警情数的责任甚至可以转嫁到那些租房给农民工的房东。例如，2010年G市举办××会期间，一房东做了一张广告贴在墙上提醒租房者，"×××期间，尽量勿打110。打一次罚款500元，打2次罚款1 000元，如此类推"（Zhang & Tu, 2010）。总之，警务/商业广告在派出所操纵犯罪数据中扮演着重要的角色，进而使他

图10 "社区民警在身边"警示牌
连同警官的手机、派出所和治保会的电话。大标语写着"发现警情，请第一时间拨打我们的电话！"广告的底部是洗涤品广告。

们在控制犯罪中得到更好的评价。在这里，我们看到官方的犯罪数据在中国是如何被建构起来的。

警察参与警务/商业广告的第三个原因在于个别警察为了赚钱而滥用权力。尽管中国警察自20世纪90年代末以来已被明令禁止从商，但这个问题仍然存在（Fu & Choy, 2003）。在G市，一些警察仍积极参与做生意，他们用自己的权力协助经商。一名警官透露：

> 我的一个同事开了一家酒店，赚了很多钱。他做了个指示牌（警务/商业广告）……当他制作这些广告时，没有告诉派出所，是他自己做的。（一名派出所警察）

虽然很难知道G市有多少警察参与做生意，有多少警务/商业广告是警察个人行为，但笔者的田野调查显示了这种情况确实存在。个体警察权力的滥用也导致了警务/商业广告的形成。现在让我们把目光转向商家的部分。

当警察可以从免费进行犯罪预防和操纵犯罪统计数据中获益之时，商家则从共生关

系的其他方面受益。首先,他们可以将非法广告"合法化"。通过将他们的商业广告与警察警示相联,商家可以逃避城管的处罚。如上所述,户外商业广告需要经过城管审批,否则,将被视为非法,广告会遭到清理,发布广告者会被罚款。一名城管人员这样解释他们的工作:

> 这些非法广告应该全部清理掉。我们的执法部门会负责拍照,然后把他们的电话号码转入我们的"呼死你"系统。系统会持续地呼叫直到他们来交罚款。否则,他们的电话在一定时间后就会被停掉。(一名高级城市管理人员)

然而,通常情况下,城管并不会来处理这些非法的警务/商业广告,因为警察有份参与。一位经常制作这些警务/商业广告的警察这样解释:

> 一般来说,如果城管发现这些广告是与警察有关的,他们就不会管。(一名派出所警察)

被问及是否担心城管的干预时,一些警察甚至表现出了他们对城管的蔑视。正如一名警察说:

> 城管?不用理他们啦!(一名派出所警察)

事实上,中国警察远比城管更有权力。当看到我所收集到的警务/商业广告时,另一位高级城市管理官员评论说:"他们都是非法的。"但被问及他们是否会对这些参与警务/商业广告的企业进行罚款时,他回答说:

> 这些都是非法的。但由于它们是与派出所在一起的,我们就不管了。(一名城市管理人员)

简而言之,与警察的共生关系可以保护商家,使他们在发布非法商业广告时可以免受城管的干预。警察权力可以帮助商家克服城管这样的官方障碍,还可以帮助商家扩大市场。借助预防犯罪的名义,警察可以帮助商家把警务/商业广告张贴到城市的每一个角落,如火车站、主要街道、繁忙的商业中心、现代化的高档小区、城中村、银行和ATM机,甚至在一些餐馆内部。当我拜访了一名住在一个封闭小区的警官的家的时候,他说:

> 你看,在我们的小区里,你可以看到楼下到处是这些广告。如果他们不和我们警察合作,你连这个地方都进不了,更别说去张贴这些广告了。(一名派出所警察)

在他们的合作中，商家负责广告的制作和经费，而警察则负责广告的派发和张贴。一位酒店经理指出：

> 我们做完（广告）之后，就把它们交给了吴警官。他再让物业管理公司派保安张贴。我们负责费用，他们负责分派。他们需要降低犯罪率……上次我们在×××小区张贴之后，所长还特意来检查，看做得怎么样。（一名酒店经理）

实际上，警察不仅可以帮助扩大商业广告的市场，也有助于维持这个市场。由于这些广告与警察联系密切，它被市民清除或被竞争对手覆盖的可能性也小些。

第三，赞助警务工作是与警察搞好关系的一种方式。中国警察的权力很大，与警察的良好关系往往是商家成功的关键因素之一。与警察搞关系在中国是一种很常见的做法（Zheng，2009）。一名警察学者说：

> 老实说，这些（警务/商业广告）对警察有利；至少没什么坏处……就像每年新年过后，一些警察的领导会让商家安排一些"联谊"活动，如唱K或吃饭。这在基层很常见，它是搞关系的一种方式。（一名警察学者）

那些直接受警察监管的小型私营企业更是如此。民营医院可能会在与患者发生冲突时寻求警察保护；开锁公司需要得到警察的许可证；酒店由于一些非法活动经常发生，如赌博、卖淫和毒品等，特别需要警察的保护。在参与警务/商业广告的生产的89家企业中，有12家民营医院、4家酒店、5个开锁公司、2个安保设备公司和2个物业管理公司。对这些商家而言，赞助警察进行犯罪预防是与警察搞好关系的一个良好机会。

八、讨论

在制作警务/商业广告所产生的共生关系中，警察和商家是"双赢"的。一方面，警察作为一个组织可以得到免费的预防犯罪宣传以及降低记录在案的警情数，一些警察个人还可以违规去赚钱。另一方面，商家可以受益于他们的非法广告的"合法化"，扩大自己的市场，并培养与警察的良好关系。

但还有一个问题尚未得到解答，就是警察与商家之间的共生关系何以成为可能？更具体地说，为什么城管——这个管理户外广告的权力部门，不能有效地制衡警察制作的这些非法警务/商业广告？我将从以下3个方面对这个问题进行思考：①中国警察结构的分权与警察改革的再政治化；②警察和商家的制度性的共生关系；③中国社会中，国家权力和经济资本之间的共生关系。

（一）警察结构的分权和警务改革的再政治化

中国警察是一个权力分散的机构。他们同时接受上级警察部门和地方党委、政府的领导（Tanner and Green，2007）。通常来说，上级警察部门负责业务指导，地方政府负责财政支持和人事安排。尽管20世纪90年代以来，中央不断加强对警察的控制，使其依法行政，地方党委和政府对警察仍然拥有极大的权力。他们被地方政府要求做一系列的"非警务工作"，如计划生育、强制拆迁和"截访"工作。

近年来，在中国社会"维护社会稳定"压倒一切的政策下，地方党委和政府对警察的控制进一步得到加强，一个警察再政治化的过程是显而易见的。自2003以来，各级公安机关的负责人都成为了同级的党委常委或政府的主要领导人（Fu，2005）。在这再政治化的过程中，警察的权力得到进一步扩大。当前中国警察不仅享有比法院和检察院更大的权力，也比许多其他政府机构具有更大的权力，包括城市管理部门。在G市，至2007年底，所有派出所所长已经成为街道和镇一级的领导班子的成员，所有的社区民警已经成为社区/村的副书记或副主任（G市公安局，2008：55）。换句话说，警察比以前获得了更多的权力，成为了政府决策过程中的一个关键角色。一名警官承认说：

> 我们的派出所所长是街道办的党委副书记。他是领导层的一员，属于领导班子。所有关键的决策都是由党委决定的。（一名派出所警察）

事实上，党有很大的权力，特别是人事权（McGregor，2010）。作为一个党委委员（或常委），对公安局长、所长们甚至对城管部门官员的任命都有影响力。在这种情况下，从制度安排上来讲，当警察违反城市管理政策张贴非法警务/商业广告时，城市管理部门无法成为一个有效的制衡力量。

在实践中，城市管理部门也需要警察对他们的执法进行支援，因为他们没有使用强制力的权力。一名警官抱怨道：

> 前几天，我收到了来自城市管理部门的一个文件，要求我们协助调查丢失井盖的事……我觉得很烦啊，不想理它。但是我们的领导要我们处理啊，他们在街道办是同一个老板。他们要我们做各种各样的事情。比如，他们经常让我们协助他们拆除违章建筑。（一名警察访谈）

在这种情况下，对于当一些警察在问及城管是否会干涉警务/商业广告时所表现出的轻蔑，我们便不足为奇了。事实上，城管一直抱怨他们没有使用强制力的权力，而警察对城管非法暴力使用的容忍也广为人知（Human Rights Watch，2012）。为了加强警察和城管之间的合作，有的城市还专门成立了城市管理警察队伍，或者让城管担任警察的主要领导（Wang，2012）。因此，无论从制度上还是实践上，城市管理部门都不能有效地制衡警察制作非法警务/商业广告的行为。

（二）警察和商家制度性的共生关系

在G市，尽管大多数警务/商业广告是由派出所和社区民警所为，但是几乎所有的公安部门都曾介入，包括市公安局、区公安分局、派出所、社区警务室（见图11）。在89类不同的警务/商业广告中，其中64类由派出所或社区民警制作；3类来自区公安分局;4 类来自广州市禁毒办公室——而市公安局是其主要成员。因此,警察和商家之间的共生关系不仅是一个地方性问题,而是整个警察制度的问题。

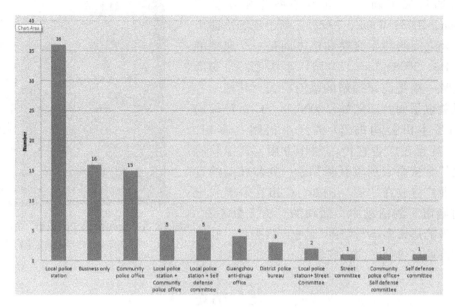

图 11 参与制作警务/商业广告的警察部门

虽然从表面上看,区公安分局和市公安局参与警务/商业广告的可能性小些,但实际上他们与商家的共生关系也以其他形式出现。例如,G 市公安局不断从商家获得汽车、摩托车和资金赞助。2003 年他们从本田公司得到 20 辆汽车(Zhao, 2003);2004 年他们从 G 市国际贸易中心获得价值超过 1 300 万元的 140 辆汽车(Tang & Chen, 2004);2005 年从富力地产得到 100 辆汽车,价值 1 000 万元(He, 2005);2007 年从 G 市汽车工业集团获赠 300 辆摩托车(Liu, 2007);2011 年从恒大地产集团获赠 200 万元(恒大, 2011)。2007 年,为了防止与摩托车相关的抢劫、抢夺,G 市开始在城市的绝大部分区域禁止行驶摩托车(Xu, 2009)。一些观察人士批评这一禁令是地方政府和汽车行业的"共谋",其目的是为了创造对汽车的需求,因为他们之间存在共生关系(Zhang, 2007)。事实上,G 市警察接受商家的赞助并不独特,中国一些其他城市的警察也经常接受商家的慷慨馈赠。例如,2008 年,北京市警察接收到丰田所捐赠的 16 辆汽车,价值 600 万元(丰田, 2008)。2012 年,宜宾市警察收到××摩托集团捐赠的 48 辆摩托车(Qiu, 2012)。甚至公安部也收到过企业的捐赠。2011 年,公安部收到了来自无限极营养产品公司向"中国公安民警英烈基金会"捐赠的 2 500 万元捐款(Pan & Wu, 2011)。可以说,警务/商业广告只是一个警察和商家共生关系发生在最基层、最明显的方式而已。

(三)中国的国家权力和经济资本之间的共生关系

中国社会国家权力和经济资本之间的共生关系是警察权力商品化的社会基础。自从

20世纪80年代中国启动经济改革以来，国家权力的商品化变得猖獗。国家权力并没有退出，而是和市场形成了新型的共生关系并相互受益（Dickson，2008；Wank，1999）。新出现的法律市场和法院之间的共生交换在这方面是一个典型的例子（He，2008；Liu，2011）。事实上，公安部门不是唯一接受商家捐赠的政府机关。其他一些政府机关也是如此。例如，2006年，G市环保局就收到了本田公司的20辆汽车捐赠（本田，2006）。甚至在广告宣传的制作方面，其他政府部门也经常从商家那里获得捐款，并将政府的宣传和商业广告放在一起。例如，G市在争创"全国文明城市"的活动中，活动的广告无处不在。这些广告的形式多半与警务/商业广告类似，政府宣传和商业广告处于同一广告上（见图12）。

图12　"创建全国文明城市"的宣传牌
广告的底部是治疗胃痛的中药广告。

九、结论

信任是警察工作的基础（Manning，2010：186）。虽然警务商品化日益成为全球性的趋势，但它却蕴含着增加社会不平等和降低警察公信力的风险（Loader，1999；Newburn，2001）。在西方国家，警务商品化与新自由主义思想所推崇的公共部门的私有化以及其市场逻辑延伸到了与安全领域有关的方面。中国的警务商品化因缺乏对警察权力的有效制衡而有其独特性。

基于G市警务/商业广告的研究，本文探讨了警察权力制衡机制的缺失对中国警务商品化的影响。研究发现在警务/商业广告的制作过程中，警察和商家形成了某种共生关系。警察受益于免费的犯罪预防宣传和降低记录在案的警情数，进而获得了更好的绩效评估、更高的奖金和更多的晋升机会；商家则利用这种关系使得非法广告"合法化"，并扩大了市场以及与警察搞好了关系。研究认为，分权的警察结构和警察改革的再政治化使得城管无法成为警察制作非法广告的有效制衡力量。研究发现，中国警察权力的商品化不仅仅是基层问题，也是整个警察制度的结构性问题。中国社会中经济资本和国家权力的共生关系也为警察权力商品化提供了一个宏观结构性的环境。事实上，中国警察权力的商品化不单是个体警察滥用权力的问题，也不是简单的警察组织问题，而是全社会的体制性问题（Punch，2003；Sherman，1978）。

参考文献：

[1] Ayling J, Grabosky P. When police go shopping [J]. Policing: An International Journal of Police Strategies & Management, 2006, 29: 665–690.

[2] Ayling J, Grabosky P, Shearing C. Lengthening the arm of the law: enhancing police re-

sources in the 21st century [M]. Cambridge: Cambridge University Press, 2009.

[3] Ayling J, Shearing C. Taking care of business: public police as commercial security vendors [J]. Criminology and Criminal Justice, 2008, 8: 27 – 50.

[4] Bakken B. Introduction: crime, control, and modernity in China [M] // Crime, punishment, and policing in China. Lanham: Rowman & Littlefield, 2005: 1 – 26.

[5] Carrabine E. Just images: aesthetics, ethics and visual criminology [J]. British Journal of Criminology, 2012, 52: 463 – 489.

[6] Chan K W, Zhang L. The hukou system and rural-urban migration in China: processes and changes [J]. The China Quarterly, 1999, 160: 818 – 855.

[7] Cohen L E, Felson M. Social change and crime rate trends-a routine activity approach [J]. American Sociological Review, 1979, 44: 588 – 608.

[8] Dai M. Policing in the People's Republic of China: a review of recent literature [J]. Crime, Law and Social Change, 2008, 50: 211.

[9] Davis D. Urban consumer culture [J]. The China Quarterly, 2005, 183: 692 – 709.

[10] Dickson B J. Wealth into power: the communist party's embrace of China's private sector [M]. Cambridge: Cambridge University Press, 2008.

[11] Dutton M. The end of the (mass) line-Chinese policing in the era of the contract [J]. Social Justice, 2000, 27: 61 – 105.

[12] Dutton M. Strike hard: anti-crime campaigns and Chinese criminal justice, 1979—1985 [J]. The China Quarterly, 2000, 162: 575 – 77.

[13] Dutton M. Toward a government of the contract: policing in the era of reform [M] // Bakken B. Crime, punishment, and policing in China. Lanham: Rowman & Littlefield, 2005: 198 – 234.

[14] Evergrande. Evergrande Group Donates 2 Million Yuan to Guangzhou Police Foundation [EB/OL]. [2011 – 09 – 27]. http://hn. evergrande. com/xwzx_ny_xw. asp? id = 354.

[15] Fu H. Zhou Yongkang and the recent police reform in China [J]. Australian and New Zealand Journal of Criminology, 2005, 38: 241 – 253.

[16] Fu H, Choy D W. Policing for profit: fiscal crisis and institutionalized corruption of Chinese police [M] // Einstein S, Amir M. Police corruption: paradigms, models and concepts-challenges for developing countires. Huntsville, TX: Sam Houston State University, Criminal Justice Center, 2003: 537 – 552.

[17] Fukuyama F. The end of history and the last man [M]. New York, Toronto: Free Press, Maxwell Macmillan Canada, Maxwell Macmillan International, 1992.

[18] Garland D. The culture of control: crime and social order in contemporary society [M]. Oxford: Oxford University Press, 2001.

[19] Guangzhou Public Security Bureau. 2007 Guangzhou public security analysis and forecast for 2008 [M] // Yingwu Y, Nianyun J. Annual report of social development of

Guangzhou in China (2008). Beijing: Social Sciences Academic Press, 2008: 50 - 65.

[20] He X. Fuli donates a hundred patrol police van [N]. Xinxi Shibao, 2005 - 01 - 06.

[21] He X. China courts' lack of budget and judicial corruption [J]. 21 Century Review, 2008, 105: 12 - 23.

[22] Heilmann S, Perry E J. Mao's invisible hand: the political foundations of adaptive governance in China [M]. Boston, Mass.; London: Harvard University Asia Center, 2011.

[23] Honda. Building Harmonious Society [EB/OL]. [2012 - 09 - 28]. http://www.guangzhouhonda.com.cn/society/responsibility_jsp_catid_1782_1802.shtml.

[24] Hongkong government summary of expenditure estimates [EB/OL]. [2012 - 09 - 06]. http://www.budget.gov.hk/2009/eng/pdf/sum_exp_e.pdf.

[25] Hu S. Explorations since 1998 [M]. Beijing: Shijie Zhishi Chubanshe, 1999.

[26] Human Rights Watch. Beat him, take everything away: abuses by China's chengguan para-police [M]. United States of America: Human Rights Watch, 2012.

[27] Jones T, Newburn T. Private security and public policing clarendon studies in criminology [EB/OL]. http://dx.doi.org/10.1093/acprof:oso/9780198265696.001.0001.

[28] Lai Y, Xiao W. The change of first 110 hotline in the country [EB/OL]. [2008 - 10 - 26]. http://news.xinhuanet.com/newscenter/2008 - 10/26/content_10253390.htm.

[29] Landsberger S, Min A, Duoduo, et al. Chinese propaganda posters [M]. Koln; London: Taschen, 2011.

[30] Li F. Research of Guangzhou police budget system [D]. Jinan: Jinan University, 2009.

[31] Liu M. Close as fish and water: one Guangzhou enterprise donates 300 motorcycles to the police [EB/OL]. [2012 - 09 - 27]. http://www.gd.xinhuanet.com/newscenter/2007 - 04/27/content_9912643.htm.

[32] Liu S. Lawyers, State Officials and Significant Others: Symbiotic Exchange in the Chinese Legal Services Market [J]. The China Quarterly 206: 276 - 293.

[33] Loader I. Consumer culture and the commodification of policing and security [J]. Sociology, 1999, 33: 373 - 392.

[34] Lu J. Advertisement on police warning boards belongs to "Illegal Advertisement" [N]. Xinxi Shibao, 2011 - 07 - 27.

[35] MacFarquhar R. The anatomy of collapse [J]. York New Review of Books, 1991, 38: 5 - 9.

[36] Manning P K. Democratic policing in a changing world [M]. Boulder, Colo.: Paradigm Publishers, 2010.

[37] McGregor R. The party: the secret world of China's communist rulers [M]. New York: Harper, 2010.

[38] Mills C W. The sociological imagination [M]. New York: Oxford University Press, 1959.

[39] Nathan A J. Authoritarian resilience [J]. Journal of Democracy, 2003, 14: 6-17.

[40] National Bureau of Statistics of China. China statistical yearbook 2011 [M]. Beijing: National Bureau of Statistics of China, 2011.

[41] Newburn T. The commodification of policing: security networks in the late modern city [J]. Urban Study, 2001, 38.

[42] O'Malley P. Crime and risk [M]. Los Angeles, Calif London: SAGE, 2010.

[43] Ong A. Neoliberalism as exception: mutations in citizenship and sovereignty [M]. Durham N. C.; London: Duke University Press, 2006.

[44] Pan K, Wu M. China police martyrs and heroes foundation receives 25 million yuan donation [N]. Renmin Gonganbao, 2011-10-14.

[45] Punch M. From "rotten apple" to "rotten orchards": individual, micro and macro system police corruption [M] // Einstein S, Huntsville M A. Police corruption: paradigms, models and concepts-challenges for developing countires. TX: Sam Houston State University, Criminal Justice Center, 2003.

[46] Qiu P. Pay back to hometown: 48 police motorcycles are donated to yi bin country police [EB/OL]. [2012-09-27]. http://www.ybxww.com/content/2012-5/15/20125151426044690058.htm.

[47] Sherman L W. Scandal and reform: controlling police corruption [M]. berkeley: University of California Press, 1978.

[48] Tang G, Chen L. One business donates 120 police patrol vans [EB/OL]. [2012-09-27]. China Court Net, http://old.chinacourt.org/html/article/200401/19/100495.shtml.

[49] Tanner H M. Strike hard: anti-crime campaigns and Chinese criminal justice, 1979—1985 [M]. Ithaca, N Y: East Asia Program, Cornell University, 1999.

[50] TOYOTA. Beijing public security bureau accepts donations of police vans from Toyota (China) [EB/OL]. [2012-09-27]. http://www.toyota.com.cn/information/show.php?newsid=344.

[51] Trevaskes S. Courts on the campaign path in China [J]. Asian Survey, 2002, 42: 673.

[52] Waldron A. After Deng the Deluge [J]. Foreign Affairs, 1995, 74: 148-53.

[53] Wang M. Be aware of urban msanagement police becoming the patron of violent law enforcement [N]. Zhongguo Qingnianbao, 2012-09-03.

[54] Wank D L. Commodifying communism: business, trust, and politics in a Chinese city [M]. Cambridge, New York: Cambridge University Press, 1999.

[55] Wong K C. Policing in the People's Republic of China: the road to reform in the 1990s [J]. The British Journal of Criminology, 2002, 42: 281-316.

[56] Wong K C. Chinese policing: history and reform [J]. New York: Peter Lang, 2009.

[57] Xu J. The robbery of motorcycle taxi drivers in China: a lifestyle/routine activity perspective and beyond [J]. The British Journal of Criminology, 2009, 49: 491 - 512.

[58] Xu J. Motorcycle taxi drivers and motorcycle ban policy in the pearl river delta [D]. Hong Kong: University of Hong Kong, 2010.

[59] Xu J. Drive-away policing and situational crime prevention in China: an analysis of motorcycle ban (Jinmo) policy in Guangzhou [J]. International Journal of Offender Therapy and Comparative Criminology, 2012, 56: 239 - 64.

[60] Xu J, Laidler K J, Lee M. Doing criminological ethnography in China: opportunities and challenges [J]. Theoretical Criminology, 2013, 17: 271 - 279.

[61] Yang J. Political struggle in China's refrom period [M]. Hong Kong: Excellent Culture Press, 2004.

[62] Zeng N, Lei Y. Guangzhou actual population has surpassed 16 million [N]. Southern Daily, 2012 - 04 - 04.

[63] Zhai Y, Zhang Y. Police are troubled by short of budget [N]. Renmin Gonganbao, 2002 - 03 - 15.

[64] Zhang D. How can government be hijacked by (special) interest groups? [N]. Zhongguo Baoxianbao, 2007 - 06 - 15.

[65] Zhang H, Tu F. Panyu police: never announces "calling 110 will be fined" [N]. Nanfang Dushibao, 2010 - 10 - 31.

[66] Zhao G. Guangzhou honda donates feidu police vans and the police become a tiger with wings added [EB/OL]. [2012 - 09 - 27]. Sina Automobile, http://auto.sina.com.cn/news/2003 - 11 - 25/51063.shtml.

[67] Zheng T. Red lights: the lives of sex workers in postsocialist China [M]. Minneapolis: University of Minnesota Press, 2009.

为公益而协同,为传播而设计:
以中山大学"公益与协同设计"课程实验为例

朱健刚[*] 周如南[**] COOK[***]

内容提要:《公益与协同设计》是一门实验课程,课程理念借鉴了美国麻省理工(MIT)相关设计。这是一个基于项目的工作坊,侧重于对公民媒体(civic media)的协同设计,采用基于实践的参与式学习,为来自不同专业、有兴趣与社区工作组织共同工作的学生提供开发公民媒体的机会,从而提升社会组织的公益传播能力。

关键词: 公益 协同设计 传播

一、问题的提出

"媒介即讯息",以互联网和移动互联网为代表的新媒体时代的到来彻底改变了信息传播和人们沟通的方式,并带来社会结构的深刻变化。技术扩散不但给政府治理和监管带来新的命题,为经济活动带来新的可能,同时也引发了一场传播革命。这场革命从根本上冲击了传统社会的等级结构和权力科层化分布,使国家治理主体从一元走向多元,权力结构从纵向金字塔式的国家主导走向基于公民权利的共治。

具体到中国,这种"技术赋权"带来的社会变革图景更让人期待,它意味着处于政治经济结构中弱势地位的社会主体可以通过对新媒体技术的掌握,突破传统媒体的话语垄断地位,实现信息传播与互动。从 BBS、网络论坛到博客,从 SNS 主页到微博、微信、从官网到 APP,新媒体技术带来的公益传播浪潮提升了当前国人的社会意识、公民意识和权责意识。

狭义的公益传播一般是指"媒体对公益议题的报道",广义而言,则包括了政府、企业、社会组织、公民个人等社会主体在内的以公益为内容的信息沟通。其中,社会组织是重要的公益传播主体。在中国,社会组织有多种定义、称谓和分类标准。一般而言,我们认为中国的社会组织有以下三大类型:第一种是有深刻政府背景的社会组织,有时被称为 GONGO,这类组织包括红十字会、中华慈善总会等;第二种是国际社会组织,他们是随着改革开放进入中国的,主要从事扶贫、环保等公益事业;第三种被称为

---

[*] 中山大学中国公益慈善研究院教授。
[**] 中山大学传播与设计学院。
[***] 中山大学传播与设计学院"公益与协同设计"课程小组。

民间公益组织，有时被称为草根 NGO，这类组织是民间自发，自下而上形成和出现的。在当前政策环境限制下，虽然面临登记注册、资金筹集、专业能力等各方面的困难，但仍然数量众多且充满活力。在公益传播的层面，他们也面临着困境：虽然随着 2008 年汶川地震后国民对于志愿者和社会组织认识程度的不断深入，一批公益报道的媒体力量开始出现①，但整体而言，力量的弱小和边缘化生存状态使之难以进入传统媒体报道的视野。

新媒体时代的到来给社会组织的公益传播能力的提升带来了机遇。虽然目前多数社会组织仍然缺乏传播意识和能力，但通过培训和协作可以提升其公益传播能力，实现技术赋权。当前新媒体技术更多地与政治经济合谋，面对此现状，我们提出基于权利平等的协同设计，以反抗精英主义和技术资本主义为价值导向，力图实现社会组织的新媒体赋权。

二、概念的旅行：从参与到协同

协同设计（co-design）的概念脱胎于参与式设计（participatory design）的理念。在社会科学的脉络中，"参与式"始于 20 世纪五六十年代，一些西方国家对第三世界国家实行发展援助时所采取的"社区发展战略"，其被称为"参与式发展"（participatory development）。从 20 世纪 80 年代中期，在国际民间组织和国际多边发展合作组织（如世界银行、亚洲开发银行、联合国发展署等）的推动下，聘用发展咨询专家开发和推动了各种农村发展扶贫模式，比如参与式农村评估（participatory rural appraisal）、参与式发展（participatory development）、社会性别与发展视角（gender and development）、以权为本（rights-based approach），传统/土著知识（traditional/indigenous knowledge）等。②"参与式设计"和发展领域一样，也是作为对传统设计的反思的面目出现的。它强调尊重团队成员的差异，平等协商，通过项目组成员的积极、主动的广泛参与，实现项目组的持续有效的发展，使得成员都能够在设计过程中得到收获。通过更多地让团队成员参与到设计规划和决策的过程中，使团队成员不仅能够提供项目所需要的专业技能，而且能把项目的任务需求转化成自身的学习需求，增强了成员对于项目的承诺。③

参与式设计与传统结构化软件开发从理念和逻辑上存在本质差异。结构化开发（SD）是模块化设计和结构化编码结合，由主程序员组织实施。软件开发经历了从面向对象编程（OOP）到面向对象设计（OOD）到面向对象（OO）的三个阶段。参与式设计最早出现在1970年初的挪威。当时，计算机专家和钢铁联合会（Iron and Metalworkers Union）的成员们展开了合作，使工人能够在工厂计算机系统的设计和改良方面参与进来，并基于自身的使用体验提出改进意见。Kristen Nygaard 是 SIMULA 的开发者。SIMULA 被认为是第一个面向对象程式设计的编程语言。Nygaard 与钢铁联合会的领导及成

---

① 最早是网络媒体出现公益频道，接着一些传统纸媒出现公益专版和公益周刊，加之之前业内已存在的专业类公益媒体如《中国发展简报》、NGOCN 网站等，共同推动了公益报道的发展。
② 陆德全、朱健刚：《反思参与式发展：发展人类学前沿》，社会科学文献出版社 2013 年版，第 3 页。
③ 一个软件项目的自主参与式团队建设实验，参见 http://www.educity.cn/pm/452793.html。

员一起合作，发出《联合协议》，该协议详细规定了联合会参与工厂设备新技术的设计和部署决策的权利。

在接下来的几十年里，一些项目在挪威陆续实施，在这个过程中计算机系统设计师与工人组织不断合作以改良生产设备。20 世纪 70 年代后半期在挪威展示的相关项目由一支涵盖了计算机科学、社会学、经济学和工程学领域研究人员的跨学科团队完成。这些项目由瑞典工会联合会主办，关注"工会、工业民主和计算机"。研究人员曾在汽修厂、日报社、金属加工厂和一家百货公司进行参与式设计的研究工作。

Pelle Ehn 作为 UTOPIA 项目的主要参与者介绍了该项目的设计理念，他们称之为工具视角：工具视角是受到工具设计方式转变的深刻影响而形成的，它与传统设计程序不同，新的基于计算机的设备应当由每天使用它的人来参与设计。用户明白他们自己的实际需求，但缺乏发现用新技术来实现需求的可能性。而设计者则必须了解他们设计的设备被使用的过程：

（1）设计者要认真对待用户体验。参与式设计是一个一直在发展的问题的解决方案，而设计者永远只能部分地理解复杂而真实的使用情况。

（2）实际上，我们处理的正是人的因素，而不是将人的因素割裂出去。系统需要及时处理用户所关注的东西，而不是把他们固化为一个功能主义意义上的设备操作员。

（3）工人的工作行为必须在工作情境中被真实地观察，因此，行动的意义和有效性不能从情境中剥离出来。

（4）意识到设备的设计本身要以社会为基础，这涉及到合作与交流。

三、一场革命性实验："公益与协同设计"课程框架设计

"公益与协同设计"是一门实验课程，课程理念借鉴了美国麻省理工学院（MIT）的相关设计。本课程是一个基于项目的工作坊，侧重于对公民媒体（civic media）的协同设计，采用基于实践的参与式学习，为有兴趣与社区工作组织共同工作的学生提供开发公民媒体的机会，从而提升社会组织的公益传播能力。学生参与到由多学科、多元化成员组成的真实项目团队中，各团队将完成服务于真实社区需求的公民媒体项目。

课程同时也是一个在项目建立、设计、实施、评估中共同探讨有关协同设计的理论、方法、最佳案例和批评的共享空间。本课程将社区组织作为合作设计者，而不是被动的消费者、被研究者。这是一种理想形式。在现实中，一个"自顶向下的"的生产方式与"完美的"以社区为基础的设计和控制之间具有着连续性。

本课程为基于实践的参与式学习，基于项目的公民媒体协同设计工作坊课程。学生将参与到不同的项目团队中，各团队将完成服务于真实社区的公民媒体项目。学生需要有与社区组织合作的兴趣。

课程期待学生在与真实的社区组织的伙伴关系中，应用协同设计的理论和实用工具，有效地使用开源项目管理工具，以完成团队内的协同工作，同时为基于社区的实际需要研发出相应软件原型（图1）。

我们最终选择了 5 家具有代表性和典型性的社会组织作为社区合作伙伴，以协同设

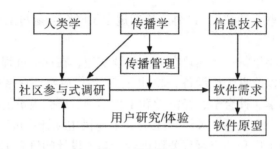

图 1　课程框架

计的方式与他们一起开发公益传播工具。这 5 家组织分别是：乐助会（助学公益机构）；拜客广州（环保公益机构）；灯塔计划（支教公益机构）；番禺打工者服务中心（劳工维权机构）和同性恋亲友会（性别关爱机构）。

四、公益协同设计过程：以拜客广州 APP 开发项目为例

（一）项目背景

"拜客广州"是一个致力于推动广州成为单车友好城市的 NGO 组织，他们倡导每个广州市民都有自由选择交通出行方式的权利，应该给予自行车骑行者一个良好的出行环境，他们在努力构建一个信息共享、相互帮助的单车骑行者的"社区"，并希望通过这些措施达成他们的愿景：让生活更自由。

本项目正是立足于他们的需求，尤其是第三个需求，即"构建一个信息共享、相互帮助的单车骑行者的'社区'"，为单车骑行者搭建一个信息共享和互动交流的平台，以促成这样一个"社区"的建立。而这样一个社区的建立也有助于对单车出行这样一种绿色环保健康的交通方式的倡导，也会间接推动政府改变政策，在基础建设时考虑自行车出行的需求。

实施该项目首先将有利于实现单车骑行信息共享，广州市建立一个友好的单车骑行社区，也就帮助了 NGO 实现他们的目标。其社会意义在于可以倡导一种环保健康的出行方式，保护民众可以自由选择出行方式的公民权利，减少污染、保护环境。

（二）协作过程

1. 用户需求调研

2013 年 3 月 21 日，COOK 小组对公益组织拜客进行了第一次访谈。访谈期间，COOK 小组了解到拜客目前对地图项目尚处于初级阶段，未知日后如何开展，初步的打算是做成 PC 客户端。关于地图项目，COOK 小组已有初步的认识，但是也有自己的困惑：COOK 小组是帮助拜客去完善他们即将开展的 PC 客户端，还是重新构建一个平台？

2013 年 3 月 24 日，两名小组成员赵国俊和蔡博文参加了拜客的志愿者培训活动，加强了对组织内部培训方式的了解，并采访了一些志愿者，对拜客提倡的公益理念和组

织运行方式,以及对拜客未来的发展展望进行了深入了解,以便日后协同工作的深入开展。他们访谈后整理了访谈记录,并撰写了调查日志和调查报告。

通过这次拜客参与式观察,COOK 小组对拜客的组织运行方式、组织宗旨有了更为深入的了解。拜客不仅仅是一个呼吁骑行的 NGO,致力于推广单车出行、绿色出行的观念。同时也在倡导一种文化的传播,希望建设单车友好的社区文化——基于骑友间的交友、信息交流的单车社群。

2013 年 3 月 29 日,星期五,COOK 小组与拜客广州主要负责人之一的吴瑞龙先生在东校区新学生活动中心进行了一次深度访谈。吴先生更加详细地阐述了拜客广州的需求,结合拜客广州——NGO 的使命和宗旨及他们的倡导目标,COOK 小组提出的解决方案是做一个手机客户端应用。主要原因是:①手机方便携带,可以随时随地查询骑行路线、定位地理位置等,这样才能满足骑行者户外活动的现实需求;②手机客户端有利于骑友们实时交流,实现拜客广州构建单车社区文化的愿景;③手机客户端更容易推广,帮助拜客广州实现组织使命——引领广州成为单车友好城市。吴先生对此表示赞同。然后 COOK 小组和吴先生交流了手机客户端应该包括的某些重要的功能。初步设想手机客户端的功能包括三大块:路线查询类、咨询推荐类和个人空间。

2. 原型绘制、修改

(1) V1.0 到 V2.0。

经过上述协同的过程,小组成员对上述三大块功能的具体部分进行了讨论。

2013 年 4 月 2 日,开会讨论三大板块的具体功能,并分工撰写项目立项报告。此次会议,小组确定的三大功能模块的具体部分为:①路线查询类。查看位置、线路查询、记录轨迹、上传骑行地信息及评价、签到;②咨询推荐类。向用户推荐景点、活动、发布与评价,与地图签到功能联动;③个人空间。发布和浏览信息、个人资料和专题互动。照着这个思路小组成员开始用 Axure 绘制原型。

2013 年 4 月 4 日,原型 1.0 绘制出来。原型 1.0 的界面见图 2:

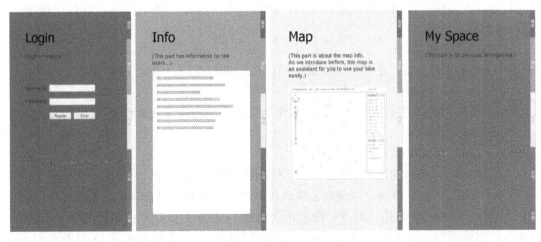

图 2　原型 1.0 界面

但这样的设计不够美观，只是将初步的设想形象化，小组成员和拜客都认为应该将其设计成简洁清新的风格，于是 COOK 小组参考谷歌地图、高德地图、大众点评等软件对原型界面、功能布局都进行了大规模的调整。

2013 年 4 月 7 日，绘制出原型 2.0 版本。原型 2.0 的界面见图 3：

　　　　Home & Map　　　　　　　　　Info　　　　　　　　　　Space

图 3　原型 2.0 界面

升级后的原型 2.0，以地图界面为主页面（强调地图功能），包含 Home（Map）、Information 和 Space 三大子页面。Map 实现的设想功能包括：查看位置、线路查询、记录轨迹、上传骑行地信息及评价、签到。新增实现功能是：显示兴趣点（包括修车店、停车场等）。

（2）V2.0 到 V3.0。

2013 年 4 月 9 日，小组开会对前一阶段工作进行总结，明确手机 APP 的 Pitch：

　　For：广州的单车骑行者
　　Who：尤其是主动愿意选择单车作为交通工具的那部分骑行者
　　The：BIKER
　　Is a：手机软件
　　That：主要的功能和特色是把社交和地图功能结合起来
　　Unlike：其他市场上主流的地图软件或者社交软件只具有单一功能

会议上，COOK 小组还对下一阶段的工作进行了分工和安排：完善 PPT & Pitch 的内容；回顾课件，每人写一份 user story 和信息架构；以上 2 项在 4 月 11 日开会时一并解决。

最后，为加强团队凝聚力，大家通过了队长郑伟辉草拟的团队章程，对小组成员的工作要求进行了规定。

2013年4月11日，开会整合队员所写的 user story 和信息架构，参照用户故事完善原型。经过调整，升级到原型 2.2；4月15日，原型 2.2 在课堂上进行过一次展示，任课老师认为 COOK 小组需要进一步完善用户故事，然后根据用户故事来进一步完善原型。

本次展示结束后，Pitch、立项报告和原型 2.2 通过金山快盘共享文件分享给拜客广州负责人陈嘉俊。拜客方面认为原型 2.2 的设计重点不够突出，他们希望软件在地图基础上更加侧重实现交友功能，也就是实现地图路线查询、导航、轨迹记录和签到功能的同时，突出软件的社交功能。COOK 小组在与拜客讨论过后，决定将社交功能进一步突出，并参考高德地图、大众点评、新浪微博等软件，重新对栏目设计进行了大规模调整。

2013年5月9日，原型 3.0.0 生成，其主要界面见图 4：

图 4　原型 3.0.0 界面

调整后的原型 3.0.0，主页面分为 3 部分：主页、地图、个人空间。除了可以实现原来的位置查看、线路查询、记录轨迹、签到、查看好友、发表状态、评论转发、路线推荐、浏览发起活动等功能外，还添加了"追踪"、查看拜客信息等功能。

（3）V3.0.0 到最终版。

原型 3.0 版本虽然确定了应用功能的范围，但是存在设计风格不统一，甚至出现过同一个功能的按钮大小位置不同的现象。于是，小组从 5 月 12 开始 7 次讨论对原型设计风格进行统一：统一用色的 RGB 值、统一首栏的大小和 XYZ 值、统一相同图标的位置、统一底栏的设计、对细节进行美化、对部分功能进行小的修改和调整。

6月8日，原型3.2.0形成，界面效果见图5：

　　　　Home　　　　　　　　　　Map　　　　　　　　　　Space

图 5　原型 3.2.0 界面

3. 迭代式改进过程（基于客户反馈）

2013年3月底前后，与拜客负责人及志愿者进行APP功能的初步讨论，达成一些共识。确定APP方向和部分主要功能，以及一些用户场景。

小组在此基础上进行简单的原型设计（即后来的V1.0）。

2013年4月上旬，根据预设功能（及临时扩展）撰写用户故事（及对应信息架构），并根据部分故事制出原型（即V2.X）。

2013年4月中旬，对用户故事进行整合（因部分故事雷同）和提取之后，携带故事和原型去拜客办公室。

在向拜客展示了故事及原型之后，拜客负责人陈嘉俊和地图项目负责人Jesi都对故事提出了修改和增加意见。他们以APP使用者的角度阐述了一些功能性和易用性方面的需求。小组成员对部分重点功能进行了着重讨论，并得出设计方案。包括原型主界面的一些意见和需求（如地图位置、功能图标位置）。

最后向拜客演示了原型软件的使用。

回学校后，着手对原型进行修改。

2013年5月初，基于拜客的反馈意见和小组讨论以及用户体验调查，在保持一些主要功能的前提下，重新制作了APP原型（即V3.X）。此原型更多地考虑APP的易用性，删减了一些不必要的细枝末节。提取出重点功能做成主页图标。完善前面所提及的功能。

2013年5月21日，在内部对V3.X进行多次修改和完善之后，小组带着3.1.0版本去了趟拜客办公室，向拜客负责人及他们整个地图小组进行原型展示（拜客的地图小组更多的还在进行地图数据采集）。拜客对APP提出了很多细节实现方面的意见（如离线地图、POI资源库位置、好友互动功能、活动的信息安全、推广方式等）。并在这之上进行了讨论，不过很多问题并没有当场解决，而是由后来的邮件反馈来继续跟进研究部分问题。

在获得新的反馈之后，便开始对原型进行新一轮的修改和完善。

截至目前，设计原型已经得到较为完善的V3.3.0CN版本。

（三）协同工具

沟通工具：金山快盘、QQ群。

设计参考的软件：高德地图、大众点评、新浪微博、QQ空间。

五、总结与讨论

在课程初期，COOK小组没有明确的项目目标、项目策略和执行规划，即并不知道要去做什么，要怎么和NGO去完成协同这个过程。在开始一切都是未知的，随后小组成员在和公益组织拜客广州协同的过程中，调查评估认为满足单车骑行者的实际需求是当前拜客公益传播所需要解决的问题，于是COOK小组决定做手机APP。

最初COOK小组做出的原型侧重于地图功能，但是后期根据用户反馈，COOK小组认为用户需要的不仅仅是查询路线，更需要骑友间的交流，因此将原型1.0修改成了2.0。在2.0版本中，将社交和地图功能并重，此后逐步完善细节设计：根据逐步完善的用户故事增减具体功能，并更改了主页面导航栏的颜色，使其看起来更加美观，此阶段原型更新到原型2.2。

从2013年4月15日到5月9日，根据用户反馈，COOK小组将版本升级到3.0，最终确定下来的APP包括三个页面：主页、地图和空间。在这一版本中，COOK小组统一了所有图形的尺寸和颜色标准；同时，为了给用户提供更好的体验，COOK小组在主页用了更加生动活泼的图片；完善了个人空间的功能，使其更加具有个人化的特性。3.0版本初步实现了COOK小组最初的设想。

通过和拜客的一次次交流、版本的修改还有用户的反馈，COOK小组明白了协同的过程在原型的设计上是至关重要的。在和拜客的交流中，COOK小组对功能详细地进行一次次探讨，逐渐摸索并帮助用户清晰化他们的需求，在用户提出增添不太合理功能时，COOK小组通过帮助拜客分析增添功能的利与弊的同时，也帮助他们更加明确他们的需求，为COOK小组原型的设计积累了经验。在面临小组成员和拜客的时间不协调时，COOK小组通过采用金山快盘来加强和拜客的协作，通过对文件的实时更新，让拜客了解了COOK小组近期做出的成果，并能同时通过快盘向COOK小组反馈，节省了时间，提高了协同的效率。

但是该设计也存在一些不足，比如：

（1）小组成员的时间和拜客的时间难以统一，所以真正能和拜客进行后期用户反馈的沟通很少，这对后期原型的修改造成了一定的困扰。并且网站版的 BIKER 并不能做到在手机上进行用户体验，用户的体验效果被弱化。

（2）团队内部的小组成员来自软件学院和传播与设计学院两个完全不同的专业，在认识问题上的出发点不一样，经常会因为一些问题不能达成一致，而阻碍了协同的进程。

（3）在修改原型时，因为分配的顺序不明晰，所以在最后整合时，许多链接失效，小组成员还要重新做链接，耗费了很多时间和精力在整合原型上。

媒介人类学视野下的社区营造
——以于都寒信村为考察中心

周小龙*

内容摘要：本文采用人类学的参与观察方法，深入赣南客家村落腹地，从媒介人类学的视野来考察一个客家乡村社区的社区营造活动，从中探讨传播媒介在其中扮演的角色与发挥的作用。作者认为传播媒介对寒信村的社区营造活动起着至关重要的作用，但是不同的时空背景、不同的传播媒介在社区营造过程中所起到的作用又有所不同：传统传播媒介发挥着主要作用，新兴传播媒介发挥着越来越重要的作用。

关键词：客家　社区营造　媒介人类学

大众传媒日渐普及，成为人们日常生活的一部分，如今人们对世界的认知很大部分依靠大众传媒来获取。传媒手段也深刻地改变着人类认识世界和自我的方式。这一切都是伴随着数字传播技术的普及和推广的脚步而展开的。本文拟从媒介人类学的视野来考察一个客家乡村社区的社区营造活动，从中探讨传播媒介在其中扮演的角色与发挥的作用。本文采用参与观察的方法入村调查。调查点是有600多年历史，祭祀温、金二公两位神灵的于都县寒信村水府庙。寒信村位于于都县城东北约40公里处，原属车溪公社，后在1984年乡镇合并重组时改属段屋乡。该片村含中街、上街、寒信墟、苦竹尾、土段上等6个自然村。[①] 调查时间：2013年8月27日（农历七月二十一日）—2013年9月3日（农历七月二十八日）。

一、水府庙会概况

水府庙位于于都县寒信村。寒信村位于于都县城东北约40公里处，原属车溪公社，后在1984年乡镇合并重组时改属段屋乡。该片村含中街、上街、寒信墟、苦竹尾、土段上等6个自然村[②]。"寒信峡，县东北六十里，峭壁巉嵯，夹峙两边，汉水泻出其中，每于岁暮峡中先寒，因以为名。"[③] 寒信村因寒信峡而得名。寒信村为肖姓占绝大多数，其先祖寿六公于明洪武七年自信江营沿贡江而上，在寒信峡开基，生四子：长玉诚、二

---

* 赣南师范学院客家研究院。
① 于都县地名办公室编：《江西省于都县地名志》，1985年编印，第163页。
② 于都县地名办公室编：《江西省于都县地名志》，1985年编印，第163页。
③ 《雩都县志》，同治年版本，卷二，山川。

玉新、三玉恭、四玉敬，传至今六百余载，宗支日繁。

水府庙位于长条形墟镇的最北头，一条源于宁都县，在于都境内汇入赣江的重要支流——贡江的梅江就在庙左侧静静流淌。每年以"水府庙"为载体的庙会活动有6次，但农历七月二十四日，是金公菩萨的生日，也是水府庙会最热闹的一天。一大早就有信众前来烧香跪拜，整个上午鞭炮之声不绝于耳，其烟火之旺，庙前广场1米之外也难以瞧见东西。午饭过后，将菩萨抬至大禾坪，道士做法事，然后抬着菩萨举行"串营"、"游神"、"拼轿"等活动。晚上则将温、金二公菩萨抬至墟上，与凡人一起通宵达旦地看戏。也就在这一天的上午9点到下午2点短短5个多小时内，除去本村人，参加庙会集体会餐的共265桌，约2 120人。为了使这次庙会顺利安全地举办，理事会进行了细致的分工，分别设立了后勤组、香火组、治安组、接待组、财务组、祈福组、宣传组等进行分工协作①。

关于水府庙的建立以及两位神明的由来，水府庙内墙右侧的碑刻记载道："寒信肖氏始祖寿六公，元明朝处士也，明初由赣州信江营卜迁峡溪，耕读之暇，恒垂钓于寒信峡前，祖传公定居寒信后之第二年夏，霪雨连朝，梅江暴涨，寺庙庄稼，冲毁无数，迨天霁水退，公趋峡前，方展钓具，见短木漂游漩涡中，捡视，乃一神像，推返中流，回复至再，公曰：'神其有意与我同在此地开基乎？'负归建庙江边供奉，此为水府庙之始建。神容严肃，取色厉即温之义，因名'温公'。又以神自水中来，额庙曰'水府庙'，时为洪武某年五月初六日。秋，七月二十四日，又在同处获'金公'，金公以金身灿烂而得名，同供庙中，通称'水府老爷'，定出水之日为二公寿诞。由是晨昏奉祀香火，若家神焉，家道托庇日昌。事经传播，乡邻咸来朝拜，有所祈求。年逢寿诞，四方信善，齐集庆祝，蔚为一年之盛事，肖氏家神渐成地方福主。"②水府庙中除了供奉温、金二公之外，还供奉着赖公、杨公、龚公、朱公（朱光菩萨）。

水府庙会由一个专门的管理机构来组织管理——水府庙管理委员会（下文简称理事会，理事会跟寒信村老年协会、宗族管理组织人员与办事地点都是重叠的）。这个机构从庙会开始之初就有，以前的机构名称有所不同，以前称之为"理事会"或者叫"禳神会"。现在的水府庙管理委员会中有理事113位，常务理事为16名，但基本上是

---

① 具体分工如下：总指挥，肖东洋；副总指挥，肖卿锋。
一、后勤组：主要负责采购、物资保管、洗碗、做饭、杂工等，组长为肖起椿。
二、香火组：主要负责扛神出游、拼轿，组长为肖香茂。
三、治安组：主要负责安全，注意防止火灾，并维持交通秩序、保障秩序。组长为肖香松。
四、接待组：负责对外接待，如接待第一次来的人、从远处来的人，尤其是上级来的人等，安排他们吃住。组长为肖汗发。
五、财务组：负责活动期间的财务收支情况。组长为肖香烈。
六、祈福组：这是今年新增的组，主要负责宣传祈福活动。组长为肖成生。
七、宣传组：主要负责宣传报道、接待媒体、舞台管理。组长为肖金城。
② 《水府庙五修碑记》，该碑文刻录于1994年1月，现存嵌于水府庙内右墙上。

6位常驻理事真正发挥决策作用，这6位常驻理事具有很高的社会威望与社会作用[①]。

二、水府庙会的社区营造功能

毋庸置疑，水府庙会在当地发挥的功能与作用是巨大的，具体表现在以下几个方面：社区调节功能、精神满足功能、情感交流功能、促进经济功能。这些分析都是基于水府庙作为一个民间信仰所具有的基本的功能与作用，在此不展开讨论。然而，水府庙会在潜移默化中还有一个不可忽视的建设性功能——社区营造。

（一）社区及社区营造

"社区"一词最初是由德国社会学家滕尼斯应用到社会学的研究中的。该词源于拉丁语，意思是共同的东西和亲密的伙伴关系。20世纪30年代初，费孝通先生在翻译滕尼斯的著作 Community and Society 时，从英文单词"community"翻译过来，后来被许多学者引用，并逐渐流传开来。关于社区的定义有很多种，早在1955年，美国社会学家希勒里就收集了西方社会学中对"社区"的90多种定义，并进行总结，发现其中存在普遍认同的几个要素，即：①地区及人口；②共同纽带；③社会互动。根据这三个方面的要素，可以将社区定义为：生活在同一地理区域内、具有共同意识和共同利益的社会群体。[②]

依据不同的划分标准考察社区可以得出各种不同的社区类型。纵向角度考察的标准主要是社会生产力发展水平的高低，同时兼重时间因素。主要有三种类型：传统社区、发展中社区、现代社区或发达社区。第二种角度的考察是横向的，注重空间的特征，主要有三类：法定的社区，即地方行政区；自然的社区，即人们在生产和生活中自然形成的聚落；专能的社区，如大学、军营、矿区等。[③]

社区营造，人类在开始集团生活的时候产生了社会。为避免野兽与自然灾害的侵袭，维护本集团的共同利益，而在居住集落的周围设置围合"栅栏"，由此标志着原始"社区营造"的开始[④]。

社区营造运动始于日本，并传到我国台湾地区，在当地开展得如火如荼，以"台湾行政院文化建设委员会"于1994年所提出的"社区总体营造"口号为开始标志，台湾的社区营造运动进行了20年，取得了巨大的成功。台湾地区社区营造有三种模式，一种是政府推动型，成功率小；一种是NGO帮扶型，较容易成功；另一种是返乡知识

[①] 这6位常驻理事分别为：肖东洋（族长）、肖香烈（委员会理事长兼老年活动中心主任）、肖香永（保管）、肖福州（会计）、肖金城（宣传）、肖卿辉（顾问）。这6位常驻理事的文化程度以及退休前工作：肖东洋，65岁，原于都县工商局局长，学历大专；肖香烈，66岁，原育英小学教务处长，学历中专；肖香永，退休前为水泥厂工人，学历小学；肖福州，66岁，原车溪中学数学老师，曾被评为"于都县优秀模范老师"，学历大专；肖金城，72岁，副族长，原段屋中学校长，其女在县政府任职，女婿为赣南某县县长；肖卿辉，73岁，原于都县农机局长，科学技术协会主席。
[②] 阮仪三、孙萌：《我国历史街区保护与规划的若干问题研究》，载《上海城市规划》2001年第10期。
[③] 郑杭生主编：《社会学概论》，中国人民大学出版社2003年版，第274页。
[④] 吉田友彦：《日本：公众参与社区营造》，载《北京规划建设》2005年第6期。

青年型，成功概率最大，在台湾地区有很多成功案例①。

从台湾地区20年的社区营造运动经验中可以看到，所谓社区营造就是"以社区的时空信息为基本考量，从根本上重新塑造社区形象，培植社区意识，改造社区组织流程，提高社区绩效，促进社区和谐发展的变革过程"②。社区营造包含了四项基本的内容：社区布局营造、社区形象营造、社区制度营造、社区公民营造。

（二）水府庙会所具有的社区营造功能

水府庙所在的寒信村作为一个传统的乡村社区，理事会运用水府信仰进行了一系列的营造运动，重新塑造整个村落社区的布局；培植了新的和谐的社区文化；在不断地磨合中重新整合、重新建构了社区的权力结构与组织原则；引导社区居民学习，提升社区居民的思想意识、道德情操、文化水平等。

第一，重新营造了村落社区布局。随着水府庙会的声势日隆，使得依据水府庙会而产生的理事会逐渐摆脱资金的束缚，开展了一系列的建设努力并逐步成功实施。反过来让人们看到理事会是真心实意为社区民众谋福利，从而更加乐意捐款，这是一个相互的过程。随着资金的不断增加，理事会近几年更是放开手脚做了几件大事，譬如：维护并修缮水府庙，翻修从寒信墟到水府庙的道路并进行路面硬化，新建老年活动中心——福寿楼，重修寒信墟场以及戏台，水府庙理事会牵头倡议集资修建育英小学新校舍及新校门等等。这一切都重新塑造了整个村落的布局与规划。

第二，以水府庙会为依托，在一群有巨大社会能量和动员能力的理事会带领下，加强宣传工作，营造了社区形象，并不断培植和谐社区的文化核心。在村调查期间，族长不断地提醒我们，"市长来了说我们办得好，省电视台来了说我们办得好，县长来了也说我们办得好"③。在理事会的办公与活动中心——福寿楼以及肖氏几大祠堂的两侧墙壁上，都张贴着各色形制的宣传画，宣传画上宣传的内容各异，但基本都是通过介绍自己的客家文化，宣传传统的孝悌道义，介绍肖氏源远流长的家族历史、族人优秀的事迹激励后人，每年的七八月份还会对当年考上大学的学子进行奖励的典礼等。这一切都营造了社区形象，并不断培植了和谐社区的文化核心。理事会在每年的庙会期间都会主动邀请地方传媒工作者进行宣传报道，肖氏族人自身也会进行力所能及的宣传努力。

第三，随着庙会活动的日渐成熟定型，以及理事会形象的塑造完成之后，理事会整合并重新建构了社区内的权力结构，营造了整个社区的新流程，奠定了社区和谐安定的组织基础。在访谈中，村民都谈到，如果自己遇上了什么矛盾纠纷，第一时间想到的就是找族长、找理事会来处理，而不是第一时间想到去找村委会。改革开放以来，之前无孔不入的国家力量从基层社会撤出，留下了巨大的权力真空，民间力量不断恢复并发展。理事会就是在这样一种历史环境下组织壮大的，以村委会为符号的国家力量在民间仅仅停留在宣传政策、收费上户的层面，加之村委管理方面的漏洞，使其声望有所受

---

① 陈统奎：《再看桃米：台湾社区营造的草根实践》，载《南风窗》2011年第17期。
② 谈志林：《台湾的社造运动与我国社区再造的路径选择》，载《中国行政管理》2006年第10期。
③ 访谈对象：肖卿辉；访谈录音：2013090214；访谈时间：2013年9月2日；访谈地点：寒信村福寿楼。

损。民间力量适时而动，以肖东洋、肖卿辉等为代表的民间精英利用这个平台整合全族能量，既给了这批精英发挥余热的田地，同时也使理事会有了跟村委分而治之的地位。这在无形间就重新塑造了整个社区的制度，并依据理事会、族老而重新建构了社区的基本秩序。

第四，人是社区的主体，社区营造不只是建几栋建筑、翻新一下道路就可以完成的。换句话说，社区营造不仅仅是物质性的"造物"，更是精神性的"造人"运动。理事会通过各种鼓励手段，引导社区居民学习，提升社区居民的思想意识、道德情操、文化水平等，寒信村通过举办水府庙会，提倡孝道、尊老爱幼；庙会期间还组织村民编排节目自娱自乐；新建的老年人活动中心——福寿楼，有图书室，其中有村民提供的各种书刊供借阅，有棋牌室供村民娱乐休闲；理事会、老年活动中心、宗族管理方面的活动公告、财政支出等都会张贴在福寿楼公告栏，让社区居民参与到社区的管理并进行监督。这一切都有助于村民自身文化素质的提高，有助于居民完成从自由生活的状态到社会形态的社区公民的转变。

三、浅析传媒技术在社区营造运动中发挥的作用

信息传播方式是多种多样的，既注重时效性又有影响力的传播方式，主要有以报纸、杂志、电视、广播等为代表的传统传播媒介与以网络为代表的新兴传播媒介，它们对于当下的信息传播和发展具有极大的影响力。如前所述，水府庙所在的寒信村作为一个传统的乡村社区，理事会充分利用了传媒媒介进行一系列的营造运动，重新塑造了整个村落社区的布局；培植了新的和谐的社区文化；在不断地磨合中重新整合、重新建构了社区的权力结构与组织原则；引导社区居民学习，提升社区居民的思想意识、道德情操、文化水平，提高了社区民众的参与意识等。不过，在不同的时空背景下，不同的传播媒介在社区营造过程中所起到的作用又有所不同。

（一）传统传播媒介发挥着主要作用

传统传播媒介是相对于近几年兴起的网络媒介而言的，以传统的大众传播方式即通过某种方式、某种装置向社会公众发布信息或提供教育、娱乐的交流活动的媒介，包括电视、报刊、广播这三种传统媒介。传统媒介有时间和空间的局限性。而多媒体则集声音、图像、动画等于一体，更主要的是一定程度上解决了时间和空间的局限性。但是多媒体并没有也不可能完全取代传统传媒。在寒信村的社区营造过程中，传统传媒扮演了一个最主要的传播者和营造者的角色。

首先，在重新塑造村落社区布局中，理事会近些年做的几件大事，譬如：维护并修缮水府庙，翻修从寒信墟到水府庙的道路并进行路面硬化，新建老年活动中心——福寿楼，重修寒信墟场以及戏台，水府庙理事会牵头倡议集资修建育英小学新校舍及新校门等等。这一切行为理事会都在实施前运用了口传、布告、通知、清单、标语、横幅等来进行行动宣传和能量动员，在实施后利用传统媒介来进行信息公开等。也就是说理事会在进行社区村落布局规划中，充分运用了传统传媒作为媒介进行行动宣传、能量动员、

信息公开。

其次，不断利用传统媒介营造社区形象，并不断培植和谐社区的文化核心。在盛大的庙会期间，如前所述，理事会在庙会准备、进行、结束三个阶段不断地张贴各色宣传画、布告、通告、清单，邀请不同级别的（省、市、地方）电视台、报纸、期刊采编人员前来摄影、摄像进行宣传报道。这些传统媒介的运用，让社区的居民能随时掌握庙会进程，了解庙会情况，并及时地参与到水府庙会活动中来。在平常社区生活中，理事会通过宣传画、布告、通告、清单、标语、横幅、传单以及架设在全村的大喇叭来进行信息传递，让社区民众在社区的日常生活中了解社区动态，参与社区行动与社区日常管理。

再次，理事会整合并重新建构了社区内的权力结构，营造了整个社区的新流程，奠定了社区和谐安定的组织基础。社区居民从心底接受理事会需要一个很长的时间，然而，随着理事会利用传统媒介的信息塑造与信息流动，重新塑造了整个社区的制度，并依据理事会、族老而重新建构了社区的基本秩序。与之产生对比的是，以村委会为符号的国家力量在民间仅仅停留在宣传政策、收费上户的层面，信息不公开，仅有的几块公告栏里面的信息都难得更新一次。这也从一定程度上衬托了理事会的形象。

最后，理事会通过各种鼓励手段，引导社区居民学习，提升社区居民的思想意识、道德情操、文化水平等。寒信村依据水府庙会，提倡各种传统道德规范，例如孝道、尊老爱幼、长幼有序等；庙会期间还组织村民编排节目自娱自乐；新建的老年人活动中心有图书室、棋牌室，可提供书刊借阅和娱乐休闲；理事会、老年活动中心、宗族管理方面的活动公告、财政支出等都会张贴在福寿楼公告栏，让社区居民参与到社区的管理并进行监督。这一切都有助于村民自身文化素质的提高，提高社区居民的社区参与程度，最终有助于居民完成从自由生活的状态到社会形态的社区公民转变。

（二）新兴传媒媒介发挥着越来越重要的作用

以网络为代表的新兴传播媒介以其自身的传播优势不可避免地对传统传媒造成了巨大的冲击。网络媒介特点中的强时效性使信息的传递不受任何时空限制，往往一件事情发生不到两分钟即可上网，网络媒介可以做到实时传播、同步传播、连续传播。新媒体时代，网络成为了新兴传媒的主力，将各种传统传媒媒介的优势聚集一身：信息提供与接收源的开放性、信息内容的广容性、信息表现形式的多媒体性——集声音、画面、动态图等于一身。这些优势使得互联网迅速在社会信息传播中扮演着越来越重要的角色。在这样的新兴媒介传播环境下，信息传播早已脱离传统的传播方式，很好地利用了互联网的广泛性、即时性、互动性，建立门户网站、参与论坛讨论、微博互动等。

首先，在此次庙会期间，庙会理事会聘请的专业摄影团队，在庙会高潮结束不到2小时，寒信村的官方网页上就有了本次水府庙会的影像资料；随着数码产品深入寻常百姓家，不是专业人员也可以拿起自己的相机进行拍摄记录，并利用网络终端上传到互联网上进行共享；以大学生为主体的年轻人利用移动终端拍摄庙会进程，上传网络，进行网上论坛、微博互动分享，不但宣传了整个寒信村以及水府庙会，也算是以另外一种现代方式参与庙会进程。

其次，互联网改变了人们对文化的感知方式。在传统社会里，人们对于文化的感受和体验更多的是来自个人的亲临现场和个人真实的感受。在传统社会，艺术和文化基本上是依靠口头语言一代代地传承下去，这也是传统文化的基本传播方式。比如民间故事的传播、民间音乐的传播、日常生活礼仪的传播等，传播与接受的双方都要进入传播现场，并且在同一个时间与空间才能完成对传统文化的感知。在网络时代，互联网等传播媒介渗透进寻常生活，使得对文化的感受与体验，可以脱离原汁原味的现场，代之以网络视频为媒介的虚拟现场，并进行虚拟场景的互动，有助于形成一种新的社区形式，即虚拟社区。年轻人利用现代数字技术，通过在网络上建立寒信村的虚拟社区、门户网站、微博账户等进行信息发布与公开，不但可以进行社区形象的宣传，也提高了社区参与意识。

四、结语

简言之，社区营造就是运用社区的条件和资源，凝聚居民的共识与创意，使生活更美好，环境更优雅，从而推动社区可持续发展的具体行动①。我们可以看到，于都寒信村的社区营造，还有很多有待改进的地方，例如，缺乏统一的行动目标、官方缺失的社区营造、社区参与意识有待加强等。相对于日本、我国台湾等国家和地区的相对比较成熟的社区营造来说，寒信村的社区营造还处于起步阶段。但毕竟是新生事物，潜力巨大。如前所述，本文重点分析了传统传播媒介与新兴传播媒介在社区营造中发挥的作用。传统传播媒介在现阶段并在可预见的相当长的时期内，都仍将处于主导地位，必须充分发挥传统传播媒介的作用，让社区居民掌握社区动态、培育社区精神、参与社区管理。而随着数字技术的不断普及与大众化，更要逐渐地重视吸收新兴的数字传媒技术，并不断将它们应用到社区营造活动中来，让数字媒介深化社区营造。

参考文献：
［1］于都县地名办公室. 江西省于都县地名志［M］. 1985：163.
［2］雩都县志［M］. 同治年版.
［3］邹春生. 神灵创造与社区整合：从赣南于都的水神信仰看客家族群的社会结构［M］//中国越文化会议论文集. 2007.
［4］阮仪三，孙萌. 我国历史街区保护与规划的若干问题研究［J］. 上海城市规划，2001（10）.
［5］郑杭生. 社会学概论［M］. 北京：中国人民大学出版社，2003.
［6］吉田友彦. 日本：公众参与社区营造［J］. 北京规划建设，2005（6）.
［7］陈统奎. 再看桃米：台湾社区营造的草根实践［J］. 南风窗，2011（17）.
［8］谈志林. 台湾的社造运动与我国社区再造的路径选择［J］. 中国行政管理，2006（10）.

---

① 马巧慧：《以社区营造为导向推动乡村旅游发展》，载《四川烹饪高等专科学校学报》2011年第6期。

[9] 马巧慧. 以社区营造为导向推动乡村旅游发展[J]. 四川烹饪高等专科学校学报, 2011 (6).

[10] 钟日丰. 都市社区文化营造之研究——以桃园县中坜市为例[D]. 桃园: 台湾元智大学, 2007.

[11] 彭兆荣, 李春霞. 媒介化世界里人类学家与传播学家的际会: 文化多样性与媒体人类学[J]. 思想战线, 2008 (6).

[12] 周建新. 互联网与当代客家文化的传播[M]//首届石壁客家论坛论文集. 福州: 福建教育出版社, 2013.

[13] 周建新. 大众媒介与客家文化的传播: 媒体人类学的视野[M]//第四届客家文化高级论坛论文集. 2013.

[14] 黄璐. 社区营造视角下的梅州客家古村落保护与更新策略研究[D]. 广州: 华南理工大学, 2012.

[15] 张暄. 官民合作的社区营造模式[J]. 乡镇论坛, 2008.

媒体调查与网络民族志

数字时代的纪实影像生产
——以《南方都市报》视觉中心的视频作品为例

熊迅[*]

内容摘要：纪实影像以视觉方式呈现中国社会变迁中的场景、人物和事件，并在具象和符号的两个层面揭示出生产者、报道人、阐释者和受众之间的复杂互动关系。随着媒介社会的数字化转向，纪实影像的生产和传播也随之悄然变化。本文以在《南方都市报》视觉中心的田野调查为基础，把报业全媒体转型过程中的影像案例置入其生产过程和互动过程中进行分析，以此理解数字时代的纪实影像生产特征。

关键词：媒介人类学　纪实影像　媒介转型　南方都市报

传统西方思想中，图像与文字之间向来关系紧张。图像被视为无法提供真理，文本则被视为探究实质的工具。[①] 视觉意象的悖论在于它表面上内容丰富，为观察者提供了种种具体细节，实际却忽略了整合细节的情境话语。因此，视觉传播更多的是一种"只做不说"的实践探索，在相关的研究上显得过于"沉默"。

然而，"沉默"并非表示视觉信息的不够重要。美国社会心理学家梅拉比安（Albert Mehrabian）曾令人信服地说明了形象的重要性："我们给他人的印象中，有55%在于我们的外表、形象和举止，38%在于我们的谈话方式，只有7%在于我们的谈话内容。因而，形象走在能力之前，比内涵更重要。"[②] 同样，在人所接受的全部信息当中，有83%源于视觉，11%来自听觉。视觉听觉给人的知觉、记忆、思维等认识活动提供了大量素材，也给人的情绪体验创造了丰富的条件。[③]

吉斯·黛布雷（Régis Debray）用三段论来划分媒介时代，即书写时代、印刷时代和视听时代。在第一个和第二个时代中，语言和文字符号占据了主导地位，但由于人类长期以来使用的都是二维形象，因此理解抽象事物的能力已在无意识中发展到了很高的水平。当电视、电脑与互联网等新事物出现，彻底改变了影像在现代传播中的地位，人类便进入了视觉统治时代。[④]

即使在人类传播历程中，视觉传播也是最古老和最普遍的信息传达方式。不过，视

---

[*] 中山大学传播与设计学院。

[①] Cosgrove D, Daniels S. Iconography and landscape//Cosgrove D, Daniels S. *The Iconography of Landscape*. Cambridge: Cambridge University Press, 1988, p1.

[②] 田华、宋秀莲：《副语言交际概述》，载《东北师范大学学报》2007年第1期。

[③] 李慧晓杉，《视觉传播时代与新闻摄影发展关系探究》，载《学理论》2010年第3期。

[④] [斯] 阿莱斯·艾尔雅维茨：《图像时代》，胡菊兰、张云鹏译，吉林人民出版社2003版，第35~39页。

觉传播与媒介形态的变化不可分割，总与"危机"有千丝万缕的联系。如对报纸产生冲击的电视，反而带来了视觉的大众传播。① 网络的兴起和其他多种媒介形态如手机、移动视频等使文字载体的媒介再一次面临市场萎缩的困境，有批评家称"死亡的气息"在纸媒弥漫，如果不调整传统的思维模式，那么在不久的将来必将走向灭亡。②

危机中的从业者发现，危机来自于一场阅读方式的革命。图片、视频等传播方式更快捷、更即时、信息量更大、现场感更强。2006年以来，《华尔街日报》、《华盛顿邮报》、《圣何塞信使报》、《休斯敦纪事报》开始大规模地处理视频新闻。媒介扩展到网络，在网站上进行视频输出的信息海量增加。目前，美国有90%以上的报业网站提供网络视频。③

2009年10月，资讯和信息的视觉化成为北京世界媒体峰会的关键词，此时的"视觉化"无论从内涵和外延上，都比图片新闻或电视新闻的范畴要广的多。④ 记者们也倾向于认为视频材料能够很好地弥补文字报道的缺憾，让新闻报道更加具体、直观，使得故事的呈现更加生动、真切，数字影像"前途一片光明"。⑤ 南方都市报近年来展开层次丰富的"全媒体"的行动和叙事，其中纪实影像的制作在其中是一个重点。2011年3月至2012年1月期间，笔者得以在南方都市报（以下简称"南都"）视觉中心的田野工作，通过参与观察的方式，把作品置入到生产者链条中分析，了解视频记者们在日常新闻生产中，如何运用纪实影像的方式呈现社会变迁与人物命运。

一、数字影像生产的场域和产品

在数字化进程引导的全媒体转型中，以视频技术的应用和视频信息资源的开发为基础的视觉生产被认为是全媒体内容生产的先行试点，成为从平面走向"立体"的突破口和现有传播形态的有效补充，以及推进报业全媒体战略亟待打通的关节点。⑥

在南都实践者的眼中，视觉的独特和重要不言而喻，这在图片编辑时代都显而易见："从传播学的意义上来看，新闻摄影利用知觉特性对信息有效传播。南方都市报图片通过拟态环境打破读者的"刻板成见"。图像就像一把矛，而受众就一张盾。相对文字符号来说，它是一种新闻的独立表达形式。"图像越精彩，受众越容易被说服。"⑦南都视觉中心成立后，在组织架构上形成视觉生产独立性的保障，视觉语言的统一、内部协调管理、脱离文字的控制和流程的协调等方面和图片部时代的图片总监负责制相比更为明确。

---

① 王荣：《难道报纸不需要录像吗》，载《青年记者》2007年。
② 南香红、梁音：《全媒体实践面面观：在大气候中实现转型》，载《中国摄影报》2012年1月17日。
③ 郜书锴：《视频新闻：数字报业竞争的新趋向》，载《新闻记者》2009年第1期。
④ 南香红、梁音：《全媒体实践面面观：在大气候中实现转型》，载《中国摄影报》2012年1月17日。
⑤ 郜书锴：《视频新闻：数字报业竞争的新趋向》，载《新闻记者》2009年第1期。
⑥ 张晋升、李晓：《报业新闻视频的渠道整合与价值延伸》，载《传媒观察》2011年第4期。
⑦ 王景春、梁音：《以视觉为中心——南方都市报图片部的运行机制》，载《完善图片机制、提高履职能力——第十届全国新闻摄影理论年会论文集》，2004年版。

不过源于"压力"的转型发展正在加速,仅仅依靠静态图像已经远远不能满足媒体转型的需要。① 南都视觉中心成立当年便开始了流媒体的试验。在视觉传播实践和全媒体转向的探索实践中,南都较早形成了自身的特色,投入成本、团队人数、作品数量、业内影响等方面在国内处于前沿。从业者也已经意识到视觉传播中知觉特性传播的有效性。在全媒体业务的整合上,视觉生产也成为业界的重要关注点。

由 2007—2008 年的"自发期",2008—2009 年的"探索期"到 2009 年的发展期和 2010 年的"突破期",② 在历年的影像生产实践之中,形成了较为成型的组织并发表了数量丰富的视觉产品,其内容也涵盖了新闻报道的诸的方面。

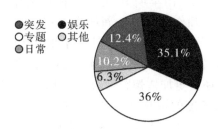

图 1　南都现有视频内容分配 ③

数字时代,由静态图像开始走向多媒体表述的南都,首先强调画面感和视觉冲击力,并因此得到了同行的认可。而在视频的制作中,专职的视频记者很快发现,仅仅依靠画面不足以完成影像叙事。

> 纪实影像里面包括画面、声音、编导、文本等等。这实际上就要求记者从视觉出发,然后要超越视觉。视频的魅力在于它是一个融合文字、摄影、声音和设计的综合产品。④

南都影像产品大部分基于现有的新闻平台。如对新闻热点事件快速记录的突发新闻,基于社区新闻和地区新闻的日常新闻视频,深度挖掘事件和人物的专题视频。实际上,在娱乐视频中也有很大部分和娱乐新闻事件有关。其中以《南都深呼吸》为代表的纪实影像栏目是最为重要的部分。

> 呼吸乃生存之根本,深呼吸,是因为我们的生存中还有缺氧的空间,还有痛彻心肺的浮尘。这是一个深度、记录和见证的栏目,也是我们音视频新闻组的核心

---

① 王景春:《全能型记者:我们在路上——南都视觉中心以流媒体生产为试点向全媒体转型》,载《新闻战线》2012 年第 8 期。
② 王景春:《南方都市报流媒体理念及其实施路径》,载《新闻实践》2012 年第 9 期。
③ 来自梁音在中山大学讲座的课件,特此致谢。
④ 同上。

栏目。①

南都视频一方面能更快速地制作和拍摄，更短的制作周期，更灵活的传播渠道；一方面拥有更为敏锐的新闻触角，从而与社会变革和社会事件的联系更加紧密。

纪录片《归途列车》的导演范立欣给我们留言："向你们致敬，你们在纪录现场。让我懂得了什么是真正的纪录片人和纪录者，是那些在历史发生现场的人。"②

在实践中，《南都深呼吸》由早期10分钟的视频短片最终形成了24分钟的版本。负责人对这种中等长度的视频作品（介于新闻播报和纪录片之间的长度）寄予了颇高的期望。一方面以此填补"裂隙"，因为它们在各种数字传播平台上都有播出的可能，从而获得更高的认可和知名度。另一方面，24分钟的长度不能只依靠现场富有洞察力的镜头捕捉和画面经营，还要更加依赖影像叙事和视听语言的综合运用，从叙事结构的完整性来说，30分钟左右长度的视频已经是纪录短片的容量，制作方式和理念已经和纪录长片相差不大。因此，这种方式有利于锻炼队伍，提高适应能力，并在未来的竞争中站稳脚跟。

《南都深呼吸》也能呈现较为丰富的影像内涵，如新闻理念、叙事方式、视听语言等。同时，中等长度的数字视频对记者来说是一个较为艰难的转变，更需要综合的运用能力，从而为进一步探讨数字化时代纪实影像生产的特征提供空间。

第一期的24分钟节目于2012年8月20日在优酷上线并获得了置顶，此后的每周一，新一期的《南都深呼吸》上线，通过微博、视频网站和南都鲜橙网推出，逐渐形成了较固定的生产和传播机制。笔者以前10部作品为研究对象，来讨论媒介数字化转型期的纪实影像生产特征。

二、策划选题与议程设置

描述社会问题的《失独者的自救》被安排在第一期播出，彼时中日关系正是网络热议的话题。记者因纸媒报题会带来的线索确定了拍摄方向。《最后的远征军》则是因为视频记者一直对这个题目有所关注，在有机会成型时就飞往腾冲拍摄。夏俊峰一案的视频拍摄来源与南都深度的文字采访，视频记者和对视频报道感兴趣的文字记者合作进入现场拍摄，一起后期剪辑而成。《飞轮上的梦》的题材选择仍然和记者的个人选择有关，寻找视觉冲击力的视频记者一直都在关注类似题材——因为体育题材既有故事张力，又容易拍出好的画面——该片获得了2013年世界新闻摄影奖（荷赛）多媒体奖。

在选题策划上，个人兴趣和日常积累是这10期视频故事的主要动力，另外一个是热点的新闻事件。而能否顺利拍摄，则依靠记者的突破能力和人际网络的强度。记者确

---

① 参见谭伟山：《南都音视频制作部简述》，http://photo.artron.net/show_news.php?newid=228981&p=2。
② 同上。

定了要拍摄的大致范围后，再和团队负责人沟通，并争取说服负责人以确定选题。

视频记者 A 根据自身的理解提出初期的思路，团队负责人从操作性和话题性的角度给出意见，认为这个选题在两方面均不好呈现。视频记者 A 坚持认为自己能做一个好看的故事，他的提议并没有被否决，只是被限制，需要尽快提出一个解决的方案，上述对话在办公室的场景中发生。20 多天之后，他仍然认为这个题材适合做下去，无论如何先拍出来再说。这种讨论呈现了新媒体生产的平等性——没有谁是专家。在每周一的部门会议上，负责人也会询问记者们的题目，并试图建立起一个报题会的机制。

10 个片子的选题均强调透过人物讲述故事，其主要拍摄对象分别为：失独者群体、被遗忘的远征军老兵、夏俊峰的妻子和孩子、残疾运动员、留守儿童、走红的法师、寻找母亲的人、钢管舞少女、四胞胎的父母、同性恋。其中，以草根和边缘群体的艰辛生活为主题的故事有 7 个以上，占绝大部分。与热点新闻事件有关的主题 7 个，同样占据绝大多数。如远征军、夏俊峰案、延参法师、失独者、四胞胎、同性恋婚礼等在视频拍摄之时或之前都由南都旗下媒体报道过。

议程设置是一种分析大众传播影响社会、影响公众舆论的理论：尽管大众传播媒介在改变人们持什么观点方面效果不大，但却能非常成功地告诉人们应该考虑些什么问题。议程设置关注媒介如何展示及展示什么议程给受众。"事件的重大性、地域上的接近性和文化上的共鸣性"被认为是南都深度新闻的价值标准。"坚持以事实为准则、结构清晰、语言平实，比较追求感染力。"[①]

影像生产同样反映了这种社会性议程设置的特征：10 个片子均在不同程度上贴近了受众生活，如失独者反映的计划生育制度问题、夏俊峰事件反映的底层社会生态、合唱团反映的农民工子女教育问题、失踪的母亲反映出的民警系统问题、同性恋婚礼反映的婚姻问题等。受众在观看议题时，会意识到其中与自身的关联，从而主动地寻求相关信息。另外，不论是视频的人物或者事件，都由制作人和主持人将事件与社会问题连接起来。如残疾人运动员背后的边缘群体的生存空间问题、钢管舞少女的教育问题等。

纪实影像的客观性表现在所有视频都有具体的信息来源，并用字幕区分视频资料和实际拍摄。评论也尽量用当事人、有关人士或专家的解读，视频提供了一个所有信息整合的平台。影像的证据功能被大量使用，意在表明其并非凭空捏造，令观众相信其是客观事实，增加可信性。但这并不意味着这些视频没有倾向。制作者根据自己的价值观和报道方针选择出"合适"的信息，运用特定的视角，选择有感染力的语言，从而说服受众。在 10 个视频中，制作者的潜在立场几乎都倾向于被摄者，在整体气氛的营造上也为被摄者的话语构建了正当性。

纪实影像易于呈现现场氛围和情绪表达，具有较高的报道风险。在风险控制上影像制作也具有"南都特征"。团队在自审的同时也给记者精神鼓励。对有风险的选题，负责人并不会禁止，而是告知风险，在记者决定后给予或明或暗的鼓励——先行把关看是

---

① 张志安：《编辑部场域中的新闻生产——〈南方都市报〉个案研究（1995—2005）》，复旦大学 2006 年博士学位论文，第 110～114 页。

否能做、能发，同时争取最大限度地记录现场和存留历史。①

三、制作准备与影像特征

数字视频制的表达语言融合了影像、声音、文本三大要素。相对于文本，视频制作更为强调信息的视觉化和叙事的具体化，透过具体的拍摄对象、环境与活动，来描述对象和呈现意义。同时，视觉语言相对于文本更强调视觉感受和视觉刺激。相对于图片摄影，动态视频的拍摄不但要继承图片摄影的画面语言传统，如通过构图强化主题、透过光线描绘气氛，通过形象传达情感、通过符号指涉象征意味。更重要的是，动态视频一方面是历时性的记录，是关于时间和运动的影像呈现；一方面是对声音和文本的融合。因此，在拍摄的过程中，视频和图片差别甚大，并不亚于文字与图片的分别。

在图片摄影方面，日常新闻和突发新闻的摄影报道要求记者尽快到现场拍摄，他们往往和文字记者一起。文字记者负责搜集、访谈等工作，负责报道中信息呈现的大部分工作。因此，有经验的摄影记者并不需要做太多准备就能快速完成现场工作。但这种工作方式已经不能适应视频报道的需要，实际上，类似《南都深呼吸》这样的片子摄制，在前期需要做大量准备工作，甚至在拍摄之前就已经要对最后的影像有较为完整的把握。

如柴静团队制作了系列专题片《静观英伦》的剑桥故事，虽然访谈占据了大部分节目时间，但制作团队重新解构了故事，从细节谈起，访谈内容变成了对节目的回应。虽然表面在说剑桥的故事，却处处在回应中国的"大学问题"和"学术问题"，访谈因此变得必要且精彩。故事性的把握显然和制作能力、背景知识和前期准备有非常大的关系。

和20世纪90年代以来强调真实性和文献性的纪实风格不同，数字转型时代的纪实影像出现了故事性回归的特征。强调一个"好故事"开始出现和"直接电影"似的不同的制作方式，制作的准备因而成为了关键一环。记者们都为拍摄做了资料和结构的预准备。失独者、远征军的拍摄者收集了几乎所有的媒体报道和视频资料。同性恋婚礼、夏俊峰案等虽然是不可预料的新闻事件，但前期准备的视频和文字资料都在最后剪辑时起到了作用。

拍摄前的大量"功课"，对适应快速工作的图片摄影记者来说，是一个需要适应的过程。在日常的生产实践中，记者不得不在活动影像生产的要求下改变和学习。一名资深记者告诉笔者，从前跑娱乐和体育口的他，最喜欢的报道是体育新闻和突发新闻，在事件过后的一两个小时内，他就能把图片和文字稿传回报社。而24分钟的视频则没那么顺手，适应起来也没那么容易。

过年后我很痛苦，你知道的，我觉得很有压力，后来才慢慢轻松一些了。不懂

---

① 张志安：《新闻生产与社会控制的张力呈现——对〈南方都市报〉深度报道的个案分析》，载《新闻与传播评论》2008年。

就问，做得多了，教给你就会了。①

四、拍摄关系与影像语言

影像和画面作为直接呈现的信息表达方式，不但透过内容传递信息，其形式本身就是一种直观的信息，因而视觉和听觉本身的传播特征，也使得其具有"语言"的特征。在此之中，单个画面的视觉元素构成（点、线、面）、拍摄工具在三维空间选择进行表达的时空特征（如纵向的景别、水平的摄影机方向、垂直的角度等）、光线与画面元素、画面气氛控制等，视觉段落的构成、蒙太奇的使用、摄影机运动等镜头调度和剪辑关系的内容，都使"直接呈现事实"的内容表达打上了"艺术"烙印。因而在很多场合，影像虽然是每个人都可以看得懂的语言，却成为了制作者需要学习和不断强化的表述方式。

成立不到 2 年的南都的视频制作，从短时间的新闻视频转到较长时间的类纪录片《南都深呼吸》的制作转型，体现了如下共通的特征：

首先，和普通的纪录片呈现的拍摄者与被拍摄者关系不同，由于记者的消息来源多来自于爆料和已有的新闻资源。被拍摄者本人常常对媒体有诉求，因此在一定程度上"掌控"了影像表达的形态。如失独者透过选择同意记者采访的时间来控制；更多的被拍摄者在大量的与媒体接触过程中积累了经验，能够有意识地透过影像来传播自身形象或观点，如延参法师。在上述情况下，拍摄者和被摄者在影像生产中形成一种"合谋"的关系，因此，虽然拍摄者总是试图以客观冷静的视角呈现事件或人物，实际上又不得不站在主位的视角上处理影像。

其次，不少记者在短时间内联系上被拍摄对象并取得拍摄许可，通过高质量的访谈拍摄获得事件基本信息和情感表述，通过日常生活的镜头和场景记录来完成基本的信息呈现和象征表达，其高效的制作让人印象深刻。不过，快速制作的片子因在视觉信息的丰富程度上有所欠缺，常常需要在后期进行文字和旁白的补充。对没有日常影像素材积累和管理机制的转型部门来说，制作效率和影像的相对完整性成为了一个需要解决的问题。另外，在团队工作中，如何形成整体上较为统一的风格，也是需要尽快解决的问题。

最后，视频生产仍然有意识地试图延续南都新闻生产尤其是深度新闻的一些特征：在题材和内容被限制的局促空间中，发展出各种"突围"的策略；关注和关怀民生价值取向的题材；从普通人的角度去理解和表述新闻事件；强调从个体命运的背后关注公共利益，展现"家国情怀"。而在实际的拍摄过程中，视频记者和深度报道的文字记者的合作也在逐渐形成。

---

① 来自访谈资料：0815-004。

五、剪辑结构与影像叙事

数字化传播本来需要透过影像、文字、语音、音响、图像、图表等媒介的综合应用，把融合的信息传递给受众。一般来说，同单一媒介的传播相比，影像叙事具有如下特征：其一是信息量大，透过在场的视觉记录完成信息的迁移和传播，多种媒介的使用更丰富了这一点。其二是与现实的关联强烈。影像的叙事虽然打上了选择的烙印，但仍然是对现实的部分复制。其三是直观和直接，透过影像的直接呈现方式产生功能与意义（虽然意义较为模糊）。其四是"修饰性"和真实性并存，为叙事的选择预留了较大的空间。最后是对戏剧性的偏爱，人类的影像经验逐渐形成，并受到不同的影像媒介影响，视觉叙事的"故事性"需求刺激制作者运用各种方式来强化视觉传播中的戏剧性，并在一定程度上"强迫"受众接收。

在 10 期的《南都深呼吸》中，我们也可发现其在视觉叙事上的一致性。

第一，强调视觉叙事在还原现实上的真实性功能。大多数的视频在叙事线索上依照现实事件的发展逻辑和时间顺序。关于回忆的访谈向前追溯，关于现实的生活向后发展，多数视频用两条线索展现整个叙事。不过，两条平行线索在后面能够合理地进行交汇，如《合唱团》就提供了较好的方法。

第二，记者们在逐渐学习如何在现场最大限度地采集丰富的视觉材料，从而在后期剪辑中可以获得较大的空间。在信息量上和情感表达上，个人特色远超电视台栏目化运作。有的片子侧重于细节的拍摄和象征意味的表达，如《最后的远征军》；有的则侧重于展现被摄对象的情感体验，如《钢管舞少女》。

第三，视听和文图完整程度较好。数字化整合一方面呈现了理解所需的基本信息，一方面也提升和带动了主题的意义和价值。

第四，在"全能记者"的工作模式下，制作者既要负责前期拍摄，又要负责后期剪辑，这有利于减少沟通问题，但同时也会直接影响到剪辑结构。总的来说，虽然记者们在这些片子中已经展现出一定的职业素养，但还是需要在视觉叙事上，基于互联网平台，寻找改善和突破的方法。

六、结语：数字化与纪实影像

近年来向数字化和多媒体的转型中，媒介面临的实际上是整个表述方式的转变——面向影像表达的本体特征和传播特征。周传基在文学和电影电视两种不同形式的媒介后作出了较为细致的比较，阐述了影像语言和文字语言的区分。[①]

不过，和完全依赖视听语言的电影有所不同，作为纪实影像之一的数字新闻视频，其特征实际上是结合了周传基所区分的文字和影像两个部分，在时空感觉、叙事视点和叙事结构上，数字视频、电视新闻和叙事型的文字新闻有相似之处。需要如文字叙事一

---

① 周传基：《电影电视根本就不是"综合艺术"（下）》，载《电影艺术》1994 年第 6 期。

样考虑整体结构和表述技巧。而在更为表象、具体和隐喻的功能上，影像叙事又具有完全区别于文字的、冲击力极强的甚为独特的方式。

具体到南都纪实影像的生产实践中，如何解决文字与影像之间冲突的尝试一直在持续。如早期的"流媒体"实际上是静态照片的视频化，制作者只需要对后期有所控制即可完成影像，与文字基本分离；短新闻视频则是作为文字信息的补充出现，通过几分钟的视频描述现场状况，使观众有更为直观的体验。《南都时评会》就是利用南都时评的新闻资源，通过知名评论员的直接出镜，通过简短、犀利、幽默、书卷气的评述来继承评论的风格；《飚哥有画说》则试图把漫画、评论都整合到影像中进行实验。新媒体技术也为文字、数字信息视觉化带来了便利，如字幕文字特效、图表设计等都适合放到影像中去呈现。

就目前来看，纸媒关注社会和个体命运的价值在纪实影像中主要体现在纪实摄影作品部分，转型期上线的数字视频生产还在成型中，主要体现在制作流程的不确定性、视频生产的个人化取向、作品整体策划和定位的模糊状态、拍摄方式和技巧的参差不齐、剪辑理念和叙事方式的区别较大、渠道和受众定位的模糊等。不过，什么才是专业的新闻视频的"标准"，这显然与传播平台和渠道的急速变迁，难以清晰定位有密切的关系。

ChinaRen虚拟社区的美女形象建构*

刘晓斯**

内容提要：本文以当前虚拟社区对美女文化的塑造为切入点，通过女性在虚拟社区中呈现的整体形象，以此观照网络空间对美女形象建构过程中所起到的作用、意义和责任，认为这种当代流行文化现象也应该成为网络人类学所探讨的内容。

关键词：ChinaRen　虚拟社区　美女形象建构

导论

（一）研究缘起和意义

今天，网络作为一种新的大众传媒形式，正在获得越来越多的话语权，并且广泛地影响着生活中的各类人群。由此，学术领域也开始关注对互联网的研究，研究互联网的学术刊物、学术专著以及学术机构从空白逐渐步入成熟。网络文化是人们的生活方式以及社会文化现象强有力的载体之一，人类学者也开始从人类学视角解释网络文化的种种现象，进行网络空间的人类学研究。

以当前虚拟社区对美女文化的塑造为切入点，通过女性在虚拟社区中呈现的整体形象来观照网络空间对美女形象建构过程中所起到的作用、意义和责任，也应该成为网络人类学所探讨的内容。"美女"这类字眼已经是绝大多数虚拟社区生活中必不可少的组成部分。这从一定程度上道出了网络中美女盛行和受欢迎的状况。虚拟社区中有关美女的新闻，美女的靓照，美容、整容、瘦身的信息更是令人眼花缭乱，"美"不胜收。

不难看出生物学结构的等级观念支配着包括网络空间在内的各种媒介以及大众关于性别的话语。在一个男性文化霸权的社会里，媒介话语通常是一种男性中心话语，女性注定要遭到象征符号上的消解，即被责难、被琐碎化，或根本不被呈现[①]。在这个消费社会里，我们看到太多那些作为肉体的女性身体成为视觉表达中的主题，无视身体的更高层面，使得女性身体几乎沦为性和商品的消费机器。女人已经成为大众传媒中用于再造传统的性别角色的文化陈规的符号。很显然，网络空间也参与了这项再造工程，它通过所提倡的生活方式，以及身体符号，视觉符号隐性地将男性中心的意识形态传达出

---

* 本文为中山大学人类学系同题硕士论文（2006）摘要。
** 中山大学社会学与人类学学院。
① 王钰编：《新闻广播电视概论》，北京广播学院出版社1996年版，第89页。

来，强化了性别的角色和结构，加剧了性别的生产。

本文将试图探讨虚拟社区中对美女形象建构的现状分析。正如 Turkle 所说，对虚拟世界的研究不可避免地会提出一些"与我们的社区及我们自身相关的问题……尽管它不会轻易给出答案，在线生活的确为我们考察当前的复杂性提供了一个崭新的视角"①。

从人类学角度，怎样认识虚拟社区对美女形象的建构？这是本篇论文的主线索。立足于对网络空间中美女文化不同方面的表述，展示了网络人类学在这一领域中的独特视角。基于虚拟社区的美女文化是伴随着网络所产生的特定的社会文化产物。作者认为它的意义主要表现在以下三个方面：①在网络空间中美的标准同样是被建构出来的，某种程度上而言随时可能被重新赋予或者被颠覆；②虚拟社区执著于美女形象的建构是多方合力的结果，经济的、政治的、流行文化的、观念的等种种因素渗透其中，参与到网络对美女形象的塑造过程中。③虚拟社区包含着对身体的再生产。选择 ChinaRen 社区来进行研究，虽然对固有的传统审美观有所突破，但是仍然没有脱离二元论的枷锁，仍然没有真正脱离以男性为主导的主流审美导向。

相比以往的研究，本文在方法上突出了以下几个特点：

第一，人类学以研究文化和人性为己任。"在事情本身直接得到观察之前，我们需要来理解一个特殊事件、礼仪、习俗、观念或其他什么东西，大都逐渐成为背景知识……分析工作就是理解意义的结构，并确定这些意义结构的社会基础和含义。"②通过虚拟社区探讨美女形象建构也是人类学意义上的文化事项。社区中的居民如何认为虚拟社区对美女的认同，其中政治、经济以及其他多种力量的互动，主体性的体现等都是人类学关注的焦点。

第二，在访谈的时候可以使报道人在他们自己的环境中、在不受其他人压力的情况下进行谈话，它使我们摆脱了传统人类学田野调查的局限。这也是来源于网络空间的特殊性。互联网带给我的是完全不同的田野体验，做到身在"此地"而观察"彼地"，田野同时渗透在我们的日常生活体验中。本文里作者用"此地"来指代日常生活的物理空间，而"彼地"则是存在于网络上的虚拟空间。

第三，尝试探讨新的领域的研究。长期以来，人类学家背起行囊远离故土，探索着遥远异邦的文化，但是电子媒介日益渗透生活，已经对人们的生活方式产生了重要的影响和改变，电视、互联网等媒体所提供的信息也与传统人类学田野考察一样，值得人们去进行人类学的阐释。本文在方法上同时注重文化研究等跨学科的方法。

第四，此外，本文希望可以有助于网络人类学与视觉人类学的结合与发展。本文有一定篇幅是通过对"贴贴图图"版区来分析 ChinaRen 社区对美女形象的塑造，在方法上利用互联网中的视觉文本进行视觉图像的分析和研究。它的好处是我们能够直接阅读人们的观点和评论，而且视觉图像易于浏览和保存，可以随时进行田野调查。

网络的快速普及是近些年的事情，鉴于中国互联网的发展状况，中国广大网民只限

---

① Sherry Turkle. *Life on the screen: identity in the age of the internet.* New York: Simon and Schuster, 1995, p232.
② 克利福德·格尔茨：《文化的解释》，纳日碧力戈等译，上海人民出版社1999年版，第10～11页。

于城镇人口，因此本文研究的对象是一些置身于都市化与全球化背景下的群体，选择对虚拟社区的研究对我们理解复杂社会中对美女文化的建构提出了新的视角。当然，网络人类学方面的研究还处于发展阶段，希望本文可以为此领域提供一些经验和借鉴。

（二）相关研究背景

1. 网络人类学与虚拟社区

网络人类学是人类学的一个分支研究方向。它还没有一个统一的名称，有人称之为"the anthropology of cyberspace"，或者称为"cyber anthropology"。那么何谓网络人类学呢？Steve Mizrach 在他的"网络人类学是什么？"（What is Cyber Anthropology？）的文章中给出了定义。他说，网络人类学是研究虚拟社区与网络环境中的人的学科。① 网络人类学认识到新的"虚拟"社区不再由地理甚或其他（种族的/宗教的/语言的）边界所界定。相反，网络空间的社区是基于共同的兴趣创立起来的，超越了社会等级、国家、种族、性别和语言的界线。这与全球场景中市民要求归还公共空间和私人空间的呼吁相应。②

"虚拟社区"是网络文化研究的一个重要方面，是针对网络空间的社会文化现象所进行的研究。这个词是由 Howard Rheingold 首先提出的，他将虚拟社区定义为"互联网上出现的社会集合体，在这个集合体中，人们经常讨论共同的话题，成员之间有情感交流并形成人际关系的网络"。③ 他在 1994 年出版的《虚拟社区》（The Virtual Community）一书是研究网络文化的主要著作。在书中，他列举了一个虚拟社区——WELL 的社会历史状况以及无数发生在 WELL 和网上的在线互动的例子。Rheingold 提出了这样一个观念，认为线上建立的社群可以成为虚拟社群的成员，发展成为实际的会面、友善的宴会，"会有一种新型的社群产生，以共享的价值和利益为中心，将人群聚集在线上"④。到了 20 世纪 90 年代中期，学术界掀起了互联网研究的热潮。其中女权主义者与妇女研究者已经使用文本分析和女权主义理论来在网络空间建构和解构性别。

虚拟社区是以互联网为基础，围绕着共享的利益或目的而组织起来的，不过有时候沟通本身会成为目的，尤其是计算机所支持的世界使我们能在我们自己的象征体系里随意进出。

国内对网络空间的学术研究与西方发达国家相比相对迟了一些。社会学、哲学、新闻学领域分别出版了《网络社会学》、《网络空间的哲学探索》、《网络新闻学》等著作，而在人类学范围内，只有寥寥几位年轻学者正在摸索中，网络人类学还是一块陌生的地带。

2. 人类学中的身体研究

女性主义人类学对性别的研究已经非常成熟，然而通过网络中的虚拟社区对女性形

---

① Steve Mizrach, What is Cyber Anthropology? http：//www．fiu．edu/～mizrachs/CyberAnthropology．html.
② 刘华芹：《天涯虚拟社区——互联网上基于文本的社会互动研究》，博士学位论文，第 3~4 页。
③ Howard Rheingold. *The virtual community*. London：Minerva, 1994, p78.
④ 曼纽尔·卡斯特：《网络社会的崛起》，社会科学文献出版社 2001 年版，第 441 页。

象的关注并不多。大众媒体自诞生以来就没离开过女性身体这一话题，而网络使这个话题逐渐成为了一种文化的可能。人类学对身体的大量研究已经为我们展开对虚拟社区如何建构美女形象的分析提供了一些理论依据。

人类学认为身体是一套社会实践。人类身体需要在日常生活中经常地、系统地得到生产、维护和呈现，因此身体最好被看做通过各种受社会制约的活动或实践得以实现和成为现实的潜能。[1]

玛丽·道格拉斯认为，人的身体具有双重性：一方面是"生理的身体"，另一方面又是"社会的身体"。[2] 我们可以研究身体形象如何被投射在社会上，以及社会如何投射在身体上，身体控制是一种社会控制的表现。玛莉·道格拉斯为身体人类学开了先河，但她的社会身体观也受到了当今学者的纠正。他们认为，社会身体离不开物质身体，二者同在文化中相遇。

在哲学人类学方面，福柯认为人的身体是一种特殊的"驯顺的身体"。福柯注意到，自古典时代以来，人体已经被当作权力的对象和目标，通过操纵、改造和规训，使身体服从和配合。其目的不是增加人体的技能，也不是强化对人体的征服，而是要建立一种关系，要通过这种机制本身来使人体在变得更有用时也变得更顺从，或是因更顺从而变得更有用。这就形成了某种控制人体的权力机制。它不仅规定了身体"做什么"，而且规定了"怎么做"。[3]

自20世纪80年代以来，身体的跨学科研究在西方已经有了长足的发展，社会学、哲学、大众文化研究、传播学、精神分析学等都把它作为主要课题。上述研究各有侧重，本文将予以不同程度的关注，以解析虚拟社区对美女形象塑造背后的社会因素和人的因素。

人类学以研究文化和人性为己任。格尔茨的《文化的解释》中提到：文化研究是"我们从我们自己对调查合作人正在做什么或我们认为他们正在做什么的解释开始，继而将之系统化。"[4] 本文基于虚拟社区来描述对美女形象的建构，注重其背后深层文化含义的"深描"，而不是停留在现象表面。

人类学的研究是通过事实本身探究其背后的本质，以研究文化和人性为己任。这就要求我们在做人类学论文的过程中不能仅仅停留在对文本的分析中，而是以此为手段探讨其中隐含的文化因素和人的因素。所以，本文的重点不只局限于对虚拟社区中现象本身的分析，而是在此基础上关注参与者，以及相关的社会文化因素。此外，本文在通过贴图版区来探讨女性身体符号的表现方面，也不仅局限于对视觉文本的分析，而是力图透过表面触摸其背后的涵义。

---

[1] 布莱恩·特纳：《身体与社会》，汪民安译，春风文艺出版社2000年版，第36页。
[2] 参见 Douglas. M (1970) Natural Symbols, *Explorations in cosmology*, London。
[3] 米歇尔·福柯：《规训与惩罚》，刘北成、杨远婴译，生活·读书·新知三联书店，1999年版。
[4] 克利福德·格尔茨：《文化的解释》，纳日碧力戈等译，上海人民出版社1999年版，第19页。

一、ChinaRen 社区概况

作者所选的调查点是"ChinaRen 虚拟社区"。ChinaRen 创立于 1999 年，是全国最大的社区网站，并在短期内迅速成长为国内第四大网站。2000 年 9 月 14 日，ChinaRen 以 3 000 万美元的代价被搜狐收购，从而在当时迅速得到了 780 多万注册用户及每天 4 400 万的网页浏览量。其登陆网址为 http：//www.chinaren.com 或 http://club.chinaren.com，通过此地址可以打开 ChinaRen 虚拟社区的主页（见图 1）。如果要登陆的话，注册会员应在"用户名"和"密码"处填写自己的 ID 和密码，点击"登陆社区"即可进入社区；非注册会员要注册的话可以点击"注册"来成为会员。仅想浏览社区而又不想注册的话，可以直接点击"登陆社区"。注册用户与浏览用户登陆社区以后的区别在于，注册用户可以在社区内发表言论，而浏览用户则只能观看。

图 1　ChinaRen 社区的登录页面
（登陆时间：2006 年 4 月 13 日，21：00）

登陆社区以后会出现以下界面：（见图 2）

媒体调查与网络民族志

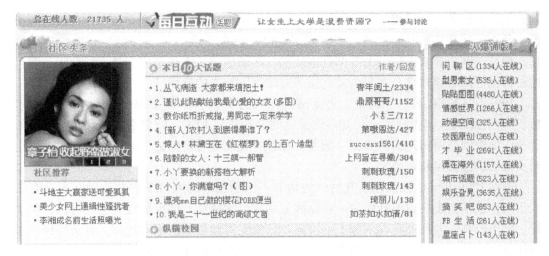

图2 ChinaRen社区的主页
（登陆时间：2006年4月13日，21：00）

在此页面中，会显示总在线人数，这个数量包括注册用户人数和浏览用户人数。同时会用比较醒目的字迹标明"每日互动话题"，并以重复滚动屏幕的方式显示所讨论的话题。

ChinaRen社区的主版按主题共分为16个火爆通版：闲聊区、型男索女、贴贴图图、情感世界、动漫空间、校园原创、才毕业、漂在海外、城市话题、娱乐昏晃、搞笑吧、FB生活、星座占卜、行行摄摄、体育星空、鬼话玄灵。在版块后面会显示在线人数。其中人气较高的闲聊区、型男索女、贴贴图图版区每天都有大量围绕着美女文化而进行的热点话题、图片信息等，这也是本文主要进行研究的版区。

社区还设有社区服务系统，服务栏目中有：社区帮助、社区规章、礼物道具、社区服务、IP查看器、在线信息。社区还设有"社区之星"评选栏，可以通过投票和参与讨论的方式来发表自己的意见，这里将定期评选出ChinaRen社区自己的美女。

在社区中的搜索系统中，可以通过输入关键字和检索方式（主题、作者昵称、作者ID、全文检索、各版新发帖、检索帖子地址）来搜索自己想要的信息。

社区中也会显示个人信息栏。个人基本信息显示了社区成员的一些基本资料，包括用户名、昵称、性别、级别/头衔、经验/人气、注册时间、自发帖数、自回帖数、总在线时间、财富值等。可以在旁边的页面修改个人信息。还可以通过给社区其他成员发送小纸条的形式进行密谈，并与某些成员建立或者取消好友关系等。

（一）社区里的"居民"

作者是2003年6月末注册社区的。从2005年5月开始，为了进行论文写作而对ChinaRen虚拟社区特别是贴贴图图、闲聊区、型男索女等专区进行了一段时间的参与观察。但是具体的某个虚拟社区在获得人口参数方面的资料是存在很大难度的，这主要是由于网络空间的特殊性。"我们可以了解到在既定时间内整个社区的总人数，也可以获得一些个人方面的资料（如年龄、性别、兴趣、城市等）。但是我们仅限于知道以上的数据，我们无法知道超过一定时间以后，社区里有多少人，无法知道个体在线时间长度，什么时间来什么时间走。"① "即便研究设计确实要求一些他（她）现实世界的数据，但是在网上获取人口学的数据是危险的、不确定的，不仅是因为故意的欺骗，而且这种情况下网络这种媒介本身会使此类研究缺乏民族志的情境。"②

1997 年 CNNIC 第一次调查，男女网民比例为 74.68%：25.32%，男性还是相对多数。③ 但是第九次调查则显示，女性网民比例上升到了 40%，随着高等教育在女性中的普及，随着网络使用门槛的降低，随着各种针对女性量身定做的专业服务的出现，网络对女性的诱惑力也越来越大。

虽然 ChinaRen 虚拟社区有其特殊的地方，但是用户的人口学参数差别并不会有太大出入，也不会影响虚拟社区用户在总体上的人口学特征，即以男性为主要居民，年龄轻、学历较高、大都拥有电脑和上网资源。数量上男性集团占绝对优势，对美的标准的建构性仍屈从于男权统治。虽然虚拟社区中展现了女性存在的空间，但是长期以来，女性被物化、商品化都成为了女性屈从地位的表现。

社区有多少居民？根据权威的全球网站排名机构 www.alexa.com 的数据统计④，截至目前，ChinaRen 社区的日均访问量达到了 2 500 万次，日均访问人数 280 多万，同时在线人数最高超过 68 000 人。社区拥有近 6 000 万忠实的注册用户，且每天以 5 000 多新注册用户数的速度在高速增长，已经成为国内著名的大型社区，居全球中文论坛前 6 位。其实这个数字只表明有这么多个 ID，而在社区中活动的人远没有达到这个数字，因为同一个人可以申请多个 ID。贴贴图图版区是 ChinaRen 虚拟社区中人气最高，访问量最大的版区。在 www.chinabbs.com 的统计中⑤，贴贴图图版区则稳居同类贴图专区第二的位置。这个社区主要关注女性的时尚、美容、靓照等方面内容，力图打造健康的美女文化。

虽然在虚拟社区中无法统计究竟有多少居民每天登陆社区，但是据作者观察（见表1），通常每天在线人数最多会达到三万人以上，比如对一天中各个时间段的在线人数进行记录和分析后发现，一天中在线人数最多的时段有两个高峰，一次是从中午十二点开始至下午五点下班时间之前；另一次是晚上 8 点以后至次日凌晨，这个时间段里，人们的身体和思维都处于相对放松的状态，虚拟社区的生活成为他们娱乐休闲以及满足视觉享受的好去处。而从次日零晨开始至上午 8 点在线人数没有太大变化，8 点以后人数基本呈逐步上升状态。（见图 3）

---

① 刘华芹：《天涯虚拟社区——互联网上基于文本的社会互动研究》，博士学位论文，第 121 页。
② 刘华芹：《天涯虚拟社区——互联网上基于文本的社会互动研究》，博士学位论文，第 122 页。
③ 参见 http://www.chinace.osr/ce/itre/。
④ 参见 http://alexa.chinaz.com/Alexa_More.asp?Domain=chinaren.com。
⑤ 参见 http://www.chinabbs.com。

表1 2005年12月14日（星期三），ChinaRen社区24小时在线人数统计表

时间	在线人数	时间	在线人数
00:00	14 775	12:00	32 518
01:00	12 466	13:00	30 764
02:00	11 082	14:00	31 287
03:00	11 017	15:00	30 664
04:00	10 336	16:00	27 432
05:00	11 747	17:00	26 394
06:00	14 197	18:00	23 862
07:00	17 226	19:00	24 149
08:00	19 764	20:00	24 336
09:00	21 993	21:00	25 158
10:00	24 534	22:00	23 187
11:00	26 647	23:00	20 732

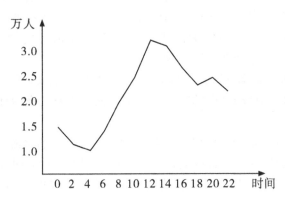

图3 ChinaRen社区24小时在线人数曲线图
2005年12月14日（星期三）

（一）社区的管理

社区规章：

社区内禁止一帖多发，一帖多发包括在不同分版发布内容相似的帖子及在同一版块发布内容相似的帖子两种情况；禁止在同一帖内反复拷贝重复内容；禁止短时间内同一人发多帖刷屏，此类情况由管理员按具体情况进行处理。

以上各项视情节严重，可附加以下处罚：本版内口头警告，本版内严重口头警告，版内限制发言，各通版公开警告；过于严重者，可能封ID或者封IP。

如果管理员有需要对用户所发帖子进行编辑，请在原文下用区别于原文颜色的

文字进行说明，而不要直接改动原文。

管理员在履行权力时，请坚守公平、公正、公开、公私分明的原则，如发现管理员存在舞弊行为，必将严惩。

请用户理解并支持各位管理员的工作，如对管理员的处理不满，可以到"社区服务"版发贴申诉。

社区总的规章中针对不同的群体，如对管理员、版主、一般成员，制定了相关的管理规定；此外，具体到不同的版区时，有的版区根据自身的发展和特色在不违背社区规章的前提下，制定自己的版规。比如贴贴图图版区中，除了该版的发贴规定，还有其他公告，比如版主及副版主的任命、投诉以及建议、警告违规ID专贴等，直接拉近了网友与版主、网友与管理员的距离，提供了与ChinaRen管理层的沟通渠道。除此以外也是为了尽量避免和预防网络色情的滋生。

（三）选择ChinaRen虚拟社区的理由

在www.chinabbs.com的统计中，ChinaRen虚拟社区的总体排名在虚拟社区中列第六位，具有较高的知名度。在一个知名的虚拟社区中研究其对美女形象的塑造是具有代表性的。但是由于各个虚拟社区在结构设置、栏目策划上各有特点，这多数取决于个人的喜好。由于作者第一个注册的虚拟社区就是ChinaRen，对它的熟悉程度要高于其他虚拟社区，这也是作者选择此社区的缘由。

"贴贴图图"版区是本社区最火爆的版区，它已经成为同类贴图专区的领导者。这得益于其准确的定位和日趋健全的管理等诸多方面。为研究虚拟社区对美女形象的建构提供了资源。

ChinaRen虚拟社区定位于年轻人，是专为年轻人打造的交流、沟通、互动平台，立足于打造年轻人的健康社区，社区囊括了当下最热门的版块和时尚话题，所以有利于研究"超级女声"、"芙蓉姐姐"等社会流行文化对女性形象的建构。

二、"美"不离口

（一）蜕变中的美女形象

对美女形象的表述首先要从"观看"开始。观看是人类最常见、最自然的行为之一。但最常见的行为并非代表是最简单的。当代众多人文、社会学科在"语言转向"之后，又转向了对视觉现象的思考，决非偶然。看是视觉的基本形态，看又可以区分为不同的状态，在汉语中，我们有无数不同的词汇来表述看这个意思，诸如凝视、注视、浏览、静观等等。显然，看是一个主动发现的过程。视觉现象作为一种文化，核心问题乃是眼睛与可见世界之间的关系。[①]

[①] 参见周宪《读图，身体，意识形态》，http：//www.fromeyes.cn/Article_Print.asp? ArticleID=488。

视觉是全球性的，但是它广泛应用于大众流行文化则起源于美国。从20世纪20年代开始，美国流行手绘的美女招贴画、宣传画、电影海报之类，因为常被人钉在墙上，因此得名"pin-up"。这些美国的手绘佳人，很快就被中国的画家模仿。当时上海的月份牌、广告上都出现了中国版的"pin-up"。这些手绘美人以时髦女性的精美妆饰和艳丽衣装为描摹的重点，而这些美女的原型有不少是妓女。20年代初，关于女性的传统观念得到了更新，女性形象在月份牌中明显增多，时髦美女在报纸广告等其他新闻媒介也频频亮相，成为了当时社会的一种象征。然而在多变的社会时尚之中，美女形象却是永恒的主题。20世纪20年代末，清纯女学生身穿倒大袖旗袍成为当时时尚的佼佼者。20世纪30年代是月份牌创作的鼎盛时期，当时的胡蝶、阮玲玉等电影红星都被作为模特成为月份牌画中的主角。此时月份牌中的美女时装造型已无定式的束缚，旗袍、裙装、长裤、泳衣都被广泛应用，但从审美效果看，仍是旗袍最能显露女性秀美的身材，同时又富有端庄典雅的淑女风范，所以月份牌画的各类时装中也以旗袍数量为最多最全，它同时记录了旗袍流行变化的主要进程。1949年，随着秧歌队进入城市，以"上海滩美女"为代表的都市女性们很快便脱下旗袍换上了列宁装。

月份牌原是为了宣传和销售商品的。早期的月份牌，其中人物可能与所宣传的商品毫不相关，月份牌画家们更加关注的反而是画中美女——如何使她们的形象更加美丽、更加吸引人。直至月份牌盛行的中后期，才较为明显地以画中人直接传达商品信息。尽管如此，月份牌对美女与时装、妆饰的表达获得了比其他商品广告更自由的形式和空间。以今天的眼光看来，月份牌似乎更像是发布流行时装的精美时装招贴画，画中的美女与时装比商品本身更加引人注目、令人难忘。

可见，时髦女性对于社会政治和时尚的变化往往有着双重的敏感和悟性。月份牌中的美女形象，代表了当时社会审美的整体趋向和追求，成为了社会的理想形象。

1953年10月创刊的杂志《花花公子》（*Playboy*）可以说是美国杂志界的一个奇迹，据说全盛时期每期销售数达800万份。杂志第一期用500元买了一张"性感小猫"玛莉莲·梦露的照片作封画。结果这张照片使玛莉莲·梦露出了名，《花花公子》也一炮打响。这本杂志对美女形象的运用既形成了独特的风格，也反映了当时社会的面貌风尚。一方面，在"每月游伴"的摄影专栏中，选用的美女年龄限制在18岁至21岁，而每一个入选的姑娘必须有处女的气质，健康而丰满，过去从未登过裸照，也没当过无上装女郎或脱衣舞娘，一定不是有过吸毒或酗酒等劣迹的美丽女子。因此《花花公子》"每月游伴"中的美女个个都拥有无敌的青春气息，受到了读者的欢迎。另一方面，《花花公子》每期刊登大量裸照，又反映出了当时把女性当作玩物的意识。20世纪50年代的美国社会，随着中产阶级的兴起，享乐主义生活方式也颇为盛行。

美女形象已经越来越多地扩散到各类杂志身上，而与女性相关的性感、美容、时尚等词汇更是比比皆是。它们的思想性越来越浅，而给读者的视觉感受则越来越美。那些诱人的话题，实际上并不需要认真深入地讨论，需要的只是它们"正在被谈论着"这个事实本身。在谈论这些话题的过程中必须配上越来越多、越来越美的插图。陈逸飞先生创办的《视觉》就是以图片作为主要表述对象，而文字却反过来成为点缀。这本杂志的女性形象并不是传统审美眼光下的美女形象，她们的形象与装扮更加另类，以强烈的个性和反传统的造型形成了该杂志鲜明的特征。

科学技术历经数个世纪的发展，诸如电视、网络等各类媒体的出现极大地丰富了人们的视觉文化。图像以其浅显和通俗迎合了大众的口味，其中美女形象一直是各类媒体争相描绘的对象。在所有的媒介形式中，广告把女性作为社会交易品的角色发挥得淋漓尽致，不仅把女性视为消费诉求的目标，而且在广告信息中利用父权社会已固定化的女性特点，将商品附加在女性身上，凸显其商品性。所以女性主义者大多关注广告的性别倾向和对女性的贬抑。广告中的女性主要是传统固定成见的形象，如父权制下跟家务活、购物相关的家庭主妇，即使出现了职业女性，也多半会强调父权制对女性的共识：年轻貌美、需要男人照顾、体面、匀称等等，女性受到了角色限定、生存空间限定和不合理的贬低。而且，当女性在某些广告中的身份角色难确定时，女性往往凭自己符合父权社会审美观点的外表吸引观众，成为男性欲望的"性对象"，女性身体被商业、物质所异化，丧失了自身的主体性。

1999年9月，我国为推广互联网而举行了一项影响力颇大的活动——第一届网络小姐评选。它在宣传互联网强大的娱乐功能外，也将女性正式推向了网络文化的前沿。这项活动吸引了5 000人报名，而在800万参加投票的网民中，只有10%是女性。这次活动的主题是"青春、知识、创造"，虽然活动公布选手的外形只占总评的15%，但是无论是参赛者还是选民们都把外形作为获胜关键中的关键。随后，"美女"这样的关键词在网络中随处可见，对于美女图像的重复与滥用提高了网站的点击率。

这种现象并不是网络独有的，所有旧媒体也存在相同的状况。无论我们喜欢与否，我们自身在当今都已处于视觉成为社会现实主导形式的社会。另一方面，由于网络自身的独特性，使得其参与建构美的方式又与其他媒体存在着很大差异。

（二）ChinaRen虚拟社区对美女形象塑造的境况分析

以"闲聊区"为例，初次进入该版区的时候，第一印象会是杂乱无章。但是如果稍加留意帖子列表以及点击率、回复率，就可以缩小范围到特定的主题和人上面，从而迅速选择自己感兴趣的话题，之后可以发送小纸条给自己感兴趣的网友以作进一步交流。

表2 "闲聊区"2006年4月11日18：00—19：00围绕着女性的话题时间表

论题	作者	访问	回复	更新日期
精彩大放送，我的盘发式样;)))))	windinflower	35 642	1 509	4-11 18：01
再次实行我的减肥计划（有PP对比）	芷汝	19 279	749	4-11 18：09
和美女学穿衣……动力，减肥的动力啊～!	戒不了的毒	3 577	97	4-11 18：15
中国民间实用土方，包括美容、调理、养生、健康等，有WORD文档	狼姑娘	79 966	5 825	4-11 18：20
用妮维雅柔美润肤霜滴，你们皮肤变黑变油了吗?	乖儿不哭哭	1 855	35	4-11 18：24
要普拉提的书的姐妹进来（有图了）	guozhigege	12 164	382	4-11 18：31

续上表

论　　题	作者	访问	回复	更新日期
和美女学穿衣……动力，减肥的动力啊~！	戒不了的毒	3 577	97	4 - 11 18：36
（实用帖）胖 mm 总动员——来八一八胖 mm 能穿的一些衣服品牌	Tequila 笨笨	16 593	129	4 - 11 18：39
求助：关于 Za 的美白隔离霜以及其他防晒产品	菜园小饼 123	972	21	4 - 11 18：45
减肥方法技巧、健康瘦身手册与大家分享，哪位需要？	找朋友的肥肥	16 800	1 204	4 - 11 18：51
发点春装吧^_^	香 - 雪 - 儿	4 701	97	4 - 11 18：53
豆豆调理中的常见误区，饮食疗法，运动疗法的总结汇编版 - 老鸭美容课堂	魅力老鸭	7 561	362	4 - 11 18：56

上述表格表明了，虚拟社区中每时每刻都会提供相关的信息。比如女性想知道什么、想问什么……这些可以作为虚拟社区存在和发展的基础，构成交流的话题。虚拟社区中充斥着大量诸如如何保持你的美貌，保持青春，增添魅力的话题，如何减肥以保持体形的话题。这一个小时中的信息涉及了美容、减肥、护肤、穿着等方面，较高的访问量和留言量在一定程度上反映了女性对自身的关注。而虚拟社区所营造的美女世界，表面上看是女性为"美丽"而进行的一场单边战斗，实际上这种对自我的要求，离不开父权制的社会结构对女性思维以及行为特征的建构。

作者对一些论题的回复进行观察以后发现，多数回复都是非常简短而且直截了当的，比如一个"赞"字就可以代表赞同、欣赏、承认的含义。社区中关于"美女"的话题除了以上涉及个人的内容，也会谈论到很多公众话题。公众话题通常与现实生活中的事件同步进行，内容也反映的是网友们普遍关注的事情。比如 2005 年 10 月份，"闲聊区"的热点话题是超级女声、芙蓉姐姐、林志玲事件等。

（一）美丽胜过大脑

美，本无公式可言，爱美之途并没有整齐划一的标准。但是"作为审美的主体，男性对女性容貌、身材的期待实质上形成了对女性的一种控制"[①]。在这样的环境下，不仅是男性的眼睛在注视女人，女人也在用自己的眼睛和男性的眼睛注视自己。

在"贴图专区"中，作者所见到的几乎清一色的美女形象：大大的眼、尖尖的下巴、雪白的皮肤、丰满的胸脯、细细的腰、修长的腿，美丽动人，也凸显了强烈的情欲和性的含意。

"美"既可以给主体自身带来自信，也能给他人带来赏心悦目的观感，对美的追求是人正当的心理要求。问题的关键是"美"已经成为一种由男性主流意识形态所掌握

[①] 卜卫：《解读〈女友〉杂志的性别论述》，载《中国女性文化》，中国文联出版社 2000 年版，第 89 页。

的标准化的东西，按照男性的标准塑造、衡量女性的美。

历来为男性中心文化所强调的主题，即女性对这个世界的最大贡献是成为美的载体，而忽略了向职业成就、家庭角色方向发展。培养了女人的消费人格，强调物欲与女性商品化。但是将女性价值的失落较多地归结为商业化是不够的，因为商业化的基础是大众的认同心理，而大众认同心理即性别成见来自传统男权文化。在深受男权文化影响的媒介内容中，被观赏性（容貌是否美丽、身材是否苗条、穿着是否时尚等）常常成为评价女性的重要标准。

（二）选美活动在虚拟社区中的扩张

美貌对女性的重要，在选美比赛中被极端化地叙述出来。网络空间中除了对选美活动大肆报道外，也开始了自己的选美。"网络小姐"大赛和各种基于网络的形象代言选拔并没有逃脱"爱美"的俗套，又为众美女展示美丽增添了一方舞台。选美的过程中，涉及了人类学领域中许多值得关注的问题。女性观念的变化、大众审美的认同、经济因素的力量构成了特定的场景。这些恰好符合了格尔茨"深描"理论的分析要素。

在参加"网络小姐"选拔的网民中，男性的数量占有绝对优势，这构成了性别对立的审美。

（三）美丽引发的女性中心话题

在虚拟社区中，对于美女形象方面的信息传播在代表性和影响力上都是比较突出的，对女性注意力的引导也比较具有代表性。美国一群女性主义者在网络上成立了"关于长相"（about face）的网站，目的就是对媒体中的妇女形象进行监督批评。它声明：我们鼓励对媒介批判性的思考和赋予个人力量，通过这些方式，"关于长相"努力在所有年龄、体形、种族和背景的女孩和妇女中，培养积极的尊重身体的态度。"关于长相"提供一个空间，这里所有的妇女——从最瘦的到最胖的，都能在这里找到自己的位置。① 我国的绝大多数虚拟社区仍然没有逃脱对美女形象的刻板塑造，美丽成为了这里不变的话题：美容、时装、塑身、减肥、保健、星运测试等，是女人们青睐的内容。然而主动追求美的道路充满艰辛，虽然女性自身观念发生了显著变化，但是贯穿其中的是男性对女性的理想化建构。

（三）男人的"眼"，女人的"脸"

虚拟社区的浏览和参与对象总体上没有性别之分，但是讨论的话题却常常围绕着女性展开。由于男性网民的比例远高于女性，因此男性成为了网络媒体的主要消费者和塑造者，他们不仅在塑造着虚拟社区中不分性别的内容，也在塑造着涉及女性或定位于女性网民的内容。时尚、健康、购物和情感等涉及女性的内容和使用的语言是以男性为中心体现的，并且是在以男性的品味和眼光在塑造着女性的生活和美丽话语。

以"贴贴图图"版区为例，从总体来看，虚拟社区中的贴图版区对美女形象的影

---

① 艾晓明：《广告故事与性别——中外广告中的妇女形象》，载《妇女研究论丛》2002年第2期，第25页。

响表现为两个方面：一方面在更加按照男性心目中的标准塑造美女的形象，女性是时尚的消费者，女性的美在于年轻、漂亮和性感；另一方面又鼓励女性敢于表达自己的情感和追求，塑造一种自由自主的女性形象，但是目前这方面的影响还不显著。

究竟是些什么人会选择"贴贴图图"版区？由于网络的匿名性特点，我们难以对此做出统计。但是在对ChinaRen社区所做的田野工作中，作者随机性地访谈了20个网友，他们的年龄主要在16～35岁，其中有13位男性和7位女性。这20个网友的身份包括：4个大学生、1个研究生、2个市场推广员、3个公司职员、2个个体户、1个自由职业者、1个小学教师、1个律师、1个室内建筑师等。无论怎样，这些人进入"贴贴图图"版区的必要条件是：拥有上网的便利资源以及能够自由支配的时间。而男性和女性有着截然不同的目的。男性网友进入"贴贴图图"版区的主要目的是：通过观赏美女贴图来打发时间，由于没有沉重的话题而且点击起来方便又"养眼"。女性网友的目的主要集中在：了解时尚的衣饰打扮以避免落伍，尤其是美女明星们的穿着；以及必要的美容瘦身知识。

"美"既可以给女性主体自身带来自信，也能给男性带来赏心悦目的观感，对美的追求是人正当的心理要求。但是男性中心文化只强调女性的"美"，即女性对于这个世界的最大贡献是成为美的载体、男人视野中的一道风景线，"美人"是作为男性观赏和把玩的对象和客体而存在的。于是问题的关键是："美"已经成为一种由男性主流意识形态所掌握的标准化的东西，按照男性的标准塑造、衡量女性的美。约翰·伯格在《看的方法》一书中曾针对广告中的女性提出了"被看的女人"这一观点。"男人看女人。女人看着她们自己被看。这不仅决定了男人和女人之间的关系，而且决定了女人和她们自己的关系。女性自身的鉴定者是男性：被鉴定的女性。这样她就成为一个对象——主要是一个视觉对象：一道风景"。① "被看"是女人的命运，"看"的动作归于男人，即使女人看女人，她们也不是用自己的眼光、而是用男人的眼光去看。因此才有了对着摄像机镜头做出各种展示姿势的美女模特，或清纯玉女、或扮性感尤物进行挑逗，这些女性所期待的就是被男性观看、得到男性鉴定者的肯定。在父权制和商业性的合谋下，广告中的女性逃脱不了"被看"的命运。

在虚拟社区中，这种"看"与"被看"没有减弱的趋势，反而因为传播上的便捷而表现得更为热烈。它集中体现了人们的视觉愿望、视觉快感与视觉焦虑。人们看到的都是自己想要看到的，对于自己想要看到的，人们目不转睛，对于自己不愿看到的，有时完全能够做到视而不见。

李银河在一篇评论性文章中这样讲述："美的问题一直是女性主义的一个难题。……女性对容貌美和身体美的追求被视为女性主体的客体化，其中包括着对女性的歧视。"② 虽然一方面女权运动和女性主义理论在崛起，解构中心或霸权的呼声此起彼伏，但是消费女性的事业却一刻也没有停止过。在网络空间中对女性"局部"的消费几乎愈演愈烈：女性的面部、颈部、胸部、腿部、脚、眼睛、头发等能够展示的部位，每天

---

① Berger. *Ways of seeing*. London：BBC and Pengium Books.
② 李银河：《女性主义的三种方案》，载《南方周末》2003年12月11日。

都会不厌其烦地出现。男性欲望和男性霸权被隐藏于对"美"的极端的宣扬中。一方面是商业社会控制着对美女形象的叙事,女性被"自愿"或者"合法"地利用;另一方面,这些被利用的美女形象同时又成为另外一种被控制、被模仿的对象。

但是,女性在寻求"美"的路途上并不仅仅与和谐共存,更是伴随着顺从、妥协与反叛。中国女性曾缠足、束腰,为求婀娜身姿而不惜忍受身体之痛、节食之苦;现今女性整容、瘦身、隆胸,以符合男性对女性形象的要求,贯穿其中的是男性对女性的理想化建构,只不过古今的审美标准有所差异。所以,"什么是美"要以这个社会中占主导地位的审美观点为导向,成为一种权力关系的反映。人类学研究注重文化多样性的传统,强调差异,在此基础上,美的意义是依照不同场景变化、被赋权、被再生产的。

(四)特定场景分析——"超级女声"

2005年夏,湖南电视台的"超级女声"成为了最热门的关键字,这4个字已经从一个单纯的娱乐节目演变为一桩社会性事件。其中体现了社会心理、文化症候和复杂的权力关系,值得仔细分析研究。围绕着这个事件,网络虚拟社区中形成了非常强大的关注群体。无论是粉丝们,还是其他单纯观看比赛的观众们通过虚拟社区的方式参与到事件的进程中。"超女"事件前所未有地动员了粉丝们,也动员了关心社会问题的人们投入到一种他们私人生活之外的公共生活中去。在这里除了关注审美、趣味、时尚等方面,还波及到了消费文化、社会民主等问题。

从阐释人类学角度看,"超级女声"是一种选秀比赛,它作为一种符号向人们传达着共通的意义。"作为可解释性符号的交融体系,文化不是一种力量,不是造成社会事件、行动、制度或过程的原因:它是一种这些社会现象可以在其中得到清晰描述的即深描的脉络。"① 依照特定的场景,采用"深描"理论对虚拟社区中的美女形象建构进行人类学的阐释,指出"美"是如何被建构的。

表面看"超级女声"4个字的所指很明确,即对女性歌声优劣的评定的选秀活动。但是在虚拟社区中往往将"超级女声"变成了"超级女生"。作者在ChinaRen虚拟社区中分别输入"超级女声"和"超级女生"进行查询,发现前者有80条结果,而后者却有116条。这一变化耐人寻味,因为这样的结果是基于网络空间的独特性。那么这样的变化究竟意味了什么呢?最浅层的原因是,由于"女声"和"女生"发音完全相同,在一般受众中得不到区分;深层原因是,"超级女声"经常被简化为"超女",使两者更难以加以区分。然而"女生"我们通常理解为女学生,暗指一群年轻、漂亮、充满活力、具有个性和理想,受到教育的人群;"女声"则是指女性的歌声。两者差距甚大。虽然在海选阶段,我们确实看到包含各种年龄层的女性参加比赛,但她们都只能是昙花一现。最后进入总决选前五名的全是在校大学生。因而透过这一概念在内涵层面分析:年轻漂亮的女性因某种原因(歌声)一夜成名,成为"超级女性"。"尽管如此,超女仍然逃不脱'神女'的命运:她们是被享用的,被观赏的,她们不是明星,不需

---

① 克利福德·格尔茨:《文化的解释》,纳日碧力格等译,上海人民出版社1999年版,第16页。

要仰视和倾慕,她们只需要荧屏前目光的爱抚或唾弃。"① 这一"神话"既满足了男性的观看需要,又满足了男女对成功的"白日梦"幻想。

"超级女声"选秀比赛与"庆典"合拍了。庆典一般是用以表达民族的、社区的、宗教的或其他群体目的或特色。依照不同场合,或者祈求丰收,或者趋魔避邪,或者显示武力。庆典昭示了某种权力的核心,以仪式来强化人们的认知。这为我们在重新审视今天的选秀比赛时,能够为理解当下如何建构"美"增加一些历史的和文化的底蕴。"超级女声"在网络空间内的场面颇为壮观,每一场超女比赛过后,虚拟社区中都会引发沸沸扬扬的讨论,显然它已经成为一项公共活动。

ChinaRen 社区中出现了为支持自己喜欢的超女而自愿结成的团体,对每一场比赛的结果,他们有自己的看法。在比赛中,以"中性"特色一举夺魁的李宇春获得了数百万张短信选票支持。一路上所向披靡的李宇春以她的胜利颠覆了男性定义的传统女性美。美丽、妩媚、娇艳这些词语在李宇春身上被完全屏蔽掉,反倒是一向为男性专属的"帅气"、"酷"、"阳光"成为了对李宇春最好的形容。中性带来全新的女性审美,"李宇春以及紧随其后的周笔畅、黄雅莉,超越了由传统男性定义的女性审美观。她们自然而不做作,骄傲而不臣服,她们充满活力并且张扬自己的与众不同"②。"这一雌雄同体的新型审美里所蕴含的暧昧性取向,遥遥呼应近来人造美女变性手术的系列出位报道,体现出社会转型中重新定义的身体政治。"③ 这一诠释彰显出了"中性"的女性主义内蕴。

但是虚拟社区永远都是自由的并且不甘寂寞的地方,作者看到 ChinaRen 中一则"李宇春专题"的论题曾经引发了不少争论。

"春春的美是挑战传统的。以前的美由男性定义,现在女性的美也要由女性来定义。这是女性心中的美女。"④

"李宇春其实就是一个被某一种群的女人们臆想出来的审美符号,至少在她们面前,李宇春不会因为太符合男人的审美取向而具备攻击性,但是她们其实也不怎么自信,所以为了维护这个符号,只好拼命地投票,以造成一种表面上的'强势',可怜的李宇春!"⑤

"真是不了解现在的人都怎么了,怎么会选 LYC 这个不男不女的,现在的人的审美是不是锈逗了,张靓颖声音好、唱的好、人品好——支持!"⑥

"超女现象"引发了对女性美的重新审视,是将超女作为符号进行解读的一个方面。作者调查后发现,喜欢李宇春的多为女性,有的女性网友说:"李宇春是女性心中

---

① 参见杨小滨:《酸酸乳女声与看客的权力幻觉》,http://www.cc.org.cn/newcc/browwenzhang.php?articleid=4707。
② 参见林扶叠:《超女带来全新的女性审美》,载《南方都市报》2005 年 8 月 18 日。
③ 参见肖慧:《革命,自我,素质和中国梦:超级女声的几个关键词》,http://www.cc.org.cn/newcc/browwenzhang.php?articleid=4696。
④ 摘自"闲聊区","李宇春专题"中网友 kikian105 的回帖。
⑤ 摘自"闲聊区","李宇春专题"中网友暮春晨曦的回帖。
⑥ 摘自"闲聊区","李宇春专题"中网友 angry_horse 的回帖。

的美女。"实际上，贯穿该事件的各类话语充满了权利的压制与抗争。虚拟社区使信息的流向不再是单一的了，而是在媒体和大众之间构成了双向信息流通渠道，成为了一种互动形式，喜欢或者厌恶都成为了可能并且得以在虚拟社区中自由表达。有人将其比作"虚拟的广场"，"人们在这个广场上肆意狂欢。在官方与民间、控制与自由、精英与大众的对峙中，狂欢就这样悄悄而彻底地进行着"①。"话语是社会化、历史化及制度化形构的产物，而意义就是由这些制度化的话语所产生的"，不同话语之间显然存在着斗争，所以'话语体现着权力关系'。"② 在虚拟社区中，"说什么"、"怎么说"、"谁在说"，无疑都体现了权力关系和意识形态。

超女的主题歌《想唱就唱》充当了一种呼唤主体的意识形态功能，"想唱就唱，要唱得漂亮，就算没有人为我鼓掌，至少我还能够勇敢地自我欣赏……想唱就唱，要唱得响亮，就算这舞台有多空旷，总有一天能看到挥舞的荧光棒……"。它传递着"梦想"、"成功"、"自信"的神话，就算没人鼓掌，也要敢于自我欣赏；坚持到底总会看到成功的那一天。超女和观众分别被其中的意识形态所俘获。超女本身成为首先被塑造的对象，因为她们是在实践这一意识形态的象征性主体。在虚拟社区中各色人等暂时摆脱了现实生活的某些约束，在这个"虚拟的广场"中处于一种或看或说的自由状态中。

超级女声活动本身必然向人们昭示了些什么，它与公共性、权力是天然联系在一起的。它集中体现了选秀比赛中内在权力、外在可操作化的审美标准。超女的粉丝们（fans）利用网络进行沟通，组建各自偶像的后援团，在此，网络的交互功能被他们发挥得淋漓尽致。"超女"的粉丝团通过商谈、讨论等形式自主地组建群体来支持各自的偶像，"超女迷"通过网络万人大签名以形成舆论的压力对评委的权力进行制约……这些都只有在社会生活民主化的条件下才能实现。虚拟社区中有自己参与的方式，在"超级女声网络投票"的帖子中，网友"爱寂寞的人"这样说：

论五强人品：	论五强唱功：
敏佳是大气的；	敏佳是实力雄厚的；
何洁是虚伪的；	何洁是黔驴技穷的；
笔畅是率真的；	笔畅是中规中矩的；
宇春是中庸的；	宇春是无头苍蝇的；
靓颖是善良的。	靓颖是鹤立鸡群的。③

这段评论从个人角度对五位进入决赛的"超女"的特点进行了概括，言外之意可以明显表达自己支持哪位选手。另一位网友说：

---

① 参见孟君：《虚拟的广场——网络虚拟社区文化研究》》，http：//www.ccmedu.com/bbs/dispbbs.asp? boardID =12&ID =3329。
② 约翰·费斯克等编：《关键概念：传播与文化研究辞典》，李彬译注，新华出版社2004年版，第85～86页。
③ 摘自"闲聊区"，"超级女声网络投票"，作者：爱寂寞的人。

论实力还是张靓颖和佳佳最强，其他的至少要低两个档次，但是这种节目毕竟有商业性呀，所以有实力不等于就是冠军，李宇春给人感觉可能还行，不过唱功的确一般。说到底还是要保持冷静，不投票，投了也没有什么效果，影响不了大局面。①

作者在汇总帖子的过程中可以发现一些高频率的"关键词"：娱乐、庸俗、民主、公平、黑幕、女性、赚钱。它们大多以赞同或者反对的二元对立的方式进行呈现。"超女"成为一种文化，也是一种运作，它包括了政治、经济在内的其他因素。

（五）合力行为

女性观念的改变，突出了自身的主体能动性。从虚拟社区中栏目的设置、话题的内容可以分析女性在虚拟生活中的行为动机，这便要求在进行研究的时候不应该仅仅以两性差异为出发点。虚拟社区中对美女形象的建构必然涉及很多因素：权力的表现、经济因素、市场消费、媒体报道等都是其中的合力成分。

1. 权力的表现

虚拟社区中虽然女性的比例逐年上升，但男性仍占主导地位。男性话语成了权力的象征机制：虚拟社区所遵循的某种建设和发展模式，女性在追求美的过程中对男性审美眼光的迎合，女性消费品的泛滥等。这些在前面的章节中已经进行了探讨。

表面上看，女性热情地投入到了身体的单边战斗中，但是这些"改变自己"的想法并非是女性与生俱来的，她们不得已而为之的原因是权力关系支配的结果。虚拟社区中随处可见的美容、瘦身、节食、整形等，所有的美女靓照都在呼唤着女性的美丽。形体的意识形态的制造者不仅征服或支配了民间态度，同时也在某种程度上影响着社会就业。据雅虎网站报道，天津一名面容丑陋的女大学生在找工作时上千次被拒，愤然整容整形。从这个意义上说，人对身体的管理与经营，当之无愧地体现了商业文化内涵以及审美文化价值，颇值得人们深思。

从人类学角度来理解基于网络空间的消费主义、商品化是另一种分析的视角，女人有一种强烈的商业与消费主义的兴趣。而除却消费这个主题之外，身体的美、对衰老身体的否定以及如何改变形体、保持身体苗条，是女性在虚拟社区中尤为关注的焦点。女性约束自己身体很大程度上是受到了网络空间中各类广告等消费主义思潮的影响。

2. 经济因素

美国学者凯西·佩斯曾对美与经济的历时关系进行了广泛的考察，他指出：首先，在经济发展中有很大比重致力于营销"美"，销售时尚、身体、女性和男性的风格；其次，商业在创造品牌、销售、营销和生产中，美的发展作为商业策略，实施了多方面的联合认同；最后，美作为一种价值，自身的销售增加了并成为了一个广义商品范畴。美、时尚和风格共同构成了美国商业的历史。作为销售的产品、代表的体系、品味和歧视的分类，商业里美的含义是复杂而矛盾的。美同时刻画着妥协和坚持，刻画着提升和

---

① 摘自"闲聊区"，"超级女声网络投票"，作者：lq529。

贬损，它代表并设计了群体的认同，并在许多层次上加速了现代认同。它为女性开启了事业机会，甚至因为它使得对女性身体的探索获得进展，实际上它点燃了信息和娱乐业的商业潜力。美的建立已经变得越来越重要（在全球范围，以媒介为中心的经济里），商业转而将商品、外观、身份、认同与文化怎样界定女人、男人的外表规则联系在一起。美和商业好像存在于不同的控制中，但是，正如新的学者研究所表明的，它们的关系变得更加密切了，意义更深远了。

女性的身体制造着时代的时尚，时尚推动着美女的故事演变。但是这种叙事和时尚的背后一直潜藏着控制、支配、认同的文化政治。以选美大赛为例，1921年选美大赛创始于美国，并迅速成为了未婚女青年身体叙事的舞台，也成为了男性"合法"地集体观赏女性身体的节日。而后我国的"美女经济"也是高潮迭起，这个时尚是发达国家和强势文化所制造的。自2003年，各项选美比赛在中国纷纷登场：除去"顶尖级"和"世界级"的首届中国小姐大赛、中华小姐环球大赛、世界小姐大赛、国际小姐大赛、新丝路模特大赛等9项大赛外，地方级的选美活动也是此起彼伏。以其中的世界小姐大赛为例，平均每届大赛能够为主办地带来12亿美元的收益和30%～40%的旅游拉动率，这是隐藏在选美背后的巨大商机。

法新社的报道为2003年的选美标注了一个更具现代观念的解释：选美使中国女性得到了从未拥有过的自由，它还标志着在一个传统上重男轻女的社会里，人们的观念发生了转变，女性独立自主的观念已经为更多人所接受。① 虽然，无论是主办方还是媒体都在强调着"美丽"是女人自己的事情，而不是男权世界的附属物，但是女性的身体符号、广告中的视觉符号却隐性地将男性中心的意识形态传达出来，从而强化了性别的角色，加剧了性别的生产。女性在张扬自我解放的同时，因不慎而成为男性眼中又一道奇异的风景。美丽的身体叙事成为了现代都市文化生活最核心的剧情，年轻貌美的女性则是剧中无可替代的主角。

同样的情况在虚拟社区领域又是如何的情况呢？这里网友的参与性和互动性是其他媒体所无法取代的，网络空间的发展势头不减，网络的"美女经济"发展条件已经具备。每年的"网络小姐大赛"选拔通过线上线下的商业运作，为赞助企业带来了可观的经济收入，也增加了网站的点击率。除此之外，虚拟社区中通常都会有针对本社区的选秀活动。ChinaRen社区中，定期评选的"社区之星"就是这方面的证明。网络的方便快捷使得参与性更为广泛，在虚拟社区里人们可以更加自由地进行评论。网络空间参与到了性别再生产的工程中，虚拟社区中通过注重视觉图像来传达美女文化，它提出与我们自身生活相关的事情。美貌对于女性的重要，在虚拟社区的各类话题、软性广告中被极端化地叙述出来。于是，女性对于自己的容貌和身体的关注成为了生活中非常重要的事情。据调查表明，不同比例的女性开始"经常留意"自己的容貌，想改变自己的体重，想减肥，对腰围感到不安、想改变体形，改变大腿、小腿，改变胸部，改变头发、手指或者眼睛，而网络空间为这些提供了便捷性和广泛性。

---

① 参见《时尚如云烟转瞬即过，印象又留有几何？》，http://www.gs.xinhuanet.com/news/2003-12/19/content_1373649.htm。

3. 网络"选美"背后的反思

赛什么？赛了有什么用？为什么要赛？网络选美比赛在网民心目中占据着怎样的位置呢？对于这些问题，作者对 ChinaRen 社区的男性和女性网民分别做的访谈或许可以揭示出答案。作者选择发送站内信件的密谈方式来参与观察和深入访谈，这种形式对于研究虚拟社区文化是非常必要的。以下分别是与男性网民和女性网民的部分对话的摘录，并以此作为分析文本，结合作者调查后获得的资料进行分析。

一名男性网民这样回答作者的问题：
问：你怎么看网络选美呢？
答：第一届网络小姐选美比赛的时候，我还参加了投票呢。但是我现在不太留意网络选美了，因为网络上的选美主要是哗众取宠多些，和所有其他电视里的选美比赛一样，都没有什么新意可言。
问：我知道第一届网络小姐比赛里获胜的是个残疾姑娘？
答：好像是，真是出乎意料。我没有投她票。呵呵～～
问：为什么呢？
答：本来以为选美这种事情应该更加注重外表。不美就没有人看了。而且参加投票的网民应该男性比较多，所以美不美还要看是不是迎合了男人的口味。
问：总是会听说任何的选美比赛中都有黑幕。
答：这不是很正常吗？商家不能白白赞助比赛吧，它得考虑盈利问题。
问：现在"网络美女"已经泛滥成灾了，有人说这是对女性的一种误导。
答：呵呵，我不是女性我不太清楚这一点。可能现在的消费品、广告这些东西太夸大美的重要性了吧。好像女人们用多少钱来使自己变美都不为过:)
问：你觉得选美比赛里内在美应该占多大分量？
答：现在的选美比赛重外在，是因为商家的炒作。不美的选美比赛还有谁想看呢？所以现在人们习惯了用正常心态看待选美比赛，反正本身也就是为了观赏的嘛。内在美可以由那些女科学家什么的来承担就够了。呵呵～～
问：怎么看人造美女参加选美？
答：支持原装！不然选美就没有标准可言啦。
另一位女性网民这样回答作者的问题：
问：你怎么看网络选美呢？
答：啊～现在偶尔会看看，选美比赛太多了看着没什么劲。我主要是想看看自己和她们有多大差距。嘻嘻。不过有的真不怎么样。
问：选美里你最不能容忍什么事情？
答：当然是那些整过容的啊。
问：为什么呢？
答：不公平啊，如果这样的话，什么样的人整容过以后不是都可以去参加选美了么？你整容也没什么，但是如果去参加选美对那些天生丽质的人不公平啊。
问：你赞成整容么？

答：这年头整容很正常啊，只是不赞成整容的美女参加选美而已。

从对白中可以体会到，美女年年换，但是却没有什么新意。审美疲劳的问题使得网民热情递减，这在接受访谈的男性女性中都有体现。虚拟社区中所表现的美女文化过于关注"美"的外在，而忽略了内在美，更不可能让人与弘扬中华女性的美联系在一起。网络选美表达了一种虚拟社区所热衷的形体的意识形态，它遵从于固定的审美标准。形体关系着女性是否成功、生活质量以及被议论的程度。虚拟空间的言说内容与现实社会文化是紧密相连的，男性女性在如何看待人造美女参加选美比赛上意见一致。

总而言之，虚拟社区对美女形象的建构在各种合力因素中得以运作：如经济因素以及社会文化背景的变迁，大众文化的蔓延，人们审美观念的逐步改变，商业、各种媒体的结合等。

三、虚拟社区中的身体叙事

（一）美丽身体的再生产

人类学的精神实质要求"离我远去"，摒弃自我的一套价值观、民族中心主义，在"我"和"被研究的文化"之间搭起一座桥梁。针对文化事件，寻求一个最佳的基点，"从内部来看其他世界，从外部来看自己的世界，或者将内部与外部世界加以比较研究，区分彼此的普同性和独特性，并描述各种文化的特征以及这些群体所特有的稳定、变化、发展的各个过程，这就是文化人类学的主要内容和中心任务"[①]。本文希望用人类学这座桥梁来揭示虚拟社区中美女文化的生成机制，阐释、深化虚拟社区中美女形象背后的文化意义。

在我国，对容貌的美化和修饰始于生活在四千多年前的古蜀人民，他们信仰着神秘的巫文化。在这方面曾经有确实的记载，"1986年出土的四川广汉三星堆青铜面具中，在宽大的云雷纹长耳的耳垂上留有圆孔，可以推测原本应该是带有耳环的。一部分人头像，在宽而浓的眉梢上绘以黛色，大而立的眼眶周围描上了深蓝色的眼影，阔而长的唇边涂上了朱丹，鼻孔或耳饰孔里也涂有朱色"[②]。蜀民如此美化自己的容貌，和他们信仰巫文化有关，他们是为了取悦神灵，使神灵可以保佑风调雨顺、获得丰收。

我们从文献中还可以得知，古埃及人早已拥有今天我们所有的大多数化妆用品。他们的润肤品主要由动物油脂、橄榄油、坚果油、种子和花瓣等东西制成，一般存储在石英、石膏罐中。女人们用具有美肤、排毒作用的火山石擦磨自己的身体。在浓厚的宗教氛围中，古埃及人希望通过对身体的美化来表达自己对神灵的崇拜。

可见，文身、装扮，这些成了原始部落属性的集体符号标志。他们围绕着身体的这

[①] C·恩伯、M·恩伯、杜杉杉：《文化的变异——现代文化人类学通论》，辽宁人民出版社1988年版，第5页。

[②] 陈德安等：《三星堆：长江上游文明中心探索》，四川人民出版社1998年版，第68页。

些宗教仪式规定了一个系统，通过这个系统，合乎规范强制机构得以运行，并通过控制个体的身体来控制个体，这在塑造对待自我和社会适当行为方面起到了主要作用。

对此，功能学派认为，仪式的举行是因为社会制度的需要，仪式表现的是社会价值，是维系一个社会秩序的机制。与仪式的功能性不同，杜尔干（Emile Durkheim）关注对信仰行为和信仰态度的考察，认为图腾是一种象征仪式当中的人们获得了这种象征的神圣力量，这种力量源自社会性。格尔茨（Clifford Geertz）是研究宗教象征的典型代表，他认为"宗教是一个象征的体系，其目的是确立人类强有力的、普遍的、恒久的情绪与动机，建立方式是系统阐述关于一般存在秩序的观念，并给这些观念披上实在性的外衣，使得这些情绪和动机仿佛具有独特的真实性"①。宗教成为象征的意义，但是，"仪式并不仅仅是个意义模式；它也是一种社会互动形式"②。

以往人类学对美化身体的话题涉及得并不少，多侧重于对异文化的研究。人类学家通过基于身体的阐释对宗教信仰和仪式所做的大量研究，为通过虚拟社区来关注美女文化这样的时尚话题提供了一些理论依据。

虚拟社区对美女形象的建构是在一个多元文化背景下的再生产过程。消费文化通过网络空间被人们更广泛地关注，并成为了今天西方文化中重要的文化再生产模式。那么，在文化意义多元化的场景下，虚拟社区又是如何对"美"进行再生产的呢？

美的标准的再生产。我国最早的诗歌总集《诗经》里，曾经向我们塑造了当时标准的美女形象："硕人其颀，衣锦褧衣……手如柔荑，肤如凝脂，领如蝤蛴，齿如瓠犀。螓首蛾眉，巧笑倩兮，美目盼兮。"

然而在今天虚拟社区中人们已经形成了对"美女"的想象。在"贴贴图图"版区里可以看到，似乎美女的五官和身材比例都已经模式化了。"杏仁眼、鹅蛋脸、樱桃小嘴、杨柳细腰，这些中国古典美女的标准，正面临着被颠覆的危险，取而代之的是西方美女的标准：棱角分明的脸蛋、细瘦的身躯、性感的丰唇。"③ 可以说，美的标准不是一成不变的。人们在虚拟社区的欣赏、发现、交流的过程中，对女性美的标准不断有新的理解。比如，关于李宇春美不美的评价在论坛上就曾引起过很大争议。

"身体"的再生产。"在关于精神和身体的欧洲哲学思想中，还隐含有另外一种性属因素。'精神'有时被等同于理性与文化的男性领域，而'身体'则等同于情感与自然的女性领域。前者明显被再现为高于后者。"④ 这也就是为什么女性身体更多地等同于肉体的原因，实际上肉体只是身体的一个方面。人们对身体的审美性质有了新的理解，身体被时尚化、编码、再生产。女性对网络中的形象愈发敏感，对形象产生了越来越多的需求。

权力与关系的再生产。男性网民的比重对虚拟社区形成了主宰。性别的对立反映的是主动与被动、观看与被看、支配与被支配的关系；如何理解美、谁美谁不美主要由男

---

① 克利福德·格尔茨：《文化的解释》，纳日碧力戈等译，上海人民出版社1999年版，第186～194页。
② 同上，第105页。
③ 文赤桦、荣娇娇：《美女消费风靡神州》，载《瞭望东方周刊》2004年1月15日。
④ 安德鲁·斯特拉桑：《身体思想》，王业伟等译，春风文艺出版社1999年版。

性来评论和界定。在这样的话语结构中，错综复杂的社会因素掺杂在虚拟社区的生活里。虚拟社区对美的再生产实际上处于一个多元的互动网络中。主体性起到了关键作用。再生产注重个体的能动性，"社会在生产过程中反复涉及到的规则和资源构成了'结构'，'结构化'的研究就是要说明这些规则和资源是如何在日常惯例中相互交织在一起以及如何将社会整合和社会系统联结起来，从而实现再生产的"①。对美的建构身处多元的规则中，比如美的标准、对身体寻求不断改变等，于是产生了不同层次的对美的认同。

（二）美女加工厂的童话

越来越多的女性为了追求时尚、美丽，主动接受并创造美。尽管每年都会有人由于整容手术失败而抱憾终生，但选择人为手段变得美丽仍是很多女性不变的选择。每天虚拟社区中关于整容的帖子都在不断增加，女人将自身关于整容的切实感受发到论坛里面，与其他已经或准备接受整容手术的女人们交流心得。下面是一则原帖：②

> [闲聊区] 大家怎么看待整容呢？
> 作者：这个世界太疯狂　回复日期：2005-9-12　21:58:36
> 在现在这个社会，女人整容就像买衣服一样简单，但还是有些人保持着传统的观念，整容是不被认可的，你就是整得再怎么成功，还是会被一些人歧视！
> 作者：blue　回复日期：2005-9-12　22:08:36
> 双眼皮还是可以原谅的，其他都不是很接受。
> 作者：花木兰　回复日期：2005-9-12　22:18:12
> 我唯一能接受的是，上了年纪后，一脸皱纹的，去拉拉皮、除除皱。
> 另外，对被毁容的去整容，也表示支持。
> 其他为了臭美而去整容的，一概反对。包括割双眼皮。
> 因为觉得没必要。
> 作者：蝴蝶丫头　回复日期：2005-9-13　0:29:16
> 爱美之心，人皆有之。割双眼皮、隆鼻、箍牙这些小手术我还是接受的，就是害怕有后遗症。
> 作者：piscesjean　回复日期：2005-9-13　9:12:55
> 前天看到探索频道里拉皮的手术，吓死偶了，我看的时候估计左半脸已经拉好了，脸上好多逢针的地方，好恐怖，简直就是在毁容嘛！医生在拉右脸的脸皮，半张脸皮就这样剥掉，医生在帮脸部肌肉做紧实工作，然后再切除多余的皮肤，在耳朵的位置逢针，简直就是恐怖片！！！
> 作者：林间阴影　回复日期：2005-9-13　13:36:24
> 我想大家还是有一点不想去破坏自己的身体，觉得先天的比什么都好！可是又

---

① 安东尼·吉登斯：《社会的构成》，李康等译，生活·读书·新知三联书店，1998年版，译序第10页。
② 摘自"闲聊区"，引用中作者对个别回帖做了省略。

不是那么回事，有点矛盾。我都想去做双眼皮！而且已经决定要去做了！

作者：撒哈拉　回复日期：2005-9-13　14：17：07

整容没什么不好，人就这一辈子，整容如果能让自己变得更美更自信，何不去整，我也想整，就是没钱。只要自己喜欢，爱漂亮是理直气壮的事情。

作者：内心独白　回复日期：2005-9-13　16：32：19

不过，整容这个东西还是要慎之又慎啊，它不是一次就搞定的事，甚至可能伴随一生啊，很麻烦的。何必这样折腾自己，风险太大了。

失败的例子比比皆是，大家不要被个别现象所迷惑

作者：源源　回复日期：2005-9-13　17：41：22

大部分反对整容的MM只不过是自己胆怯，不敢上手术台，但是又见不得敢整的MM变得比以前更漂亮，不敢吃葡萄就说葡萄酸。

如果整容能轻易被人看出来，那还算整容吗？

我周围好几个死党整过容，的确漂亮很多，新认识的朋友没有一个看出来的。所以我也想去整。

非常佩服那些整容的MM，漂亮和美丽是她们应得的。整容的风险和恢复期的代价还有术前的恐惧、术中术后的痛楚，是美丽一生的代价。就看你怎么想了。人怎样都只活一辈子，总会经历许多肉体和心灵上的痛苦，为什么不鼓起勇气给自己一个美丽的机会，在自己的青春韶华中，不留任何遗憾。

谁在整容？为什么要整容？我们在网友们的议论中不难找到答案。隆胸、吸脂、隆鼻、修正鼻形、眼皮手术、唇部手术、去皱等。种种迹象在虚拟社区中随处可见：妇女们试图通过人为方式来控制她们那不听话的身体，虽然潜藏致命因素的整容手术存在着风险。

从以上的个案论题中可以总结出以下两点：首先，可以根据回复将态度分为为了更加美丽而乐于接受整容；想要整容又难以鼓足勇气去付诸实施；因为害怕内在风险而拒绝整容手术；将自然美看成第一位而排斥整容。其次，关于整容这类话题是女性们所热衷于讨论的，无论参与者的态度如何，她们都希望表达自己的观点。所以，这样的论题通常会不断更新下去。

医疗技术与社会观念的不断进步，不管持赞成还是反对的态度，美容整形已经不可避免地成为了女性生活方式的一部分。而虚拟社区生活为女性提供了一个便捷的交流平台。女性进入了一个新的阶段：形象生产阶段，而整容正好迎合了女性的某种需要。女人们通过再"加工"，老的变得年轻，丑的变成美的，矮的变成高的，胖的变成瘦的。在达成自己期望值的转变过程中，女性看似可以自己决定想要美容成的样式，而实际上任何样式都是受到风格时尚、男性审美眼光等合力的塑造。希望自己更完美的背后是女性缺乏自信心的焦虑感。

无论是改头换面还是美上加美，虽然整容的目的各异，但是希望达到的效果是共同的，那就是年轻、美丽、有吸引力。

作者对ChinaRen社区中一位叫悠悠的女孩进行了访谈，她最近准备进行隆鼻、隆

下巴的手术，悠悠说：

> 我是心理斗争很久之后才有勇气走上手术台的，我觉得自己的鼻子不够挺，下巴上的脂肪也太多了，但是我在网上看到有的人说自己手术后的效果并不怎么好，看上去不怎么自然，所以我有些担心。后来去一位网友推荐的美容医生那里咨询，在她的帮助下，我又觉得手术没有那么可怕。
>
> 我在论坛里贴了几张自己真实的照片，有很多网友说我很漂亮，根本没有必要整容，也有网友支持我继续追求完美。不管怎么样，既然已经下了决心就不想那么多了。趁年轻还有心情折腾：）

女人们对美的追求相比于男人更为迫切，她们与过去的自己比，与其他女人比。按照弗洛伊德的说法即为对美的爱恋是深藏于它之中的欲望的完美例证。即便整容手术充满了风险，而且靠人为来制造的结果都是虚假的，但女人们也心甘情愿地被欺骗，耗费财力、精力来换取更多的幸福感和自信。虚拟社区如此高调的谈论整容，这本身就受到了今天特定的社会文化环境的影响。但是，女人追求美丽又不是完全被动地被环境所驱使，她们也是在改变和重塑着环境本身。

福柯认为人的身体是一种特殊的"驯顺的身体"，权力机制在控制身体的过程中不仅规定了身体"做什么"，而且规定了"怎么做"。① 虚拟社区中女性身体仍然是被控制的目标之一，其宗旨是诱导女性对自身的控制来达到对身体的姿势、行为以及装饰、衣着的精心操纵。

从以上的文本分析得出，女性通过建构自己的身体来表达个人的某种心理需求。在现代社会里，网络空间提供了女性如何传达自身形象的平台。虚拟社区里提倡漂亮、性感、苗条，女性网友们自发地组成了减肥瘦身以及美容整容的队伍，她们在虚拟社区中交流心得，提供意见并且互相鼓励。由此可以看出，良好的形象对于女性是非常重要的，并且需要终生维护。

（三）苗条暴政

20 世纪 80 年代美国学者 Kim Chernin 提出了"苗条暴政"的说法。② 把对苗条身材的不可理喻的诉求比作为"暴政"是一个非常形象的比喻。社会对苗条身材的要求本质上就是文化权力对女性身体的强制性操纵。苗条不仅是女人美丽的标签，也是她们自制力以及优越性的一种表现。所以，苗条比整容更能够被社会大众所接受。

> 网民"躺在沙滩上的猪"说：
> 贴贴图图版里可以看到很多模特的靓照，她们是我减肥的榜样。真希望能像照

---

① 米歇尔·福柯著：《规训与惩罚》，刘北成、杨远婴译，生活·读书·新知三联书店1999年版。
② 罗杰：《再造形体》，中国文联出版社2005年版。

片里的 mm 那样没有赘肉，瘦穿什么衣服都好看，而且人也显得精神。①

另一位网民"四叶草儿"说：

我觉得一个女人如果看上去胖，是很不好的事情。这会让人觉得这个人慵懒放纵、没有自制力。②

众多学者已经通过许多研究解释了为什么女人们对保持苗条身材如此痴迷。社会学家布莱恩·特纳的结论是非常具有代表性的，他指出当代关于女性美的文化规范强调的是纤瘦和苗条，而不是鲁本斯和伦勃朗画里的那种胖大姐。③布莱恩·特纳曾经将人的身体分为世界身体、社会身体、政治身体、消费身体和医学身体五种，而今天我们从网络空间中不难看出，作为消费身体的女性身体当之无愧地成为了关注的焦点。苗条在成为女性的一种生活方式的同时，也在迎合着审美取向。在"苗条文化"的操纵下，种种身体"戒条"成为了习以为常的生活准则和习惯。玛丽·道格拉斯的理论为我们认识瘦身风潮开辟了一个独特的视野，她认为："小宇宙"形象——肉体的身体可以象征性地复制出"大宇宙"即"社会肌体"的脆弱与焦虑。④那就是说，女性对肥胖的恐惧，其实是对越来越膨胀的社会所产生的焦虑的复制：害怕臃肿的身体，消瘦则可以代表更加安全地生存以及自信地生活，所以女人们争先恐后地挤进瘦身的队伍中。以下选择一个论题来作为分析的文本。

主题：健康瘦身，一辈子的事业！
作者：挠门小猫 提交日期：2005－11－06 00：49：23
卡路里计划：每日膳食热量 1 000 卡（左右）
推迟早餐和午餐时间，尽量做到晚上少吃或者不吃。
但是会在运动后补餐或者下午茶。
吃早餐，保证有牛奶和纤维食品。
每日运动 1 小时左右，运动后可以吃水果和蔬菜。
午餐隆重点，有肉有蔬菜有主食。
晚上看情况吃水果和蔬菜，也可加入少量主食。
一般的食谱：
起床时：比较早，不饿，按自己的情况一般是喝一大杯黑咖啡（无糖无奶——0 卡。
早：10：00am～10：30am

---

① 摘自"闲聊区"，"超级减肥、美容帖"，作者：躺在沙滩上的猪，注册时间：2005－04－30 17：00，总在线时间：797 小时 35 分钟，发帖：1 009 帖，回帖：6 007 帖。
② 摘自"闲聊区"，"我的减肥日记"，作者：四叶草儿，注册时间：2005－12－24 12：27，总在线时间：16 小时 45 分钟，发帖：26 帖，回帖：116 帖。
③ 布莱恩·特纳：《身体与社会》，汪民安译，春风文艺出版社 2000 年版，第 175 页。
④ 参见苏珊·鲍德：《解读苗条的身体》，http://www.cul-studies.com/old/bbs/read.asp? boardid = 1&bbsid = 26031。

脱脂鲜牛奶240 mL（1SERVING）——80～90卡

烤红薯——110卡/燕麦粥1/2杯干（1SERVING）——150卡/或意粉（自己煮的清水寡粉）——200～350卡

运动后：1：00pm～1：30pm

一个苹果——55卡，6～12个小胡萝卜——25～45卡

午：3：00pm～4：30pm

一份蔬菜——25～40卡

一份肉（火鸡——80卡/鱼——80卡/鸡——100卡/牛肉——170卡/猪肉——350卡）

一份主食（米饭——120卡/稀饭——80卡/面包——80～90卡/粉——200～250卡）

晚：7：00pm～8：00pm

一个苹果——55卡，一个橘子——45卡/一个橙子——50卡

这样一来，差不多就是1 000卡了，多一些少一些都无妨，主要是不要饿肚子，不要缺营养。

作者：LuLu宝贝　提交日期：2005-11-06　08：14：52

我曾经也是计算着卡路里过日子

痛苦并快乐着

计划等天气再暖和点加入楼主的队伍

做瘦瘦的美女

作者：两粒沙　提交日期：2005-11-06　11：27：33

我以前听过郑秀文上郑裕玲的节目，她说她减肥的时候一天只吃一个小西瓜，小西瓜喔，不是大西瓜，对自己很狠的。

偶昨天滴食谱：

早：一杯燕麦，三片吐司

中：一杯燕麦，四片吐司

晚：一杯绿豆沙，一个饼，一根香蕉，一片吐司

汗，算了一下整天有1 202卡，是我近半个月吃的比较多的一天了，因为昨天有点不舒服。

现况：95斤（160 cm）

目标：89斤

努力！姊妹们[①]

从上面的帖子不难看出，女性对身体的关注远远高于男性。"苗条文化"通过明星、模特等"偶像"人物塑造了榜样。虽然这些"偶像"女性的身材与现实生活中的绝大多数的女性身材条件毫不符合，但是在"苗条文化"的驱使下，这些"偶像"身

---

① 摘自"闲聊区"《健康瘦身，一辈子的事业！》，引用中作者对个别回帖做了省略。

材被社会标准化，成为了每个女人的理想身材标准。虚拟社区无时无刻不在强化着这样的标准和理想。作者对回复论题的"两粒沙"做了访谈，她是2005年5月注册ChinaRen社区的，至今共发帖496次，回帖4 301次，可见虚拟社区生活已经成为了她现实生活中不可缺少的部分，当被问到这样的论题是否对实际生活产生影响的时候，她说：

> 影响很大，减肥已经成为我生活中的一部分了，所以几乎每天都会情不自禁地上来看看有什么关于瘦身的新帖子。虽然我并不那么胖，呵呵。这里有一群姐妹们互帮互助让我感觉在减肥的路上不那么孤单了。而且看到帖子里还有那么多比我胖的人，我就更有动力了。

苗条是否在一定程度上流露出了女性对身体的敏感和焦虑？它和社会现实生活中所出现的男性主宰相对立。美国社会学家约翰·奥尼尔将人的身体分划为两种：生理身体和交往身体。[①] 这种划分试图表达人的所谓的"自然"身体，实际上都是通过一种"文化移入"的形式被构建出来的观点。在对身体的"文化移入"中，女性的身体显然远比男性的身体受到更多的注视。而且迄今为止，关于女性身体的规则和审美标准都是由男权社会制订的，美的变迁、身体的符号，呈现出在不平等的两性权利关系中主流的男权文化对女性的操控痕迹。现代社会中病态的苗条文化特别能反映女性身体受到控制和操纵的处境。

（四）虚拟社区中的刻板印象

1. 模式化生产

所谓刻板印象，是女性主义在运用社会性别理论研究媒介时，创造性地使用的一个概念，以媒介的再现中是否存在着性别的刻板印象及其程度来分析和评估媒介是否具有社会性别意识。刻版印象，对应英文是"stereotype"。原意是指印刷术中的铅版，也用来指一种传统的、公式化的、过分简化的理解、观点或形象。美国社会心理学家希尔顿给出的定义是，"刻板印象是指社会上对某一个群体的特征所做得归纳、概括的总和。它并不一定有事实根据，也不考虑个体差异，仅仅是存在于人们头脑中的一些固定看法，但对人们的认知和行为却能产生重大的影响"[②]。社会心理学研究表明，人的刻板成见通过两种渠道形成，其一是直接和某些人或群体接触，然后将其特点概括化和固定化；其二是依据间接方式（如别人介绍、传媒描述等）获得。在性别刻板成见的形成中，大众传媒占据着无法替代的地位。

以"贴贴图图"版区为例，女性的美丽身体成为了其最热衷的表现对象，也成为了叙事的符号，身体的表现是最为引人注目的视觉形象。传播学家麦克卢汉在"媒介即信息"一文中精辟地指出："任何媒介的'内容'都是另一种媒介。文字的内容是言

---

① 约翰·奥尼尔：《身体形态》，张旭春译，春风文艺出版社1999年版。
② Hilton J L, Hippel W. *Stereotypes*, *annual review of psychology*, 1996, 47: p237-271.

语，正如文字是印刷的内容，印刷又是电报的内容一样。"① 电视、网络等电子媒介的内容是图像，而图像的内容大部分是人体。身体，尤其是女性身体成为了电子媒介的媒介。相比之下网络有着杂志、电视等媒介并不具有的特性。虚拟社区的信息流动更加广泛便捷、互动性更强，但是无论表达方式还是内容方面也更加肤浅。除此，女性在网络空间中拥有了更多的自由，并且能发出自己的声音表达自己的意愿。虚拟社区中的图像常常以身体作为叙事符号来再现或表现身体，以达到表述、交流、沟通、认同的目的。网络空间包含着比以往任何媒体都更大的容量，因此它必须以更快的速度更新。

在互联网盛行的时代里，自我的价值和意义通过个体的身体即外在形体来展现，这一点我们可以从"贴贴图图"版区每日的主题看出。大量重复的内容（美女靓照、明星写真、整容瘦身等）丝毫没有减弱广大网民的热情。于是这些贴图在满足人们视觉享受的同时，也约束着女性如何建构自己的身体，当然这种约束同样来自于虚拟社区中广告所代表的消费主义潮流。以下列举几条"贴贴图图"版区中点击率较高的关于美女形象的论题作为我们分析的一个参照：

《美的较量——刘亦菲与宋慧乔惊艳对比》
《川妹子自拍，都说四川美女如云》
《我们身边的美女》
《亚洲第一美女走秀照片，不断更新中……》
《今年夏天的流行时尚》
《赵雅芝30年从艺全纪录》

从"贴贴图图"版区的这几条论题可以看出，位于视觉中心位置的女性身体开始等同于一种符号，无论是美女明星靓照还是普通邻家女的贴图，身体都成为了美丽的载体，而女性又成为了身体的载体。然而美女们在大胆热烈地展示性感身材的同时，也是对身体的一种控制。

2. 分析原因

西蒙娜·德·波伏娃在其代表著作《第二性》中曾指出，女人并不是天生就是女人的，而是变成女人的。② 这个提法代表了女性主义对生物决定性别的反省。社会学中的社会建构论为我们理解虚拟社区如何塑造女性刻板印象提供了一个分析视角。

社会性别理论以批判性为主要理论特色。它的批判性首先表现在对女性传统性别角色的批判上。传统理念将人类的活动领域进行了公共领域与私人领域的相对应的划分。通常认为，男人属于公共领域，女人则更适合于私人领域。男性特征常常被归结为"精神的、理性的、勇猛的、富于攻击性的、独立的、理智的、客观的、擅长抽象分析思维的"，而女性特征则为"肉体的、非理性的、温柔的、母性的、依赖的、感情型

---

① 埃里克·麦克卢汉等编：《麦克卢汉精粹》，何道宽译，南京大学出版社2000年版，第227页。
② 西蒙娜·德·波伏娃：《第二性》，陶铁柱译，中国书籍出版社1998年版。

的、主观的、缺乏抽象思维能力的"①。女性对容貌美和身体美的追求被视为女性主体的客体化，将女性变成没有灵魂的观看对象，这接受和遵从了男性制定的美丽规则和身体标准。

对于网络空间，虽然互联网的使用已经覆盖到各行各业，但是其中仍然以技术专业人员，政府机关、企事业单位职员，管理人员和学生为主。虚拟社区的栏目设置、流行话题自然围绕着这些人展开。就其身体叙事而言，女性的靓丽、美貌、纤瘦、时尚等，加深了女性网民的焦虑。所以美女文化大行其道是具有深刻的社会根源的，表面看是女性自觉地塑造着美丽，实际上任何一种女性的"自我要求"，都是社会文化、政治等合力支配的结果。女人是依据"男人看女人的方式来解释时尚的，完全忽视了女人作为性别人而进行的主动的自我构建"②。

此外，那些一路蹿红的明星们，虚拟社区中对一切有关她们身体的八卦话题都津津乐道，这些人入时的装扮、整容新闻、写真集等成为了这里长盛不衰的看点。美女明星们对普通女性网民有着一定的影响力。普通女性网民通过整容、瘦身等方式缩短自己与女明星的距离。下面是ChinaRen社区中对几位女明星的评论：

> 张柏芝——天生丽质，五官精致而完美，不需要一点脂粉去改善，敢爱敢恨的真性情。
> 莫文蔚——有种独特的味道，野性美，不同于中国传统式美女。
> 赵薇——纯净的笑容，清澈的眼神，一种大气的美。
> 赵雅芝——走过50年风雨的明星女性，像水莲花一样保留着淡淡的清纯。

从这里可以看出虚拟社区中对女明星的演技并没有多大的要求和争论，她们的外貌是被关注的焦点。女性的外在形象取代内在特质成为了标准化的性别符号，女性形象的肤浅、表面化和程式化的印象进一步得到了强化。这种情况进一步促进了女性尽力向美貌、美体等外表美的方向靠拢和发展，从而强化了女性的外表魅力的传统特质。

虚拟社区通过对象征性的事件或特定场景进行选择和加工来向人们提供一个可见可互动的环境，这不仅制约着女性主动建构美的认知和行为，并且通过这种认知和行为对现实环境产生影响，这种影响是一个漫长、潜移默化的过程。虚拟社区通过几乎含有性别歧视的内容对男女网民施以漫长的、潜移默化的影响，塑造了网络中美女叙事的刻版印象。

（五）特定场景分析：颠覆美丽——"芙蓉"现象

> 我那妖媚性感的外形和冰清玉洁的气质（以前同学评价我的原话），让我无论走到哪里都会被众人的目光"无情地"揪出来。我总是很焦点。我那张耐看的脸，

---

① 李银河：《女性权力的崛起》，中国社会科学出版社1997年版，第187页。
② 罗钢、王中忱主编：《消费文化读本》，中国社会科学出版社2003年版，第335页。

配上那副火爆得让男人流鼻血的身体，就注定了我前半生的悲剧。我也曾有过做人的辉煌，但这些似乎只与我的外表有关，我不甘心命运对我无情的嘲弄，一直渴望用自己的内秀来展现自己的内在美。

第一张照片是2003年年底发在北大"未名"BBS上的，当时有很多人说我丑，我心里很难过。我是个执著的人，别人说我不好我就要证明给他们看。后来就在水木的贴图版一直贴下去。每个人都有贴图的权利，我的照片里又没有色情、污秽、反革命的东西，为什么我不能在上面展示自己的美丽呢？

这是摘自"芙蓉姐姐"在论坛中的自述。那么芙蓉姐姐是谁？她今年28岁，曾经3次参加高考报考北大、3次参加研究生考试报考清华。数次考试失败以后，以"冰火可儿"的网名在北大清华两高校的BBS上狂贴"玉照"，虽姿色平平，却自比"出水芙蓉"，且"语不惊人誓不休"。于是，"芙蓉现象"演绎成了内地网络中的"神话"。她还在网上屡屡宣称她舞艺超群，其表演通过网络视频的方式迅速传播开。虽然芙蓉姐姐发迹于两大知名高校的BBS上，但是曾一时间在几乎各大虚拟社区产生轰动性的影响。ChinaRen社区的网友们有这样的评价：

芙蓉姐姐在网络迅速蹿红的背后，不但满足了人们好奇的目光，更重要的是迎合了某些人心中隐秘的欲求。她近乎疯狂自恋般的自信，让这个事件显得非常荒诞可笑。[1]

我觉得芙蓉姐姐至少是诚恳的吧。反正网络是从来也不缺少美女的地方，她的出现恰好能缓解一下审美疲劳。[2]

我想虚拟社区只是提供了一个个人表现的平台，红不红还得看你选择什么方式。就好像一个人在马路上走路，要想让别人注意你，你可以很漂亮、穿得时髦，但也可以用很怪异的方式吸引人。芙蓉姐姐也许就是后者。[3]

"芙蓉姐姐"的走红毫无疑问要归功于网络这个大功臣，她坚持不懈地在网络空间通过文字和照片，通过构建和诠释美来获得大众认同。不过从ChinaRen社区的反响中我们可以看出，除了少数网民佩服"芙蓉姐姐"的勇气，绝大多数的评论是交织着玩笑式的讽刺和苛刻的批评。作者对"闲聊区"中一个"你是否欣赏芙蓉姐姐？"的帖子留言进行了一下统计。在112条留言中，有96个网友的评论持有否定态度，并且将芙蓉现象看成一种搞笑行为。另16人也仅仅是肯定了芙蓉姐姐敢于展示自己的勇气，而并没有把她和"美"联系到一起。可见，芙蓉姐姐这种对抗和颠覆美丽的方式并不会对男权社会的审美规范产生任何实际意义。

---

[1] 摘自"贴贴图图"，"芙蓉姐姐为何这样红？"，作者：极品沂蒙山。
[2] 摘自"贴贴图图"，"芙蓉姐姐初印象"，作者：竹酒。
[3] 摘自"贴贴图图"，"芙蓉姐姐为何这样红？"，作者：我在那。

结语

在进行论文田野以及写作之前,我就已经是一个不折不扣的网民。2003年我所注册的第一个虚拟社区就是 ChinaRen 社区,以后的日子里它其实都在伴随着我的成长。我和其他女生一样,在这里不知疲倦地搜索着:今年流行什么服饰?是绿色系还是橙色系?夏天用什么牌子的彩妆好?腿部有了多余的脂肪,该怎么减下去?为了保持身材该选择什么样的饮食?但是当我将自己所经历的场景和后来的田野观察以学术论文的形式付诸文字的时候,我发现从前熟悉的场景突然变得有些陌生,原来写作需要更加客观的审视和冷静的思考。经过我的人类学阐释,虚拟社区已经形成了对美女形象一种特定的建构。

虚拟社区对美女形象的建构是基于互联网的特定社会文化的产物,同时也是一种文化现象。以前文的阐述作为基础,作者对虚拟社区如何建构美女形象的意义作出如下三方面总结:①美的标准是被建构出来的,在某种程度上而言随时可能被重新赋予或者被颠覆;②虚拟社区执著于美女形象的建构是多方合力的结果,经济的、政治的、流行文化等的种种因素渗透其中,参与到网络对美女形象的塑造过程中;③虚拟社区包含着对身体的再生产,与网络中特定场景紧密结合,体现了不同层次对美的认同。

选择 ChinaRen 社区来进行研究,虽然对固有的传统审美观有所突破,但是仍然没有脱离二元论的枷锁,仍然没有真正脱离以男性为主导的主流审美导向。虚拟社区重外在美而轻内在美,也是由网络空间的信息流动的特殊性所决定的。作者认为,只有突破现存社会性别定义的束缚,彻底打破标准的二元论,人们才能真正颠覆以男性为主导的主流审美标准,女性才能在虚拟社区生活中真正地占有一席之地。对美女形象的建构也应该持多元化的态度,而非仅通过某种标准或者导向来限定。

人类学以研究文化和人性为己任,对文化意义的追求是人类学者的基本目标。而虚拟社区对美的建构同样被看作文化现象。强调差异性的研究,展现文化现象背后的深层认知并且在这种理解中揭示我们这个时代的问题。人类学经历了时空的变迁,从对人性的理解,理论的建立到田野体验,人类学家力求将研究所得分享给后来的同行者。然而,由于各种限制,人类学走向更为宽广的空间还未能成为这一学科的整体趋势。值得注意的是,也有越来越多的新生代人类学研究者已经将身边的文化现象纳入到自己的研究视野中,本文在研究领域上也是一种新的尝试和探索。

针对本篇论文思想的发端、田野调查以及写作,可从以下几个方面略加总结:

1. 虚拟社区对美的建构是运用人类学方法的新尝试

人类学"这个新学科的特点,是把个别文化放在从时间上、空间上所见的各种文化形态中来研究,同时这种研究是要基于个别文化中长期而深入的田野调查来进行的。用这种做法所获得的有关人文社会的新知识,一方面能够深入个性,一方面又照顾了世界性;尊重文化的相对性,确认文化的一般性。这种做法,这样的知识,是别的学科所不及的，因而造成了人类学在若干社会科学领域内的优越性"①。人类学经历了对"原始"、"野蛮"社会、非工业社会以及工业社会的研究过程，这期间除了人性与文化、个体与群体以及科学与人文的持久论争外，还包括了人类学在今天社会变迁中的研究途径的选择：在全球背景下，人类学需要在传统人类学经典课题以外的研究领域上有新的尝试和突破，进而走入全新的研究空间。

基于某个特定的虚拟社区研究对美的建构活动在某种程度上是一种新的尝试。作者认为，虚拟社区对美女形象的建构所体现的权力、以及对身体的再生产过程都依附于人类学研究的经典论题，并同样以"田野调查"的方法来获取论文资料。在研究和写作中，发挥人类学的优势，并不仅仅停留在对建构现象表面的考察，而是深入其结构，挖掘出其中的权力关系以及身体再生产过程，给予人类学的阐释。

但是正因为本文属于新领域的尝试，所以在研究过程中遇到了很多不可避免的问题和困难，一方面国内有关网络人类学的文献并不多，另一方面基于虚拟社区来研究一种网络所特有的文化现象更是无章可循，因而本文在写作上几乎无前人研究可以借鉴。有些分析和阐述也许会显得非常幼稚。

2. 关于方法的思考

本文在探讨虚拟社区对美女形象建构的过程中，运用人类学理论和观点解释了网络空间的这一特有的文化现象。本文对 ChinaRen 社区对美女形象建构进行人类学分析，以阐释人类学观点，并对美的符号化，以及再生产过程进行了主要元素的还原后，捕捉到了多层次的文化涵义。在探讨特定场景的过程中，揭示出了符号的能指与所指之间的多重组合关系。虚拟社区对美的再生产过程，不仅仅只是对"美"的建构，还再生产出了相应的社会权力关系。

本文"田野"基于 ChinaRen 虚拟社区，这一点有别于传统人类学的田野工作，所以在研究方法上，作者需要对网上访谈的问题进行一下说明。有很多人对研究者依靠网上进行参与观察和访谈所得到的研究资料提出质疑。由于网络的匿名性局限，随之真实性也受到动摇。但是作者认为网上匿名的特点使得那些负面的、隐秘的想法找到了表达的空间，其实网络语言的背后表达的是一种独特的认同方式。

对于虚拟社区的研究，采取面对面的访谈是不现实的，"因为寻找那些在聊天室中合适的报道人是很困难的，由于地理的分散性，那些报道人可能离研究者很远。因此，网上访谈是研究者所采用的主要访谈方式"②。那么网上访谈是否会因为缺乏面对面交流而阻碍彼此沟通呢？作者在进行网上访谈的时候体会到，虽然网上访谈并不具有面对面交流时面部表情、语气变化、手势姿态等暗示，但是网络有它自己的专用语言和符号（比如":)"代表微笑，"687"代表"对不起"），这在某种程度上减少或避免了误会的产生。

3. 跨学科的综合取向

越来越多的当代人类学家已经不局限于传统人类学特定的课题内容、理论取向以及

---

① 张光直：《考古人类学随笔》，台湾联经出版社 1995 年版，第 56 页。
② 刘华芹：《天涯虚拟社区——互联网上基于文本的社会互动研究》，博士学位论文，第 122 页。

研究方法。他们认为人类学应该试图探讨和解释各种文化现象。因此，任何类型的理论都可以考虑，各种研究方法都可以采用，目的是对可能的解释进行验证，我们也将获得越来越可信的知识。① 本文在写作的过程中采用了跨学科的研究方法，比如社会学、大众传播学、美学以及文化研究理论，并同时用人类学理论来分析虚拟社区对美女形象的建构这一论题。文化研究本身脱离不了学科的综合取向。本篇论文运用了一些文化研究方面的观点来阐释本论题的观点。虚拟社区中的美女文化受到了消费主义的影响，对美女的加工、生产过程无不体现了人们的认知。虚拟社区通过对象征性的事件或特定场景（如"超女"、"芙蓉姐姐"）进行选择和加工来向人们提供一个可见可互动的环境，这些在制约着女性主动建构美的行为的同时也对现实环境产生了影响，这种影响是一个长期的建构过程。总的来说，虚拟社区加深了美女叙事的刻版印象，但是网民们的参与同时形成了建构美、支配美的生产的重要力量来源。所以他们所掌控的权力不仅仅是束缚着如何建构美，也是在生产美。

总而言之，虚拟社区是在新生的社会文化背景下的特定产物，也为人类学提供了新的研究论题。

参考文献：
（1）中文部分（著作类）。
[1] 克利福德·格尔茨. 文化的解释 [M]. 纳日碧力戈，等，译. 上海：上海人民出版社，1999.
[2] 庄孔韶. 人类学通论 [M]. 太原：山西教育出版社，2002.
[3] 安东尼·吉登斯. 社会的构成 [M]. 李康，等，译. 北京：生活·读书·新知三联书店，1998.
[4] 安东尼·吉登斯. 现代性与自我认同 [M]. 赵旭东，译. 上海：上海三联出版社，1998.
[5] 兰德曼. 哲学人类学 [M]. 张乐天，译. 上海：上海译文出版社，1988.
[6] 米歇尔·福柯. 规训与惩罚 [M]. 刘北成，杨远婴，译. 北京：生活·读书·新知三联书店，1999.
[7] C. 恩伯、M. 恩伯. 文化的变异——现代文化人类学通论 [M]. 杜杉杉，译. 沈阳：辽宁人民出版社，1988.
[8] 张光直. 考古人类学随笔 [M]. 台北：台湾联经出版社，1995.
[9] 戚攻，邓新民. 网络社会学 [M]. 成都：四川人民出版社，2001.
[10] 曼纽尔-卡斯特. 网络社会的崛起 [M]. 夏铸九，等，译. 北京：社会科学文献出版社，2001.
[11] 汪民安，陈永国. 后身体：文化、权力和生命政治学 [M]. 长春：吉林人民出版社，2003.

---

① 恩伯C、恩伯M：《文化的变异——现代文化人类学通论》，杜杉杉译，辽宁人民出版社1988年版，第76页。

[12] 布莱恩·特纳. 身体与社会 [M]. 汪民安, 译. 沈阳: 春风文艺出版社, 2000.
[13] 安德鲁·斯特拉桑. 身体思想 [M]. 王业伟, 赵国新, 译. 沈阳: 春风文艺出版社, 1999.
[14] 约翰·奥尼尔. 身体形态 [M]. 张旭春, 译. 沈阳: 春风文艺出版社, 1999.
[15] 让-克鲁德·考夫曼. 女人的身体, 男人的目光 [M]. 谢强, 马月, 译. 北京: 社会科学文献出版社, 2001.
[16] 西蒙娜德·波夫娃. 第二性 [M]. 陶铁柱, 译. 北京: 中国书籍出版社, 1998.
[17] 李银河. 女性权力的崛起 [M]. 北京: 中国社会科学出版社, 1997.
[18] 刘霓. e 时代的女性: 中外比较研究 [M]. 北京: 中国社会科学出版社, 2001.
[19] 罗钢, 王中忱. 消费文化读本 [M]. 北京: 中国社会科学出版社, 2003.
[20] 罗杰. 再造形体 [M]. 北京: 中国文联出版社, 2005.
[21] 卜卫. 媒介与性别 [M]. 南京: 江苏人民出版社, 2002.
[22] 卜卫. 解读《女友》杂志的性别论述 [M]. 中国女性文化. 北京: 中国文联出版社, 2000.
[23] 陈德安, 等. 三星堆: 长江上游文明中心探索 [M]. 成都: 四川人民出版社, 1998.
[24] 约翰·费斯克, 等. 关键概念: 传播与文化研究辞典 [M]. 李彬, 译. 北京: 新华出版社, 2004.
[25] 埃里克·麦克卢汉. 麦克卢汉精粹 [M]. 何道宽, 译. 南京: 南京大学出版社, 2000.
[26] 王钰. 新闻广播电视概论 [M]. 北京: 北京广播学院出版社, 1996.

(2) 中文部分(文章类)。
[1] 刘华芹. 天涯虚拟社区——互联网上基于文本的社会互动研究 [D].
[2] 刘华芹. 网络空间与人类学互动 [J]. 广西民族学院学报, 2004 (2).
[3] 孟君. 虚拟的广场——网络虚拟社区文化研究 [EB/OL]. http://www.ccmedu.com/bbs/dispbbs.asp?boardID=12&ID=3329.
[4] 彭华民, 侯莹. 论虚拟社区与人际互动 [J]. 重庆邮电学院学报, 2001 (1).
[5] 周宪. 读图, 身体, 意识形态 [EB/OL]. http://www.fromeyes.cn/Article_Print.asp?ArticleID=488.
[6] 艾晓明. 广告故事与性别——中外广告中的妇女形象 [J]. 妇女研究论丛, 2002 (2).
[7] 李银河. 女性主义的三种方案 [N]. 南方周末, 2003-12-11.
[8] 杨小滨. 酸酸乳女声与看客的权力幻觉 [EB/OL]. http://www.cc.org.cn/newcc/browwenzhang.php?articleid=4707.
[9] 林扶叠. 超女带来全新的女性审美 [N]. 南方都市报, 2005-08-18.
[10] 赤桦, 荣娇娇. 美女消费风靡神州 [N]. 瞭望东方周刊, 2004-01-15.

［11］苏珊·鲍德. 解读苗条的身体［EB/OL］. http://www.cul-studies.com/old/bbs/read.asp?boardid=1&bbsid=26031.

（3）英文部分。

［1］Turkle S. Life on the screen: identity in the age of the internet［M］. New York: Simon and Schuster, 1995.

［2］Mizrach S. What is Cyber Anthropology?［EB/OL］. http://www.fiu.edu/~mizrachs/CyberAnthropology.html.

［3］Berger. Ways of seeing［M］. London: BBC and Pengium Books, 1972.

［4］Peiss K. On beauty…and the history of business［M］//Scranton P. Beauty and business. New York, London: Routledge, 2001.

［5］Douglas M. Natural symbols, explorations in cosmology［M］. London, 1970.

人类学视角下的"土豆网"分析

董谷雨*

内容提要：本文尝试从人类学的视角，把网络视频这一传播媒介、这一文化现象视作一个符号系统，通过区分其内含的要素，确定各要素间的内在联系、与外在条件的联系以及综合作用，描述整个系统的特征，使基于这个文化系统而产生的机制与范式，以及人际互动、权力流动、功能、结果等各种文化事项得到一个较为有效的处理。

关键词：网络视频　文化系统　虚拟社区

一、网络人类学的兴起

人类学在产生最初，是以搜集、记述、研究异文化为主的。自产生之时，人类学便以建立一种"科学"的文化研究为目标，因此，人类学成为了一门极具自我反思特点的学科，而人类学的这种"反思性"是建立在大量实地田野调查基础之上的，或者说，田野调查是人类学最具特色的研究方法。人类学传统的田野调查一般用实际的物理空间加以表征，而这种物理空间又常常以"社区"的形式存在。"社区是指人们居住的物质空间，空间对社区是十分重要的，因为任何社会体系都是具有一定空间结构的实体。人们之间发生的各种接触、情感和认同都定位于一定社区。"[1] 然而，近年来随着科学技术及通讯技术发展进步，具有区域性的网络社区悄然崛起，越来越多的人在互联网上的公共社区聚集成群，这种在虚拟的网络社区上的聚集方式有别于传统的以实际的物理空间为表征的社区聚集，创造了一种新型而实际的人群聚落，即我们现在常说的"虚拟社区"。"虚拟社区"这一概念由 Howard Rheingold 最先提出，他指出"虚拟社区"是"互联网上出现的社会集合体，在这个集合体中，人们经常讨论共同的话题，成员之间有情感交流并形成人际关系的网络"[2]。虚拟社区的出现，为人类学的文化研究开辟了一块新鲜土壤，"网络人类学"作为人类学学科里的一个分支，应运而生。Steve Mizrach 在《网络人类学是什么？》（*What is Cyber Anthropology*?）中对"网络人类学"作出如下定义：网络人类学是研究虚拟社区与网络环境中的人的学科。[3] 网络人类学认识到新的"虚拟"社区不再由地理或其他（种族的/宗教的/语言的）边界所界定。相

---

* 中山大学社会学与人类学学院人类学系 2004 级本科生。
[1] 梅纳和格雷尔：《社区的概念》，Chicago：ALDine Publishing Company，1969 年，第 3、26、47 页。
[2] Howard Rheingold. *The virtual community*, London：Minerva，1994，p5。
[3] A. Steve Mizrach. *What is cyber anthropology*?；www.fiu.edu/~mizrachs/cyberanthropology.html。

反,网络空间的社区是基于网友共同的兴趣建立起来的,超越了社会等级、国家、种族、性别和语言的界线。这与全球化场景中市民要求归还公共空间和私人空间的呼声相对应。① 所以,对于已经不再把传统的物理社区作出整体、客观表现作为唯一目标的人类学来说,如何在现代都市生活的大背景下更好地研究虚拟社区内相互交织和相互作用的各种文化要素与关系,是网络人类学或现代人类学不可回避的重要问题,而这也为提高人类学学科的现实性、实用性与反思性带来了契机。

本文的研究对象——网络视频就存在于互联网这个有别于现实的物质空间的"虚拟社区"上,因此本文的田野点自然就落到了视频网站上。以视频网站作为田野点,具有其可操作性及可行性:与传统的人类学田野点一样,视频网站具有一定数量的公众组成与参与(网民)、相应的组织形式及基于组织上的一定程度上的自我管理与运转机制(如小组、论坛、星级推荐等)、公众参与(如上传视频短片、发表评论、互相链接等)、以及由此产生的某些共同的意识形态及文化等("土豆网"的"每个人都是生活的导演"的口号及网民在视频网站上集体参与过程中所形成的文化认同感、归属感等),而且对绝大多数网民而言,在网络上以虚拟身份进行的活动与现实生活已经难以避免地发生了交叉重合,网络从最初单纯的工具、媒介渐渐地转变为人们经常参与的一个场域,网民不再理智地将网络虚拟 ID 与现实中的实体个人分开,现实生活与网络生活逐步产生交集。因此,除了物理意义上的"地域"和虚拟性外,从文化的角度看,视频网站作为田野点与人类学传统的物理空间的田野点并无根本性的区别。笔者所选的田野点是国内的"土豆网"(http://www.tudou.com),原因是土豆网作为现今国内最大、人气最旺的视频网站,较具代表性。本文并不是要发掘网络视频这种虚拟社区文化的新奇话语,而是尝试从人类学的视角,通过运用各种研究方法,把网络视频这一传播媒介、这一文化现象视作一个符号系统区分其内含的要素,确定各要素间的内在联系、与外在条件的联系以及综合作用,描述整个系统的特征,使基于这个文化系统而产生的机制与范式,以及人际互动、权力流动、功能、结果等各种文化事项得到一个较为有效的处理。

笔者以"土豆网"为田野点,通过访问网站、浏览网站的视频作品、注册加入群或讨论组,一方面观察网络视频作为文本的自身特点,另一方面以旁观者的身份去观察人们在"土豆网"这个社区内如何通过上传、共享、评论视频作品从而实现自己的话语释放以及构建视频网站的社区互动关系。

二、"土豆网"概况

互联网不仅是文字的理想载体,还是声音与图像的极佳载体。网络视频的蓬勃,始于全球著名的 YouTube 网站(http://www.youtube.com)的成功经营。YouTube 为视频网站树立了一个良好的典范,紧随 YouTube 的步伐,全球范围内的视频网站如雨后春笋般出现并蓬勃发展。如今,网络视频已经成为现代媒介传播过程特别是电子媒介传播

---

① 刘华芹:《天涯虚拟社区——互联网上基于文本的社会互动研究》,民族出版社 2005 年版,第 3、5 页。

过程中的一道宏大景观。现今国内主要的几大网络视频网站有"土豆网"、"Mofile"、"青娱网"等,本文的田野点"土豆网"与 YouTube 网站的经营模式与操作形式相近,提供了一个让用户上传视频的平台。它的宣传口号是"每个人都是生活的导演"。该网站视频内容五花八门,主要分为原创、娱乐、音乐、影视等 12 大类(见图 1),相当广泛,它的灵活性与综合性是传统影视作品所无法比拟的。

图 1　"土豆网"网站内容分类(2008 – 03 – 02)

图 2　"土豆网"的登录界面(2008 – 01 – 15)

(一)"土豆网"介绍

"土豆网"是一个现今中国最出名的视频网站,网址为http://www.tudou.com。在"土豆网"的首页界面,有如下几大版块:

表1 "土豆网"首页版块分类

版块名称	版块内容
[原创最精彩]	＊[原创]百名网友创作——北京加油 让我们用笑容为北京加油,用骄傲为奥运加油,用号角为中国加油! 播客:苏玮明 播放:27 516 评论:382 ＊[原创]荼蘼 夏季最后盛放的花儿,开到荼蘼花事了。花开为谁祈福,花败为谁祭奠?无处不伤心,无人不落泪…… 播客:笨小懒 播放:14 569 评论:57 ＊《谎》DEMO版 他们都管这里叫文化的沙漠,他们都希望在这里能找到心中的绿洲,并不是只有希望给人以满足,还有真诚和理解。 播客:边十三 播放:35 643 评论:167
[土豆精彩频道]	原创 [2 277 903]　娱乐 [1 941 290] 音乐 [2 035 903]　影视 [2 237 466] 搞笑 [172 638]　　动画 [1 762 453] 游戏 [300 001]　　商品 [122 734] 生活 [643 916]　　体育 [200 313] 科教 [232 905]　　其他 [415 971] (注:"[ ]"内为视频总数目)
[热门抢先看]	[娱乐]土豆三周年　播客:笨笨傻吴　播放:9 787 [音乐]国际DJ大赛冠军团队上海表演　播客:东洋风晴　播放:17 520 [游戏]GTA4 PS3版本游戏真正片头加序幕　播客:zeeko　播放:11 581 [科教]世界读书日广告　播客:锋芒1 116　播放:34 022 [科教]小长假自驾游如何投保　播客:妙语连猪　播放:7 068 [生活]北京车展惊现2500万豪车－布加迪　播客:不良信息　播放:22 255
[推荐豆单]	[音乐]倾听王若琳　编辑:roue　视频:19　播放:5 649 [生活]家常美食制作　编辑:LHMJoy　播放:62 198 [娱乐]青春六人行　编辑:瘦皮猪　播放:29 312 [体育]足球部落　编辑:我为"球狂"　视频:98　播放:39 305
[土豆排行榜]	115 509 功夫之王 A 67 494 大话西游续《仙人掌》 59 105 【恶作剧之吻】第20集预告(完) 49 802 黑客红蜘蛛 45 987 国外胆大狂人不带降落伞从飞 45 486 壮壮版牛仔很忙 45 112 火影忍者第276片源 44 224 fnatic. Space vs Gravtias. H 42 699 功夫之王 B

续上表

版块名称	版块内容
[土豆推广]	* 彪哥征婚记 1：44　播客：蔚蓝 930　播放：1 911 * [思科网助学堂] 洪晃开讲植物知识 2：38　播客：思科　播放：2 418 * 原来时尚就这么简单 1：03　播客：欢乐谷　播放：95
[豆角儿排行榜]	1. 一日一囧★ XXX 2. love 桥林★MYM] Moon vs Bet. Fov 3. CH_丫丫★ [狂] 胤真 – 澄海 3C 视频第二 4. 骨灰级新人★ 我心中的十大经典战役之六
[播客一周排行榜]	人妖 1 号　有 948 个节目被挖到了首页！ ^鎏缊^　有 425 个节目被挖到了首页！ 盘丝仙仙　有 350 个节目被挖到了首页！ Shewinta　有 336 个节目被挖到了首页！ 种豆 De 金猪　有 289 个节目被挖到了首页！
[挖土豆]	[搞笑]　四大乐器的歪解 后生男舍的搞笑　播客：vsdf720　播放：14 911　评论：37 [娱乐]　[最强自拍] 080417 延世大学特别见面会 – 金在中率领下的抽风 [HARONG]　播客：●. 花′孽¨　播放：4 363　评论：60

（引自 2008 年 3 月 28 日 23：10 的数据。）

笔者注意到，"土豆网"十分注重激励用户的积极性，上述各大版块除在首页发挥着分类、导航的功能外，也是"土豆网"为用户设置的若干竞争机制的寄托处——隐含于各大版块内的竞争机制，一方面鼓励用户尽量积极地上传受广大用户喜爱的视频，以丰富"土豆网"的视频资源、扩大"土豆网"的用户基数；另一方面也透过这种竞争机制提供渠道，让用户选出喜爱的视频，提高用户的分享资源的质量。比如，"热门抢先看"、"推荐豆单"、"挖土豆"等既是"土豆网"的版块之一，也是"土豆网"为号召、增加用户的社区行为的工具。那些最多人点击观看的热门视频经过"土豆网"系统程序的自动筛选，最及时地被置于首页各大版块的头条位置，以显眼的姿态吸引点击。如此一来，被置于首页的视频吸引了更多的点击率，后来者若想"抢滩"成为首页的推介，就必须拥有更高的点击率才可以取而代之"来"到首页。

（二）如何使用"土豆网"？

通过注册一个账号，网民便可以以一个创建的身份上传或者共享视频，浏览其他用户的视频，并对他人的视频发表评论。"土豆网"在首页提供了如"人气最旺的"、"最近更新的"、"订阅最多的"、"评论最狠的"的分类搜索功能，还提供了"豆单"服务；用户通过使用"豆单"，可以"任意添加土豆上的视频到'豆单'中并自动连续地播放；可以把豆单设置上你喜欢的背景图片和音乐，拥有独一无二的自定义空间"①。此外，"土豆网"还为用户开辟了很多增值功能，如"添加好友"、"订阅频道"、"相册"等。这种便捷的视频选择方式及用户自定义功能更好地为用户的多向选择、交流及个性化打造了一个可操纵的良性互动圈。不过，就笔者对"土豆网"及其他国内视频网站的实际观察，发现它们更偏重娱乐方面的内容，更倾向于个人表达及娱乐消遣的功能。相比之下，国外视频网站的代表 YouTube 网站除了涵盖娱乐休闲方面的内容，也不乏政治、意识形态等超个人层面的内容，体现了更成熟、更高层次的交流体系。

（三）谁在使用"土豆网"？

由于"土豆网"用户的匿名性，很难从用户的注册名字或基本注册信息得知"土豆网"的用户都是些什么人。笔者在 2008 年 3 月随机选择了 15 个用户，利用"土豆网"的"发短信息"功能与这 15 名用户取得联系，并对其中的 3 名用户用聊天软件 QQ 和 Msn Messenger 进行了访谈。在这 15 个人里，其中 7 人是在读大学生，3 人是公司职员，2 人是在读中学生，2 人是企业员工，1 人待业在家。对大学生而言，他们可以十分方便地使用校园网络上网，因而他们浏览"土豆网"的频率很高，平均 2 天就上一次"土豆网"；中学生则一般利用周末在家的时间上网，次数及历时时间相对较少；企业员工一般是在公司或家里利用闲暇使用"土豆网"；因其工作性质，网吧网管绝大多数时间都能接触网络，因而"无聊"时就在"土豆网"上观看各种视频以打发时间。

（四）在"土豆网"看什么？

笔者把"土豆网"所有的视频内容分为两大类，一类是用户原创的视频，一类是现成的视频。其中，"原创的视频"指那些由网民自拍的、自己编辑制作完成的视频，如某次聚会的录像或突发奇想的几个捕捉镜头等；"现成的视频"指从现实世界中的电影、电视剧、相声、小品、新闻等现成的作品里不加修改地截取部分或全部的内容。笔者就"您上'土豆网'观看什么视频内容"对上述的 15 名用户进行调查，结果显示 26.7% 一般只在"土豆网"上看网民原创的视频，20% 只看现成的视频，剩余的 53.3% 二者兼之。对于偏好原创视频的网民，他们关注的常是一些"搞笑的"、"新奇的"、"贴近生活的"视频（关于他们的偏好、理由等将在下文论述，在此不作赘述）。对于偏好现成视频网民，他们关注的视频种类及理由如下：

---

① 参见 http：//www.tudou.com/playlist/list.do。

表2　偏好现成视频的网民所关注的视频种类及理由

关注的视频类别（现成视频）	理　由
电视剧	当地电视台播放的电视剧的更新速度不如"土豆网"的更新速度快； 由于工作、学习、外出等的缘故错过了的电视剧能在"土豆网"补看； 喜欢的电视剧可在"土豆网"上无限制地重看； 某些境外电视剧在中国境内没有公映，而有网民把它们上传到了"土豆网"
电影	不必买票进电影院看电影，成本低廉； "土豆网"比学校FTP可提供的电影数量多，且搜索方便； 可以看还没有/没能在中国境内上映的电影
综艺节目	"土豆网"的综艺节目数量多，搜索方便； 可以重看一些经典的综艺节目（如赵本山的小品等）； 可以看还没有/没能在中国境内上映的综艺节目
新闻	可以补看/重看新闻

三、作为文化体系的社区行为——维护与冲突

城市文化有其特定的文化系统或体系，它由众多子系统组成，城市文化系统或体系所表现出的不同层次，就是城市文化的结构。由于科技发展而产生的网络视频文化便是现代城市文化中的一个部分，是人类文化发展到一定阶段的产物与特殊形态。因此，要讨论作为城市文化之一的网络视频，可以从对一般人类文化的理解开始。

在人类学中流传相当广泛的一种观点是：人是悬挂在由他们自己编织的意义之网中的动物。① 本文的关注点之一就是网络视频用户的社区行为与社区意识。正是通过用户间的互动、交流，或者更确切地说，通过用户在使用网络视频过程中所发生的各种社会性的社区行为使"土豆网"的社区交往得以成为一个文化体系。根据实际观察情况，笔者把"土豆网"上发生的社区行为分成两种：一种是维护社区成员人际关系的正行为，另一种是削弱社区成员人际关系的负行为。对"土豆网"用户而言，网络视频一方面使更多的人由于某个关注点而聚集在一起，强化了处于不同地理空间的人们的联系与情感纽带，增强了这个社区群体的结构与力量。从这个意义上讲，"土豆网"通过网络视频对维护社区成员的人际关系起了正作用。另一方面，在不同个体共同参与网络视频的相关活动时，由于个人主体性与文化观念的差异性等会引发"土豆网"上的个人冲突行为乃至群体冲突行为。从这个意义上讲，网络视频又对维护人们的社区关系起了负作用。

---

① 克利福德-格尔茨：《文化的解释》，韩莉译，译林出版社1999年版，第5页。

（一）社区的维护

网络视频对维护社区成员的人际关系所产生的正作用是显而易见的，在此简而述之：①网络视频为网民提供了获取知识与信息的途径，增加了用户间共同的知识、情感与经验；②通过用户制作、上传、传播视频等一系列社区行为，对某些视频有共同兴趣、看法的用户很容易联合起来，他们或相互间传播某视频，或共同赞赏或共同批评某视频，在这种渐近式的、共时性的评论与认同的过程中，用户间尤其是志同道合的用户间的关系不断得到强化，编织成一个个层次交错的复杂的人际关系之网；③土豆网的"挖土豆"（见图3）、"热门抢先看"、"播客一周排行榜"（见图4）等版块有效地促进用户参与社区行为，同时也再次强化了用户与"土豆网"、用户之间的关系与共同情感。

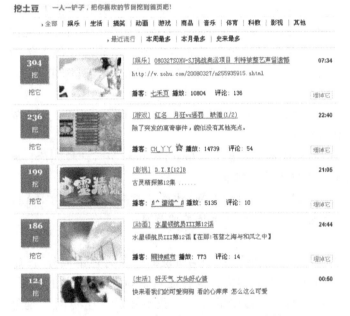

图3 "挖土豆"界面（2008-03-02）

图4 播客一周排行榜
（2008-03-02）

（二）社区的冲突

现今被瀚如烟海的信息包围着的人们，必然会因自身的社会地位、文化水平、职业、个人认识结构上的差异等对难以数计的网络视频资源作出过滤、筛选，也必然对不同的网络视频有不同的认知与感悟，传播者、"土豆网"管理层的意向有时并不能完全按照预定的方向和维度发挥作用。笔者将"土豆网"的社区冲突分为两大类：一类为"土豆网"管理层与用户之间的冲突，一类为"土豆网"用户之间的冲突。

1. "土豆网"管理层与用户之间的冲突

"土豆网"管理层与用户之间冲突的导火线主要是"土豆网"限制了用户理想中认为的发布视频的"自由",主要表现为"土豆网"删除用户上传的"未经审核通过的"或有"不适当"情节的视频。"土豆网"一直以"每个人都是生活的导演"为口号以及利用各种版块等鼓励用户的社区参与度,但是仍有一些视频不能在"土豆网"出现。

案例一:

2008年3月2日,笔者通过"土豆网"首页的"热门播客"点击进入了"欧泊"的个人主页,却发现在其主页顶端赫然写着这么一段话——"请各位静静地把喜欢的片子看完,不要再把它们挖到首页。'土豆网'已经把我很多视频删除了。"笔者通过"发送短消息"与欧泊取得联系后,在QQ上对她进行了访谈。欧泊自2006年11月开始使用"土豆网",可以说是一名老"土豆"了。她平时使用"土豆网"主要是上传女性题材的影视,由于现居美国洛杉矶,她能够几乎同步地上传一些美国正在播出的女性影视作品,因而有很多用户订阅了她的视频,她也通过"留言"、"发送短消息"以及QQ群方式与志同道合的"土豆网"用户长期保持良好的关系与交流。她反映,她在使用"土豆网"期间最不满的一件事就是"土豆网""非常主观"地删除了她上传的若干视频,她把当时"土豆网"发给她的系统通知信复制后发送给笔者,具体如下:

抱歉!你于2007-06-05提交的节目[《弗里达》1],被删除!原因:您的节目中含有色情成分,请勿上传类似节目

抱歉!你于2007-05-23提交的节目[电影《love my life》4],被删除!原因:您的节目中含有色情成分,请勿上传类似节目

抱歉!你于2008-01-30提交的节目[The L Word第五季4下(中文字幕)],被删除!原因:您的节目中含有色情成分,请勿上传类似节目

欧泊认为,自己上传的视频并不像"土豆网"管理层所说的"含有色情成分"。她说:"这其中既有美国电视台在黄金时段播出的剧集,也有提名第60届金球奖的电影,而且我认为这些都是每个成年人都可以观看、接受的作品。我不知道'土豆网'是怎么定义'色情'的!"当问及欧泊认为"土豆网"应该如何妥善处理此类事件时,她认为:"应该把视频分类一下,一些视频仅对成年人开放,未成年人无法浏览。"但欧泊同时也承认,她这种构想实际操作起来很困难。而一些订阅欧泊发布的视频的用户也纷纷在欧泊的个人主页上留言以表达对"土豆网"删除视频这一行为的不满与抗议。如用户"刘星宇"留言:"Tudou不高兴就删,将来还不是靠我们民工不断上传赚人气?将来卖个几百万几千万的对我们有什么好处?! 就算你Tudou管理有自己的想法,那我们也有,既然不合不如一拍两散。最后惹火了网民也不知道谁吃亏。"用户"のQん"留言:"怎么回事啊?那个管理员和你过不去啊!这么讨厌……人太出名了没办法,土豆越活越滋润,他嫉妒吧……"用户"jerine"留言:"holy crap!! this is bull shit!!! i cant believe they've had done this on opal... jia you opal!"用户"箫"留言:"土豆管理员太放肆了,狂鄙视管理员!永远支持欧泊,不要郁闷噢……"

从欧泊的视频被"土豆网"管理层删除这一个案,不难看出矛盾:"土豆网"创建"挖土豆"功能的初衷是鼓励用户多上传受欢迎的视频,同时也借广大用户之手让受欢迎的视频"挖"到首页,让更多的用户分享视频。一般而言,用户都会希望自己上传的视频能够被别的用户"挖"到首页,因为被挖到首页的视频会有更高的点击率,其上传者也有可能被提名进入"播客一周排行榜",反过来再次有助于提高其视频点击率,从而进入一个"被推介—被点击—被推介"的循环反应之中。然而,欧泊却不希望用户把她上传的视频"挖"到首页,而是劝告用户"静静地把视频作品看完",排除任何引起"土豆网"管理层注意的形式。究其原因,是"土豆网"管理层的删除视频机制与用户上传视频的寄望不符所造成的矛盾。欧泊的事件里,除却欧泊与土豆网管理层的矛盾外,还有支持欧泊的视频的其他用户与"土豆网"管理层的矛盾。就目前情况看,"土豆网"管理层与用户之间就视频是否应该删除这个问题尚未能达成共识,这显示出了不同利益主体的立场冲突。

2. "土豆网"用户之间的冲突

"土豆网"用户之间的冲突主要通过用户参与视频评论这一社区行为体现。笔者选取了用户对《巴士阿叔》(以下简称《巴》)视频的评论为例。《巴》视频讲述了两位香港乘客在巴士上的一次遭遇。在这个 5 分 59 秒的视频中,巴士的司机阿叔对一位不小心惹到他的青年进行斥责、教训、诅咒和威胁,而青年对巴士阿叔的野蛮刻薄一再忍让,但阿叔则愈闹愈烈。阿叔的一句怒吼:"你有压力,我有压力,未解决!未解决!!"一夜间成为无数港人乃至更广范围内人们深有体会的共鸣之句,甚至被印到了 T 恤上面。很多用户看过《巴》后,在"土豆网"上开始了沸沸扬扬的讨论,现摘取部分用户讨论如下:

> 观光土豆 2007 - 04 - 12
> 阿叔喝高了吧?碰见这样的人,那青年的确好脾气。换了是俺,哼哼哼哼……
> 傻呱 2006 - 09 - 26
> 只阿伯都傻噶~~!烦到呕啊!
> T 仔(TaT) 2006 - 07 - 17
> 阿叔是极个别的,怎能将他与中华民族的素质挂勾?!鄙视阿叔!
> Johnniewalker 2006 - 07 - 02
> What's gonna happen if the two guys meet again one day?
> 夏夜荷风 2006 - 06 - 13
> 大叔也挺可怜的……这年头,大家都不容易啊!
> Zeus 2006 - 06 - 13
> 压力,压力,压力……
> 未解决,未解决,未解决……
> 奇多 2006 - 06 - 11
> 青年太无辜了呀!青年咋就这么软弱妥协呢……
> 新丁 2006 - 06 - 08

真的好想打这位阿叔啊！他令我有好大压力！真是人人都有压力！

从上述的用户评论中，我们看到了社区成员因一个视频所引发的社区冲突——有人很直白地对巴士阿叔的粗暴行为表示了强烈的指责、蔑视，有人对同为饱受压力的都市人的巴士阿叔表达了同情与理解之情，有人对巴士阿叔的那句"压力未解决"深表赞同，有人反对其他人单纯地把巴士阿叔这种粗鲁的个人行为与整个民族的素质好坏联系起来，有人幸灾乐祸地猜度巴士阿叔与青年若有机会再度相遇时后果会怎么样，还有人替片中青年的一再忍让忿忿不平……这种因个人价值观不同所造成的众说纷纭，是难以数计的视频网站社区冲突的一个缩影。与现实生活中的实际社区相比，虚拟社区的非直面性，决定了视频网站的社区冲突一般不易像实际社区那样为冲突结果付出什么代价。笔者认为，这种社区冲突可能导致两种直接后果：第一种后果是持异见的社区成员的阵营更加分明、冲突加剧；第二种后果是持异见的网民尽管各自坚持己见，但不强迫他人接受自己的意见或不对异见严厉批驳，即让自己说话的同时也让别人说话，从而维持一种异见得以共存、各家自有说法的良好局面。上述的用户对《巴》视频的评论基本上就处于第二种尚算和谐的状态，即用户通过参与评论这种互动方式既使自己的话语得以表达从而形成自我并获得个人身份，又透过社区互动增加了与其他用户接触、交流的机会，无论是与他人意见相合抑或因异见而有所争议，实际上都强化了他们与其他社区成员的关系。事实上，无论在网络视频网站还是其他虚拟社区上，成员坚持己见、反驳异见的现象是相当频繁、普遍的，无论是增强社区成员人际关系的正行为，还是给社区抹上几分紧张、冲突色彩的负行为，都属于网络视频社区文化体系里的一条条连接线脉，把个人与其他的社区成员联系起来，完成了个体成员具现实性质的社会性情感的抒发与交换，最终生产出具有网络视频社区特色的一个庞大的文化体系。

四、社会转型背景下的网络视频之蓬勃

若要探知"土豆网"这类视频网站蓬勃发展的原因，笔者认为，应该将"土豆网"置于中国社会转型框架内、结合内外因对其作出论述。中国的社会转型为网络视频、视频网站的蓬勃发展提供了环境，而网络视频本身承载的自身特色构成了视频网站发展的内在原因。

（一）外部条件

一元化社会的特点在于，通过政治整合使彼此疏离、涣散的民众一律按一个统一意志去思想和行动，即政治上的唯意志论的泛滥必然导致社会生活的意识形态化。[①]"文革"时期的中国正是处于这种"政治上唯意志论泛滥"的状态，人们的思想、生活等各方面被高度一致化。在这种关乎国家政权、领袖权威的带强制性的统治意志之下，话语的生产是一元化的，话语模式与利益只属于居主导地位的精英阶级，大众长久地处于

---

① 陈卫星：《传播的观念》，人民出版社2004年版，第328页。

听取、接受的状态，而鲜有机会或渠道发出民众自己的话语。1978年以后，中国的社会政治出现了根本性改革。中国开始以经济建设为中心，实行改革开放。在政治和经济健康、稳定发展的大背景下，思想与文化领域的发展环境也逐渐变得宽松。人们的经济、社会、文化、思想等方面的自由度逐步放宽。1992年以后，中国迈入向现代化过渡的社会转型期，各种社会关系逐步被重新建构。在信息传播与信息表达的领域，中国的社会转型带来的结果之一便是话语的生产者由原本的一元式生产逐步向多元式生产过渡，即大众也有可能、有能力参与话语的生产。在大众有可能充当话语的生产者时，其主体意识、民主意识、社会参与意识随着市场经济形态的形成而日渐增强。另外，市场经济强调个人的需要与个人愿望、价值的实现，自然也使生长生活于中国社会转型大环境下的大众追求话语表达的欲望有所增强，他们在这种表达欲望驱动下的实际行动，实际上也提高了中国社会转型大背景下他们对社会主义市场经济体制建设的社会性参与。我们熟悉的个人主页、网络论坛、网络日志等，莫不是大众争取实现话语表达的产物与结果。网络视频这种新兴媒介的生产与蓬勃发展，也不可例外地得益于中国社会转型为其创造的外部发展条件。

（二）内在原因

探讨网络视频蓬勃发展的内在原因，必须分别以原创视频与现成视频为对象开展讨论——那些原创的视频，基本上都是传统话语生产者的产物，保持着传统媒介的话语特色。至于用户为什么乐于在"土豆网"等视频网站上观看现成的视频，则主要由于这些视频网站的更新速度快、资源更丰富、可灵活操作补看或重看等，这在本文的第一部分已有说明。

除了拥有中国社会转型为大众预留话语空间这个外部条件，原创视频从诞生那天至今所具有的一些自身特点亦是它之所以能够蓬勃发展的至关重要的原因。作为网络技术发展与视频文件结合后的衍生物的原创视频，决定了它既具有网络产品及传统影视作品的固有属性，也具有两者碰撞、结合之后所产生的新特性。如同当下的许多网络文化现象，基于网络平台上的原创视频带有明显的后现代叙事策略，在一个原创视频被制作到最后上传共享并被千千万万的网民们观看、评论这个过程中，原创视频形成了其独特的审美范式。海量的视频作品聚集在各个视频网站上，借由互联网在用户之间进行即时的传播与分享，上演了一场在后现代主义语境下具有零碎性、颠覆性、娱乐性的影像的狂欢。下面，笔者将总结原创视频三大内在特点，并在此基础上解释原创视频蓬勃发展原因。

1. 消解原创机制的戏仿

"戏仿"的意义内涵指向的正是游戏、模仿。这种"游戏"多少带着娱己、娱人的创作动机，这种"模仿"通过复制、拼贴、移置、镶嵌等手段实现。在现今网络视频制作领域内，"戏仿"似乎已经成为一套被人们乐此不疲地套用、具一定规律的固定的网络视频的生产模式与手段。制作者依照这套约定俗成的创作模式，只需改变局部地将一些现成的作品进行模仿、拼贴，便能生产出一部新的作品。有时候通过这种戏仿手段产生的新作品甚至会获得比原作更多的关注。

案例二：复制与拼贴机制下的幸运儿——后舍男孩

"后舍男孩"由广州美术学院 2002 级雕塑系的黄艺馨和韦炜组成，出于解闷、娱乐的初衷，他们于 2005 年 3 月制作完成了首部作品———一段名为《As Long As You Love Me》的视频短片（以下简称《As》），并把它上传到互联网上，结果这部作品在互联网上迅速传播，一炮而红。《As》本是美国著名男子歌唱组合"后街男孩"的代表作之一，而"后舍男孩"则利用复制、拼贴等手段对这首歌进行了重新演绎。在他们重新演绎的《As》里，只有一个简单的场景——宿舍，只有一个简单的器材——摄像头，只有一个拍摄角度——两个男孩的正面。他们不是传统意义上的帅哥，他们的镜头很简单甚至粗糙，他们只是在镜头前晃来晃去，从来没有人知道他们的真实唱功如何——他们只是在对口型。他们的表演有着精确的口型对位，极为丰富的面部表情，颇具原唱者神韵的眼神与动作。他们的演绎相当到位，在复制原唱者的某些特点的基础上又新增了具个人特色的搞笑元素，深得一部分人的喜爱。随后，他们陆续推出《分开旅行》、《I Want It That Way》、《童话》等十部作品，在网络上引起了不小的轰动，甚至全球知名的 CNN 频道也介绍了"后舍男孩"，不仅播出了他们的搞笑视频，主持人更称"两人身上有星光熠熠的瞬间"。①

图 5 "后舍男孩"的《I Want It That Way》视频

当然，也有人对"后舍男孩"这种无厘头、违背传统审美观的表演不屑一顾甚至严厉批评。在此，笔者不打算就"后舍男孩"的表演本身是否无聊、是否无厘头等多做探讨，而主要关注为什么他们仅利用简单的复制、拼贴手段完成的作品能收获如此广泛的关注度与追捧。后现代社会的主要文化症候之一就是各种碎片化的符号之间随意的拼贴、杂交、并置与戏仿。② 类似"后舍男孩"的这种表演是无中心的、零散化的，是一种"戏仿"：他们把原作的表演风格进行粉碎，随心所欲地拾捡众多表演方式、表演

---

① 参见 http：//ks. cn. yahoo. com/question/? qid = 1406082609116。
② 参见 Bulter，1990，http：//www. theory. org. uk/queer。

成分中他们认为有用的部分进行重组与拼贴，再把所有的元素进行整合，通过滑稽的模仿与具个人风格的再演绎将其串连、展示。也许正如酷儿理论（queer theory）认为的那样，"人们并没有恒定的本质，个体只是一种表演"①。在现实生活中，我们通常长期以一种较为固定的身份角色生活，但是网络视频为人们在某一时间段内打破之前的身份角色而演绎任何一种身份角色提供了可能性。在网络日益普及的今天，视频网站为人们类似的戏仿表演提供了极佳的平台，加上当代社会以宣泄和释放为目的的消费文化又为这种戏仿表演提供了后现代的语境。于是，一种企图重新阐释周遭世界的戏仿文化跃然出现于人们的眼前。尽管很多人都指责它缺乏原创性，但这种戏仿文化仍然不可阻遏地蓬勃发展起来。通过类似的戏仿，人们的生活由严肃的现实状态转入暂时的游戏境界，人们忘却了阶级、等级和身份，在诙谐的笑声中获得了自我的释放。"漂浮不定的大众记号与影像产生了一个无止尽的、相互冒仿的仿真系列"，鲍德里亚把这叫做"超现实世界"。② 类似于"后舍男孩"这种表演在传统的审美考核机制下，可以说是一种欠缺深度、缺乏意义的狂躁嬉戏，但不能否认，这种表演作为一个符号、一个文本的确承载了这个时代、这个社会一部分人的心理与需求，它强化了异于传统规则的另一种表演形式、内容及生产、审美机制，建立起一套多元的亚文化系统，消解了传统文化中那种一元解释占绝对主导地位的规则。正是网络视频的制作可以通过戏仿的手段卸除原作品的意义、承载及所指，网络视频可以变成一种随意、轻松的，同时也易被大众接受、喜爱的创作。

2. 去权威，去中心化

现实中，舆论分为三个层次：民间自发舆论、媒体上呈现的舆论以及政府希望看到的舆论。③ 传统媒体如报纸、电台、电视、电影等作为民间与政府之间的一个公共平台，本应成为二者的有效沟通场所，然而，现实是传统媒体上的舆论或多或少地呈现出了由上至下的色彩，对大众进行主流观念的灌输。在中国社会转型之前，在互联网技术尚未普及、网络视频仍未面世的时候，以电影、电视为代表的传统媒体作为一种强大的社会结构性力量具有很高的威信和地位，这些权威式的媒体提供信息来源、规定话题的内容，而受众则无论喜欢与否都只能被动地接受媒体提供的信息，谈论媒体规定的话题。受众即使有自己的理性空间，也会由于缺少有效、强势的传播方式而缩减自己的话语权力，某种程度上禁锢了自身的思维模式，丧失独立的人文品格，失去了否定、批判和超越的能力，而成为"单向度的人"。在这种传播文化结构中，传播者与受众双方所处的地位是不平等的。从人的社会性的角度来说，精英文化与大众文化的区别在于，精英文化代表或强调社会性的标准化，大众文化则强调多元化，多元性意味着非标准性；精英文化代表理性化，大众文化则代表感性化。④ 日渐普及的互联网提供了一个无限接近平等的世界，大众文化迅速崛起，视觉消费异军突起，精英文化在后现代主义语境中

---

① 李凌凌：《网络传播理论与实务》，郑州大学出版社2004年版，第66页。
② ［英］迈克·费瑟斯通：《消费文化与后现代主义》，译林出版社2000年版，第144、145页。
③ 扈海鹏：《解读大众文化》，上海人民出版社2003年版，第109页。
④ 同上。

的文化主导地位日渐式微,其传统优势受到了前所未有的威胁,与此同时,大众的力量兴起。视频网站开放式的环境正好为大众话语的自由、充分表达提供了条件。网络视频一出现,从前那种由于传统主流媒体的强势而导致大众集体失语的局面改变了。毕竟,以往的大众集体失语并非大众没有表达意愿,只是缺乏适当的表达途径而已。透过自由表达的网络视频,大众以反讽、自嘲等面目出现,有时甚至代表某种精英话语界里鄙夷的文化符号,使精英的话语消解裂变成无数个自由的、零碎的话语单元。大众在捡拾、舍弃这些话语单元的过程中获得了自己应有的话语权,这一过程体现了由"传播者主权"向"受众主权"转型的传播文化形态。以去权威、去中心化为特征的网络视频本质上也是对现今社会的一种质疑、反思、批判甚至挑战。正是由于网络视频有能力承载去权威、去中心化的这种大众的内心渴望与需求,所以它自然成为了大众心目中的"利器"。他们以一种平民的姿态,对权威进行解构与讽刺。

3. 娱乐性与现实性

就网络视频目前的发展状况及发展趋势来看,"娱乐"无疑是一面鲜明的旗帜。网络视频的游戏特征和娱乐功能,正是因为顺应了消费时代的历史潮流,才得到了出人意料的迅猛发展。从目前网络视频的基本状况上看,大多数网络视频作品在价值取向上与这个消费时代的大众文化审美趣味不谋而合:注重个性、追求娱乐。在网络视频的制作与被观看的过程中,"娱乐功能"得到了一种近乎疯狂的膨胀式发展。这种以"娱乐"为主要创作动机而产生的网络视频更加强化直观的视觉感受,倡导不加解释的、随意的、娱乐性的体验。正是在网民这种追求"娱乐性"的动机之下,一种名曰"恶搞"(Kuso)的行为随之出现。通常,"恶搞"者的创作动力就是为博己乐,博他人乐。相对于其他媒介表达方式,拥有自由传播特性的网络视频无疑是恶搞作品的最佳呈现方式。相当一部分为我们熟知的恶搞视频都是通过视频网站迅速传播而为人所知的。其中最广为人知的一个恶搞视频非2005年的《一个馒头引发的血案》莫属。

案例三:"馒头"事件

2005年12月,一个名叫胡戈的自由职业者,用了5天时间,制作出一段20分钟的视频——《一个馒头引发的血案》(以下简称《馒头》),对耗资3.5亿的国产巨片《无极》进行了一场彻彻底底的恶搞。在《馒头》中,以电影《无极》为蓝本的《馒头》不再是掺和着爱情的魔幻故事,而是由央视主持人主持的一档虚拟法制节目,讲述由一个馒头引发的一场血案。视频用了复制、剪接、戏仿、嫁接等手法,完成了一部能"使观众平均每两分钟大笑一次"(胡戈语)的恶搞视频。此视频在恶搞之际,还不忘讽刺陈凯歌拍的无极电影是"无极=无聊乘以二"。用制作者胡戈的话说,创作动机只是为了自娱自乐。"用自娱自乐来屏蔽那些不喜欢的娱乐,用解构的方式对权威、严肃、正面的东西进行嘲讽,用无厘头来缓解自己找不到真正的娱乐所造成的郁闷。"①让胡戈料想不到的是,此视频在网络上迅速传播,网友间就此视频展开热烈讨论,普遍对它赞叹不绝。《馒头》一时间在视频网站上点击率居高不下,胡戈也一夜蹿红。继轰轰烈烈的《馒头》之后,无数打着"恶搞"旗号的网络视频席卷而来,如《中国队勇

---

① 参见 http://www.sohu.com/s2006/06mantou。

夺世界杯冠军》、《艾泽拉斯新闻网》等，堪称恶搞网络视频的经典，一时间，很多人以极高的热情加入了这场"恶搞"风暴。

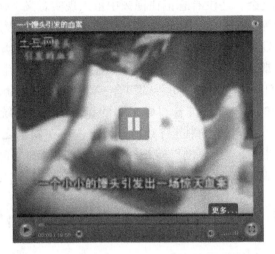

图6　胡戈制作的《一个馒头引发的血案》视频

《馒头》是一个基于电影《无极》衍生的文本，自始至终，《馒头》都以一种"娱乐"的姿态，戏仿中国电视的权威代表中央电视台的新闻、时下广告的叙事方式把《无极》"恶搞"了一把。但继《馒头》之后兴起的许多恶搞视频往往显得嘈杂、缺失深度、缺乏秩序，作为一种草根文化现象的"恶搞"，何以在极短时间内风靡社会，确实发人深省。笔者认为这主要是人们的心理需要所致：娱乐心理。现代文化所体现的社会环境已经从过去的以生产为中心的时代走向了以消费为中心的时代。在以消费为中心时代里，人们渴望的是欲望、精神、心理层面上的满足。信息产业革命使生产力很大程度地提高，商品极大地丰富，人们的生活更显休闲、舒适，心理的满足感被强化，人们渴望身心的放松，渴望追求娱乐，即使这种娱乐可能是无深度的、脱离中心的、失范的。而现实中人们从传统媒介获取的娱乐信息太少，或者传统的娱乐信息已经不能满足人们日益增长的娱乐需要，而网络视频这一科技产物为人们制造娱乐提供了可能，且提供的这种娱乐的可能性比之前任何一种媒介所能提供的都大。另一方面，互联网的普及使当今网民结构呈现大众化、年轻化的结构特征。相对于互联网技术发展早期由少数精英层掌控互联网资源而言，如今的这种大众化、年轻化的网民结构不可避免地会使"娱乐"成为人们生活追求的活跃的因素。这种"娱乐"性折射到网络视频之时的具体表现之一就是通过"恶搞"来实现自己的放松、快乐，有时候也通过使别人放松、快乐来满足自己的成就感，最终达到自娱的目的。《馒头》这类恶搞视频的确与我们传统的影视标准相去甚远，但它激活了很多人对"娱乐"的追求与体验的渴望。从这个意义来看，带娱乐性质的恶搞视频已不仅仅是人们茶余饭后自娱、娱人的随兴之作，而是作为一种具有多层次能指意义的文化事件和媒介景观而存在，它从一个侧面反映出大众对传统的精英娱乐的不满情绪以及希望通过自己的主动介入、参与来改变这一局势的心理，并且这种心理将会随着通讯交流手段的日益发达、民众话语空间的扩大而得到更大程度的实现、满足。

另外,《馒头》所充斥的轻松嘻哈的娱乐性之下也隐喻着几分现实意义。《馒头》里,胡戈在极尽娱乐之余,还没有忘记往视频中植入现实意义。例如,视频内容涉及了城管、血案、娱乐城等现实要素。相比于描述天庭故事的《无极》,《馒头》无疑更易引起观众的共鸣并引发观众的想象与思考。《馒头》里被加入的城管、娱乐城、血案等现实因素,很容易让观众在观后将它与现实比照,并使观众产生共鸣,因为,观众在《馒头》里听到了他们所熟悉的现实世界的声音。继《馒头》之后不断涌现的恶搞网络视频,与《馒头》相似地,都是打着"娱乐"的旗号,改变传统的叙事角度,通过对大众现实生活中常见、常闻的事件进行戏仿、修改,并在娱乐之余也发现了现实的声音。藉网络视频这个中介,"土豆网"等视频网站在其提供的平台上完成了一种功能性的规范整合——社区成员的社会性情感得到了具现实性质的抒发与交换。

五、权力的流动与角逐——一个关于话语权的悖论

福柯指出,人类的一切知识都是通过"话语"获得,任何脱离"话语"的事物都不存在,人与世界的关系是一种话语关系。"话语意味着一个社会团体依据某些成规将其意义传播于社会之中,以此确立其社会地位,并为其他团体所认识的过程。"[①] 如笔者在前文一直强调的,网络视频这一传播媒介,使大众成为言说的主体,使话语权从垄断走向大众化的开放,一定程度上模糊了阶层意识,强化了个人的潜意识动机,改变了视频作品传统的社会性,这对无论国内还是国外的网络视频而言都是客观存在的事实。然而,笔者认为,网络视频在实现其功能及存在价值的过程内部实际上蕴含着一个关于话语权的悖论:在"土豆网"这个号称"每个人都是生活的导演"的平台上,原则上每个人都有通过网络视频实现话语权的机会,但现实情况是,即便"土豆网"已经为全民话语权的实现预设了一个可行的平台,由于各种主客观的原因,完全意义上的"话语权"普及仍然处于一个某种程度上被架空的状态。

一方面,中国境内互联网用户分布不平均、一部分贫困落后地区的网民数量相对较少,能够通过网络视频这种形式释放话语权的人数存在地区不均衡,这种情况是现今全球地区发展失衡、互联网普及地区失衡等客观因素所致,本文不就此讨论。另一方面,单就拥有能力接触互联网、能够成为视频网站用户的网民群体,笔者将从两个方面论述这个寄托于网络视频之上的话语权之悖论。

(一)平民大众与精英阶层制作网络视频时在资金、技术、资源调动等方面存在不平等

这里的"精英阶层"指向那部分以掌握更高程度的知识、经济、政治资本等为标志的人群。事实上,在"土豆网"上,原创的视频与现成的视频仍然处于一种力量的

[①] 王治河:《福柯》,湖南教育出版社1999年版,第159页。

"博弈"之中。被置于"土豆网"上的不仅有网民原创的视频,也有现成的视频。譬如中央电视台一套节目的《新闻联播》与网民自制的"新闻"都可以放在"土豆网"上,相比网民原创的视频,这些代表主流媒体话语的视频制作精良,制作者往往由专职的制作团队组成;如中央台新闻团队有专业撰稿人、专业的新闻播报员,专业的摄像师;如电影或电视等影视作品则由专业的编剧、导演、演员以及背后强有力的赞助商合力打造而成。相比之下,平民大众一般只能使用手机、摄像头、DV 之类的简便器材创作零成本或低成本的作品。并且,大众创作视频时往往因为与精英阶层相比时存在资源储备、社会控制等方面的差距,导致二者在使用网络视频进行信息发布时所涉及的资源调用、平台大小、社会影响力等方面存在不平等,于是原创视频转而改用前文所述的戏仿、反讽、等手段,主动放弃作品的严肃性等,使"娱乐"、"现实"等要素成为卖点从而吸引观众。事实上,由于知识水平、社会地位、资源调动等因素的制约,平民大众与精英阶层制作、传播视频过程中存在地位不对等的事实仍未改变。

(二) 国家意志仍然介入网络视频形式的话语权

"土豆网"等国内视频网站与 YouTube 网站的不同在于:"土豆网"等国内视频网站有一套关于新发布视频的审核机制,用户上传的视频必须先通过这套审核机制,才能最终被发布于视频网站上,才能被分享、评论。而 YouTube 不设立这套审核机制,用户上传的视频可以即时被发布。"土豆网"的"土豆客服"章程中的第一条就是向用户解释"为什么新发布视频都必须要审核",现摘抄如下:

> 建立网络绿色环境也是我们大家共同的理想。为了阻止网络不良信息的流传,所有上传视频都须先通过审核,才能公开。未通过审核的视频,不能在线播放,不能下载,也不能转帖和分享。审核时间大约需要 24 小时,如有超过发布时间 24 小时仍然未通过审核,可以将节目 url 地址告诉我们,土豆管理员收到会立即解决。

正是有了这套审核机制,"土豆网"有效阻止了那些敏感的、"不良的"信息的流传,保证了在其平台上发布的视频的"合法性",而这种"合法性"是建立在"土豆网"的立场及利益之上的,当然,也是建立在不与我们的国家意志相悖的基础上。为证明这一点,笔者曾在"土豆网"上做了一个小试验:在"土豆搜索"工具栏输入"达赖喇嘛"4 个字进行搜索,共搜索到 8 个视频,其中 4 个视频是《郭德纲损达赖喇嘛的爆笑相声》,1 个是《街头暴力:达赖喇嘛》,3 个是《六世达赖喇嘛情歌》。而在 YouTube 进行同样搜索的结果有 337 个相关视频,包括多个国家网民原创的视频以及各国官方媒体、独立媒介的相关报道(笔者做这一试验仅仅是为证明"土豆网"的审核机制里包括维护我国国家意志这个部分,并无任何挑衅意味)。事实上,也许正是由于"土豆网"有这套审核机制的存在,使它不必担心如 YouTube 那般遭受不同国家、利益群体的抵制而焦头烂额。2007 年 4 月,YouTube 网站上一段名为"葡萄国王"的视频短片被认为侮辱了泰国国王普密蓬·阿杜德(King Bhumibol Adulyadej),对该视频表示强烈不满的泰国政府对 YouTube 网站进行了封杀,直至后来 YouTube 网站作出妥协删除了该视频，泰国民众才在5个月以后重新使用YouTube网站。① 同年，摩洛哥的网民也因为某些批评摩洛哥对待西撒哈拉人民行为的视频而无法访问YouTube。② 2008年1月，土耳其的一家法庭宣判关闭YouTube，原因是YouTube上的某些视频侮辱了土耳其国父穆斯塔法·基马尔（Mustafa Kemal Ataturk）。③ 美国军方曾下令，严禁一切官兵向任何视频网站上传视频短片，除非事先通过了有关机构的严格审检和批准。诚然，网络视频为人们预留了很大空间以释放人们自我的话语表达、更远离传统的理性、标准化。大多数的情况下，这的确使更多的人实现了更自由的话语表达，缓和了以往话语表达不平等的现象。但在某些情况下，在更广泛的人群握有了自由的话语表达之后，国家意志仍然介入网络视频的话语生产体系里，并以其利益、标准对网络视频的生产作出干涉。权力的基本形式就是对某种资源进行界定、分配与展示。一旦某种资源被框定、分配时，它也就被限定、占有从而丧失了其独立性。④ 网络视频以一种自由表达的媒介而存在之前提是，人们在制作一个网络视频时，不必被某些群体以他们的旨趣（偏好、利益、话语习惯、世界观）进行框定，且在制作完成以后的传播共享过程中也不必受外界力量的干涉与框定。因而，一旦有外界力量尝试介入网络视频的制作与传播过程从而进行框定、干预时，网络视频的独立性及人们藉网络视频实现的自由表达的权力便不同程度地遭受破坏甚至剥夺，相对于平民大众的精英阶层的话语权力的统治也随之产生。

对待网络视频的话语权，笔者认为不能简单地将它视为"大众－精英"、"民众－政府"的二元对立结构下的一种竞争产物，而偏向于把网络视频形式的话语权视作一种流动的权力：一般情况下，大众的话语权的确得到了比以前更大的释放空间，然而，一旦大众以网络视频形式的话语对官方文化、主流文化等造成冲击或触犯了精英阶层利益时，精英阶层便进入公众视线，通过不同途径对视频网站作出干涉，有意无意间对大众话语表达造成话语压迫，尤其当事件与政治权力或国家利益挂钩时，精英阶层所发出的话语压迫往往会形成一种个人及群体难以抵抗的社会强制力，以往那种由政府力量或市场力量绝对垄断传媒、以个人为中心的公共力量被边缘化的状态在网络视频这一领域还没有得到实质性的改变，至少目前而言，真正的话语权仍然牢牢地掌握在如政府等精英阶层手中。在这个"土豆网"等视频网站构建的一套以"自由表达"、"共享"为主要文化特征的大型开放式对话的结构中，人们往往对网络视频有所寄望，相信网络视频能成为他们的"代言人"，从而在很大程度上表达日常生活中不便或难以表达的内容，并在参与的过程中逐步建立起一种认知、感情秩序与依赖感。当人们正热衷于使用网络视频释放话语权、为自己的网络视频得到了更多人的观看、评论、赞同而兴奋、欣喜不已时，往往未觉自己仍然处于由精英阶层构筑的关于权力、价值、利益的话语秩序系统中。大众的话语权就如同那奋力向上飘飞的风筝，在飞到了一定的高度以为已经获得了

---

① 参见http://www.cnetnews.com.cn/2007/0901/482489.shtml。
② 参见http://news.xinhuanet.com/zgjx/2008-02/26/content_7670081.htm。
③ 参见http://news.xinhuanet.com/zgjx/2008-02/26/content_7670081.htm。
④ ［美］詹姆斯·W. 凯瑞：《作为文化的传播》，丁未译，华夏出版社2005年版，第65页。

翱翔的自由时,却发现自己仍被地面上一根线牢牢地牵扯着。

六、特定的功能——解构与建构

在人类学功能学派的马林诺夫斯基眼里,文化是包括一套工具及一大风俗——人体的或心灵的习惯,它都是直接地或间接地满足人类的需要。①若以人类学功能学派的视角分析,网络视频在其生产与传播过程中所发挥的功能可以某种程度上被看作是一种解构文化与建构文化共时进行的状态。从网络视频的制作、传播到被人观看,这是一个关于文化的解构与建构的过程,正如德里达所认为的,"解构是写作和提出另一个文本的一种方式"②。一方面,它摧毁了现实中的一些社会文化因素,另一方面,在摧毁的同时,它实际上又在重新建构这样的社会结构。詹姆逊指出,"后现代主义达到了空前的文化扩张"。"文化,丧失了传统性的意味,突破了狭义文化的界限,而扩张到无所不包的地步。"③ 网络视频所体现的丧失主体、削平深度、复制、粘贴、拼凑、去权威、去中心、追求娱乐等特点,可以说是后现代主义在互联网上的具体体现。就其本身而言,网络视频与潜意识、理性、深度、集体失语、国家、意识形态无关,而闪现着平面、感性、即兴、印象、刺激、娱乐的光芒。这种"游戏"色彩的文本不仅能够表达以前传统媒介无法承载的内容,还可以以其宽大的自由度达到主流媒体无法达到的言说尺度。它能够将其触角伸至包括政治、经济、教育、医疗等话语制度相对坚硬和腐败的区域以及所有流行的、多人关注的文本,然后如上所述根据制作者个人需要、理念,配合运用影视制作技术来完成一个视频作品,并把它放置在互联网上,让无数潜在的观众有机会看到,扩大作品的影响力。每一个自我都是一个有意义的存在,与社会所有的其他客体一样,自我是通过与他人进行社会性互动来得到确立。而视频作品本身能够解构传统审美观、价值观,解构权威话语,解构一切主流的条条框框,包括在某个文化中现成的、已经深入人心的意义解释系统,譬如什么是"娱乐",什么是"流行"等,并且它有可能因为传播过程中不断增加受众而强化其解构的目的。

表面上看,网络视频似乎已经把我们日常生活中的常规、权威、主流话语都毫不留情地予以解构,然而,那些看似随意、即兴创作、杂乱无章的网络视频有时候并非是一种与现实文化完全相异、一反常态的文化形态,相反,它是我们现实世界的一部分,被镶嵌在我们社会与经济、文化的基本结构之中,其形态、模式、变化等都受我们现实世界社会文化环境与文化背景的形塑,同时对我们现实世界起能动作用,影响着我们现实社会的文化和生活,尤其在都市化背景下,它已经成了相当一部分现代都市人的一种文化形态。像《一个馒头引发的血案》、《中国队勇夺世界杯冠军》、《春运帝国》等恶搞短片反映了人们在现实世界中对主流媒体提供的娱乐信息的不满足、渴求主动参与制造

---

① [英]马林诺夫斯基:《文化论》,费孝通译,华夏出版社2002年版,第15页。
② 巴里·斯密里斯等:《德里达的学位,一个荣誉的问题》,载《一种疯狂守护着思想:德里达访谈录》,何佩群译,上海人民出版社1997年版,第76页。
③ 王岳川:《后现代主义文化研究》,北京大学出版社1992年版,第232页。

娱乐活动的需要，同时还表达了人们对社会民生的关注。《巴士阿叔》反映了现代都市人工作、生活的压力以及紧张情绪中夹杂的对现实中每个人都有的那么一些"未解决"之事的无奈。恶搞视频某种程度上是我们现实生活的真实写照或夸张化，它以简单、轻松、随兴的方式为人们建构起一种现实的情绪宣泄渠道，这种建构是一种主观视野里的建构，不具有真理性，而明显地与后现代语境下的颠覆、零散、复制、去中心化等元素相连。正因为杂糅了这些元素，网络视频成为了一种关于影视与自由想象相结合的产物——作者可以放开现实世界中主体身份角色的束缚，在互联网的平台上、借助视频把一切束缚、规条完全解构，从而进入一种完全自由发挥的状态，重新建构起一个体言语、行为自由得以最大程度地实现的话语空间，使人们在面对主流话语的包围之时保持独立的生存、表达的姿态。它的主要功能并非为了表现人性的理性、规范性，而是更多地表达人性的丰富性，开发人性的新的体验、新的欲求。它使理性的人进入一种体验性、感受性的状态，甚至是感觉的碎片状态，并把对感受的强化变成一种人性的文化审美性消费与享受。

七、结语

综上所述，中国社会转型的大背景为"土豆网"的蓬勃发展提供了新鲜土壤，从其审美范式可窥一斑的网络视频的自身特色及可承载的意义是网络视频及"土豆网"蓬勃发展的的根本原因。网络视频平民化、个人化、去中心、去权威、复制、娱乐性、现实性而带有后现代意味的审美范式一定程度上与人们希望以个人参与、反抗主流一元话语的需求不谋而合。"土豆网"通过寄托于一系列版块内的竞争机制提高了其社区成员的社区参与度，尽管其用户在参与社区行为过程中与管理层及其他用户偶尔发生冲突，但从总体上看，"土豆网"的社区凝聚力是不断得到加强、巩固的。通过建构与解构功能，网络视频搭建起个人与社会、文化与城市互动的桥梁，它以强大的影视符号的承载为吸引点，代表了人们欲望的满足及给新的身份角色的诠释与表达，拓展了人们公共领域的疆域，让越来越多的人卷入这场网络视频的浪潮，使话语权不再只是权威的、精英层的专利，而是作为一种生活方式被越来越多的群体认同、接受。但是，在越来越多的人获取了网络视频形式的话语权时，我们却看到：网络的蓬勃发展仍然未能彻底改变精英阶层操纵、占有较多话语权优势的状况。事实上，在这场关于网络视频的浪潮中，我们看到的是一场权力的飘浮流动与角逐——人们只是在一个被许可的范围内被赋予了话语权，以多元纷杂的大众文化市场形象出现在人们视野中的网络视频网站，有时候甚至形成了话语权回归全民的假象。网络视频的叙事策略就是以影视呈现的方式使主流的话语边缘化，使非主流的话语主流化，并且，二者保持一种重复、循环、并存的关系。通过展示大众的边缘话语、情感，通过本身的体验性的叙事方式，网络视频使大众随心所欲地实现内心欲望，并通过互联网让更多的人观看、评价这种欲望的产物，从而引起更多的关注，反过来又强化了大众的表达欲望，这就是网络视频的解构图式和建构范式。通过这种解构图式与建构范式，精英阶层与平民大众以互动的方式在"土豆网"平台上借助网络视频这一媒介生产着日常生活的细节，同时，网络视频也成为了日常生活的整体框架的具体映像之一。

参考文献：

[1] （英）马林诺夫斯基. 文化论［M］. 费孝通, 译. 北京：华夏出版社, 2002.
[2] （美）克利福德-格尔茨. 文化的解释［M］. 韩莉, 译. 南京：译林出版社, 1999.
[3] 方晓虹. 当代媒介文化［M］. 北京：新华出版社, 2005.
[4] 王岳川. 中国后现代话语［M］. 广州：中山大学出版社, 2004.
[5] 周大鸣. 都市人类学［M］. 广州：中山大学出版社, 1997.
[6] （美）罗伯特·C. 尤林. 理解文化［M］. 何国强, 译. 北京：北京大学出版社, 2005.
[7] 金元浦. 文化研究：理论与实践［M］. 开封：河南大学出版社, 2004.
[8] Michael J. Dear. 后现代都市状况［M］. 李小科, 等, 译. 上海：上海教育出版社, 2004.
[9] 饶会林. 城市文化与文明研究［M］. 北京：高等教育出版社, 2005.
[10] 金民卿. 文化全球化与中国大众文化［M］. 北京：人民出版社, 2005.
[11] 张一兵, 周晓虹, 周宪. 社会理论论丛（第二辑）［M］. 南京：南京大学出版社, 2004.
[12] （英）约翰·塔洛克. 电视受众研究——文化理论与方法［M］. 北京：商务印书馆, 2004.
[13] （法）加布里埃尔·塔尔德. 传播与社会影响［M］. 北京：中国人民大学出版社, 2005.
[14] （英）史蒂文·拉克斯. 尴尬的接近权——网络社会的敏感话题［M］. 禹建强, 王海, 译. 北京：新华出版社, 2004.
[15] （法）加布里埃尔·塔尔德. 传播与社会影响［M］. 北京：中国人民大学出版社, 2005.
[16] 杜骏飞. 网络传播概论［M］. 福州：福建人民出版社, 2004.
[17] 王岳川. 媒介哲学［M］. 开封：河南大学出版社, 2004.
[18] 何明升. 叩开网络化生存之门［M］. 北京：中国社会科学出版社, 2005.
[19] 殷晓蓉. 网络传播文化历史与未来［M］. 北京：清华大学出版社, 2005.
[20] 吴风. 网络传播学——一种形而上的透视［M］. 北京：中国广播电视出版社, 2004.
[21] 钟瑛. 网络传播伦理［M］. 北京：清华大学出版社, 2005.
[22] 埃弗利特·E. 丹尼斯（Everette. E. Dennis）, 约翰·C. 梅里尔（John. C. Merril）. 媒介论争——19个重大问题的正反方辩论［M］. 王纬, 译. 北京：北京广播学院出版社, 2004.
[23] 马歇尔·麦克卢汉. 理解媒介——论人的延伸［M］. 北京：商务印书馆, 2000.
[24] （美）道格拉斯·凯尔纳. 媒体文化——介于现代与后现代之间的文化研究、认

同性与政治［M］. 北京：商务印书馆，2004.

［25］克里斯托夫·霍洛克斯. 麦克卢汉与虚拟实在［M］. 北京：北京大学出版社，2005.

［26］斯蒂芬·李特约翰. 人类传播理论［M］. 史安斌，译. 北京：清华大学出版社，2004.

［27］（美）詹姆斯·W. 凯瑞. 作为文化的传播［M］. 丁未，译. 北京：华夏出版社，2005.

［28］李鸣林. 读图时代的媒体与受众［M］. 北京：新华出版社，2005.

参考网站：

［1］http：//evchk. wikia. com/wiki/YouTube.

［2］http：//news. xinhuanet. com/newmedia/2006 – 12/02/content_5421481. htm.

［3］http：//news. sina. com. cn/c/2007 – 02 – 04/152812226053. shtml.

［4］http：//www. mediawatch. cn/GB/75687/75700/6028749. html.

［5］http：//www. luobinghui. com/03/y/1/200511/7601. html.

［6］http：//fangxd. bokee. com/viewdiary. 12145839. html.

［7］http：//www. cul-studies. com/community/baoyaming/200505/1341. html.

"QQ 秀"虚拟形象的社会文化分析*

廖自睿**

内容摘要：网络虚拟形象是用户在互联网上使用计算机化图像来代表自我形象的视觉表达。信息时代互联网络的即时通信技术发展迅速，腾讯公司的 QQ 为国内网络用户带来便捷的沟通方式的同时，还推出了"QQ 秀"虚拟形象设计服务。本文对"QQ 秀"的特性和社会文化意义作出了介绍与分析，认为"QQ 秀"具有娱乐性、商业性、信息性及等级性。其经济意义、心理意义和最为重要的社会文化意义当中的组织规范意义、人际交往互动意义和等级意义是"QQ 秀"积极的文化内涵。文章还指出"QQ 秀"存在的负面性问题并进行反思。

关键词：QQ 秀 互联网 社会文化

在信息化社会高速发展的今天，中国互联网产业蓬勃发展并拥有数量日益壮大的使用者。互联网的广泛应用催生着网络时代的来临并改变着大众生活方式：无论经济生产、商务管理、信息收发乃至娱乐交流，互联网均扮演着关键角色。其中，网络作为交流沟通和娱乐休闲功能的媒介有着庞大的用户群体。而在国内，最为流行的即时通信系统之一是由深圳市腾讯计算机系统有限公司开发推出的腾讯 QQ（以下简称 QQ）。作为占据中国即时通信市场第一位置的 QQ，除了支持文字、语音、视频聊天外，更附带邮箱、游戏等多种服务[①]。本文关注并以之作为研究对象的，是 QQ 诸种自带服务中的"QQ 秀"。

根据官方定义，"QQ 秀"是基于 QQ 的网络虚拟社区形象。QQ 用户可以选择 QQ 商城中的虚拟服饰、头像、场景、配饰、主题、品牌等物品装扮其在 QQ 客户端、腾讯社区、QQ 家园等服务中显示的个人虚拟形象[②]。2003 年腾讯公司在模仿韩国虚拟形象设计游戏基础上推出的"QQ 秀"是像素 1.0 版本，并在 2007 年 8 月推出了矢量图 2.0 新版[③]。从技术上来看，"QQ 秀"是"建立在利用计算机完成产品开发过程基础之上基于二维设计创作在虚拟的条件下，对产品进行构思和设计，并可对其进行虚拟的构造、制作和分析的表现形式。是以数字技术为基础，集 Flash 文件并进一步突破 Html 语言，是一种既简单直观又功能强大的网络视觉形象表现"[④]。需要补充的一点是，现在

---

* 中山大学社会学与人类学学院人类学系 2008 级本科生学位论文。
** 中山大学社会学与人类学学院学生。
① 引自维基百科"QQ"条目。
② 参见 http://service.qq.com/special/qqshow/info/7808.html。
③ 吴婉婷：《网络虚拟形象服饰研究》，北京服装学院 2008 年硕士学位论文，第 11 页。
④ 詹昊：《"QQ 秀"虚拟服装产品设计应用研究》，中南民族大学 2009 年硕士学位论文，第 5 页。

"QQ秀"已经超越二维而实现了三维。通常情况下,使用"QQ秀"服务需要付费(可选择Q点/Q币、银行卡/财付通、手机短信/拨打等支付方式),但也经常提供免费服务让使用者体验。"QQ秀"常根据节庆、社会热点、新鲜事物、流行话题和潮流品牌打造相关的"QQ秀"商品,并区分用户类型(普通用户及"红钻"用户)。而"QQ秀"消费存在期限,商品一般有效期为6个月[①]。除此之外,"QQ秀"尚具备许多特性与功能,下文将会继续深入,在此不予详述。据2006年腾讯公司自己的抽样调查表明,在目前腾讯的3.55亿注册用户中,已有超过40%的用户尝试购买了QQ秀虚拟物品,人数接近1.5亿,随着时间的推移,这一数字可能还会增加[②]。

以上介绍可作为本文的研究背景:正是信息时代的来临带动了电脑互联网的广泛应用,为"即时通信"的兴起提供了强大的物质支撑;而作为中国本土"即时通信"领军者的腾讯QQ又借鉴国外经验及自我创新,推出了迎合大众口味的虚拟形象设计服务"QQ秀"。当然,不能忽视的是,除了科技因素外,读图时代的到来、数字化游戏娱乐的流行以及数字化娱乐产业的蓬勃发展等均是带动"QQ秀"走红的因素。

一、虚拟社区与人类学研究

本文的研究目的并非是对"QQ秀"作笼统的描述性介绍,而是在总结学界先前对"QQ秀"的研究的基础上,尝试更深地挖掘作为一种虚拟形象视觉表现方式的"QQ秀"的特性,特别是蕴含在其中的社会与文化属性。同时,对"QQ秀"的研究并非是单向地注视"QQ秀"本身,而更应该关注"QQ秀"用户与"QQ秀"之间进行的互动。已有的研究普遍反映"QQ秀"这一虚拟形象设计的正面价值并进行详尽分析,而本文期望能再进一步探讨随着"QQ秀"推出时间的增加,大众对其更新的态度以及其中所反映的问题。因此,本文的意义为:在跨学科的"文化"和"社会"视野中看待"QQ秀",由"QQ秀"与玩家的"互动"过程展示互联网络时代视觉表达的一个"微小而精致"的切面。希望能通过此研究为视觉领域的虚拟形象游戏或服务提供一点发展启示。

在漏斗式地逐渐缩小范围回顾对本研究有所指引与启发的文献后,本文将着重探讨"QQ秀"的社会文化意义。然后通过阐述笔者的个人研究深入探讨"QQ秀"现象存在的一些问题(如受众心态),这些问题是许多先前研究未能很好反映的。最后得出结论并对"QQ秀"以及相关虚拟形象现象给予一点展望。至于研究方法,在资料和理论引用与分析外,本文尝试了"虚拟田野调查"方式,包括利用网络问卷形式对网民"QQ秀"使用状况作大致了解;网络形式"参与观察""QQ秀"玩家的聚集网页以及笔者QQ中好友的"QQ秀"使用状况。当然,传统的人类学研究方法包括访谈"QQ秀"玩家等在本文亦得到使用。

回顾已有的相关领域的研究,可以发现国外研究遥遥领先于国内研究。同时,至于

---

① 参见http://service.qq.com/special/qqshow/info/7596.html。
② 肖媛:《QQ秀产品受众心理需求与产品设计分析》,哈尔滨工业大学2008年硕士学位论文,第23页。

"视觉现象"、"虚拟形象"等方向的研究,体现着一种明显的跨学科化的趋势,往往涉及文化社会学、心理学、传播学、经济学等学科的相关理论及价值旨趣。本文聚焦的是视觉现象里网络虚拟形象中的"QQ秀"。为了避免在回顾相关领域研究成果中面临的资料过于庞杂和散漫的问题,在此沿着"视觉人类学—赛博文化(人类学)—'虚拟形象'研究—'QQ秀'研究"这一脉络对他人的已有研究作简单归结分析,思考贡献并发现不足,为接下来的研究探讨作出铺垫。

本文的基本出发点是从视觉人类学这一学科来研究"QQ秀"。德国人类学者芭芭拉(Barbara Keifenheim)的一则文章为我们重新界定了视觉人类学的广阔研究领域。作者开篇便打破学界过往的刻板定式,鲜明指出"视觉人类学也包含有民族志电影制作以外的研究"。发生于20世纪90年代的数字革命,使视觉媒体得以革新并深远影响大众日常生活,人们逐渐进行"脱离身体的社会交流":"在这种新的文化实践中,视觉的交流成为了主导,人类的智能与个性的塑造越来越依赖译码和使用视觉符码的能力。"这就为视觉人类学的当代研究提供了更加丰富的研究对象。其中,对互联网的研究是其中一个重要课题。作为新兴并蓬勃发展的视觉媒体,互联网让研究者突破以往研究范式而进行"虚拟的田野调查"。① 在邓启耀的《视觉人类学的理论视野》中,芭芭拉的这些观点得到了进一步补充。作为一门开放式的"边缘化"学科,当下的视觉人类学"需要直接面对人类活态的视觉文化现象,面对不同群体的视觉表达、视觉传播和视觉行为"。在媒介转型的现代社会视觉人类学"应更广泛地关注视觉媒体和媒体革命对文化的影响,考察在现代视觉媒体影响下的文化涵化、文化冲突和文化变迁"。互联网络的流行,使得对于该领域的研究成了视觉人类学不容忽视的阵地:"特别是要面对现在的数字媒体时代、网络时代的图像,做更多的研究。比如动漫、Flash、影像、广告等通过电视、网络甚至手机,在现代视觉媒体及传播中占有重要位置,对当代文化特别是流行文化有不可忽视的影响。"② 视觉人类学所研究的视觉现象随历史绵延又与时俱进的特点,在邓启耀等人的一篇谈话录中得以强调:"人文社会科学应该关注我们自己的时代,研究我们自己的问题。特别视觉人类学,它天然就和现代有关系,既可以研究古老的像岩画那样的东西,也可以对当下这种铺天盖地而来的视觉现象进行研究,这是必要的。"③ 而互联网,正为视觉人类学研究带来用武之地。3篇文章皆讲述视觉人类学跨学科兼多元视野的特征,均指明当代视觉人类学研究中对互联网络研究的新取向。

从当代人类学对互联网视觉现象的关注,我们还可以看到赛博人类学(cyber anthropology)的诞生。国内学者在新千年来临后逐渐对其进行了引入式介绍。杨立雄的《从实验室到虚拟社区:科技人类学的新发展》和《赛博人类学:关于学科的争论、研究方法和研究内容》是其中的代表。在前文中,作者对"科学"的人类学研究作出描

---

① [德]芭芭拉:《超越民族志电影:视觉人类学近期的争论和目前的话题》,杨美健、康乐译,载《广西民族大学学报》2004年第1期。
② 邓启耀:《视觉人类学的理论视野》,载《广西民族大学学报》2008年。
③ 黄世杰、Senkey、谢勤亮等:《图像时代的视觉人类学研究——人类学者访谈录之四十八》,载《广西民族大学学报》2008年第1期。

述：从实验室到科研机构再到高科技社区。其中，"虚拟现实"、"虚拟社区"、"赛博空间"等又是其中的研究子集。在看待互联网虚拟社区研究时，作者说道："人类学研究的出发点是从'一种文化创新可以揭示一个世界'，从这个意义上说，任何一种技术都代表一种文化创新，它产生于特定的文化环境，反过来又有助于创造新的文化环境。"① 于此，我们可以清晰地看到网络研究的文化"互动"特性，这也正是作者反复强调的。与前文相比，杨立雄的另一篇文章从笼统的"科技"转而瞄准"赛博"，对赛博人类学的介绍更为精细。文中引用国外学者对赛博人类学的定义："赛博人类学就是用人类学的方法研究赛博文化或研究处于虚拟社区和网络环境的人②。"在研究方法上，赛博人类学在传统的人类学研究方法上，结合现代虚拟技术并提出"超文本"和"超媒体"的方法："对'他文化'的'观察'和描述就变成了对在线话语或超文本以及超媒体的仔细分析，遥远的'异域'被拉到了触手可及的屏幕前……通过对超文本和超媒体的研究，从网络上对人群进行局外'观察'或局内'观察'，从而进行'深描'。"③ 而网络群体、网络对大众行为的影响、网络政治经济、网络亚文化、网络与性别等无一不是赛博人类学研究的范围。

此外，刘华芹的《网络人类学：网络空间与人类学的互动》简明地对赛博人类学的研究领域、目前发展状况及一些研究成果进行了介绍。文章引述"网络人类学把计算机看作是自我的一个反射……计算机充当的一个角色便是自我的反射或是镜子④"，可见，对互联网的研究，最终还是为了研究活生生的人及其文化。文章重点介绍 David Hakken 的著作《电子人@网络空间———一位人类学者对未来的展望》⑤。著作认为研究网络空间文化现象"主要的任务不是发明关于这些新'土著'的话语，而是像马林诺斯基那样，参与观察新的生活方式"。沈洁在《论赛博文化对传统形态文化的继承与突破》⑥ 中，将赛博文化与传统形态的文化进行比较，阐述了赛博文化继承传统文化的"虚拟性和现实性的兼容"、"文化个性化与全球化的统一"、"多元文化与一元文化的有机结合"特征，又归纳了赛博文化突破传统文化的"从现实性到虚拟性"、"从封闭性到开放性"、"从单向性到互动性"特点。⑦ 全文是站在互联网"文化属性"的角度进行全面剖析的。由"文化"视角切入的还有常烨的《赛博空间中亚文化社群的探索性观察与分析》。文章通过理论与实例解读了赛博空间中产生的亚文化现象，认为"赛博空间对身份表达的解放和个体意识的膨胀不谋而合，个体不仅获得了空前自由的自我意识表达，还可以在赛博空间找寻安德森意义上的'想象的社区'。于是，真正基于个性表达或者少数群体认同的亚文化呼之欲出"。而赛博空间对于文化的最大意义在于"它

---

① 杨立雄：《从实验室到虚拟社区：科技人类学的新发展》，载《自然辩证法研究》2001年。
② Steven Mizrach. *Cyber anthropology*, 2000, http：//www.fiu.edu/~mizrachs/.
③ 杨立雄：《赛博人类学：关于学科的争论、研究方法和研究内容》，载《自然辩证法研究》2003年。
④ Sherry Turkle. *The second self: computers and the human spirit*.
⑤ David Hakken. *Cyborgs@ cyberspace? ——an anthropologist looks to the future*, London: Routledge, 1999.
⑥ 沈洁：《论赛博文化对传统形态文化的继承与突破》，载《社会科学家》2008年。
⑦ 刘华芹：《网络人类学：网络空间与人类学的互动》，载《广西民族大学学报》2004年。

提供了一种前所未有的自由的实践空间"。① 各作者专业背景不同，但均站在"文化"的角度对赛博（互联网）现象进行研究，很符合人类学对"文化"研究的旨趣，但它们通常都停留在理论介绍上。相比之下，国外研究更为深入和具体。Tim Elliot 的一篇文章②向我们讲述了如何运用赛博人类学对角色扮演游戏（MMORPGs）和网络虚拟实景（Metaverse）进行研究；Brigitte Jordan③则阐述真实与网络虚拟间界线的日益模糊使得人类学的传统民族志研究方法需要作出相应调整。无论前者抑或后者，均强调人类学之于赛博文化研究的与时俱进的应用性。近两三年，国内学者开始关注赛博人类学的"虚拟的田野调查"的方法并进行详细介绍，朱洁在《网络人类学中的田野考察》中强调："如果今天的人类学仍然只是研究现实中的人，而忽略了虚拟世界中人的另一面，那无疑是一种缺失。"④

关于赛博空间里视觉现象典型代表的虚拟形象的研究，近年来成果颇丰。引起各界关注的包括美国人拜伦逊（Jeremy Bailenson）的研究⑤。其研究显示，人们在虚拟世界选择了某一个品质时，都会对真实社会的处事方式造成影响。当人们隐藏在虚拟社区时，其实是把自我感觉和自信托付给另一种形式，比如虚拟头像的替身。国内对拜氏的研究理论进行了报道介绍⑥，而摄影师罗比·库柏更是用数年时间收集对照网民真实形象与虚拟形象，印证了拜伦逊的理论⑦。对虚拟形象的研究和见解相当部分集中在探讨这种虚拟与现实的关系。有国外网民通过体验与反思网络游戏《第二人生》（*Second Life*），结合拜伦逊等人的研究理论说明虚拟世界对现实世界的巨大影响作用⑧：从举止行为乃至身体的健康。Nowak 和 Rauh 的研究⑨从拟人论（anthropomorphism）、雌雄同体（androgyny）、可靠性（credibility）等性质层面考察网络虚拟形象之于人的影响，反映出人们选择虚拟形象的时候拥有感知性和倾向性。Fron 等人⑩以文化视角研究着装，特别讨论了在多人电子游戏和虚拟世界中着装的功能：认为着装除了提供情感表达的机会外，更为穿着者提供崭新的角色，从而更好地理解自我，实现性别平等。国内对虚拟形象的研究的涉猎尚不深，何海燕的《网络个人虚拟形象设计研究》对网络虚拟形象的

---

① 常烨：《赛博空间中亚文化社群的探索性观察与分析》，西南政法大学 2009 年硕士学位论文。
② Tim Elliot. *How cyber-anthropology relates to MMORPGs and metaverses*, Meeting of minds, XVII, 2009.
③ Brigitte jordan. *Blurring boundaries: the "real" and the "virtual" in hybrid spaces*, human organization, 2009, 68（2）：191 – 193.
④ 朱洁：《网络人类学中的田野考察》，载《思想战线》2008 年第 2 期，第 127～128 页。
⑤ Nick Yee, Jeremy Bailenson. *The proteus effect: the effect of transformed self-representation on behavior*, Human Communication Research, 33（2007）：271 – 290.
⑥ 胡文：《给自己找个替身》，载《南方都市报》2009 年 3 月 7 日；谭登文编译：《网络虚拟形象影响现实生活》，载《重庆日报》2008 年 5 月 15 日。
⑦ 胡文：《给自己找个替身》，载《南方都市报》2009 年 3 月 7 日。
⑧ 参见《Second Life 对现实生活有何影响？》，http：//www.20ju.com/content/V27950.htm.
⑨ Kristine L. Nowak, Christian Rauh. *The influence of the avatar on online perceptions of anthropomorphism, androgyny, credibility, homophily, and attraction*, Journal of computer-mediated communication, Volume 11, Issue 1, p153～178, November 2005；Kristine L. Nowak, Christian Rauh: *Choose your 'buddy icon' carefully: The influence of avatar androgyny, anthropomorphism and credibility in online interactions*, Computers in human behavior, 2008.
⑩ J Fron, T Fullerton, J F Morie, C Pearce：*Playing dress-up: costumes, roleplay and imagination*, Philosophy of computer games, 2007：24 – 27.

概念，网络虚拟形象的产生、发展和广泛应用，网络虚拟形象的性质、分类、功能，以及其美学、设计与消费价值等作出全面的介绍。文章给出"虚拟形象"的一些解释，认为狭义上的网络个人虚拟形象是"代表个人（或网民）在虚拟的网络空间或社区中出场的、展现个人（或网民）个性特征和个性风采的、用于网络交际和沟通的以人的面部表情或者个人全身形象为主要内容的图片或者动画"，其实质是"一种基于网络的虚拟现实中的虚拟形象"。① 而邓启耀指出："当人对镜而观的时候，开始的不仅是自我认知，同时也是自我修饰和自我建构……在网络镜像中，一面是虚拟建构，另一面却是本真显影。"②

国内在对虚拟形象的研究中，经常触及"QQ秀"。早在"QQ秀"推出之初，就已经有人对"QQ秀"现象进行分析报道。《QQ秀一秀满足网络幻想》③ 介绍了"QQ秀"产生的前因后果，并着重探讨了玩家的心态。同样地，《QQ秀的情感传递——解读网络个性文化新符号》④ 则看到了"QQ秀"风靡的原因，并通过玩家反馈揭示其交际、娱乐、经济、文化、个性展示的无穷潜力。金新于2006年发表《人格分裂抑或人格重整——从QQ秀看网络传播方式对受众人格的影响》⑤ 从心理学角度对"QQ秀"玩家进行探究。文章指出网络传播方式对受众人格的影响有"分裂"和"重整"两种方式，并倾向于肯定"重整"："网络传播方式因为其双向去中间的特征，因为其匿名性、虚拟性，为小我私人提供了一个展示和发掘多重自我的空间，这有利于人格的均衡发展。"他以"QQ秀"为例进一步阐述这种"重整"，引用弗洛伊德和列昂节夫相关理论，得出结论："网络传播方式为受众提供了一个发现、展示和重整人格的虚拟天地，在某种程度上利于劝导由压制的焦虑引发的部门人格问题，使人格重新整合，从而趋向均衡。"可见，以"QQ秀"为代表的虚拟形象之于心理人格有着正面的功效。

近两三年，国内开始有硕士研究生选择研究"QQ秀"。詹昊的《"QQ秀"虚拟服装产品设计应用研究》⑥ 以"QQ秀"为例重点探讨虚拟服装产品的心理和经济（营销）特征和功能。吴婉婷在《网络虚拟形象服饰研究》⑦ 中，先从虚拟形象（avatar）入手再过渡至"QQ秀"，通篇以虚拟形象中的服饰为论述对象，揭示其文化特征、现实与虚拟的交互关系以及商业价值。肖媛的《QQ秀产品受众心理需求与产品设计分析》⑧ 也与前2篇文章有不少交叉。文章在对受众心理需求进行分析时运用了弗洛伊德的"本能"理论与马斯洛的"需求层级"理论；而"QQ秀"的产品设计分析突出了

---

① 何海燕：《网络个人虚拟形象设计研究》，武汉理工大学2008年硕士学位论文。
② 引自邓启耀为中山大学人类学系本科08级讲授《影视人类学》的课件：《镜像与镜观——影视与人类学》。详见邓启耀：《我看与他观——在镜像自我与他性间探问》，清华大学出版社2013年版。
③ 参见李瑛：《QQ秀一秀满足网络幻想》，http：//www. sznews. com/n/ca478487. htm。
④ 参见王新禧：《QQ秀的情感传递——解读网络个性文化新符号》，http：//news. qq. com/a/20031220/000122. htm。
⑤ 金新：《人格分裂抑或人格重整——从QQ秀看网络传播方式对受众人格的影响》，载《兰州学刊》2006年第4期。
⑥ 詹昊：《"QQ秀"虚拟服装产品设计应用研究》，中南民族大学2009年硕士学位论文。
⑦ 吴婉婷：《网络虚拟形象服饰研究》，北京服装学院2008年硕士学位论文。
⑧ 肖媛：《QQ秀产品受众心理需求与产品设计分析》，哈尔滨工业大学2008年硕士学位论文。

社会功能与价值。文章意义在于利用受众心理需求的理论分析指导产品的设计，使"QQ秀"在今后的发展道路中朝着健康理性的方向发展，在满足受众有益的心理需求的同时实现社会利益与经济利益的双赢。此外，戎彦等人的《从QQ秀看即时通讯虚拟形象装扮的品牌传播价值》从对内传播价值（"丰富自身内涵"）和对外传播价值（"多品牌展示平台"）两个方面揭示"QQ秀"品牌传播的"生活方式资源"概念："所谓'生活方式资源'，即不以获取资讯为目的，而侧重于体验和生活状态的媒介资源，受众在生活中就会直接接触到，降低了对其中商业信息的抵触，加之群体庞大、用户黏着度较强、注重体验以及人际传播的力量等因素，保证了这一平台是优质而高效的。"[1]

视觉人类学的当代研究将互联网赛博文化纳入了自己的研究范畴。赛博人类学的兴起使得相关学者日益关注虚拟形象背后的种种因素和特质。而对"QQ秀"的研究则是虚拟形象研究的"中国化"。纵观国内学者对"QQ秀"的研究，虽然开辟了结合实际案例探究虚拟形象的先河，并用横跨人类学、社会学、心理学、经济学、传播学等的综合理论视角进行阐释，但总的来说研究尚为稀少，并过于笼统介绍，泛泛而谈，不够真实深入，往往只着重强调"QQ秀"这一虚拟形象的正面意义，而忽视了对更广阔内涵的挖掘。

二、"QQ秀"社会文化意义

所谓"QQ秀"，已远远超出了一款虚拟形象设计服务的作用，其功能的多样性使其拥有极大的综合性。有研究者指出"QQ秀"具有"平台综合性"[2]，即"QQ秀"可以在不同的平台（如QQ客户端、个人社区、游戏等）展示，有着强大的娱乐功能和广阔的展示舞台。另外需要再次强调，"QQ秀"极强的"互动"功能使其已经成为研究互联网虚拟世界视觉现象背后（不能忽视"QQ秀"原初的视觉观赏性）社会文化的良好窗口。尽管"QQ秀"是赛博空间的虚拟产物，但无碍于透视参与其中的实实在在的人所赋予的社会及文化属性。虽然"QQ秀"极大程度上只是呈现在我们眼前的虚拟产物，但我们仍然可将其作为一个社会现象进行考察。而这种考察，绝非简单地将"QQ秀"现象孤立出来进行形而上的描述。法国社会学家及人类学家莫斯（M. Mauss）提倡的"整体观"强调只有将每一件事物与整个集体而不仅是与特定部分相联系才能对事物加以解释，即没有一种社会现象不是社会整体的一个整合部分，研究一种制度应把它作为整体的一种社会现象进行。由对综合文献的回顾以及对"QQ秀"的描述，不难肯定：对"QQ秀"的分析必须将其放入社会大环境中，从各层面（经济、文化、心理等）入手进行全面剖析。这必定是一个以视觉人类学为统领的跨学科的探究。正如芭

---

[1] 戎彦、顾云磊、黄挺：《从QQ秀看即时通讯虚拟形象装扮的品牌传播价值》，载《浙江万里学院学报》2010年。

[2] 肖媛：《QQ秀产品受众心理需求与产品设计分析》，哈尔滨工业大学2008年硕士学位论文，第26~27页。

芭拉指出，对待新媒体"需要以社会文化人类学的专门角度和视角来完成这类的研究。视觉人类学有足够的资格处理媒体革命的复杂现象。深深植根于跨文化比较研究的传统，视觉人类学关注人类工作和生活的所有形式……视觉人类学必须是跨学科的并使用各种各样的方法和装备"[1]。以下本文便尝试对"QQ秀"的社会文化意义做出探讨。

（一）经济意义

首先，"QQ秀"的商业性使我们不能漠视其经济意义。经济显然不可能脱离社会文化独立存在。早在20世纪20年代出版的民族志经典著作《西太平洋的航海者》中，作者马林诺夫斯基（B. Malinowski）就论述了特罗布里恩德群岛上土著居民的经济生活。然而，马氏并未将经济抽离出来单独研究，而是把经济行为作为社会行为的一种方式放置于整个社会活动的背景下进行分析，并认为经济只是依附于社会文化活动的组成部分。这是一种"整体观"思想，后来经济人类学中的"实在主义"学派代表波朗尼更认为经济是"嵌合"在社会文化制度当中的。可见经济也是社会文化的重要构成。经济学家萨缪尔森（P. A. Samuelson）提出"文化经济学"概念，指出文化是制约经济发展的要素。于此，我们要探讨的是"QQ秀"社会文化前提下的经济意义。无论提供如何花样繁多的服务，对于腾讯公司而言，"QQ秀"产品的本质目的是营利。上文的描述已经反复提到，用户为进行"QQ秀"虚拟形象设计需要购买虚拟物品，开通高级业务（"红钻"）需要付费，而商城更提供真实服饰销售，这无疑令"QQ秀商城"俨然成为一个互联网上的购物站点，尽管大部分物品仍然是以虚拟形式存在的，用户消费拥有的只是虚拟财产。"QQ秀"虚拟形象是一种视觉符号，从这个意义上说，"QQ秀"是一种通过视觉符号的生产、交换、分配和消费，来满足人的各种需求的经济活动。我们来看这种新型经济活动所披的文化外衣。好的包装和定位是产品销售的成功之道。"QQ秀"在这点上颇费心思。"QQ秀商城"主页设计美观，条目清晰，图文并茂。作为主打25岁以下青年人群体的虚拟形象设计服务，"QQ秀"注重凸显年轻人追捧的时尚潮流元素和话题。商城中不仅有各类时尚服饰，高度仿真的卡通模特，更有真人模特的美照，整体给观者一种青春、靓丽、积极的感受。良好的包装让用户感到"QQ秀"不仅是一种虚拟形象的娱乐消费，更是一种年轻人文化的消费。改革开放直到21世纪的今天，人们越发追求个性解放。不同文化间的高度融合使国内年轻人更加青睐欧美、日韩甚至传统文化元素。"QQ秀"瞄准年轻用户喜欢展现自我、尝试新鲜事物的特点，将各种服饰文化和潮流热点糅合进去。难怪有"QQ秀"用户对笔者说："'QQ秀'是一种文化、一门技巧和艺术。"笔者调查了部分"QQ秀"用户，不乏有人愿意为装扮"QQ秀"适当消费，尽管免费的物品仍然是他们首先考虑的。

这种经济意义除了面向用户外，还面向商家。因为"QQ秀"同时提供实物销售，所以为服饰品牌提供了开发展示和网络销售的渠道。腾讯公司与品牌商家间联合打造虚实结合的宣传，显示出这一虚拟形象设计服务的无限商机（见图1）。有人指出："一个

---

[1] ［德］芭芭拉：《超越民族志电影：视觉人类学近期的争论和目前的话题》，杨美健，康乐译，载《广西民族大学学报》2004年第1期，第39页。

好的文化品牌,必须在包装设计及文化品味上下足功夫,从最初创意到成功推出,都应精心构思,让文化的个性化魅力尽情彰显,对文化自身的价值给予公平公正的定位。只有这样,市场才有可能敞开大门,消费者才会毫无障碍地接受,文化才有可能更具生命力①。"

图1 "QQ秀"与知名运动品牌联手打造的虚实结合的服饰宣传

(二) 心理意义

"QQ秀"的经济意义侧面体现了互联网用户追求个性时尚的需求特点。现在探讨"QQ秀"对于个人的心理意义,这也是社会文化意义的微观。关于虚拟形象,相当数量的研究均聚焦于虚拟形象的心理功能、影响。美国微软创始人比尔·盖茨(Bill Gates)曾幽默调侃道:"网络就是:你不知道与你聊天的人在电脑的另一端是一只狗。"互联网为大众提供了与现实迥异的交流空间,对人们的现实社会交往做了补充乃至代偿。至于互联网用户进行自我的虚拟形象设计,从心理因素考虑,其作用是满足了人们的各种精神需求。简单地说,以"QQ秀"为例,互联网QQ用户打造属于自己的虚拟形象,对个人而言起到了娱乐放松、彰显个性、表达情感、发泄情绪等作用。互联网虚

---

① 李洁:《好的包装和恰当的定位——文化经济学原理案例》,载《四川师范大学学报》2005年,第32页。

拟性的特点模糊了人们现实社会的真实身份，为人们提供了自由发泄个人精神心理情感的平台。在此可以借用弗洛伊德（S. Freud）的"本能"理论、马斯洛（A. H. Maslow）的"需要层次"理论以及拜伦逊（J. Bailenson）近期的研究结果来分析其心理意义。

弗洛伊德的"本能"理论认为，精神活动的能量来源于本能，本能是推动个体行为的内在动力[①]。而人类天性中最基本的方面就是生本能与死本能。生本能的作用在于维持生存和促使个体的生殖繁衍，他表现为无所不在的性行为或性欲望；死本能促使个体通过疾病老化而最终死亡[②]。两者是决定人类行为的两种基本能量。其中，弗洛伊德格外强调性欲，他称其能量为利比多（libido）。当利比多积聚到一定程度就会造成机体的紧张，机体就要寻求途径释放能量，此时无意识便显现出来。互联网络便提供了让人们释放能量、满足潜意识的空间。当人们进行"QQ秀"虚拟形象建构时，将心底的压抑和渴望通过图像来表现，宣泄了内在积累的情感。此外，弗洛伊德的人格理论将人格看成是"本我"、"自我"、"超我"三种心理要素相互作用的结构。"本我"由激情组成，是"装满情欲的大锅"[③]，它不理会社会道德、外在的行为规范，遵循"快乐原则"[④]；"自我"同意识相联系，充当着理智、谨慎的角色[⑤]，遵循的是"现实原则"[⑥]；"超我"是反对"本我"情欲的的层次，是已经变成人格内在的良心，是社会规范和标准的总和，完全受周围环境的影响，是将环境的规定和要求变成自我理想的代表[⑦]，遵循的是"道德原则"[⑧]。现实社会施加给人们诸多准则和规范，"本我"处于被抑制状态，互联网络则相对宽松，人们"本我"得以彰显。"QQ秀"赋予了使用者一个虚拟的想象表象，人们得以在"QQ秀"这一"面具"下驰骋网络、释放自我。在现实社会的人格与戴着"QQ秀"面具畅游网络的虚拟人格间转换，为人们提供人格和身份重整的意义。有人指出，这种"重整"表现在三方面：重修自己身份、想象自我、获得自我认同[⑨]，有利于人格均衡地发展。以"QQ秀"为例，在"QQ秀"虚拟形象建构中，每个用户都可以根据自己的意愿设计理想状态的自我形象，轻松实现在现实社会中无法实现的那个理想自我和愿望：穿华丽的装束、去浪漫的异国、戴名贵的珠宝首饰、拥有高档的房车，所有现实中身体的缺点（肥胖、矮小）都可以在"QQ秀"中得到改变，满足虚荣心、满足娱乐和个性炫耀。网络虚拟社会人格的实现使得现实社会的人格得到丰富和补偿，从而更好地实现人格重整。

---

① 张书义：《弗洛伊德人格理论述评》，载《天中学刊》1998年第4期，第45～47页。
② 孟昭兰：《普通心理学》，北京大学出版社1994年版，第367页。
③ 夏建中：《文化人类学理论学派——文化研究的历史》，中国人民大学出版社1997年版，第162页。
④ 西格蒙德·弗洛伊德：《弗洛伊德后期著作选》，林尘、张唤民、陈伟奇译，上海译文出版社2005年版，第170～190页。
⑤ 夏建中：《文化人类学理论学派——文化研究的历史》，中国人民大学出版社1997年版，第162页。
⑥ 西格蒙德·弗洛伊德：《弗洛伊德后期著作选》，林尘、张唤民、陈伟奇译，上海译文出版社2005年版，第170～190页。
⑦ 夏建中：《文化人类学理论学派——文化研究的历史》，中国人民大学出版社1997年版，第162页。
⑧ 西格蒙德·弗洛伊德：《弗洛伊德后期著作选》，林尘、张唤民、陈伟奇译，上海译文出版社2005年版，第170～190页。
⑨ 金新：《人格分裂抑或人格重整——从QQ秀看网络传播方式对受众人格的影响》，载《兰州学刊》2006年第4期，第75页。

其次是美国人本主义心理学家马斯洛的"需要层次"论。马斯洛将人的需要排列为从低级到高级的5个等级：生理需要—安全需要—归属和爱的需要—尊重需要—自我实现的需要①。较低层次的需要至少得到部分满足后，较高层次的需要才会成为行为的重要决定因素。其中，自我实现需要是人的最高人性动机和欲望，其本质就是人性的充分实现。"QQ秀"可以满足人们归属、爱和尊重的需要。具体地说，这些需要代表了个人要求与其他人建立感情和联系，受到接纳并有所归依，得到一种稳固的高评价的愿望，笔者认为可归结为"人际"需要。现实生活中也许会面对人际关系的紧张或疏离，个人情感得不到很好的满足。虚拟世界提供了广阔的交流平台，在"QQ秀"动人的形象背后，人们可以自由畅谈、抒发情感。"QQ秀"除了展示形象外，其丰富的互动功能如互赠虚拟物品、"你秀我搭"、"照相馆"、"鲜花工坊"等，均可极大地满足人们"交际"的心理需要。在此基础上，在虚拟世界中，通过"QQ秀"这一平台，用户以视觉方式建立了一个新的"自我"身份，某程度上体验着理想自我的实现。与马斯洛理论相仿的是另一位人本主义心理学家罗杰斯（C. Rogers），他把自我划分为"实际自我"和"理想自我"两部分②。"QQ秀"让人们得以暂时解脱实际的自我，在虚拟形象中表达自己的理想和渴求。

拜伦逊等人的研究支持了虚拟形象的这种"重整"和"实现"功能。通过心理学实验，拜伦逊等人得出结论：人们在虚拟世界选择了某一个品质时，都会对真实社会的处事方式造成影响。当人们隐藏在虚拟社区时，其实是把自我感觉和自信托付给另一种形式，比如虚拟头像的替身③。譬如，漂亮的虚拟形象可能使人在现实世界中也显得自信健谈。"QQ秀"给予人们理想化的体验，无需投入太多，人们即可按照个人心理需要建构美观独特的形象，而这种精神快感统合进个人的身份认同之中，就达到了完整的自我。

总的来说，以"QQ秀"为代表的虚拟形象满足了个人心理的由"本能"需求至自我实现的不同程度需要，让人得以在社会角色与虚拟的理想角色中穿梭，重整心灵。以上从理论方面探讨了"QQ秀"虚拟形象服务对个人心理的意义，现在结合笔者的调查结果加强阐述。为了调查"QQ秀"的使用状况，笔者拟定了一份问卷投放于网络供网民完成。在回收的150份完整问卷中，可以看到与心理意义相关的数据反馈。在120位现在或曾经使用"QQ秀"的网民中，超过一半的人认为自己使用"QQ秀"是为了个人娱乐消遣和交际，近30%的人认为"QQ秀"娱乐消遣的价值极高。娱乐消遣是一种放松心情、宣泄情感、寻找平衡的心理需求的外化行为，而交际亦符合马斯洛的需求层级理论关于归属感和爱的需要。此外，有超过七成的"QQ秀"用户选择了与自己真实形象不相符的"QQ秀"，并倾向"呈现理想中的个人形象"、"实现在现实中无法达到的装扮"、"追求独特的风格"，这反映出了"QQ秀"的重整功能，并有助于人们在虚拟空间上"自我实现"。

---

① 彭聃龄主编：《普通心理学》，北京师范大学出版社2004年版，第329～331页。
② 孟昭兰主编：《普通心理学》，北京大学出版社1994年版，第511页。
③ 胡文：《给自己找个替身》，载《南方都市报》2009年3月7日。

笔者通过网络和现实访谈了解了一些"QQ秀"用户的心态。追求个性是众多"QQ秀"用户的心态。ZST是一个本科学生，问及她为何玩"QQ秀"，她的回答得很干脆，"不想让那个模特裸着呗"。"我玩它（QQ秀）也不是很频繁，就是没事的时候随便换换花样，反正我不会过多地为它消费……多数都是赠送的吧……"对于"QQ秀"的设计喜好，她回应，"没什么特别吧……不过我喜欢有趣搞笑的，看起来很特别……"的确，看了ZST的几个"QQ秀"形象，美女模特都不同程度地在被她"折腾"：尴尬无比的表情、惊恐的瞪眼表情、兔耳朵、美少女战士服、奇特的背景——幽深的古堡、卡通化的动物……而另一位同样为"个性"摆弄"QQ秀"的女生，则有着不同的出发点。MU是一个在外国留学的广州女孩，虽然她现在已经无暇打理"QQ秀"，但仍然对其有所体会，"以前偶尔玩吧……见到还挺多衣服的，就选些好看的、夸张的（为模特）穿……反正'QQ秀'里面的女人比我身材好，哈哈……"言谈中，MU对自己的身材不甚满意，甚至说自己难买衣服。这似乎可以说明，"QQ秀"一定程度上满足了玩家"理想化自我"的投射愿望，可以实现在现实中难以达到的需要。

　　此外，交际传情的意义在"QQ秀"的使用中屡见不鲜。LXH是笔者的高中同学，他最近的"QQ秀"有一条醒目闪动的艺术字幕"爱我的请Q我"（见图2）。问及为什么选择这条惹人注意的字幕，他回答道："别想歪哈……随便选的，但也想用它来提醒好友间常保持联系。"短短数个字，以生动的视觉效果呈现在QQ好友们眼前，传达了一种渴望交际的心底呼唤。而Z师兄近来的"QQ秀"是一个女生的形象，上面有蛋糕和"Happy Birthday"字样（见图3）。问起这个，师兄解释："哈哈……其实是为我女朋友的生日弄的……"师兄在广州读书，女朋友却在外省。于是，"QQ秀"就成为了祝福的一种方式，以传达师兄对其女友的关怀。马斯洛的"归属感和爱的需要"在这两个例子中得到了生动的印证。

图2　LXH"爱我的请Q我"字样的"QQ秀"　　图3　Z师兄为祝福女朋友生日设计的"QQ秀"

（三）社会文化意义：组织规范、人际交往互动、等级

对"QQ秀"虚拟形象的个人心理分析已经触及社会文化方面：人们利用"QQ秀"为表达中介进行的交际活动不能脱离社会化（尽管是在虚拟的社会中）的特质，而用户更是在现实社会与"QQ秀"的虚拟社会之间相互跳跃、相互补偿与影响的过程中满足各种心理需求。经济和个人心理当属广义上的社会文化，在此，对"QQ秀"狭义的社会文化意义[①]作出详细分析。

"人们抛离了以往既存社会生活秩序的轨道，不得不在虚拟与现实这两个完全不同的生活世界中来回地进行转换和过渡[②]。"确实，"QQ秀"乃至其他网络游戏使用户在现实社会与虚拟社会两者间不断地进行切换，在真实的自我形象与想象的自我形象间往返。这不是一个简单重复的转换运动：在两者的不断转换过渡中，有量和质的改变。上文对"QQ秀"的个人心理意义分析已经提及，"QQ秀"能够促进人格的"重整"：现实社会对人的规范和束缚迫使人们在虚拟世界中寻求"本我"满足和寻求精神宣泄；而在虚拟世界获得的满足反之又使人们更好地处理现实社会的问题。两者相互补偿，达到社会与内在自我的平衡。由此可以联想人类学在仪式研究中的"通过仪式"理论。"通过仪式"最早由凡·杰内普（Arnold van Gennep）提出，他认为所有通过仪式都体现了分离、边缘或阈限、融合三阶段的基本模式[③]。后来经过特纳（V. Turner）的发展完善，着重研究"阈限"阶段，并将凡·杰内普的三阶段改为"阈限前、阈限、阈限后"[④]。根据两人给出的解释，第一阶段为当事人以某种方式象征性地与之前状态分离出来；第二阶段当事人处于身份模糊不清的边缘化状态；第三阶段则是当事人以新的状态重新回到社会当中。按特纳观点，中间阶段（即"阈限"）处于"结构"的交界处，是一种在两个稳定"状态"之间的转换。试用这一理论分析人们玩"QQ秀"的过程：利用计算机互联网络使人们暂时摆脱现实社会，在虚拟世界畅游（分离阶段）；使用建构的虚拟形象（"QQ秀"）代表自我在虚拟空间交流、活动（阈限阶段）；离开互联网络回到现实生活（融合阶段）。可见，如同人生仪礼，经历"阈限"当事人便改变原初状态实现"重生"，"QQ秀"虚拟形象的使用亦微调着人的状态，只不过这种改变相对微妙且更加频繁。

通过结合"通过仪式"，我们能够看到"QQ秀"联系的个体性和社会连结性。在分析这种狭义的社会文化意义前，先对网络社会一些概念进行厘清。在《视觉文化》中，豪厄尔斯（R. Howells）概括道："因特网有三个重要的特征：综合性、交互性、即时性。"[⑤] 这种交互性特征，是互联网虚拟网络社会性的核心。有人将互联网的虚拟

---

① 需要对这种模糊的"广义"和"狭义"社会文化作出澄清。笔者认为，广义的社会文化无所不包，只要是存在于社会领域当中的现象和因素均可纳入其下；而狭义的社会文化则是人与人关系配置下的一套机制表现。
② 沈洁：《论赛博文化对传统形态文化的继承与突破》，载《社会科学家》2008年版，第147页。
③ 庄孔韶主编：《人类学概论》，中国人民大学出版社2006年版，第361页。
④ 夏建中：《文化人类学理论学派——文化研究的历史》，中国人民大学出版社1997年版，第314页。
⑤ [英]理查德·豪厄尔斯：《视觉文化》，葛红兵等译，广西师范大学出版社2007年版，第212页。

"社会"进行层级划分和界定①：首先是"网络社会"——是"由显示器、键盘等一些基本的物质条件通过虚拟网络相互联系起来的人群"；其次是"虚拟社区"——"指在互联网中多位网民在某一个节点（通常为某个网站）共同聚集起来，从而形成一定的网络虚拟的人类活动区域"；最后是"虚拟族群"——即网民群体，"是现实族群的分化重组……是虚拟的，只有在网络社会及其虚拟社区中，才能体验到其真实存在"。其中，作者强调虚拟社会受控于现实社会，前者是后者的派生。"虚拟社区"首创人Howard Rheingold对虚拟社区这样进行定义："互联网上出现的社会集合体，在这个集合体中，人们经常讨论共同的话题，成员之间有情感交流并形成人际关系的网络。"② 反观法国社会学家迪尔凯姆对"社会"的解释，有着相似的意味。迪氏认为"社会是一个由各个群体或者说各个分子组成的整体"③，可以发现，尽管前者定义的是虚拟社会而后者定义现实社会，但均突出人的关系整合。网络社会具有主体身份平等、信息资源共享、交流无障碍④等特点，为人们搭建了在现实社会之外互动交流的平台。网络的根本价值"在于把人与人联系起来了"⑤，是"人类社会结构分化与整合的产物，它为人类提供了一个崭新的社会结构和系统，它作为人类社会发展之自然历史过程中的一个新阶段和新形态，标志了一个全新的网络时代的到来"⑥。而赛博人类学（即网络人类学）是"是用人类学的方法研究赛博文化或研究处于虚拟社区和网络环境的人"⑦，可见其对网络的社会文化的高度关注。关于网络中的"QQ秀"虚拟形象视觉现象，不能对其"社会文化"性质和意义视而不见。而对于"社会文化"，"'互动'才是分析社会关系的基本分析单位"⑧。

互联网社会是一个笼统的泛指，在当中，人们因为不同的原因而聚集起来，形成不同的又相互交叠的具体虚拟化社会，如本文探讨的"QQ秀"虚拟形象服务，玩家因共同的对象（"QQ秀"）聚集在一起而形成由中心点发散开去的虚拟社会。以"QQ秀"为中心建立的虚拟社会自然以"QQ秀商城"为核心阵地，而与"QQ秀"相关的聊天室、Q吧⑨（见图4）、百度"QQ秀"贴吧⑩等网站和网络社区，则成为了"QQ秀"用户聚集交流的地盘。至于每个QQ客户端软件显示的"QQ秀"，则是更广阔的社会的辐射，将所有"QQ秀"用户连接起来形成了一个巨大的网络。在以"QQ秀"为核

---

① 周兴茂、汪玲丽：《人类学视野下的网络社会与虚拟族群》，载《黑龙江民族丛刊》2009年第1期，第128～129页。

② Howard Rheingold. *The virtual community*, London：Minerva, 1994. 转引自刘华芹：《网络人类学：网络空间与人类学的互动》，载《广西民族大学学报》2004年。

③ ［法］埃米尔·迪尔凯姆：《社会学研究方法论》，华夏出版社1988年版。

④ 周兴茂、汪玲丽：《人类学视野下的网络社会与虚拟族群》，载《黑龙江民族丛刊》2009年第1期，第130页。

⑤ 常晋芳：《网络哲学引论——网络时代人类存在方式的变革》，广东人民出版社2005年版，第28页。

⑥ 常晋芳：《网络哲学引论——网络时代人类存在方式的变革》，广东人民出版社2005年版，第29页。

⑦ Steven Mizrach：《Cyber Anthropology》, 2000, http：//www.fiu.edu/~mizrachs/. 转引自杨立雄：《赛博人类学：关于学科的争论、研究方法和研究内容》，载《自然辩证法研究》2003年，第69页。

⑧ 杨立雄：《从实验室到虚拟社区：科技人类学的新发展》，载《自然辩证法研究》2001年，第58页。

⑨ 参见 http：//qbar.qq.com/qqshow/。

⑩ 参见 http：//tieba.baidu.com/f? kw = QQ%D0%E3&fr = wwwt。

心的虚拟社会中,"QQ 秀"用户群体成为了一个独特的亚文化虚拟社群。"亚文化"是相对于主流文化而言的,"当一个社会的某一群体形成一种既包括主文化的某些特征,又包括一些其他群体所不具备的文化要素的生活方式时,这种群体文化被称为亚文化"①。主流文化与亚文化之间体现了一种层属关系,亚文化既依附于主流文化又相对独立。正因为亚文化相较于主流文化的独特性,使得属于一个亚文化的群体内部具有强烈的身份的认同性,而这种认同性又进一步强化着该亚文化的社会性。网络赛博空间"为亚文化社群的身份建制提供了空间②","QQ 秀"的亚文化群体赋予了"QQ 秀"虚拟社会无穷的文化内涵。

图4 腾讯"QQ 秀吧"主页

关于 QQ 的社会文化和传播研究并不罕见,但针对"QQ 秀"的社会文化研究,尚不多见。要对"QQ 秀"的社会文化属性和意义进行全面分析,涉及的层面非常广阔。在此,侧重对"QQ 秀"社会文化属性中的组织规范、人际交往(即"互动")以及等级性进行探讨。

1. 组织规范

在探讨"QQ 秀"的个人心理意义中讲到其满足归属感和爱、自尊等的功能,是连结个人和他人的桥梁。这种作用还可以联系马林诺夫斯基对"需要"的解释。马氏认为人有基本需要和派生需要,前者是生理的,后者则是派生的环境即文化的需要,为的是满足人类扩大其安全与舒适所做的努力③。马林诺夫斯基解释的"需要"是指向个人的,但同时指出人类为了满足这两种需要,必须建立一套秩序和制度为各种活动的开展和社会的维持提供保障。至于"QQ 秀"的虚拟社会,这种组织规范依然是清晰可见

---

① [美]戴维·波普诺:《社会学》(第11版),中国人民大学出版社2007年版,第91页。
② 常烨:《赛博空间中亚文化社群的探索性观察与分析》,西南政法大学2009年硕士学位论文,第1页。
③ 夏建中:《文化人类学理论学派——文化研究的历史》,中国人民大学出版社1997年版,第131～132页。

的。"QQ秀"的官方运营商腾讯公司享有对"QQ秀"最终解释权,对"QQ秀"的使用作出全方位的介绍和规范。从温馨贴心而全面的"腾讯客服"[①]的"QQ秀"基础介绍、使用指引、注意事项乃至用户每一步操作的细致规定,均是确保"QQ秀"正常运转的措施。而与"QQ秀"相关的聊天室、贴吧等,管理者都有对社区的秩序作出规范。如"QQ秀吧"设立"秀吧"管理专区,对用户发帖的标题分类作出提醒和统一。结构功能主义者拉德克利夫-布朗(Alfred Reginald Radcliff-Brown)认为制度是一套行为规范或准则;马林诺夫斯基则认为制度是满足个人文化的需要或是满足基本需要和派生需要的一套体系[②]。无论前者抑或后者,都表明组织规范是人类(个人和社会)稳定和延续的重要因素。与现实社会相似,网络虚拟社会同样需要组织规范。尽管互联网虚拟社会为人们提供了自由交流的平台,一切规范变得相对模糊且宽松,但并不表示人们就有权利在网络上恣意妄为。"QQ秀"是一款涉及交易的虚拟形象设计服务,若没有强而有力的制度和标准来规范,必然会引起诸多负面问题。对"QQ秀"虚拟社会的组织规范性,将以笔者研究过程中的实例来结束。在网络上投放QQ秀使用调查问卷的时候,笔者试图在百度"QQ吧"发帖。在吧内发帖需要先通过"吧主"(即贴吧的管理员)的验证,成为会员。而当笔者在申请加入的验证中详细讲述申请加入的意图后,却遭到了拒绝。另外,笔者在其他"QQ秀"用户聚集的网站发问卷调查帖子,亦有遭到删贴的情况。可见,虚拟社会的组织规范并非单纯以文字公告和网民的自觉遵守来施行,网络的组织管理者扮演着"社会监督"的职能,将一切不符合规定的情况加以消解。

2. 人际交往互动

"人际交往"(或"互动")是"QQ秀"社会文化意义的核心。对于这些因"QQ秀"而聚集在一起的互联网用户的交往研究,上文已经略有反映,在此先从一般意义上的网络交往谈起,再对"QQ秀"的人际交往互动进行剖析。常晋芳的《网络哲学引论——网络时代人类存在方式的变革》对网络交往方式的过程作出了介绍[③]。文中指出网络交往与现实社会交往明显不同,并呈现出"二重化"困境:一方面有利于人格完善和心理健康;一方面令交往走向对立化和空洞化,即网络交往既有积极又有消极的方面。常烨在《赛博空间中亚文化社群的探索性观察与分析》中对亚文化群体在虚拟社会的交往做了更为详尽的分析。文中讲到网络虚拟空间为亚文化虚拟群体提供交流场所,这种交往促进了社群的互助和认同升华,人们可以在网络上建立一个虚拟身份进行交往而丝毫不影响现实社会的交往[④]。笔者认为,由于网络的虚拟性等特点,使网络人际交往有别于现实社会的人际交往。但由于交往的主体均是实实在在的人,故网络上的人际交往不会完全脱离现实交往的内容与基本准则。

"QQ秀"的人际交往互动贯穿在"QQ秀"使用的整个过程中。用户利用"QQ

[①] 参见 http://service.qq.com/special/qqshow.html。
[②] 夏建中:《文化人类学理论学派——文化研究的历史》,中国人民大学出版社1997年版,第132页。
[③] 常晋芳:《网络哲学引论——网络时代人类存在方式的变革》,广东人民出版社2005年版,第198~200页。
[④] 常烨:《赛博空间中亚文化社群的探索性观察与分析》,西南政法大学2009年硕士学位论文,第2、51页。

秀"建构属于自我的虚拟形象,代表自己并与他人进行交际,然而这只是一部分。前文对"QQ 秀"的介绍已经多次讲到其自带的强大的互动功能:有与好友互动的赠送鲜花、赠送物品、合照等功能;也有"你秀我搭"等用户间互助功能;更有在用户间互相交换"QQ 秀"的交易功能。在此结合 2 个互动例子进行分析。

首先是"QQ 秀"最近推出的为 3 月"雷锋月"而开展的一个"学雷锋,做好事,帮好友穿上 QQ 秀"的互赠"QQ 秀"活动①(见图 5)。活动期限为 2011 年 3 月 8 日至 3 月 31 日,在此期间,"QQ 秀"用户只需登录活动网页,输入需要帮忙穿上"QQ 秀"的好友 QQ 号码,接着选择要赠送的合适的"QQ 秀"即可。"QQ 秀"内容均为 12 款突出"向雷锋同志学习"的主题"QQ 秀","红钻"用户还可以选择更多的款式。有趣的是,帮助好友穿上"QQ 秀"后,用户会被奖励小红花一朵,显示在活动主页右侧的"我的雷锋日记"中,红花累计多者在活动结束后将获得精美礼品。"QQ 秀"的这种互赠活动并不罕见。有"QQ 秀"用户向笔者谈到其看法:"免费的总是好事……让它("QQ 秀")不至于"裸"着,也算是和别人玩玩的选择吧。"礼物的赠送是一门深奥的社会文化课题,虚拟社会中"QQ 秀"的互赠显得比现实简单直接,但亦保留着现实赠送的一些内涵。马林诺夫斯基对"库拉圈"的研究表明:互赠有着丰富的社会文化内涵——包括经济、仪式、社会关系、心理和道德等。莫斯在《礼物》中认为许多原始社会赠送礼物是一种礼仪性的"互惠"交换,而迫使人们进行礼物交换的主要原因是社会:"基本上所有的礼物交换行为都是为了建立某种社会关系,都是为了参与社会活动。交换是社会网络建立的基本要素。"② 对于"QQ 秀"的赠送或交换,可以达到人际微调的效果。除了赠送活动,"QQ 秀"还可以交易,这是以经济性为目的的交换。网络上有专门的讨论社区供"QQ 秀"玩家相互交易"QQ 秀"。有"QQ 秀"用户在谈及玩"QQ 秀"之时,不免提到其营利性:"其实玩'QQ 秀'多半是为了让自己的形象看起来不会那么空荡荡,不过话说回来,弄'QQ 秀'也可以赚钱!"可见,"QQ 秀"社会文化意义中的社会交往意义("互动")既有人际关系层面的(这是主要

图 5 "QQ 秀"的"雷锋月"活动

---

① 活动主页链接:http://show.qq.com/live/vipact/lfact/index.html?jump = 228&ADTAG = ISD.QQshow.Client.leifeng&opuin = 574672933&ptlang = 2052&ADUIN = 187339732&ADSESSION = 1299844053&ADTAG = CLIENT.QQ.2653_FriendTip.0。

② 夏建中:《文化人类学理论学派——文化研究的历史》,中国人民大学出版社 1997 年版,第 108 页。

因素），亦有经济利益层面的。在笔者的调查问卷中，有超过一半的"QQ秀"使用者（52.5%）曾经使用过"QQ秀"的互动项目。

另外是"QQ秀"中的"魔法卡片"互动游戏，上文曾对其进行过简单介绍。游戏包括选卡、换卡、炼卡、偷炉等步骤，详细的游戏过程在此省略。笔者的一位好友是"魔法卡片"的热衷者，以下是来自他的介绍的片段："……炼成一套卡需要很多基础卡，基础卡的获取有两种方式，一种是抽取，每天有限制的次数；另一种是直接购买。如果抽取到的卡不是自己想要的，则可以跟别人交换等额的卡片……可以偷别人的炉，就是把炼卡的过程在别人那完成……和别人互动的环节是换卡、偷炉……开始玩卡片的时候，自己穿不完会送人，后来就等它自动过期……"无论游戏过程多么复杂，对我们来说都不是最重要的，在笔者好友简单的描述中，已经可以发现其互动性特点。网络游戏是网民聚集起来进行互动的活动，"魔法卡片"的游戏过程涉及了交换、博弈、赠送等一系列社会交际内容。

对"QQ秀"的人际交往互动的意义，可以回到经典的人类学功能理论进行解释。马林诺夫斯基的功能理论指向个人需要，前文已作阐述。对于社会整体的功能（对于"QQ秀"而言是虚拟社会，亦会投射至现实社会），拉德克利夫·布朗的结构功能理论更显贴切。按照布朗的观点，功能是整体的部分活动对于整体活动所做的贡献[①]。社会活动，如仪式，起到了促进社会整体团结的作用。"QQ秀"各种互动的服务本身也可以具备仪式性：在特定的日子（如年节、纪念日）选择相应的"QQ秀"，传达情感。如"QQ秀"为植树节、雷锋月推出的专题"QQ秀"，让用户免费参与的同时，增强了人们的公益意识和社会凝聚力，而这种凝聚力又将潜移默化地影响现实社会。同样，游戏也是一种仪式，在游戏中充满了人与人之间的正面（同心协力达成目标）和负面（搏斗、竞技）的情景，均起着加强这些参与者间的整合的作用。

3. 等级性

最后讨论社会文化意义中的等级性。互联网为人们提供了相对开放平等的可以畅所欲言的交流平台，但并不意味着人人在网络都享受平等地位。好比一个虚拟社区，有游客、会员、管理员，他们所拥有的权限是不同的。"QQ秀"的等级性主要体现在普通用户与"红钻"用户之间，上文已做介绍。此外，许多活动和游戏，诸如"你秀我搭"和"魔法卡片"，均对玩家的级别作出了规定。值得一提的是，"QQ秀"的"特许通行证"让拥有通行证的用户享受着普通用户所不具有的特权。凡此种种均反映了"QQ秀"等级有别的特征。如果人际交往的意义是"整合"，那么等级的意义便可概括为"冲突"：用户的等级是用户虚拟身份的社会分层，用户往往为了取得更高的身份等级而进行互动和竞争：在游戏中、在竞技中取得他人认同（如"你秀我搭"，用户提交的设计必须得到认可才能获取积分以升级）。等级、排名意味着现实社会的竞争机制被投放到了虚拟社会之中。在"整合"与"冲突"之中，体现着"QQ秀"社会文化意义的无穷内涵。

"QQ秀"的社会文化，是虚拟社会社会文化的"微小而精致"的切面。人类学家

---

① 庄孔韶主编：《人类学概论》，中国人民大学出版社2006年版，第57页。

米德（M. Mead）曾经提出人类文化传承的三种基本类型，分别为前塑文化（后辈向前辈学习的文化）、同塑文化（后辈与前辈的学习都发生在同辈人之间，或者讲是同时学习的文化）和后塑文化（前辈向后辈学习的文化）。"QQ 秀"所代表的虚拟社会文化主要属于后塑文化，它由年轻人主导，年轻人是网络文化的权威。然而，也不能忽视同塑文化的存在。互联网虚拟社会极大程度地实现了资源的共享和交流的平等，使每个人都拥有同样的机会在此尽情驰骋。

三、"QQ 秀"负面问题

在对"QQ 秀"进行介绍和意义分析后，研究尚未能就此画上句号。阅读上文内容，可以发现均倾向于反映"QQ 秀"相对积极的一面。然而，每一个事物均是矛盾的统一，有正面则存在负面。经过笔者的"虚拟的田野调查"和访谈了解，发现"QQ 秀"的受众状况等存在着一些负面问题。而这些亦是目前关于"QQ 秀"研究暂时缺少的。

以"QQ 秀"丰富的功能、时尚的内容以及积极的意义，似乎预示着"QQ 秀"应该受到 QQ 用户普遍的欢迎。当然，在研究过程中，笔者在"QQ 秀商城"、"QQ 秀吧"等"QQ 秀"用户聚集的虚拟社区都观察到了较高的人气和点击率：如"QQ 秀吧"，笔者在日间每次登陆都会看到许多即时更新的帖子。由于"QQ 秀"服务多数需要消费，笔者曾怀疑人们是否情愿花钱购入虚拟的物品。笔者的那位玩"魔法卡片"的好友回应"（消费'QQ 秀'的）大有人在"。笔者自己亦看到，网络上"QQ 秀"用户聚集社区关于"QQ 秀"的交换现象很普遍，不少玩家孜孜不倦地投入"QQ 秀"的交易当中。有玩家这样讲到对"QQ 秀"的情意："我记得刚开始玩（QQ 秀）是因为朋友们玩，然后我就跟他们一起玩。以前也是一天一搭，随心情而换。现在呢，好像是一种习惯了。有时候换得很勤快，有时候一周还是一套。呵呵，以后不知道会怎么样。反正现在还是习惯有 QQ 秀的日子。没有它，反而不习惯了。然而，"QQ 秀"真是受到大家的青睐吗？或者说，在"QQ 秀"推出了数年后的今天，依然得到了大家的追捧吗？

我们首先看一下本文开头提到的 CNNIC 发布的第 27 次《中国互联网发展状况统计报告》（以下简称《报告》）的反馈。《报告》反映，"娱乐类应用使用率普遍下降"[①]。其中，"截至 2010 年 12 月，中国网络游戏用户规模为 3.04 亿，较 2009 年底增长了 3 956 万，增长率为 15%。与此同时，网民使用率也出现了下降，从 2009 年底的 68.9% 降至 66.5%，中国网络游戏用户规模的增长已经进入了平台期"[②]。可以发现，随着互联网功能的日益增多，网络用户对网络娱乐功能依赖程度的比例略有回落。这是最为宏观层次的统计反馈。笔者在网络上投放的问卷的回收，粗略地对笔者的疑问给予了回应。

在 150 份成功回收的问卷中，有约 20% 的人从来不使用"QQ 秀"，而 8 成的使用

---

① 参见 CNNIC：《中国互联网络发展状况统计报告》，第 4 页。
② 参见 CNNIC：《中国互联网络发展状况统计报告》，第 38 页。

者中，有46.7%的人现在已经不再使用"QQ秀"。对于不使用的原因，可归结为不知道或不关注、觉得幼稚无聊、没钱消费三大类。在互动方面，尽管前文说到有超过一半的人曾经参与"QQ秀"的娱乐互动服务，但不参与的亦达到47.5%。而在特定节庆、纪念日、社会事件中选择相应的热点"QQ秀"的用户低至20.8%。而被问及"QQ秀"的"潮流"、"热点"、"品牌"指标性，回答者选择最多的均为"没有参考价值"，分别占36.7%、35%、42.5%。对"QQ秀"的"娱乐消遣"、"交友传情"、"流行指标"、"个性展示"4种功能的打分（满分为5），平均分分别只有3.38、2.20、1.98和2.76。最后问及对"QQ秀"的总体评价，只有1人选择很好（0.8%），39人选择不错（32.5%），其余的29.2%认为"不好"和"没感觉"（37.5%）。问卷调查的回收数量似乎显示问卷没有广泛的代表性，但笔者已经在一些全国性的虚拟社区发布了该问卷，注意了全国的遍布随机性（尽管从反馈看来广东网民的填写率仍较高），故不能说毫无参考价值。

与问卷反馈信息相照应，是网络上的一些对"QQ秀"的讨论。互联网搜索系统上有大量关于"QQ秀"的玩法帮助及讨论、推广介绍的条目，亦见到对"QQ秀"的质疑和批评。不少对"QQ秀"的负面声音都集中在"QQ秀"无用、浪费钱、无聊幼稚。例如太平洋电脑网的网络论坛上就有一个标题为《玩QQ秀的朋友必看，如此高昂的QQ秀你会买吗?》的帖子（发布于2009年12月）[1]。帖子对"QQ秀"的"绝版"物品的高昂售价提出了质疑，跟帖者多数对其表示不解。网友畅所欲言："免费的我就玩，要Q币就从来没玩过。我才不会去花这钱呢！""买这些都是吃饱了撑的……""10~16岁的孩子，尤其是MM（'美眉'或'妹妹'，即女生），最容易被TX（指腾讯公司）骗买这些东西……"

至于笔者QQ里的好友的使用状况如何，笔者作了2次统计。第一次为2011年2月14日，在笔者128个QQ好友中，只有14个男性和9个女性共23人设置了"QQ秀"虚拟形象。第二次为约一个月后（2011年3月13日）。在130个好友之中，11个男性和11个女性拥有"QQ秀"虚拟形象。其中不少是在一个月内没有改变的。问及其设置"QQ秀"虚拟形象的理由，多数回答是"免费"或"赠送"，包括玩游戏（如"魔法卡片"）获取的"QQ秀"。笔者针对此现象对尚在玩"QQ秀"或不玩"QQ秀"的好友进行了访问（包括网络文字交流和现实中的聊天谈话）。有位现实中爱装扮的时尚女生已经对"QQ秀"完全嗤之以鼻："（QQ秀）简直就是浪费钱的非主流玩意……当时小不知道怎么就跟别人玩（QQ秀）了……想起来真是幼稚啊！"有个男生说："QQ秀极度弱智……只是因为当时我喜欢的那人用，我才（脑子）一时短路玩了。""逗小孩玩就好"，另一个男生回应，"反正我是没兴趣，但好像有的人觉得无聊却还玩……"一位女生在被笔者问及对"QQ秀"的印象时的回答应该能代表一部分人的心声："有就玩，没有就不玩呗，不强求……不打算消费。"

笔者以上调查所反映的"QQ秀"的负面价值和不受追捧的现象与前文对"QQ秀"的介绍和正面意义分析针锋相对，似有推翻之前论述内容之嫌。但是，笔者认为

---

[1] 参见http://itbbs.pconline.com.cn/diy/10815961.html。

要截然分辨"QQ秀"的积极与消极意义是毫无必要的——不同的人或群体对于同一事物或会产生极端相反的观点。现实生活中人们各有所好，而互联网虚拟网络有着庞大的使用群体，在模糊化、匿名性、相对平等的环境中，其自主选择的权利得到了极大程度的实现。于是乎，我们可以经常在网络上看到网民"爱则疯狂的爱、恨则极度地恨"的自我反映心态。互联网虚拟社区可以让日常生活谨慎严肃的人变得随意懒散、可以让谦逊斯文的人变得肆意张扬。已经有不少新闻或研究报道研究"网络暴民"现象——为什么现实中规矩守法的人在虚拟网络中变得如此张狂。这也进一步支持了上文引用的弗洛伊德的"本能"理论：人们通过虚拟网络释放情绪、宣泄感情和欲望。对"QQ秀"的使用，网民自然有着完全的选择权：可以喜欢，可以讨厌，可以忽略。由此，我们不能片面看待其中任何一方去赞成或否定"QQ秀"。毕竟，以"QQ秀"成熟的运营机制和庞大的受众群体，可见其蓬勃的生机。

四、结论与反思

视觉人类学的当代研究关注互联网虚拟社会，赛博人类学不仅从技术层面了解网络社会，更从"文化"视角对互联网虚拟社会进行探究。对虚拟形象的兴趣和深入研究在国内外已经逐渐不再罕见。而中国本土的"QQ秀"虚拟形象设计服务，是国内学者对虚拟形象乃至网络社会研究的理想对象之一。跨学科的运用是视觉人类学研究、赛博人类学研究、虚拟形象研究和"QQ秀"研究必要的前提。

"QQ秀"产生于互联网高速发展、即时通信兴起的信息时代，以腾讯公司为其强大的支持。"QQ秀"还拥有除用户个人虚拟形象设计建构外的多种功能，而提供"互动"是这些丰富多彩的功能的主要特点。概括而言，"QQ秀"具备娱乐性、商业性、信息性和等级性的特性。综观"QQ秀"的社会文化意义，可从三方面进行分析：首先，其具有文化外衣下的经济意义；其次，个人心理意义反映"QQ秀"对满足人们精神需求和心灵重整的作用；最后，将"QQ秀"看作一个虚拟社会切面样本，揭示社会文化意义中具有的组织规范意义、人际交往互动意义、等级意义。

值得补充的是，"QQ秀"尽管拥有丰富的内容、积极的功能和意义、庞大的受众群体，但仍然遭到质疑和否定。笔者通过调查证实了这点。然而并不影响"QQ秀"的存在，这只是互联网虚拟社会多样性的写照。

总的来讲，"QQ秀"是互联网络时代一个"微小而精致"的切面。它以视觉表达为基础，融合现实社会人类在虚拟社会的互动，体现其丰富的社会文化内涵。

笔者对"QQ秀"现象的研究结合了理论和调查。理论上，在人类学的文化理论统领下的跨学科研究方法使研究结果呈现出了综合性的特点。但由于"QQ秀"的已有研究尚少以及笔者自身理论水平的限制，本文某些部分的论述未能更深入，尚不能完整反映"QQ秀"的特性和意义。譬如，"QQ秀"作为以网络为媒介载体的现象，传播学当中的相关理论显得颇为重要，然而在本文中仍较为缺乏。此外，由于"QQ秀"的生存环境是在虚拟网络之上，故笔者针对性地利用"虚拟的田野调查"对现象进行把握。然而，与理论方面一样，调查或可更进一步。本文尝试回答了"QQ秀"的性质以及人们玩"QQ秀"原因。但是，对诸如"QQ秀"的虚拟物品交易现象的过程、互赠现象的过程等都未能作出详尽的描述，表明本文对"QQ秀"的研究偏向综合性，缺乏对某一方面的单独深入，也表明笔者在调查中的参与度需要进一步提高。相信这些不足之处均是笔者日后研究需要努力的方向。

全文的结尾希望对以"QQ秀"为代表的虚拟想象服务和产品提供一些启示。互联网络是一个资讯爆炸、色彩斑斓的世界，每个互联网络用户都是客体，同时又是主人。互联网络的更新周期短，有着强烈的时效性。因此，"QQ秀"等虚拟形象服务和产品必须贴近大众生活文化，及时推陈出新吸引广大用户眼球。同时，要积极拓宽市场，让更广年龄段的网络用户加入到这门服务中享受这种虚拟形象设计产品。虚拟财产是近年越来越引起重视的个人财产组成。对要求消费的虚拟形象服务，价格的制定必须合理，要有相关的完善制度来防止恶意炒作和抬价。而且，亦要在提供服务的同时积极保障用户的消费权益，对用户虚拟形象财产进行必要的保护。"QQ秀"在此众多方面均做得不错，至于为何仍然受到人们的否定，则属"见仁见智"的问题了。

网络虚拟形象就像一面透视镜，透过它不仅能看到个人，更能看到一个由文化搭建的社会。

参考文献：

［1］Jordan B. Blurring boundaries：the "real" and the "virtual" in hybrid spaces［J］. Human Organization，2009，68（2）：191 – 193.

［2］Fron J，Fullerton T，Morie J F，et al. Playing dress-up：costumes，roleplay and imagination［J］. Philosophy of Computer Games，2007：24 – 27.

［3］Nowak K L，Rauh C. The influence of the avatar on online perceptions of anthropomorphism，androgyny，credibility，homophily，and attraction［J］. Journal of Computer-Mediated Communication，2005，11（1）：153 – 178.

［4］Nowak K L，Rauh C. Choose your "buddy icon" carefully：the influence of avatar androgyny，anthropomorphism and credibility in online interactions［J］. Computers in Human Behavior，2008.

［5］Yee N，Bailenson J. The proteus effect：the effect of transformed self-representation on behavior［J］. Human Communication Research，2007，33：271 – 290.

［6］Elliot T. How cyber-anthropology relates to MMORPGs and metaverses［J］. Meeting of Minds，2009：17.

［7］芭芭拉. 超越民族志电影：视觉人类学近期的争论和目前的话题［J］. 广西民族大学学报，2004（1）.

［8］常晋芳. 网络哲学引论——网络时代人类存在方式的变革［M］. 广州：广东人民出版社，2005.

［9］常烨. 赛博空间中亚文化社群的探索性观察与分析［D］. 重庆：西南政法大学，2009.

［10］戴维·波普诺. 社会学［M］. 11版. 北京：中国人民大学出版社，2007.

[11] 邓启耀. 视觉人类学的理论视野 [J]. 广西民族大学学报, 2008.
[12] 埃米尔·迪尔凯姆. 社会学研究方法论 [M]. 北京: 华夏出版社, 1988.
[13] 何海燕. 网络个人虚拟形象设计研究 [D]. 武汉: 武汉理工大学, 2008.
[14] 胡文. 给自己找个替身 [N]. 南方都市报, 2009-03-07.
[15] 黄世杰, Senkey, 谢勤亮, 等. 图像时代的视觉人类学研究——人类学学者访谈录之四十八 [J]. 广西民族大学学报, 2008.
[16] 李瑛. QQ 秀一秀满足网络幻想 [EB/OL]. [2003-08-11]. http://www.sznews.com/n/ca478487.htm.
[17] 金新. 人格分裂抑或人格重整——从 QQ 秀看网络传播方式对受众人格的影响 [J]. 兰州学刊, 2006 (4).
[18] 理查德·豪厄尔斯. 视觉文化 [M]. 葛红兵, 等, 译. 桂林: 广西师范大学出版社, 2007.
[19] 李洁. 好的包装和恰当的定位——文化经济学原理案例 [J]. 四川师范大学学报, 2005.
[20] 刘华芹. 网络人类学: 网络空间与人类学的互动 [J]. 广西民族大学学报, 2004.
[21] 孟昭兰. 普通心理学 [M]. 北京: 北京大学出版社, 1994.
[22] 彭聃龄. 普通心理学 [M]. 北京: 北京师范大学出版社, 2004.
[23] 戎彦, 顾云磊, 黄挺. 从 QQ 秀看即时通讯虚拟形象装扮的品牌传播价值 [J]. 浙江万里学院学报, 2010.
[24] 沈洁. 论赛博文化对传统形态文化的继承与突破 [J]. 社会科学家, 2008.
[25] 谭登文编译. 网络虚拟形象影响现实生活 [N]. 重庆日报, 2008-05-15.
[26] 王新禧. QQ 秀的情感传递——解读网络个性文化新符号 [EB/OL]. [2003-12-20]. http://news.qq.com/a/20031220/000122.htm.
[27] 王燕祥. 经济人类学述要 [J]. 世界民族, 1996 (1).
[28] 吴婉婷. 网络虚拟形象服饰研究 [D]. 北京: 北京服装学院, 2008.
[29] 西格蒙德·弗洛伊德. 弗洛伊德后期著作选 [M]. 林尘, 张唤民, 陈伟奇, 译. 上海: 上海译文出版社, 2005.
[30] 夏建中. 文化人类学理论学派——文化研究的历史 [M]. 北京: 中国人民大学出版社, 1997.
[31] 肖媛. QQ 秀产品受众心理需求与产品设计分析 [D]. 哈尔滨: 哈尔滨工业大学, 2008.
[32] 詹昊. "QQ 秀" 虚拟服装产品设计应用研究 [D]. 武汉: 中南民族大学, 2009.
[33] 中国互联网络信息中心. 中国互联网络发展状况统计报告 [EB/OL]. [2011-01]. http://research.cnnic.cn/html/1295343518d2558.html.
[34] 杨立雄. 从实验室到虚拟社区: 科技人类学的新发展 [J]. 自然辩证法研究, 2001.
[35] 杨立雄. 赛博人类学: 关于学科的争论、研究方法和研究内容 [J]. 自然辩证法

研究，2003.
[36] 佚名. Second Life 对现实生活有何影响？[EB/OL]. http：//www.20ju.com/content/V27950.htm.
[37] 张书义. 弗洛伊德人格理论述评 [J]. 天中学刊，1998（4）：45 – 47.
[38] 周兴茂，汪玲丽. 人类学视野下的网络社会与虚拟族群 [J]. 黑龙江民族丛刊，2009（1）.
[39] 朱洁. 网络人类学中的田野考察 [J]. 思想战线，2008（2）.
[40] 庄孔韶. 人类学概论 [M]. 北京：中国人民大学出版社，2006.

新媒体文化群体研究

广州动漫亚文化及其群体研究*

谭佳英**

内容摘要：本论文研究对象为广州地区的动漫亚文化及其群体。

本论文的研究首先描述了动漫亚文化群体的独特生活方式；同时说明，动漫亚文化内部结构并不是"铁板一块"，而是具有很大的异质性，这体现为动漫社团的多样性；它们经历了最近16年来的不断分化、变迁和融合而形成。

在亚文化的商业价值逐渐凸显并受到媒体追捧的时候，商业力量开始了对其不懈的"收编"，而国家力量也在"引导青少年文化向健康方向发展"的旗号下加入了这场"收编"的角逐。在收编过程中，被称为"御宅族"的动漫精英的个体行为动机起到了推波助澜的作用。

本文通过对动漫亚文化的现代"仪式"——漫展的变迁过程的分析，展示了动漫亚文化逐渐被主流文化收编的必然性。

关键词：动漫亚文化　御宅族　抵抗

这篇人类学调查报告，是2005—2007年之间完成。

当时的广州动漫圈，在全国独领一时风骚。或许是藉由地利之便，广州动漫亚文化在短短十余年时间内崛起，并发展出了中国最为成熟的动漫生态圈。

这篇报告，是对那风起云涌的十余年的一场巡礼。

文中所介绍的自愿社团，由一而二，由二而三，最后分化为五种类型；五种类型规模各不相同，门槛有高低，术业有专攻，可谓互为参照，相映成趣。而漫展也是从这个城市开始，被商业力量介入，在御宅精英们的自动趋奉下，从动漫迷的秘密分享会，逐步演变成为成熟的商业模式并为全国其他城市所借鉴和沿用。

如今回顾，已然七年。

广州动漫圈七年前在全国独领风骚的标杆地位已经失去。随着越来越多的日本动漫机构涌入长三角，广州的御宅族们风流不再，现在要向上海、甚至杭州学习。

报告的结语中对商业收编必将成功的预测，如今已经成为现实。以自愿社团为例，同人志社团依然活跃，但社团的主要功能已经由同人交流变为"卖书"。当年最顶尖的广州角色扮演团队"美萌"依然还在，规模甚至壮大到上百人。但是它已经变成一个明码标价的商业演出团队。

而当年的笔者所没有看到的是，2007年以后的广州，国家力量会以一个超乎想象的

---

* 中山大学社会学与人类学学院人类学系2005级硕士生学位论文。
** 中山大学社会学与人类学学院硕士研究生。

强度介入进来。获得青睐的漫展机构得到了来自政府的扶持和提携，甚至可以动用行政手段为其铺路搭桥。尽管如此，不曾获得官方青睐的漫展机构，却也有自己的生存之道。

七年间发生的故事，精彩到可以另外成书。

广州的动漫圈，长得像日本，但其实很中国。

导论

本文研究活跃在广州的动漫亚文化及亚文化群体。

"动漫"在狭义上意为 ACG，即 animation（动画）、cartoon（漫画）和 game（电子游戏），广义上还包含 ACG 的周边产品如 ACG 人物模型或道具等。以日本动漫为代表的现代动漫文化产品于 20 世纪 80 年代初传入中国。

动漫亚文化群体是一群十几岁或者二十多岁的爱看动漫或打电子游戏、对其有一定依赖的年轻人。他们经过不断的学习、借鉴和创造，逐渐形成了动漫亚文化风格和多样的组织模式，并通过漫展来向大众展现他们对动漫的热情。

广州最早的动漫亚文化组织——自愿社团出现在 1992 年；而它真正引起大众的关注，是在近几年漫展兴起之后。

在开始认识动漫亚文化之前，必须拒绝将动漫迷看作是滑稽的、精神错乱的或者是自闭的非理性个体形象，他们是积极的健康的群体，他们形成亚文化、参与形成广阔的交流网络，进而以漫展的形式向公众展示自我。

在开始对正文的说明之前，请首先跟随 2 个普通观众来到 2007 年 2 月份的广州一场名叫"飞扬"的漫展的现场：

（一）一场普通漫展

2007 年 2 月 11 日，8 岁的广州小姑娘丫丫跟着爸爸来到广州烈士陵园附近的地王广场看漫展。

这场名叫"飞扬"漫展，是广州市自 2007 年寒假以来的第一场漫展，由广州市电台主办。丫丫爸爸花 20 元买了一张门票，带着丫丫走到负三楼的展厅。

这次漫展用了地王广场负三楼整整一个楼面。负三楼被分割成很多独立的小档口，有的档口卖他们自己画的手工漫画，有的卖漫画期刊、书和动画片 DVD，有的卖精致的粉色的公主裙和头饰等饰物，还有的卖动画里面的模型、公仔。来这里看漫展的人很多，像丫丫这么大的孩子来得很少，大部分都是初高中学生年纪的青少年。

像丫丫和丫丫爸爸这种日常打扮的人到这里都开始觉得自己进入了一个不一样的世界，他们发现这里很多人都穿得很特别：有的人穿着黑白两色的日式武士服，腰边还挂着一把佩刀；有的女孩子穿着粉白相间的华丽的公主裙，配上白色的长袜、长长的卷发和厚厚的高帮松糕鞋，脸上化着精致的妆；还有的穿着好像是陆战队的军服、脸上还带着面罩。这些人在档口坐着或者在场内走来走去。丫丫看得呆了，爸爸笑着对她说："是不是有很多妖魔鬼怪？"

丫丫爸爸发现，场内几乎人手一台相机，包括那些"妖魔鬼怪"，他们自拍、也拍别的造型独特的"妖怪"。还有的作摄影师打扮，带着很专业的相机，专门伺机抓拍那些很亮眼的"妖魔鬼怪"们，而这里的"妖魔鬼怪"对于相机的镜头就像电视里的明星一样反应迅速而自然：任何人可以随时邀请他们转过身来摆一个姿势配合拍摄，他们则会努力配合每一个镜头，末了还要对拍摄者说"谢谢"。

展场中央的舞台附近已经有很多观众在抢占有利的观看地形了。下午2：30，"妖魔鬼怪"开始登台表演，他们先是一个一个地登台，像模特一样亮相，最后集合起来表演一出又一出的情境故事。台下相机拍个不停，人越来越多。丫丫让爸爸给自己买了一个可爱的青蛙公仔，然后抱着公仔回家了。

类似的漫展，在广州2007年寒假期间不到两个月的时间内举办了共计四场。

漫展是亚文化群体对外进行自我展示的重要舞台。普通观众在漫展上见到的令他们印象深刻的所谓"妖魔鬼怪"，是动漫迷用来表达自己在动漫中获得的快乐情感的重要方式，用动漫迷的术语来说，叫做"角色扮演"①：还原动漫画作品中的人物形象，并在舞台上重新演绎动漫画作品中的某一段故事。那种"漂亮的姐姐"，则被叫做"洛丽塔"②，是动漫画作品中最常见的甜美女性形象。这是某些动漫迷的"身体"表演最常见的两种形式。

而丫丫的爸爸所注意到的扛着专业相机在人群中专门拍摄"角色扮演"和"洛丽塔"的人，大多数是动漫圈中的摄影爱好者，又被称为"私影"。他们拍摄的图片，在网络上广为流传，成为了此类身体表演的重要宣传力量。

在漫展上，最容易被忽略但也非常重要的另外两种动漫迷群体，就是"同人志"群体和周边产品"鉴赏"群体。"同人志"是进行动漫创作或改编的群体；而鉴赏类就是以消费和收藏周边产品为最大兴趣的动漫迷的群体。

以上介绍的五种漫展上最常见的动漫迷：角色扮演者、洛丽塔、动漫摄影、同人志和周边鉴赏者，他们一般都是以自愿社团的形式组织起来的。

（二）论文的缘起和研究方法说明

1. 研究广州动漫亚文化的缘起和经过

在广州，每逢"五一"、"十一"和寒暑假的某几天，在地铁里或在最为繁华的北京路、中华广场附近，人们无不被一些装扮特殊、如同从漫画中走下来的少年男女所吸引：他们就是如上所述的角色扮演者和洛丽塔女孩。

普通大众被他们吸引的同时，电视媒体和杂志也纷纷对他们进行报道，介绍他们如何花上一两个月甚至一两年来制作他们身上的服饰和所用的道具，介绍他们如何狂热和执着。但是，媒体也不能完全理解或者解释他们的行为动机。

---

① 又叫做"Cosplay"。Cosplay为"costame play"的缩写。
② 洛丽塔（Lolita）一词起源于1955年的著名小说《洛丽塔》，讲述一位大学教授爱上一位12岁的小姑娘。由于这种情节设定，具有这种特质的女性就被称为"洛丽塔"，喜爱这种气质女性的人则被冠以"洛丽控（'lolita complex'的缩写）"之称。

更何况，角色扮演只是漫展的一部分，而漫展也只是广州动漫亚文化的"前台"而已，其背后是亚文化的强大力量在起作用。

因此论文作者觉得有必要用人类学的研究方法和写作方法，抱着文化相对主义的价值观对动漫亚文化进行"文化的解释"，从而了解各种动漫迷的各类行为动机——在亚文化兴起之初，他们只是出于对动漫的简单的喜爱，而当这种亚文化越来越受到关注、其商业价值被逐渐发掘出来的时候，情感动机依然起着主要作用，但逐渐加入了对利益的诉求而日趋复杂化。并在商业和政治力量等外界因素的推动下，直接影响了广州动漫亚文化16年来在组织形式上的变迁——这种阐释有助于消除人们对动漫亚文化在认识上的盲区和误解，有助于增强对它的了解。幸运的是广州地区的动漫亚文化群体发展相对成熟，不仅社团众多，而且社团各有兴趣倾向，体现出了很大的异质性。

论文作者之所以选择动漫亚文化作为研究对象，一方面是被他们这种"视觉奇观"所吸引，另一方面是出于作者本身的日语语言背景——最初的想法是把论文做成动漫文化传播、变迁的文化比较。然而作为一个对这种亚文化彻底陌生的"外来者"，对这个亚文化群体进行研究的过程，就是随着调查的不断深入和新发现的不断出现而不断更改论文主题的过程。

在漫展上的亚文化群体，都是以社团[①]的形式组织起来，这种社团在人类学上被称为"自愿社团"[②]，广州第一家动漫社团出现在1992年；作者的关注点从文化比较一度转向社团研究——社团的组织模式、社团领袖、社团为构筑社会认同的努力等。但是在了解这些社团的过程中，论文逐渐开始关注他们本身的"故事"——如何出现，如何组织和经营，然后发生过哪些冲突、变迁、分化和融合。看到这一点之后，论文的叙述中不可避免地就要带入亚文化的"历史"及其变迁。

这种变迁非常剧烈而精彩，并将亚文化预指向一个难以预料的结局：收编。

事实上一直到论文接近尾声的时候，作者才突然认识到"收编"力量的存在和巨大作用。动漫亚文化不可能一直保持独立性，因为当它的商业价值一旦被发现，它就立刻进入了主流文化的视野，并踏上被商业力量和国家权力"收编"的进程，这着重体现在上文中所介绍的漫展9年来的变迁上。

收编的主流力量来自各种商业机构和国家机构，在广州表现为各种机构如商业公司、广州市青年文化宫、广州市电台。但是在本文研究中还发现了由动漫亚文化内部精英吸收商业投资所组建的动漫文化公司。论文的一位报道人[③]曾感慨："发现了我们不过是以漫画为名想去搞商业的不成功商人。"——这种收编不是强制的，而是受到了亚文化中精英分子的主动迎合。

在多位报道人的帮助下，经过多层次多角度的调查了解，作者确定动漫亚文化是一

[①] 这里的动漫社团不是正式的在民政局登记的官方社团。
[②] 本文为了称呼上的一致，根据英文"voluntary association"，将称呼统一为"自愿社团"。
[③] 报道人嘉美由，是广州动漫圈内知名的角色扮演者，现在东莞某大型商厦担任文化策划师。2007年"五一"，他为商厦策划了一场名为"潮爆动漫嘉年华2007"的漫展，从5月1日持续到5月5日，并将他在广州动漫界的朋友邀请到东莞参展。活动的内容既包括一般漫展的漫画家见面会、角色扮演、电子游戏竞赛、周边产品特卖等，也出现了和当地电视台合办的选秀和街舞等在传统漫展范围之外的新活动。

个值得从学科专业角度进行研究和书写的课题,它有自己独特的文化"意义之网",也有引人注目的组织形式和活动,它的发展经历了多种矛盾冲突和变迁,并正面临着被主流文化"收编"的危机。

2. 理论和方法说明

对于青年亚文化的研究是从 20 世纪 60 年代在欧美国家的学术圈展开,研究者的立场从前期的批判主义立场转向后来的平民主义立场。对青年亚文化采取批判主义立场的包括阿尔都塞、哈贝马斯、鲍德里亚等人,以及法兰克福学派;而采取平民主义立场的典型代表为英国伯明翰学派。这些研究者和机构各有不同的理论优势,出现了将青年亚文化与流行文化、大众传媒、消费主义、霸权主义、马克思主义、后现代理论等结合起来研究的许多杰作和理论成果。

以上的案例和研究成果都是产生在美国、英国、法国等发达国家的民族语境里。因此,本文尝试以民族志为基础、通过提供一种不同民族情境中不同类型的青年亚文化案例,扩展青年文化的领域。

青年亚文化研究的集大成者为英国伯明翰学派,他们对于英国二战后出现的青年亚文化研究集中围绕在三个关键词上:"风格"(style)、"抵抗"(resistance)、"收编"(incorporation)而展开。对于这几个关键词的分析将在正文文本中展开,本文还将在田野调查的基础上给以相应的理论回应。

田野调查依然是本文最重要的研究方法。本文从 2006 年 4 月开始田野,通过一个在网站工作的朋友在网络上认识了南方动漫网的主编,该主编介绍了广州动漫圈内比较知名的五六个人作为报道人。于是在 2006 年的"五一",作者参加了其中一个报道人策划举行的漫展,并第一次认识了一批角色扮演社团。

此后,作者参加了广州暑假、国庆的各种漫展,以实习的名义进入南方动漫网进行了一个月的田野调查,并帮助另一家动漫网站 BOPOMO.com[①] 拍摄角色扮演的视频资料,藉此和网站的多名编辑也建立了友好的关系。

除了通过漫展和进入动漫网站来进行田野工作之外,作者还通过"网络"进行了相当的"田野调查"。网络是动漫迷重要的交流工具和信息发布渠道,作者通过网络资源,顺利发展了若干个报道人,并让他们了解作者的意图;通过漫展的官方网站、报道人的个人博客、网络检索工具和在线聊天等网络工具获取了动漫亚文化现状和发展历史的各种资料。在此基础上从"网上"走到"网下",与报道人见面并参加动漫社团的聚会、漫展,使作者在获得了对于亚文化的直观感受的同时,还进行了多次深度的访谈。

(三)正文文本叙述框架说明

在漫展上"看得见"的,只是动漫亚文化圈面向外界的展演;而在这个文化圈的内部,他们开发出了圈内流行的生活方式、审美标准、通用语言,这些是在漫展上"看不见"的动漫亚文化的"文化体系"、需要进行人类学的"深度诠释"。

同样需要进行阐释的还有亚文化内动漫迷的生活方式和组织模式(自愿社团)及

---

① 该网站是全国共青团委"指定"动漫网站,网站主编是广州动漫圈内最早的社团领袖一辉。

其形成过程。尽管动漫迷们的审美标准、通用语言和生活方式是共同的或是类似的，但是亚文化的内部并不是如一般人所认为的"铁板一块"，而是具有很大的异质性的：根据不同动漫迷的不同兴趣倾向，亚文化圈内形成了不同类型的社团。广州的动漫社团共计有5类，不同的社团在其发展变迁过程中，也开发出了社团内部更加细化的关注对象、审美标准、惯例和禁忌。不同社团间同样具有交流障碍。社团之间，有分化、有竞争、有合作也有不同程度的融合。多元的社团使动漫亚文化呈现出了多样的风貌和表现形式。而这异质的多种社团，是在最近16年来不断的分化、变迁和融合中形成的。

需要呈现的内容如此之多，令作者在本文的写作过程中感受到了取舍两难：动漫亚文化，既有作为一种基本定型的亚文化所固有的有序的意义和象征体系、特别体现在他们中的精英分子所代表和宣扬的生活方式、审美价值观上；也具有相应的丰富多元的社会结构形式，体现在"社团"的组织模式上；此外这种亚文化还借鉴了日本的经验，发展出了相应的仪式作为它与社会互动的空间——即上文所初步介绍过的漫展。亚文化体系、文化体系的载体——自愿社团、以及漫展，这是广州地区动漫亚文化的三个重要的维度，无论漏掉哪一块，对于该亚文化的理解都是巨大的缺失；但是，如果只是简单地并列叙述的话，势必引起论文结构上的紊乱。而且在最近十多年的历史中，三者都体现出了巨大的变迁趋势。

克利福德·格尔茨在《文化的解释》中对于如何处理文化结构与社会结构、以及如何让"历史材料"适应我们的概念框架，给出了如下的建议："最好先将人类生活的文化与社会方面分析性地加以区别，并将其看成可以独立变化但又互相依存的因素。……文化结构与社会结构将被认为能够以多种模式互相整合。"[①]

格尔茨的建议给本文的叙事框架提供了重要的参考：即分别对动漫亚文化的文化体系与社会体系方面进行阐释和分析是可以并行的；本文的研究发现漫展是二者之间极为重要的一种整合模式，并将漫展作为这两种结构得以在各自独立的变化中又能互相依存和整合的最重要模式进行了重点阐释。

格尔茨也强调，"这两种类型的整合并非是完全同等的，因为它们中的一个所采取的形式并不直接暗示另一个将要采取的形式，因此二者之间及二者与第三种因素之间，有一种内在的不同一性和紧张，这第三种因素是个体内部的动机整合模式"[②]，即"人格结构"。他将"人格结构"作为与"文化体系"和"社会体系"并立的另一种重要因素，强调个别角色的重要性，并借用帕森斯的观点，强调三者中的"每一个对于另外两个都是必不可少的"。

"人格结构"的概念进一步提示了作者关注动漫亚文化群体中的精英分子的重要作用。事实上，作者对广州地区动漫亚文化的研究也进一步印证了"人格结构"的重要性：亚文化发展和变迁过程中，个体，特别是被称为"御宅族"的精英分子的动机整合模式，对于亚文化的变迁起着非常重要的影响。

经过以上的延伸，本论文对动漫亚文化的基本叙述框架就变成了："文化体系－社

---

① 克利福德·格尔茨：《文化的解释》，韩莉译，译林出版社2002年版，第176页。
② 克利福德·格尔茨：《文化的解释》，韩莉译，译林出版社2002年版，第177页。

会结构－人格结构"，具体到文本上就是"动漫亚文化的文化体系－动漫社团－御宅族的个体行为"，而在三者之间起作用的"整合模式"，就是"漫展"，这种模式有赖于人格结构的动机整合和实践得以实现。

然而论文的阐述还不能到此为止。受英国伯明翰学派的亚文化研究的启发，结合作者在与报道人进行的多次深度访谈所获得的资料和思考，论文不得不把对于这种亚文化的命运的思考也纳入写作框架之内。

对于亚文化的命运，正如英国约翰逊学派克拉克在研究青年亚文化的重要论文《亚文化、文化和阶级》一文中提到的，"一些亚文化仅仅是在特定的历史时刻出现：它们浮出水面，变得可辨认并被贴上标签（或者被自己，或者被别人）；它们一度控制公众注意的舞台，然后他们淡出、消逝或被广泛传播以至于失去了它们的独特性"。动漫亚文化也正在面对类似的危机：本文通过对动漫亚文化的现代"仪式"——漫展的变迁过程的分析，展示了亚文化在形成了自己的风格并被主流文化认可之后，就会逐渐被主流商业文化收编的必然性。

"漫展"最早是动漫迷们用来展示自己从动漫中获得的快乐情感的"仪式"：在这种现代"仪式"中，他们用文本方式和身体语言进行展示。然而本文在研究中进一步发现，在亚文化的商业价值逐渐凸现的时候，商业力量开始了对其的不懈"收编"，而国家力量也在"引导青少年文化向健康方向发展"的旗号下加入了这场"收编"的角逐。

在这个过程中，本文重点考察了动漫亚文化圈中被称为"御宅族"的精英分子所扮演的关键性角色。"御宅族"是代表了典型动漫迷所有的生活方式的一群人，受动漫文化产品的影响，他们的生活方式，例如消费、语言、着装，以及审美具有了独特的亚文化风格。同样因为他们对动漫知识的高度了解，使其成为了动漫圈内的（社团）天然领袖，在漫展的变迁过程中，他们扮演了重要的角色——研究中发现，这场"收编"既是主流商业力量由外自内的渗透，也是以"御宅族"为主的动漫亚文化力量"由内自外"的变迁：他们既推波助澜，表现出了对商业力量的积极合作态度；又相当保留地维持着亚文化内部各种力量的制衡。于是近几年来，漫展的操作方式和性质发生了引人注目的巨大变化，它已经不只是动漫迷自己的聚会了，而是成为了面向广州大众的重要"节日"："现在广州的学生每年有三大趁墟赶热闹的节日：一是春节花市，二是赛马场招聘会，三就是漫展"①。

一、动漫亚文化的文化体系

美国心理学家埃里克森认为，青少年亚文化之所以发生，是因为青春期存在着对成人承担义务的合法延缓期，是最容易发生认同危机或混乱的时期②。为解决认同危机，青少年热烈地寻求可以信仰的人、观念和偶像，醉心于对时尚的追求。为了体现认同并

---

① 本句话为报道人李西投所讲，出处请参照附录一：《一辉：广州漫展回忆录》。本文中所有报道人的姓名既不是他们的真实姓名，也不是本文作者为他们取的假名，而是他们自己所取、并在动漫圈内广泛使用的名字。

② 埃里克·H·埃里克森：《同一性：青少年与危机》，孙名之译，浙江教育出版社1998年版，第117页。

防御认同感的丧失,他们制造出了各种风格,作为"圈内人"和"圈外人"的标志。青少年亚文化由此产生①。

动漫亚文化的文化体系,内化于亚文化群体的生活方式、审美标准,外在体现在他们所创造的漫画作品和在公开场合的身体表演。后者是一般人眼中的动漫亚文化,通过参与漫展和社团活动就可以获得一些直接体验;而对于前者,则需要通过收集网络相关阐述资料和与报道人"从网上走到网下"、加强日常接触和进行深度访谈来了解。

对于亚文化文化体系的阐释,论文参考英国伯明翰学派代表人物斯图尔特·霍尔的研究模式,即对"风格"的研究,"对风格的解读实际上就是对亚文化的解读"②。伯明翰学派一一分析了亚文化所制造出的各种独特的风格和符号系统,如音乐、文学、舞蹈行动和暗语等,进而对亚文化进行解读。根据文化研究学者费斯克的定义,"风格"就是"文化认同与社会定位得以协商与表达的方法手段","风格通常被看作是许多类型的事物所做的分类,它也涉及某些事情如何去做、如如何演奏音乐、如何发表演讲、如何穿着打扮等……"③。风格是亚文化最具有自我吸引力和最可读的特性④。

日本动漫画从 20 世纪 80 年代开始,以电视动画片和漫画书的渠道进入中国,在它近 20 年的影响和动漫迷的努力建构下,中国动漫迷们像英国青年亚文化的群体一样,具有了鲜明的异于主流文化的文化风格。在斯图尔特·霍尔看来,"亚文化风格的组成不仅包括团体可以利用的物质材料——为了建构亚文化认同(服装、音乐、言谈),也包括他们的语境(行动、功绩、地点、咖啡馆、舞厅、迷幻剂、晚会和足球赛)"⑤。

动漫亚文化从审美观到着装、语言等生活方式都明显异于主流文化,并且有一部分动漫迷通过公开场合的身体表演等形式最大程度地吸引人们的关注,因此它在主流社会形成了相当的轰动:"亚文化风格确实有发挥影响力的时刻,形成其短暂却震撼人心的景观。"⑥

(一)"御宅":亚文化生活方式关键词

1. "御宅"一词的来源

"御宅"("おたく",罗马拼音"otaku")这个词在日文字面上大意是指"贵府上",最早是作为日语中一种不常用的敬语存在的。

1982 年,在日本动画里程碑式的作品《超时空要塞》里,女主角明美用这个词来称呼男主角一条。由于《超时空要塞》的大红大紫,喜欢这部动画的年轻人也开始模

---

① 埃里克·H·埃里克森:《同一性:青少年与危机》,孙名之译,浙江教育出版社1998年版,第118页。
② 霍尔旨在通过对于亚文化风格的具体分析,解释它反主流文化的一面。本论文倾向于借鉴其对于亚文化体系的分析途径,对于亚文化的"抵抗"的一面是持反对态度的。见 Stuart Hall, Tony Jefferson. Resistance through ritual: youth subculture in post-war Britain, London: Hutchinson, 1976, p203.
③ [美] 约翰·费斯克等:《关键概念:传播与文化研究辞典》,新华出版社,2004年版,第279页。
④ Ken Gelderand, Sarah Thornton. The subcultures reader, London and New York: Roultedge, 1997, p374.
⑤ Stuart Hall, Tony Jefferson. Resistance through ritual: youth subculture in post-war Britain, London: Hutchinson, 1976, p53 - 54.
⑥ Stuart Hall, Tony Jefferson. Resistance through ritual: youth subculture in post-war Britain, London: Hutchinson, 1976, p130.

仿主角用"Otaku"来互称，并以此为时尚。

次年评论家中森明夫在漫画杂志上发表文章，将"Otaku"定义为"没有内涵的动画和科幻迷"，"御宅族"的叫法首次出现于媒体。

在20世纪80年代日本动画的黄金时期，"御宅族"可说是创造出这片辉煌时代的背后推动者，他们甚至通过动漫产业成功推广了自己的审美取向。其中最有名的就是有日本"Otaku之王"（Otaking）之称的冈田斗司夫和他所创立的Gainax公司，创作了一批非常成功的动画作品，借此御宅族所热衷的"洛丽塔"形象红遍全国，影响了整个日本乃至中国的动漫迷。——今天我们来到任何一个漫展，随便翻阅一本同人志都可以发现洛丽塔的影子。

而对于Otaku的定义开始狭隘化的起因是日本著名的"宫崎勤事件"[①]。该事件发生在1989年，26岁的男子宫崎勤禁锢及谋杀了4名幼女，被捕后警方在其家中发现近6000盒影带及无数幼女色情动漫画，该案件轰动了日本。由于"洛丽塔"主要是通过动漫产业内的"御宅族"的强烈兴趣和推动而流行起来，从此媒体将"御宅族"这个称呼用到宫崎勤身上，也因此使政府对动漫画的管制步入了严苛和正规。

而在一般日本人的观念里，则逐渐形成了"御宅族"就是那些"对动漫或游戏的爱好极端偏激，并且老把自己关在家里，迷恋网络世界，不能与别人沟通的非正常人"的观念。"御宅族"这个词成为了社会的禁忌语言，即使在"御宅族"之间，除了极少数已公认为御宅族的人（如冈田斗司夫）之外，大家都尽可能避免以御宅之名互相称呼。

20世纪90年代之后，日本一些"御宅族"为了改变这个负面的印象进行了大量的努力。有"'御宅族'之王"之称的冈田斗司夫不仅组建了同人志社团，积极从事动漫创作，并写了大量的文章和著作，对"御宅"的定义进行厘清[②]，他带领一群"御宅族"创办的Gainax公司还制作过反映"御宅族"真实生活的影片。这些努力虽有一定成效，但"御宅族"的负面含义还远远没有消失。

最后必须提到的是日本2005—2006年间大热的《电车男》，这是关于一个自闭、内向、相貌丑陋的男性"御宅族"如何在网友的帮助下，让心仪的白领小姐接纳他的真实故事。故事最早被小说家改编成小说，然后迅速地被改编成动画、漫画、电视剧和

---

① 大部份人（包括冈田斗司夫在内）都认为"御宅族"名声会这么差是因为"宫崎事件"，但如果真要深究，"宫崎事件"只不过是日本社会对御宅族的排斥行为的一个导火索。日本的群体压力相对于其他国家为大，是日本御宅族脱离社会的主要原因之一。学生自幼稚园上学时，就已被分到不同的组别；到了中小学，每个学生都有属于自己的团体，每个人都不想被自己所属的团体离弃。为了避免自己与他人有所不同，所以同一群体的人通常会做同一种事情。御宅族喜欢的事物太狭窄，明显地与其他人"不合群"，很快就被身边的人所排挤。另一个问题就是欺凌。在一个群体中，与众不同通常会成为被欺凌的对象。御宅因为与大家"不合群"而很多时候遭到欺凌。他们为了保护自己而远离身边的人，与其他人保持距离，逐渐就和主流社会越来越疏远；这种疏远越明显，主流社会对它的排斥就越强烈。

② 最知名的是他对御宅族的三种界定：Ⅰ. 要对Anime和Comic（动画和漫画）有绝对的狂热和深入的研究，并且自己本人不是专业人员只是将动漫当作业余爱好。Ⅱ. 要有考据癖和拥有很强的搜索参考资料的能力。动漫故事中所构建的背景以及细节已经越来越多地呈现出跨领域和跨文化的趋势。一个合格的Otaku必须上知天文下晓地理、融会古今贯通中外。Ⅲ. 一个Otaku必须要有永不满足的上进心和自我表现欲。Otaku对动漫的热爱和理解也要能够通过社团以及同人志等渠道表现出来才对。

电影。《电车男》由于对"御宅族"生活状态和精神状态有深入表现而被誉为"御宅族"的"蓝皮书",胆小自闭的"御宅族"男主角在故事中所体现出的可爱之处和优点,使得"御宅族"在日本的形象大有提升。

《电车男》的系列动画、漫画、电视剧和电影作品在 2005 年传入中国,随之"御宅族"一词成为了动漫迷中的流行语,甚至被借以表达一切在某种领域的狂热者①。

图1　电影版《电车男》海报②

2. "御宅"一词在中国

"御宅"一词真正在中国成为流行语是在《电车男》引入中国那一年,即 2005 年,但是流行的范围目前还仅限于动漫迷之间,并不为大众所熟知。

而"御宅"这个词,在中文语境中更是具有了多个衍生用语:

(1) 作为形容词的"宅"。

这个词也是褒义的,意为某人的气质或者某种行为很符合"御宅族"的定义。例如"打扮得很宅"。

(2) "宅"字作为词根衍生的其他词汇:"宅性"、"宅味"、"宅男"、"宅文化"。

"宅性"意为"御宅族"的"根性"。如某"御宅族"看到动漫美少女的贴图感到兴奋,会向我解释兴奋的原因是"'宅性'发作"。

"宅味"则是"宅性"的外在体现,例如说某人的打扮"宅味十足"。

"宅男"意为男性"御宅族",通常为女性"御宅族"对男性的调侃、或者男性"御宅族"的自嘲。

"宅文化"则是"动漫亚文化"的同义词,倾向于强调相关的生活方式,并强调"御宅族"在其中的核心地位。

---

① 日文中的"おたく"一词除了指称动漫画与游戏的爱好者以外,也可用于其他方面的狂热者,如"军事おたく"。简单来说,只要对某种领域有异于常人的热衷(尤其是较特殊的领域),就可以称作"おたく"。但一般来说,还是以动画、漫画、游戏的狂热爱好者为主要的称呼对象。因为族群的增大,使得网络上对于此词汇的使用量不断增大。

② 左边的男主人公,衣着随意凌乱、身背背囊,是标准的"御宅族"形象,和女主人公的白领形象形成了巨大反差。

正如上文所介绍过的，日本绝大多数御宅族不愿也不敢承认自己是御宅族。但"御宅"的语义，还有"御宅族"的特性，从日本传入中国后发生了很大的变迁。在中国，"御宅族"[①]成为了动漫迷对圈内精英人士的一种称呼方式，他们以称呼一个人为"御宅族"来肯定（隐含赞许）此人对动漫文化的了解程度及其在动漫圈中的地位。而被称为"御宅族"的人不仅会欣然接受，而且还乐意自称"御宅族"并以此为自豪。

（三）动漫迷的生活方式

不管在中国还是在日本，动漫迷的年龄上限一直都在不断上扬。事实上，本论文最重要的报道人年龄都在27～30岁之间。

对于动漫亚文化的生活方式，本文将主要描述其着装、语言等方面，这种生活方式的代表者即"御宅族"：广州地区的御宅族们不仅自己实践着这种生活方式，而且通过网络发表等方式，普及和推广着这种生活方式。

1. 着装风格

斯图亚特·霍尔在《通俗艺术》中描述道：青少年形成特别的风格（特殊的交谈方式，在特别的地方以特别的方式跳舞，以特殊的方式打扮自己，和成人世界保持一定距离），他们的穿着风格是"一种未成年人的通俗艺术……用来表达某些当代观念……例如离经叛道、具有反抗精神的强大社会潮流"[②]。

霍尔介绍了英国的20世纪50年代出现的青年亚文化的服装风格：奇装异服的无赖青年把自己装扮成想象中的贵族青年的模样，时常穿着改装过的爱德华式贵族服装[③]在街上闲逛。霍尔解释这是"弥补战后工人阶级社区文化被破坏后的失落心情"。无赖青年出现在战后英国沉闷的、毫无生气的时期，他们主要来自非技术阶层，被关在英国战后繁荣的大门之外，缺乏学校教育，不能进白领阶层。他们的服装风格"实际上掩盖了从事体力劳动的无技术、半游民的真实生活与周末晚上衣冠楚楚却又无处可去的经历之间的差距"[④]。

英国的工人阶级"无赖青年"亚文化的着装，是对于主流的贵族青年着装的挪用和拼贴，以掩饰一种"失落"；中国典型动漫迷的日常穿着，则是挪用自日本动漫迷，

---

① 尽管"御宅族"一词在中国动漫界真正被广泛使用只是近一两年的事情，但是由于这个词的高度概括性，请允许本文在行文中用这个词来称呼动漫迷中的精英人士。
② Stuart Hall, Paddy Whannel. *The popular arts* (1964), Boston: Beacon Press; New York, Pantheon Books, 1967, p280～282.
③ 爱德华（是 Edward Teddy 昵称）式的服装本是为贵族青年所设计，包括一件狭长的掐腰夹克衫，一条窄腿裤，一件时髦的马甲，圆领的白衬衣和打成温莎结的领带。爱德华式服装被无赖青年挪用和改造形成自己的独特风格：紧身直腿裤、厚底鞋、缎子领或斜纹布领的宽夹克、系成"鞋带"式样的领带，服装颜色也进行了大换样，变成了大红大绿的颜色。
④ Stuart Hall, Tony Jefferson. *Resistance through ritual: youth subculture in post-war Britain*, London: Hutchinson, 1976, p48.

一般具有鲜明的"哈日"风格,这种风格在日本被称为"秋叶系"①。

秋叶原是日本动漫画游戏精品荟萃的电器街,是日本动漫迷的"圣地"。动漫迷为了购买自己心仪的电子产品或动漫作品往往节衣缩食,穿的是非常廉价的普通T恤或者衬衣,同时还要背着巨大的背包,方便购物。总之"秋叶系"的着装特点是不修边幅、追求舒适随意。中国的男性动漫迷的典型打扮主要模拟"秋叶系":大背囊+T恤+套衬衣+波鞋。报道人一辉(男)在他的博客中写他去香港:"还专门一身Otaku打扮,格子衬衣、大背囊、头发凌乱,总之宅味十足。"

女性御宅族的着装风格比较多样,绝大部分非常中性,几乎是男性御宅族服饰的翻版。

尽管不修边幅是御宅族的日常生活的主要风格,但他们会注意动漫符号在服装细部的使用,如在服装上加上印花,留下一些符号化的标志,如动漫作品Logo或者经典用语口号等。

以上介绍的是御宅族的日常着衣风格。在比较特殊的非舞台场合下,例如在内部聚会上、角色扮演"私影"拍摄活动或者漫展上,他们则会选择非常炫目的装扮来彰显自己。

2. 动漫迷的虚拟身份

广州地区每个动漫迷都拥有自己的虚拟身份②:这种身份体现为一个他们自己所取、并只在动漫迷之间使用的"名字"——昵称,这个名字截然不同于人类学传统视野中的姓名,因为它抛开家庭的"姓",所以不体现家庭背景或者辈分关系;昵称本身也不会寄托传统社会中诸如"健康"、"强壮"、"美丽"之类的的价值观。所以动漫迷的家庭成员也都不一定知道他们的昵称。

动漫迷之间所使用的都是如上所述的"昵称",即使是其中广为人知的精英分子,他们的本名也往往很少人知晓。多数动漫迷的昵称都注重音节上的琅琅上口、容易记诵,它们或取自动漫作品,或是模仿日本人的名字,或表达自己的生活态度等,不一而足。

虚拟身份的使用与动漫迷对网络的巨大依赖有关。网络论坛对于动漫迷来说很重要,他们在这里用网名发表图片、文章和交流信息,一部分动漫迷是首先在某个关于动

---

① 这个词的诞生是因为日本动漫迷的兴趣大多以动画与游戏为主要涉猎范围,而对于电子电器产品有着比平常人更大的需求,故常于当初日本东京都内曾以电子商品著称、被称作"电器一条街"的秋叶原一带出没。后来秋叶原因为众多因素及商业区位改变,店家经营趋势从以电器产品为主转为以动漫画游戏精品为主,而这些以兴趣为主又不重视穿着打扮的人便被称作"秋叶原系"。

动漫迷们在前往购物的时候,往往都会背上一个大背囊,而服装则是非常随意的T恤套衬衣,不修边幅地前往。久而久之,这种服装风格就被称为"秋叶系(日本多简称为'アキバ系')";与之相对的是"涉谷系","涉谷系"指的是白领男性的装扮,西装领带、讲究仪容整洁。

"秋叶系"御宅族给大众留的印象就是"多数时间呆在屋子里(御宅),多半苍白肥胖、不修边幅、胡子不刮干净、戴厚厚的眼镜。他们绑马尾、头发蓬松,自言自语、用词怪异,不喜欢运动、时装等主流年青人文化。典型的日本Otaku房间墙上贴满了日本美少女、机械人海报,堆满了漫画、玩具模型"。这种生活方式非常突出地体现在了《电车男》电视剧和电影中。

② 除了动漫迷身份上的虚拟性之外,他们所"迷"的动漫作品也具有非常引人注目的虚拟性。其中的"明星"不同于美国电视剧迷所迷恋的"明星",因为前者的最突出特性就是虚拟性。也因为其虚拟性,所以可以叠加制作人所有的美好幻想,所以动漫明星从外形到性格再到命运,都可以违背常理而被发挥到极致,如夸张的"美型"、离奇的"英雄"命运等。

漫的网络论坛上互相认识之后才通过定期聚会的方式彼此认识；同时网络也是他们主要的交流工具，如 QQ、MSN 等，久而久之，网名得以作为昵称沿用。昵称的使用范围一般仅限于动漫圈之内，但是不只是在网络中使用，当他们在现实中开始交往时，依然是使用该昵称而不是改为彼此的本名，进入现实交往的动漫迷之间的所有话题都围绕动漫展开，他们有着不询问彼此的家庭、职业背景的禁忌，因此昵称帮助他们模糊掉了彼此的真实身份，营造了轻松平等的交流氛围。

作者在调查中也像动漫迷一样取了一个昵称，但是动漫圈中认可这个昵称的报道人很少，在和他们的交往中，绝大多数报道人在称呼作者时依然用作者的本名——他们清醒地意识到作者作为一个外来"研究者"的现实身份。

3. 广州动漫亚文化的语言

广州动漫亚文化群体内的成员几乎都出生在广州或者广州周边城市，因此他们之间的通用语言是粤语而不是普通话；在粤语的基础上，它们加入了很多借用自动漫作品的用语，具有夸张的表现力。例如 2006 年大热的作品《电车男》中男主角在网上跟人聊天时，用三个大写字母"OTL"或者小写的"orz"——一个跪着的小人的视觉形象来表达内心的极度惶恐，这个词随着《电车男》的风靡而成为动漫迷的通用语，表达类似的夸张情绪。再例如"怨念"这个词，一般会让人想起日本神鬼故事里，生前有极大冤情或不满的鬼魂复仇的情节，但在中国的动漫迷中，它已经是一个通用语，表达一种"不得宣泄的愤懑情绪"，例如"下载电影的怨念"，一般就是指该人一直不能下载电影而很糟糕的心情。

动漫迷们知道这些用语的出处，对这些用语都会意于心；但对于非动漫圈人士来说，如果对动漫作品没有一定了解的话，连网络上的很多动漫文章或帖子都看不懂，更谈不上跟他们的深入交流和认识了。此外，由于他们所接受的动漫作品绝大多数都是来自日本，因此他们对日语的认同度很高，几乎每个人都会讲一些日本动漫作品中的日语，如听到"saiyuki"，他们便知道这是指动漫作品《最游记》。

由于广州的动漫迷之间经常使用这种"粤语日语混杂"型的独特语言进行交流，并逐渐形成了语言习惯，以至于相当一部分人在与非动漫迷进行交流时经常会出现交流障碍。一位报道人甚至抱怨说，离开了动漫圈，她甚至"不知道该跟其他的人讲些什么，没有共同语言"。

广州地区的动漫迷与外地动漫迷在一些动漫相关用语上基本上是共通的，但在广州动漫亚文化圈中，还通行一种叫做"岁晚方言"的特殊"语言"①。"岁晚方言"是广

---

① 《岁晚英雄》是广州本地最知名的原创漫画作品，以无逻辑的"搞笑"为主要风格。作者"鸡毛"为这部作品中的"语言"特地编了一份"岁晚英雄禁忌语言"，并受到广州本地动漫迷的追捧。以下是关于"禁忌语言"说明的原文：

"禁忌语言：岁晚时代是个童话时代，里面有很多事说不清道理，好像这个禁忌语言，就是典型例子。

"所谓禁忌语言，就是法例明文规定不准说的语言，相传岁晚皇朝的皇帝岁初宗曾经做了三个大大的恶梦，恶得尿裤子，于是岁初宗恼羞成怒，把关于这三个恶梦的关键字'海'、'车'、'秋'定为'禁忌语言'，下令举国上下的生物都不能不能写这些字，违者犯法，轻则罚款重则砍头；所有含这些字的人名物品语法词句，都被视为粗不可耐的东西，实在是岁晚时代的文字狱，所以很多人谈禁语则色变。……"

州知名的系列原创漫画作品《岁晚英雄》中主人公所使用的"特殊语言"——该作品的2位创作者是广州话使用者,所以作品具有很强的粤语背景,并用搞笑的风格创造了三个新的用语,这部作品受到了粤语动漫迷的好评和追捧,而作品中几个特殊的用语也成为了他们之间的"通用语"①。

4. 动漫亚文化的审美观

动漫亚文化的审美观基本上是受到日本动漫作品影响而形成的,因此截然不同于主流社会的审美观,体现出了非常独特的风格。而且动漫迷们还在他们的聚会中以及漫展上一改平日的"不修边幅",对这些审美价值"身体力行"。

(1) 性别倒置。

所谓的"性别倒置",就是男扮女装、女扮男装,较多的是男性戴上假发、穿上裙装,做洛丽塔打扮,或者女性做视觉系打扮。这种性别倒置模糊了男女之间的性别区分②。"性别倒置"的结果,导致了"性别模糊":越来越多的动漫迷学会将自己掩盖在化妆品、假发和华丽的动漫服饰下,这些动漫迷群聚的结果,就形成了一种"巨大的奇观积聚"③。

从动漫亚文化群体"倒置"的人物性别中,看到与现实几乎毫无关联的一种非理性、非事实的逻辑。作者认为,这种逻辑来源于动漫作品中的性别特征模糊④——众多流行的动漫作品为了追求人物的美型而夸大了人物面部五官的比例,无论男女人物,都是大眼睛、高鼻梁、小嘴、尖下巴,性别差异非常小。

(2) 视觉系、洛丽塔及其他审美观。

视觉系主要是男性御宅族的一种特殊装扮形式,强调面部的妆容:多为浓黑的眼影和唇妆、部分人会穿上唇环、耳环;着装上多为穿深色紧身皮衣裤,留长发或带假发。也有一部分女动漫迷会做视觉系打扮,造成雌雄莫辨的效果(见图3)。

---

① 《岁晚英雄》是广州动漫创作者"鸡毛"与时为电台主持的"李西投"共同创作,由于李西投的电台主持背景,这部漫画作品中的人物具有了全新的语言设定。这些语言模式随着《岁晚英雄》在广州动漫迷中的大受好评而广为人知。由于《岁晚英雄》的粤语背景,它在广州以外的动漫亚文化圈中并不为很多人所知。可以说是广州动漫亚文化圈的独特语言。

② 广州动漫亚文化圈内最大规模的"性别倒置"活动出现在2004年知名的"御宅族"嘉美由(男性)特地为动漫圈内朋友所举行的婚礼上。不仅嘉美由自己率先做类似洛丽塔的新娘打扮,所有出席婚礼的嘉宾也都应嘉美由要求,欣然性别倒置、"易装出席"。

"性别倒置"还体现在动漫迷对动漫作品的角色扮演上。角色扮演是流行于动漫圈中的一种活动,它制作动漫作品中的人物的道具、服饰,并在舞台上对人物关系和故事进行扮演。广州知名的动漫社团"面具馆",其成员全部都是女性,但依然成功完成了对某部以男性角色为主的漫画作品的角色扮演。

③ Guy Debord: *The society of spectacle*, New York: Zone Books, 1995, p12.

④ J Baudrillard, *Simulacra and simulation*, Ann Arbor: The University of Michigan Press, 1994, p2. 中文节译来自《拟象的过程》,载吴琼编:《视觉文化的奇观——视觉文化总论》,中国人民大学出版社2005年版,第79页。

这种性别模糊,是对于人物的服饰、化装等"符号"的"能指"与"所指"的彻底否定:二者不再具有同一性。鲍德里亚曾提出"拟象(simulation)"的概念,他将迪斯尼乐园视作是拟象秩序的"完美模型":所有的价值都被迪斯尼乐园缩影和漫画故事提升。鲍德里亚说:"在拟象中,真实从微型化的细胞、母体和记忆库,以及控制模型那里被制造出来——并且它能从这些东西中被无数次地复制出来。"

新媒体文化群体研究

图2　性别倒置资料图片①：左边为男性，右边为女性　　图3　视觉系风格

　　洛丽塔②则是对一种女性形象的提炼。洛丽塔最早是被日本御宅族引入动画创作中的，这种"御宅+洛丽塔"的模式在日本数次风靡之后，洛丽塔的形象迅速深入人心，并成为女性动漫迷所模仿的对象。在中国的动漫界，非常强调洛丽塔服装精美度和扮演者的外貌气质；尤其重要的是，"洛丽塔"必须是"外表年龄不超过15岁，形象可爱，令人想去保护、爱惜、身体未发育或者轻度发育，更加不能少年老成"的女性类型。

　　"洛丽塔"的服装源自欧洲宫廷女性服饰，具有很强的装饰风格③。造型是以白、粉、紫、黑为主色调、裙身多有皱褶、并在领口、袖口和裙边装饰多重蕾丝花边的收腰裙装，配上与裙装颜色相应的头饰、腕饰，假发和白、黑或者粉色松糕鞋④。面部多为"可爱"⑤的透明妆容（见图4）。

　　洛丽塔这种女性形象经日本动漫产业中御宅族们的创造和提倡而得以流行。由于洛丽塔的基本风格甜美、可爱，不仅是动漫迷，就是在对动漫不甚了解的大众中，洛丽塔也受到好评，尤其是近几年来，洛丽塔的服饰有成为大众流行服饰的趋势。

　　除了"御宅族"们"身体力行"出来的几种审美观之外，还有几种他们所青睐的

---

①　本图片来自广州知名御宅族"E感应少年"的博客。左边的E感应少年，身着短裙长袜。
②　洛丽塔（Lolita）一词起源于1955年的著名小说《洛丽塔》，讲述一位大学教授爱上一位12岁的小姑娘。由于这种情节设定，具有这种特质的女性就被称为"洛丽塔"，在日本，有恋女童癖的人就被冠以"洛丽控（'lolita complex'的缩写）"之称。
③　动漫界将洛丽塔的衣饰分为三大类："甜蜜洛丽"、"死亡洛丽（又名哥德系洛丽）"和"经典洛丽"。甜蜜洛丽的服装是以粉红、粉蓝和白色为主，运用繁复的蕾丝花边，表达甜蜜可爱的感觉；"死亡洛丽"的服装是以黑白为主色，旨在表达神秘恐怖和死亡的感觉，通常配以十字架银器、黑色指甲和眼影，带出神秘感觉；"经典洛丽"颜色较为平实，透过碎花和粉色表达清雅品位。其中最受欢迎、也最常见的是"甜蜜洛丽"的类型。
④　松糕鞋的鞋底非常高，因为鞋底呈松糕状而有此名。
⑤　"可爱"在日语中是"可愛い"，是动漫亚文化审美中是最具吸引力的一种女性美。

· 197 ·

图 4　洛丽塔选举获奖者

人物类型，多数是出现在动漫作品中的典型形象：女仆①、御姐②、正太③。此外还有诸如"眼镜娘"、"猫耳娘"④等类型的追捧者，这些也都是日本动漫作品比较常见的人物类型。

二、动漫亚文化群体的整合

涂尔干在《社会分工论》中将原先的"个人与社会"的结构置换成"个人、次级群体和国家"的结构，在社会中的团体、群体（如职业团体、法人团体）身上见证有机团结。他说，社会不等于乌合之众，次级群体是构成我们社会机构的基本要素。"如果在政府与个人之间没有一系列刺激群体的存在，那么国家也不可能存在下去。如果这些次级群体与个人的联系非常紧密，那么他们就会强劲地把个人吸收进群体活动里，并以此把个人纳入到社会生活的主流之中。"⑤

广州绝大多数动漫迷是生活在一定社会网络之中而不是个体的孤立的存在。对他们而言，最重要的"社会网络"就是涂尔干所提的"次级群体"——动漫社团。本文的考察排除了为参加漫展而临时拼凑起来的社团，主要研究专业性动漫社团。特别需要说明的是，尽管动漫迷内具有共同认可的生活方式、行为方式和文化消费方式，但由于其

---

① "女仆"，顾名思义是"百依百顺"的女性类型，"女仆"的着装特点是身着女仆裙、带围裙、系发带。日文为"メイド"。最早在日本秋叶原出现了主要受众为"御宅族"的快餐店"女仆屋"，店中的服务员都做女仆装扮。现在在广州也出现了一家女仆店。

② 喜欢"御姐"类型的人，通常被称为"御姐控"。"御姐"来自日文"御姉貴"，意为"大姐头"，是"勇敢野蛮"的女性类型。"御姐"的着装特点多为暴露性感。

③ "正太"是尚未长大的小男孩，着装特点多为衬衣、短裤，少年老成。较典型的"正太"类型有日本动画片《名侦探柯南》的主角柯南。喜欢这种类型的人，被称为"正太控"。

④ "眼镜娘"指"戴眼镜的女孩子"，"猫耳娘"指头上带类似猫耳朵的发饰的女孩子。

⑤ 涂尔干：《社会分工论》（第二版序言），渠东译，生活·读书·新知三联书店2000年版，第40页。

兴趣偏好、年龄、性别等因素而造成的异质性和复杂性，动漫亚文化的内部并不是"铁板一块"，社团并不是同质的。

多元的社团组织是动漫亚文化群体在社会空间进行整合的最重要方式，除此之外，在每个社团成员的"家庭空间"和"虚拟空间"里，他们还具有不同的整合方式，并且这些整合方式与社会空间整合方式会产生互动。

动漫亚文化群体在社会空间整合他们与各种社会结构的关系的最重要方式是社团组织；通过社团的集体性活动表达他们对动漫的快乐情感，并在活动中获得精神上的愉悦和一定的利益回报。

而在家庭空间里，动漫迷首先必须调整好与父辈之间的关系。由于他们对动漫的依恋和喜爱促使他们必须保持对动漫产品的持续性消费，而广州大多数动漫迷都只是普通学生，因此父辈对他们兴趣的理解和支持就尤其重要。一般的父母亲对他们的兴趣，最初是抱着"无可无不可"的态度，既不是太支持也不是太反对，有节制地满足他们的持续性消费；而当一部分动漫迷们在社团中得到成长、在社团的集体性活动①中或从与主流社会的合作②中获取了一些实际性利益后，家长们便往往会向更积极的态度转变。

如果说对家庭空间内的关系的整合多数是出于动漫迷的物质需求，那么虚拟空间则是动漫迷，无论是个体还是群体（社团）在精神层面上非常依赖的一个交流空间。在虚拟空间中，他们收集动漫相关信息，享受免费的动漫电子产品，如电子漫画书和动画片；同时他们在论坛、博客或网站上发布自己的体验谈和评论，在虚拟空间里找到志同道合的朋友甚至在这个空间里建立自己的信用，享受交流的快乐；此外他们利用QQ、MSN等网络交流工具保持和其他动漫迷之间的信息交流和情感交流。相对于社团组织和家庭空间而言，虚拟空间是一个更自由的交流和学习平台。对动漫社团而言，虚拟空间的重要性则在于发布社团的活动信息和活动成果，在动漫圈内建立一定的知名度，并获得更多的机会。

广州地区家庭经济条件的相对丰裕和互联网的普及，在物质条件上帮助动漫迷完成了家庭空间和虚拟空间层面的有效整合，笔者认为这是广州动漫亚文化得以迅速发展的有利条件。

在这两个空间层面有效整合的背景下，动漫社团这一组织形式帮助动漫迷完成了他们在社会结构层面的整合，这个层面是本章的论述重点。

---

① 漫展上的原创作品比赛、洛丽塔公主选拔赛和角色扮演竞赛，都会设置一定的奖项；社团也会在漫展上开档，出售一些画册、服饰和其他周边产品，从中获得一些利益。

② 在漫展中拿奖，其荣誉往往直接为主流社会所承认。例如2007年洛丽塔选拔赛的冠军阿Vein，就受到了很多商家的青睐，经常在商家的推销活动中担任代言，现正在向影视明星的道路发展。而优秀的动漫创作队伍，凭借他们的创作力，更是可以直接和动画公司、影像公司进行合作。优秀的角色扮演社团也开始出现在大型的娱乐表演活动中。

（一）自愿社团[1]研究概述

广州地区的动漫亚文化由数百个松散的动漫社团组成，这些社团绝大多数都没有在国家民政部门注册，只是出于社团成员在某方面的共同兴趣而组建而成，这种社团在人类学研究中被称为自愿社团。

自愿社团是人类学研究较多的传统课题。安德森夫妇认为，自愿社团是"任何基于自愿且具有组织形式的私人团体，其成员以部分时间和无薪无酬的方式从事各种活动，参与并支持其团体，以追求共同利益"[2]；哈维兰则从都市人类学的角度出发，认为自愿社团的目的应包括"寻求友谊、娱乐，表示与区分身份以及管理功能和寻求、保护经济利益"[3]。

西方人类学传统上对于村庄或村群中的自愿社团研究偏多[4]，但今天自愿社团一般被纳入都市人类学的研究范畴之内，一般是对外来移民适应城市生活的过程的关注[5]。其中最知名的研究成果是 W. 怀特：《街角社会：一个意大利人贫民区的社会结构》[6]。

张继焦在《城市的适应》[7]一书中对都市中少数民族迁移者就业与创业的城市适应性也进行了研究。李亦园先生所研究的马来亚麻婆地区的华人社团，并不像波士顿街头帮、伦敦无赖青年或者芝加哥流浪汉那样处于社会底层，他们不仅社会地位相对较高，而且对整个麻婆地区的政治经济都有很深的影响力[8]。"就其组织而言，应该都属于自

---

[1] 人类学传统上特别重视以亲属关系和婚姻为基础的社会组织，因为二者在一切社会中都是社会组织最重要的组织原则，然而非亲属的社会组织原则的存在也很重要。哈维兰在《当代人类学》中（上海人民出版社 1987 年版，第 416-425 页）将非亲属的社会组织原则归纳为年龄集团、自愿社团和社会分层三种。
哈维兰称"自愿社团"为"共同利益社团"，但也承认二者定义上的相似性。

[2] Robert Anderson, Gallatin Anderson. *The replicate social structure*, Southwestern Journal of Anthropology, Vol 6, p365～370.

[3] ［美］威廉·A. 哈维兰：《当代人类学》，王铭铭等译，上海人民出版社 1987 年版，第 425 页。而在社会变迁迅速的地区，自愿社团的基调"永远是适应"。这种适应为三个层次：
1) 现代都市化的发展，需要新型的个人和集体来适应它。
2) 为了适应都市生活方式，社团发展出自身的新制度和规则。
3) 社团传播全新的观念、习惯和工艺程序，帮助社团参与者完成社会关系的构建。

[4] 如克劳印第安人的烟会、夸扣特印第安人带有周期性秘密仪式的秘密社团，以及普埃布洛印第安人的舞神崇拜等。

[5] 这类研究在海外有曼吉等人对违章建筑区及非洲的所谓"异乡人区"、贫民区的研究；安德森夫妇、英国人类学家李特尔等人对进城农民利用自愿社团来谋生并适应城市生活的研究等。

[6] 威廉·富特·怀特：《街角社会》，商务印书馆 1994 年 9 月版。它是怀特在 1936—1940 年间以对美国波士顿的一个意大利人贫民区进行参与观察的基础上写成的。该书对闲荡于街头巷尾的意裔青年的生活状况、非正式组织的内部结构、活动方式、以及他们与周围社会的关系进行了详尽的考察。最后得出了关于该社区社会结构及互动方式的重要结论："街角帮的结构产生于帮的成员之间长时间的交往。多数帮的核心的形成可以追溯到成员们的少年时代。"

[7] 张继焦：《城市的适应》，商务印书馆 2004 年版。

[8] 李亦园先生的研究见《马来亚华人社会的社团组织与领袖形态》，载李亦园：《李亦园自选集》，上海教育出版社 2002 年版，第 100～136 页。李先生对华侨社团的研究是以社团组织与领袖形态为焦点，李亦园先生在该文中将领袖组织和基层组织的特性分开讨论，认为领袖集团具有分散、均衡和关闭性的特点；而基层组织则是接替序列性和开放性。李先生还提出，社团"成员大多是'自愿'参加，其领袖的形成固有一定因素，但由会员选举而产生则无疑问，因此其权力的事实也就很有限度"。

愿社团类型"①。

1990年以来自愿社团的研究成果不断②，但非正式的都市志愿团体，例如俱乐部、兴趣社团等，则很少出现在人类学的视野中。

动漫社团就是本文田野调查的考察重点。如果说独特的"风格"是动漫亚文化的"皮肤"的话，动漫社团就是本文所研究的广州动漫亚文化的"骨架"——直接载体，它是广州市动漫迷的主要组织形式。动漫社团的分化和成长直接伴随着广州地区动漫亚文化的成长。

广州绝大部分动漫社团既不是法人团体、也不是职业团体，而是因为兴趣而组织起来的个人自愿结社，他们更类似于松散性质的"沙龙"聚会。但动漫迷对于动漫社团这种纯粹关系的关注，特别是在动漫亚文化兴起的早期，能够作为有效的组织方式来建立认同。

20世纪90年代，动漫社团主要是日本动漫的追随者的松散集合，然而在这十几年的历程中，它自身不仅发展出若干种成熟的社团，而且还吸收了服饰、摄影等领域的技术，发展出了至少5种基本社团种类。动漫社团借用网上互联网虚拟空间，构成了起着凝聚、传播和联系作用的网络，再借助漫展这个有效场域适应都市化的需求，完成社团之间的有效制衡和共同发展壮大。

（二）动漫社团的规模和类型

动漫社团往往是没有在官方注册的非正式自愿团体，通过报道人Imier——某漫展策展人——的一篇写于2007年1月22日的博客文章，可以看到相当多的动漫社团的成立之随机性③：

---

① 李先生将这些社团按范围分为两大类、按社团性质划分为五小类。他认为社团与社团之间，权力干涉极为薄弱，并无形式上的统属关系，但是李先生借用施坚雅的"执事关联（interlocking officership）"方法，认为麻婆华人社会的领袖们依靠甚为繁复的"执事关连"作为交往频道而结为一体。李先生的研究虽然是立足于华侨在"非文化本土"中以及应付各种不同行政系统的社团活动，但其分析方法可以为其他的自愿社团研究提供借鉴。
关于当代中国的自愿社团，陶庆在《福街的现代"商人部落"》（社会科学文献出版社，2007年1月版。）一书中研究了中国南方某市某区某商业街草根商会组织，这个商会的成员都是"有胆有识、有勇有谋"的商业精英。该书讲述了社团用8年时间，经过了与政府力量的抗衡、合作和角力，终于获得"合法"身份的成长过程。

② 王绍光、何建宇：《中国的社团革命——中国人的结社版图》，载《浙江学刊》2004年第6期，第74页。如：Susan H Whiting, *The politics of NGO development in China*. Voluntas, Vol 2, No 21991, p16～48; Virginia A. Hodgkinson, and Russy D. Sumariwalla（eds.），*The nonprofit sector in the global community: voices from many nations*. San Francisco: Jossey-Bass Publishers, 1992, pp. 466～84，包含了诸如俱乐部、学生社团、政治结社、文学社团等不同类型的社团研究。其中有的集中研究某一类社团，如工会、商会和专业社团、学生社团、休闲团体；有的研究社团总体变迁；也有的以一个乡镇或城市作为个案。此外可参见王颖、孙炳耀、折晓叶：《社会中间层：改革与中国的社团组织》，中国发展出版社1993年版；陈健民、邱海雄：《社团、社会资本与政经发展》，载《社会学研究》1999年第4期。
以上的研究往往从社会学角度出发，将理论兴趣都集中于探讨民间社团的发展与西方概念中的公民社会的呼应，但是从人类学视野出发的研究相对不足。而在研究对象的选择上，政治性强的社团更加引人注目，尤其是"非政府组织（NGO）"。

③ 见报道人Imier的博客："Imier的漫茶馆"，网址为：http://imier.spaces.live.com/blog/cns!130bddd0a91a71f6!1664.entry。

上周同一天来的两个"社团",分别是省实与一中的两家中学的初中生,他们同样的一个状况是,填参展表的时候,连社团名都没有,幸好他们也都没有现场给我来一个什么×年×班之类的花市常见名,都认真地回去集体商量去了。省实几个小妹妹的社团名我忘记了,一中的一群小学弟学妹又是现场会议又是电话巡访,最后给我报上来的是"鸟の诗",呼……阿弥陀佛,他们还是跟动漫有关系的^^。

1. 动漫社团的规模

在以上这种背景下,对动漫社团的数目要想进行精准的统计,实在是一个不可能完成的任务:社团的准入度太低、成立的随机性太强。在田野调查中不同的机构或者个人所提供的数据,也是相差悬殊的。

按照广州名叫"YACA漫协"的一家漫展策展机构的统计①:

> 广州地区忠实于本协会的专业动漫爱好者超过60 000名,参加本协会举办的各类活动和展览的人数累计超过50万人,每年每届参展社团至少200多个,相关联的商家超过30多个。

但是根据报道人一辉②相对保守的统计,广州动漫社团的社员总数突破三千,市内活跃着至少一百多个积极进行动漫活动的非官方社团。

2. 动漫社团的分类

社团是动漫迷之间为了分享共同的兴趣和快乐情感的聚合。动漫亚文化群体内部往往具有多样的、异质的偏好和倾向,在这种偏好和倾向的基础上,建立或者参加适合自己兴趣的社团。相对于英国工人阶级亚文化而言,他们具有更强的组织性。

动漫社团的种类,正如导论中所提到的,并不是想象中的"铁板一块"。经过十余年的发展和变迁,在本文的统计中,广州地区的动漫亚文化至少出现了5种社团,社团之间相互协作又相互竞争,每一种社团都有自己相异于其他社团的兴趣点,不同性质的社团之间活动内容差异相当大。这5种社团中,历史最久的是"同人志"社团,而目前最受大众欢迎的是角色扮演社团和洛丽塔社团。

每个社团,都会努力开发出一整套内部生活的核心关切、惯例和禁忌,并依靠此巩固认同。他们采纳和适应物质客体——商品,并将商品重新组织和裁减成表达他们独特风格的载体,表达他们作为一个群体存在的集体性。

(1) 漫画社团。

漫画社团有两种,一种为自主创作的"原创"社团,另一种是以改编为主的"同人志"社团,以后者居多。现在有将二者都当作"同人志"社团混称的倾向。"同人

---

① 这个数据是该协会在2006年暑假漫展时,发布在公告栏上的数据。
② 一辉是为广州首个动漫社团的参与者,也是另一个重要的动漫社团的创办人,现为动漫从业者。根据一辉的印象,广州现有比较成熟的漫画社有30多个,成员一般为10多人;角色扮演社团有上百个,平均人数为30人;动漫摄影社团则有10个左右,成员在5人以内;鉴赏社团的数目很难考证。

志"社团是广州最早出现的动漫社团类型。——所谓的同人志，就是对漫画作品的文本改编、仿写和创作出来的作品。

"同人志"一词源于日本，原本指的是"一群有着相同兴趣的人，共同创作自己的文艺著作，称为同人志"。后来日本动漫画电玩风行，当红作品在同好间大受欢迎的结果是"将商业作品加以改编，编制外传形式的漫画同人志"，这逐渐成为同人界的主流。

改编的方式有三种：对结局的改编、对人物性格的改编和对人物关系的改编。

在20世纪80年代末、90年代初，广州的动漫迷接触的动漫画作品是卡通片、漫画书，他们通过交"画友"的方式来结交同好。"同人志"一词流传到了中国之后，也从一种创作方式演变成为一种漫画团体的统称。对于同人志社团的组建，报道人一辉总结道[①]：

> 和很多年轻人一样，广州的漫画迷爱上漫画，是从香港电视里的卡通片到后来的日本漫画书，喜欢得疯狂，一直以来只是个人在喜欢着这些玩意，身边长期缺乏同伴。后来国内的漫画杂志开始流行交画友，于是大家开始知道原来漫画的追随者不只自己一个，于是在认识的人越来越多的过程中，组社成了一个必然。……当时组社就是为了出书，大家都把自己喜欢的作品放在一起。

这类作品多半沿用商业作品文本中的角色设计以及时代背景等设定，再依靠同人作者的喜好，创作出不同的故事。例如看了某部作品，觉得男女主角的结局太悲情，于是便沿用原作者的设定，自己重新创作结局，将悲剧变成喜剧；或者是发挥自己的想像力，将严肃的情节修改成令人喷饭的爆笑漫画；还有一些动漫迷按照自己喜欢的故事类型对原著进行改编，例如让两个男主人公之间发生同性恋情[②]。像这些都是属于动漫迷中最常见的"改编派"的外传形式同人志。

"同人志"的创作完成还只是第一步，第二步还需要志同道合的动漫迷，将各自发表的文艺著作集结成册，不由商业出版社出版发行，而是自掏腰包或者筹措资金印刷，在同好间进行流通。"同人志"在动漫迷之间的流通非常重要，藉此才实现了动漫迷之间的情感交流，并逐步建立起认同。

在漫展上见到的同人志，就是漫展档口中所出售的、由租赁者自己创作或者从知名动漫作品改编而来的漫画作品，这是广州历史最久的动漫迷表达自己对于动漫的情感的方式。由于"同人志"的创作需要相当的绘画功底和叙事技巧，还要有对原著动漫风格的娴熟把握，因此"同人志"创作在漫展中虽然不是最抢眼的，却是最受动漫迷尊敬的。

漫画社团的核心关切，自然是漫画的创作，这种创作既包括原创作品也包括改编作品。很多漫画社团具有明确的成员内部分工，这种分工根据创作作品所需要的技术流程

---

① 这段文字是一辉为2006年暑期的某一场漫展的同人志主题活动所写的文章的节选。
② 有相当的女性动漫迷钟爱这种改编为"男男恋"类型的同人志，从而被称为"同人女"。

而进行，如角色设定、形象设计、底稿、上色、后期制作，以及最后的联系印刷等。

（2）角色扮演社团。

又称为Cosplay社团。Cosplay为"costume play"的缩写。进行角色扮演，需要按照最大的还原度制造动漫作品中的人物服饰和道具、假发，按照动漫人物的形象进行化妆，并在舞台上按照动漫作品的故事情节和人物关系进行表演。

在角色扮演社团"美意识联萌"的论坛上，张贴着如下一则招募通知①，从中我们可以大致了解角色扮演社团的主要活动内容：

> 我们欢迎Cosplay圈内有才能的人加入我们，加入我们须通过以下至少一项考核。
> 1. 道具制作——按要求完成一件道具的整个制作过程。
> 2. 服装制作——按要求完成一套Cos服装的整个制作过程。
> 3. 公众舞台表演——在考核其间完成一项以上公共场所的舞台表演。
> 4. 化妆、摄影、电脑后期——提供独立完成的Cos妆面或照片作品。
> 5. 舞台技术——包括舞台背景音乐、音效的制作、剧本编写、配音，舞台效果制造等。
> 6. 后勤工作——包括网站管理、漫展工作、Cosplay舞台助手等。
> 请根据自己特长选题。如果你确信自己的能力，请联系我们。

从这个帖子来看，成熟的角色扮演社团内部已经形成了完善的分工和流程，对角色扮演所需要的几种技术具有明确的要求，并且注重通过网络的渠道进行沟通交流和自我宣传。一般来说，优秀的角色扮演者身兼数长，知道制作、保护服装和道具的技巧，知道怎么化妆，还知道舞台表演的诀窍。他们也开发出了自己的禁忌：如不喜欢在化妆的时候被拍照等。

某角色扮演者②自嘲："御姐如此多娇，引无数宅人竞折腰，漫展前，属风流人物，全干通宵……"这是每次漫展前角色扮演社团的真实写照：他们是漫展前最为紧张的群体，为了赶制服装、设计化妆和舞台表演动作经常集体通宵达旦。

衡量一场角色扮演质量高低的标准是：还原度和华丽度。还原包括对于动漫作品人物形象、气质、典型动作以及人物关系的还原；华丽主要是对服装、配饰的质感的要求。角色扮演的服装，一般来说作为成衣出售的几率极低、而完全依靠专业裁缝量身定做的成本又难以负担，因此角色扮演者绝大多数都要靠自己动手制作。亲力亲为地参加每一项服饰、道具的制作、学习化妆技巧和舞台表演技巧，确定和保证最大的角色还原度，对角色扮演者来说，是挑战也是乐趣，更是对原作的热爱。在没有接触过动漫作品的人看来，他们的打扮可谓"奇形怪状"，但在动漫迷眼中，他们俨然是从自己喜爱的

---

① 见角色扮演社团"美意识联萌"的论坛：http://www.gzca.org/bbs/archiver/? tid-3227.html。
② 报道人昵称为"虾你·波大"，是广州知名的角色扮演者，这句话是在2007年"五一"漫展前夕她写在QQ签名档上的。

动漫作品中走出来的主人公,因此动漫迷对角色扮演具有很高的认可度和热情。

角色扮演这种活动方式始于日本,指的是穿上动漫作品中各种角色的服饰、还原各种动漫角色。最早的角色扮演也是出现在漫展档口的,刚开始时是由档口成员打扮成动漫画或者电玩中的人物以吸引顾客前来参展摊位,称为"看板娘"。到了后来,角色扮演不再只是为了帮助档口促销,而是转向以单纯的身体表演为主流。

在香港或在日本,角色扮演一般都是个体性的活动,但在中国内地城市,角色扮演现在越来越倾向于团体出演,集体的分工和合作的重要性也越来越突出。这是角色扮演的形式传到中国以来的巨大变迁。

"美意识联萌"社团的团长"E感应少年"是这么介绍角色扮演的[①]:

> 角色扮演在狭义上,是在说一群自己动手制作自己喜爱角色的服饰并去扮演的人,他们都有个共同点——动漫 Fans 这一群人,我们都称他们为 Cosplayer,他们的扮演行为,叫做 Cosplay。……Cosplay 发展到今天,范围已经不知不觉地扩大了,定义也变得有点模糊。但是,很重要的是,不是动漫人不能说是 Cosplay,……Cosplay 是只属于动漫圈内的名词。因此,要想成为一个 Cos 人,不看动漫,是不可能的。

而对于角色扮演者的要求他认为必须是[②]:

> 一个合格的 Coser 应该是由制造(Cos[③])到扮演(Play)都要亲力亲为的,就算不会做衣服,也应该自己亲自去找布或找材料找裁缝,亲自画图亲自沟通。

对于动漫迷来讲,一个不懂动漫的人,或者一个没有热情去投入到角色扮演的各项前期工作中的人,即使外貌接近动漫原著的人物,也都不能算是一个合格的角色扮演者——角色扮演社团中的精英非常明确地将"角色扮演"限定在"动漫迷"的圈子内,并将它作为动漫迷专属的一种表演方式。

用他们的说法,是"要有爱"。

(3) 洛丽塔(Lolita)社团。

自 2006 年 2 月的广州某漫展[④]中推出"洛丽塔公主"选举比赛单元之后,洛丽塔社团就应运而生。洛丽塔比赛往往分为两种组别:个人组和团体组。后者就是洛丽塔社团。

洛丽塔在广州动漫圈内出现得很晚,但发展迅速并且受到大众的追捧,2007 年"五一"黄金周的青宫漫展在网上[⑤]宣布:

---

① 见本文附录二。
② 见本文附录二。
③ Cosplay 是"costume play"的缩写,包括"换装"和"扮演"两个方面。
④ 这次漫展是由广州市青年文化宫主办。
⑤ 发布网址:http://post.baidu.com/f?kz=189445158。

2007动漫节全国Lolita公主选举，为了使本次比赛达到Lolita们的交流，促进中国Lolita文化发展，决定对所有穿Lolita裙的女孩免门票开放。

洛丽塔（Lolita）一词起源于1955年的著名小说《洛丽塔》。小说中女主人公的气质影响了日本很多动漫作品的女性角色设置，成为了一部分女性角色气质类型的蓝本，而不仅仅是小说中的一个特定人物[①]。

在报道人Imier的博客有这么一段文字，非常形象地描写了另一位名叫"清水影"的女性御宅族的洛丽塔着装[②]：

准时三点半，清水到越秀公园了，我一路小跑去接。本想半年没见，会不会就不容易发现目标呢？毕竟八月初相识，见面也就展上一会儿。但是！天哪～这目标也太明显了吧，在越秀公园门口那灰色的人群中，一个粉红色的公主！怎么可能错过，根本就是200米外都可以辨认出来的目标。嘿嘿～其实认识这么多圈内的朋友，穿什么出门的都不意外，Lolita更加不算什么，不过又也许那多半都是在展上或者是跟展相关的场所。……总之，清水那粉色的Lolita就是拉风了一路……

和角色扮演不一样的是，洛丽塔发展到现在，已经不仅仅是动漫迷专属的情感表达方式，而是一种即使是非动漫迷少女也可以尝试的着装风格。

亚文化服饰的时尚化早有先例，朋克服开始使用的是最令人鄙弃的和不值一提的衣服材料——安全别针和塑料制品。但是很快这一装束就成为了时髦的主题涌入市场，成为旧的惯例——最新款式的女装。

洛丽塔在中国正逐渐成为大街上的流行时尚。2006年广州暑假漫展的洛丽塔比赛上，年龄最小的仅3岁，平均年龄在15岁左右，冠军年龄为17岁。漫展上的很多档口，都以销售洛丽塔服装和饰物为主，洛丽塔的服装风格已经从动漫界跳脱出来，成为一种流行的装扮。

虽然洛丽塔的形象特质与角色扮演一样都是来自动漫作品，但或许由于洛丽塔这个概念的出处乃是美国文学作品，动漫迷们对于洛丽塔装扮的世俗化趋势似乎没有特别深究，也没有要求"要有爱"云云。

相比而言，洛丽塔更多地是代表一种优雅的穿衣风格和生活态度，因此洛丽塔社团成员可能只是一般的时尚爱好者，并不一定是动漫迷。尽管洛丽塔已经成为漫展上最引人注目的风景，甚至形成了不同的风格流派，但它作为社团起步的时间较晚，团体内部的互动既弱，在动漫圈中的认可度也不高。

---

① 在1995年以前日本动漫界基本不存在真正的洛丽塔形象。第一个真正的洛丽塔角色是动画片《新世纪福音战士》中的女主角，这一角色大受好评，获得了巨大的商业成功，也因此大量洛丽塔角色如雨后春笋般出现在各类动漫作品中。

② 见报道人Imier博客："Imier的漫茶馆"，网址为http://imier.spaces.live.com/blog/cns!130bddd0a91a71f6!1666.entry。

（4）动漫摄影社团。

动漫摄影社团是以拍摄角色扮演活动为主的社团。在广州，动漫摄影社团数目不多，报道人一辉提供的数据是不多于10个，每个社团人数应该在5个以内，而且很多情况下是某一个角色扮演社团的成员或者服务社团。但是他们的影响力非常大。由于动漫亚文化群体对网络相当依赖，动漫摄影社团所拍摄的角色扮演和洛丽塔图片在网络空间得以大量流传，很多角色扮演社团和洛丽塔社团依赖他们树立社团在网络上的知名度。

社团的主要成员都是摄影爱好者，其中不排除一部分靠此来"练手"的玩家——而非动漫迷。除了对摄影器材、技术的要求之外，他们还需要有相当的后期处理技术，并会通过专门的动漫摄影论坛发布照片，YACA漫协组织的由十多位动漫摄影师组成的"私影会"论坛，在国内具有相当的影响。

动漫摄影社团主要活跃在漫展内，拍摄角色扮演者。后来他们觉得漫展内的灯光背景等受到局限，因此开发了"私影"活动：邀请角色扮演者进行外拍，寻找合适的外景地，如公园、校园、郊外等；或者在影棚专业条件下，进行拍摄。他们和角色扮演者之间会有一份"合约"：说明拍摄后的照片所有权和使用权等权益分割问题。

（5）鉴赏社团。

在成熟的商业模式中，动漫周边产品是动漫产业的主要利润来源。周边的种类也极其多元，如动漫人物模型①、公仔、服装、饰物等。所以动漫迷除了要支付收藏、消费动漫画和电子游戏之外，还有一部分热衷于收藏成套成系列的周边产品。周边产品的正品，固然只有在资讯和交通相对发达的大型城市才能获得，而它的定价基本参照日本物价，对于消费能力的要求也是相当高。

鉴赏社团是由动漫周边产品的收藏者组成的社团，以共同分享、欣赏他们的收藏为主要活动。遗憾的是，这类社团的活动并不公开，因此社团数量更难统计。

"HOTGAME会社"是作者在田野调查中接触到的唯一一个鉴赏社团，他们往往是兴起于动漫收藏鉴赏者的专业论坛，他们在网上发布自己最近收集的周边产品图片、对

---

① 模型包括较普通的"扭蛋"、体形较大也较精致的PVC涂装完成品、以及最为昂贵精致的"手办"，这些一般为塑胶制品；此外还有毛绒制品，称为"公仔"。模型多倾向于三种：美少女模型、机器人模型和道具模型。

扭蛋一般指高度不超过12厘米、结构比较简单、工艺相对一般，可动性也较一般的产品。一般以数枚一套的方式推出，多采取随机抽取的方式：有的是放在扭蛋机的球型蛋盒中，投币转得；有的则是放在密封的纸盒中，由顾客抽取。每个独立包装的"蛋"中一般装的是产品的散件，只要经过简易的安装就可以得到精美的成品了。由于是靠运气随机取得的，而且一套产品不但数量较多，往往还包括有隐藏版、特别隐藏版、异色版等稀有的版本，更增加了收集的难度和乐趣。扭蛋类是周边产品中种类最丰富、价格最低的一个类别，一般价格在50元以内，而且特别贴近动漫、游戏作品，所以在国内相对较易入手。

PVC涂装完成品是比较专业的模型收藏者所喜爱的类型，因为它是PVC材质，而且在工厂已经完成涂装，一般工艺都比较精致。PVC涂装完成品一般是从日本进口，或者是由面向日本市场的中国工厂生产，所以其价格相对高昂，较小的都在人民币300元以上。

"手办"又名"garage kit"，原意是没有大量生产的模型套件，也被称为GK模型。因为产量很少而且在开模的复杂度上有着很高的难度，因此价格一般都很昂贵。因为材料的特性，很适合表现非常细致的细节部分和人物。最大的特点是大部分手办都是工厂提供的半成品白模，像模型一样需要自己动手加工上色，而且难度远大于一般模型制作，因此普及度相当低。不过也有些手办作品作为完成品发售，价格当然更加昂贵。

不同时期不同厂家的设计和工艺水平进行测评，并相互交流意见。在一定的时候，论坛主办者就会召集聚会，让论坛上的从未见面的人"从网上走到网下"，聚会聊天；进一步，这些走到"网下"的人会通过社团的形式走进漫展，这既是对他们的收藏的展示，也可以售卖玩具周边产品。

他们是动漫社团中最不引人注目的一群，但同时也是消费力最惊人的一群。他们对日本知名的周边产品公司的所有产品发布信息了如指掌，每一款新的周边产品上市，他们必定是最早知道并抢购的一批人；而他们的评点在其他普通收藏者看来至关重要，成为能影响是否继续收藏的宝贵意见。

尽管这些鉴赏者不一定是高收入者，但他们为了收集周边产品信息而孜孜不倦，成为了典型"御宅"精神的身体力行者：他们不修边幅，大部分时间都在网上，而且为了购买层出不穷的周边产品不惜节衣缩食，花费所有积蓄。他们之间的交流，即使是御宅族，如果对于周边产品没有一定关注和知识储备，也未必能够听懂[1]。

普通的动漫迷一般关注收藏漫画书、动画 DVD 以及游戏等，鉴赏社团成员则是动漫迷中的高消费群体，是动漫文化产品消费的另一支主要力量。报道人 Yuno，近年来以收集机器人和美少女的手办模型为兴趣中心，他自己在网上商城经营手办模型，而他的收入主要花费在两件事情上：收集各种手办模型，以及购买拍摄器材，后者为前者服务，拍摄模型用以网上展示、测评和交流。

（三）动漫社团的变迁与分化

从 20 世纪 90 年代初期开始，个体的动漫迷自发组织起来，自愿形成了最早的动漫社团。社团在十几年间发生了不断的变迁、冲突和分化，种类从单一到多元，成员规模也不断壮大。需要注意是，很多社团的性质也正在发生改变：从非盈利的志愿社团转变成为各种利益与价值观相竞争的矛盾综合体。

动漫社团作为自觉的群体，是在情感表达和寻求认同中形成的，但近 16 年的社团历史中充满了分化变迁。外在，表现在社团规模和数量的不断壮大；内在，则表现在社团组织模式和活动内容的变化。而分散存在的社团单位，在接触、混杂、联结和融合、分裂和消亡中，共同将动漫亚文化凝铸成了一个多元统一体。尽管动漫迷真正以社团[2]的形式组织起来并进行活动还只是近 10 多年的事情，但无论是组织形式还是亚文化的内涵，都发生了极大的变迁。

最早的动漫社团出现在 1992 年，发展到现在，衍生出了大约五类动漫社团。这些社团并不是绝对分离的，而是具有很深的相互联系和渊源。

动漫社团的功能，有的单一，有的多元。相对而言比较独立、职能比较单一的是鉴赏社团。部分社团兼具两种或者三种社团功能，但以其中某一种功能为主。例如有的漫

---

[1] 对于这种类型的社团"从网上走到网下"的过程和他们的交流，可见附录二中文章《宅男聚会》，这是一位对周边产品了解不多的女性御宅族参加鉴赏社团聚会的真实感受写照。说明动漫社团之间，也具有非常大的异质性：从核心关切到交往和行动模式，都具有非常大的不同。

[2] 广州第一批动漫社团出现在 1996 年，是非正式的校园社团，参加者都是高中生。10 年过去，当年的这一批高中生如今有的还在坚持把动漫作为最大的兴趣，有的甚至成为了动漫文化产业的缔造者。

画社团，可以进行角色扮演；有的角色扮演社团可以出洛丽塔，进行动漫摄影。

广州最早的动漫社团都是以漫画创作为主。早期的广州动漫迷比较热衷于对流行的动漫作品进行改编：有的会将自己比较喜欢的角色的故事进行细化，有的会改变故事人物的命运，或者改变故事人物之间的关系。他们这种以动漫名著为蓝本进行的漫画再创作，就是上文中所介绍到的"同人志"。

广州第一个漫画社团成立于1992年，是两个高中女生创办的。她们北上求学后，该社团随之解体，但受其影响，广州的动漫迷纷纷开始组建自己的同人志社团。从1996年开始，广州的同人志创作进入黄金时代。1996年至2000年这段时间被认为是广州漫画同人志发展的"黄金时代"。现在广州大约有20多个漫画社团，多集中在大学校园，社团人数一般在30人以内[①]。

角色扮演社团是漫展催生的产物。2001年以前，角色扮演只是作为同人志社团的宣传方法零星散见于漫展。2001年广州漫展上首次出现角色扮演比赛，这导致一部分漫画社团成员之间，为社团活动应该以漫画创作还是角色扮演为主发生了分歧，这种分歧直接导致很多社团的分化：倾向于角色扮演的社员退出漫画社团，成立了新的角色扮演社团。

现在广州的角色扮演社团非常繁荣，保守统计也有一百个左右，大的社团人数有三四十人，小的也有十多人。角色扮演社团很多来自中学和大学校园。但是经验最丰富、声望最高的角色扮演社团还是以在职人员为主，他们几乎也是从学生时代玩起，现在他们有收入保障，因此可以在服饰的华丽度和还原度上投入更多、做得更出色。

相对于同人志社团，角色扮演社团不需要成员具有漫画创作能力，准入度较低，而且操作性很强，所以在大中校园中，角色扮演社团也如雨后春笋般大量涌现，成为了近年来广州动漫社团的主流。他们主要用舞台走秀的方式，还原和展示动画、漫画或游戏作品中的人物服饰、关系和情节。

最早的角色扮演社团是从动漫社团脱离出来的，但是即使到现在，也有的角色扮演社团和动漫社团是一体化的，即：平时以漫画创作为主，参加漫展的时候也会组织出角色扮演。

洛丽塔社团则是2006年春季漫展催生的产物，有的角色扮演社团也会组织团内的女性成员组成洛丽塔组合参加洛丽塔比赛。

如果说角色扮演社团还需要成员对动漫作品有相当的了解或者操作能力的话，洛丽塔社团比起角色扮演社团的准入度更低：尽管一部分社团成员坚持自己制作服饰，但洛丽塔的服装已经有成衣出卖，社团更注重的是成员本身的外貌和气质。

动漫摄影社团的出现和角色扮演社团很类似，一部分是从老的漫画社团中分化出来，还有一部分是大学校园里喜爱摄影的人组建的。它们是以拍摄角色扮演活动为主的社团。广州这类社团现在大约有10个，一般人数都在5人以内。但他们是角色扮演得以在网络传播的主要力量，他们拍摄的图片在网上虚拟空间大量流传。

---

① 本文中对于社团数目和规模的统计，除注明外，都来自报道人一辉的统计。但是受社团的不稳定性的影响，这种数据的准确性也有待商榷，只能作为一个相对准确的参考数据。从中大致可以比较社团目前的分布情况。

动漫鉴赏社团是近几年来随着网络在广州的普及以及漫展的鼓励而出现的，其数量较少，而且由于专业度较高，社团人数也都在10人以内。同人志社团、角色扮演社团和动漫摄影社团之间还有相当的互动：同人志社团创作的作品可以为角色扮演社团拿来作为扮演的蓝本，动漫摄影社团更是完全依赖角色扮演社团和洛丽塔社团而存在，但是鉴赏类社团则处于相对独立的状态。在漫展中他们是"孤独"的一群：他们往往不会去参观或者购买同人志作品，也不会注意角色扮演和洛丽塔这些身体表演。2006、2007年作者多次前往漫展，发现作者的报道人Yuno以及他所在的鉴赏社团"HOTGAME会社"的成员们除了搜罗心仪的机器人模型、动漫作品人物模型之外，对所有的漫展信息都漠不关心，社团成员人手一台小游戏机打发时间，沉迷在自己的鉴赏世界中。

三、动漫亚文化的展演：漫展

在动漫迷个体与社会之间的秩序安排中所出现的雨后春笋般的"社团"，成为了动漫亚文化中不可忽略的重要组织力量；此外在本文的研究中发现，在"次级群体"与"社会"之间，还存在着一种不可忽视的特殊"仪式"，那就是上面所提到的"漫展"。现在广州每年有4次动漫展，漫展使在漫展中的各种社团之间有充分的互动和交流的机会。漫展在维持动漫社团的"一体性"上起到了重要的作用，它是各种社团力量巧妙制衡的一个场域。

在漫展这个公众展示空间，我们可以观察到5类动漫社团的存在和巧妙的制衡；然而在漫展的背后暗流涌动，动漫亚文化群体内的精英力量——御宅族与来自主流社会的商业和政治力量进行的博弈一直在进行。

在这场博弈里，御宅族们加入了自己的利益诉求，并为此和商业及政治力量进行合作、接受其收编、甚至主动化身为商业力量。漫展在某种程度上，依然是动漫迷进行情感表达的重要仪式，但是逐渐地，它也成为了各种力量角逐经济利益的一个商业空间。

（一）漫展：动漫亚文化的仪式

本文将漫展定位为亚文化的一种集体"仪式"。通过这个仪式，他们完成了更大范围的情感表达和认同的建构。

仪式研究是人类学的经典课题之一。列维·布留尔从心智分析上，认为仪式是"原始人""利用社会集体的组织本身和那些保证集体的繁荣及其与周围集体的联系的仪式来表现"一种"神秘"的"互渗"感[1]，仪式用来表达一种对于自然的敬畏。

维克多·特纳在《仪式过程》[2] 中，以非洲恩布丹田野工作为基础分析了当地的各种类型的仪式模式和过程。这种"分化—阈限—再整合"的过程同样适用于广州的漫展。

在漫展上，化装成动漫人物的动漫迷终于获得一个机会，彻底从他们的日常生活中

---

[1] 列维·布留尔：《原始思维》，商务印书馆1997年版，第431、433页。
[2] 维克多·特纳：《仪式过程——结构与反结构》，中国人民大学出版社2006年版。

抽离，进入了一种模糊的"阈限"或"交融状态"，漫展结束后又从这种状态中脱离，而亚文化群体也在这个过程中被更多的圈外人所关注和认可，从而进入一个至关重要的、社会关系的"再整合"阶段。

而马林诺夫斯基则从仪式的社会功能出发，认为仪式是满足个人对一个稳定的、可以理解的、可强制的世界在认知上与情感上的要求，并如何使之在面对自然偶发性事故时保持内心的安全感①，即强调仪式的和谐、整合及心理安慰方面的作用。但是，正如克利福德·格尔茨所指摘的，"这类功能主义方法最缺乏说服力的，是其对社会变迁的研究"②。格尔茨引用雷德菲尔德的说法，"这类变迁有三种：文化的混乱、世俗化与个体化"。

格尔茨进一步强调变迁的复杂性和常见性："在大多数社会中，变化是特征而不是反常，我们将期望能在二者之间或多或少地发现极端的不连续性。我认为正是在这些非常的不稳定性中，我们将会发现变化的主要推动力量。"③

漫展所承载的，正是如上所说的"社会过程"与"文化过程"的双重变迁和整合过程。首先漫展本身并非一成不变。从1998年广州出现第一场漫展，到如今漫展已经举行了9年时间，其规模、形式和性质都已经发生了巨大的变迁，可以说，每一年的漫展，都是一个动漫亚文化与社会进行"再整合"的新阶段。

英国伯明翰学派代表人物霍尔在《仪式抵抗》一书中，接受葛兰西对于霸权的分析，认为青年亚文化是种种仪式的聚集，是在霸权和反霸权的斗争领域产生的抵抗形式④，并认为仪式是用以界定和表现特殊的时刻、事件或变化所包含的社会与文化意味——这种观念比格尔茨的更加激进，倾向于强调社会的分裂、瓦解和心理不安方面。"许多人类学证据都指出，社会动荡之际或者个人或群落的'常态'在某些方面觉得受到威胁之际，礼仪活动就随之加剧。"⑤

《仪式抵抗》从人种志调查和理论层面，细致地探讨了工人阶级文化的危机是如何通过亚文化的风格体现出来的："我们把注意力首先投向风格产生的'时刻'，在这个时刻，亚文化的活动、实践和外观通过一些非常有限而又连贯的形式得以表达。"⑥ 在霍尔看来，英国青年亚文化也就是通过他们的种种象征化或者符号化的仪式（服饰、语言、音乐）来表达他们的文化意味和反抗精神。他认为，亚文化是通过"风格"和符号来表现对主流文化（霸权）的挑战⑦，因为这些符号可以"明确地表达亵渎神圣的

---

① 马林诺夫斯基：《巫术、科学与宗教》，协志出版社1996年版。
② 克利福德·格尔茨：《文化的解释》，韩莉译，译林出版社2002年版，第175页。
③ 克利福德·格尔茨：《文化的解释》，韩莉译，译林出版社2002年版，第176页。
④ Stuart Hall, Tony Jefferson. *Resistance through ritual: youth subculture in post-war Britain*, London: Hutchinson, 1976.
⑤ 约翰·费斯克等：《关键概念：传播与文化研究辞典》，新华出版社2004年版，第243页。
⑥ Stuart Hall, Tony Jefferson. *Resistance through ritual: youth subculture in post-war Britain*, London: Hutchinson, 1976, p177.
⑦ "亚文化所代表的对霸权的挑战并不是直接由亚文化产生，更确切地说，它是间接地表现在风格之中，即符号层面。"见 Stuart Hall, Tony Jefferson, *Resistance through ritual: youth subculture in post-war Britain*, London: Hutchinson, 1976, p17.

概念","惊世骇俗的亚文化以被禁止和反常的形式（逾越服装和行为的规范，违反法律等）传达被禁止的内容（阶级意识，偏离的意识）","对共认的符码的违抗会产生相当大的煽动与扰乱力量。"[1]

动漫亚文化相比起英国青年亚文化而言，在仪式上更清晰、更具有可看性，形成了一种可供仪式操作的空间实体：漫展。在漫展上，动漫亚文化的"风格"通过角色扮演和 Lolita 等身体表演以及动漫作品的展览而得到一定程度的表达。这种表达虽然是浅层次的、必须进行深度阐释，但是对于普通观众来说，这种表达具有强烈的视觉冲击力，印象深刻并且由于表达者对于观众（摄影、对话等）的合作和友好态度，因此具有极大的亲和力。

广州的动漫亚文化群体从不声称自己叛逆或者对抗。作者认为，广州的动漫亚文化正是伴随中国改革开放而出现的，在香港和深圳的辐射下，这个期间的广州经历过了社会转型的巨大冲击和思维模式的转换，特别是随着大众传媒和信息网络的充分渗透，人们的观念也变得相对宽容。因此，动漫迷们从来不觉得自己需要进行一种"对抗"或者"抵抗"。

广州动漫圈最早的展演仪式——漫展，出现在 1998 年。近年来漫展在广州的影响力日益增大，很多报道人声称，他们的父母支持或者"相当支持"他们的兴趣——社会主流对于他们的存在是相当宽容的，所以他们从来不需要通过一种叛逆的姿势来进行如英国亚文化青年那样的反抗来表达对社会的不满或者反讽。他们更多的是在致力于建立一种社会网络，来让更多的人认同他们。

参与漫展的人有两种：买票入场的和免票（凭证）入场的。需不需要买票，成为了区分"圈内"和"圈外"的重要标志：买票入场的是看客，是圈外人；通过各种方式免票入场的，才是动漫亚文化圈内的人。因为"圈内人"一般会通过社团报名参展的方式获得入场证，即使不通过社团报名参展，他们也能通过自己在圈内的人脉（例如认识主办方的工作人员，或者拥有嘉宾证）免票入场。免票入场的有如下几种类型的"圈内人"：漫展主办人员、参赛社团成员和商家。

（二）御宅族：动漫亚文化群体的代言人

漫展的组织和举办，离不开群体内精英分子的组织和引导。2005 年以来，受《电车男》影响，这批精英分子逐渐被通称为"御宅族"——在这里，"御宅族"不仅仅代表了如前文所介绍的一种以动漫为中心的生活方式，而且代表了地区动漫亚文化的权威力量。

御宅族首先是拥有最多动漫知识和资讯的"学者"，他们几乎对所有的有一定知名度的动漫产品和电玩游戏都了如指掌，而且对动漫亚文化有高度的自觉和认知。同时他们也拥有一些大众媒体和企业等社会资源，有组织动漫主题活动甚至漫展的能力。到目前为止，广州所有的漫展都离不开御宅族的策划与组织。

---

[1] Stuart Hall, Tony Jefferson. *Resistance through ritual: youth subculture in post-war Britain*, London: Hutchinson, 1976, p90~92.

御宅族的资历也是从他们的青少年时代开始积累，他们往往代表着一种权威：亚文化知识储备上的和组织上的。他们是广州动漫圈最早的一批动漫社团领袖或者最早的漫展策划人，所以绝大多数都已经不是在校学生，而是在动漫相关的文化企业任职。他们的存在可以说明，动漫不再只是"青少年"专有的文化，而是"变得年轻的人"的文化[①]。

尽管"御宅"在日本是一个贬义词，中国的这批动漫精英却都乐于以此自称。中国的"御宅族"和日本"御宅族"一样，存在一定程度上的"自闭"、"不善与人（非动漫圈中人）交流"等问题，但他们努力组建或者加入社团、通过举办漫展进行大量的公开活动，通过"同人志"、"角色扮演"等特有的方式在主流文化面前进行自我展示。他们因相同爱好而形成一个亚文化群体，不仅互相分享动漫知识，也会因知识多少而获得不同层次的尊重，从而产生竞争知识的动力。

汉语语境中的"御宅族"，往往是指对动漫具有绝对的狂热和深入的研究的动漫迷，此外御宅族还具有高度的搜寻参考资料和最新资讯的能力、以及非凡的创作才能、领袖才能或者策划才能中的某一种或数种才能。

1. 作为资深动漫迷的"御宅族"

（1）激情：消费、收藏和创作。

"御宅族"本身就具有极大的消费力，他们对嗜好的狂热必须要通过"消费"来达到心目中理想的境界，值得注意的是，这些御宅族未必就是消费能力高的人，节衣缩食是常态，但在自己偏爱的领域中维持高消费。

这在很大程度上是因为大众传媒的发达，让更多的动漫迷可以以较低的投入接触到更多的动漫产品，例如电视动画片。即使是高档动漫周边产品的收藏者，也不一定具有很好的家境——他们只是投注巨大心力、把自己几乎所有的收入和积蓄都花在为自己的兴趣而消费和收藏而已。

动漫消费和收藏对象包括 A（animation）、C（cartoon）、G（game），即漫画、动画和电子游戏。例如漫画的物质形式包括纸本和电子本的漫画书、报、期刊杂志；动画的物质形式包括电视、院线电影、DVD 等；游戏的物质形式则是游戏软件和游戏机。此外 ACG 产品的周边产品也是他们消费和收藏的重点。

御宅族会按照自己的经济能力所能支付的水平收藏自己需要的动漫产品或周边产品，经过长期的积累，即便他们的平均支付能力不高，也至少能拥有可观的漫画收藏；而支付能力较高的动漫迷的收藏就可能更加丰富多元。

值得注意的是，"御宅族"之间不会刻意相互攀比收藏的多少，或者为自己的收藏"夸富"，对他们来说，收藏只是为了兴趣。真正决定一个"御宅族"在动漫圈内的地位是否受人尊敬或重视，还是在于他对动漫知识积累的多少和公开活动能力的强弱。

---

① 在日本，动漫迷的年龄上限一直在不断上扬，"爸爸上班时买的漫画杂志下班了可以带回家给儿子看"；在中国广州由于动漫产业进入的时间不长，现在年龄最大的动漫迷就是 10 年前的初高中生，也就是 30 岁上下。但是从日本经验看来，既然动漫产业要获取越来越多的消费者，那么中国动漫迷的年龄上限也将不断保持上扬。动漫远远不只是"年轻人"甚至"青少年"的专属了。

在消费和收藏之外，一部分"御宅族"也会"创作"——如上文所提到的"同人志"，通过对原著文本的改编，给予原产品新的意义。广州最早的一批同人志创作精英，如今已经进入动漫产业链成为从业者，并开始了自己的动漫画原创创作。

（2）高度的资讯把握能力和判断力。

"御宅族"是动漫迷中的最"时尚"者。在动漫产品层出不穷的时代，他们必须能够迅速适应并抢先掌握动漫作品或者周边产品的发行信息和流行趋势，并对自己所热衷的动漫故事中所构建的背景以及细节有跨领域、跨文化的资料搜寻能力，对作品创作者所提示的暗号，一个也不漏地加以解读和研究，并给予点评。

御宅族们对动漫圈的潜力和危机，有着比较敏感的意识，并能自觉地进行自省和反思。他们自觉地引导新的动漫潮流，更成为了动漫亚文化圈中各种竞赛性活动的章程和裁判标准的制定者。

2. 作为公共活动领袖的"御宅族"

御宅族大多数时间都活跃在网络世界，但我们也可以通过参与动漫界的公开活动来接触他们。他们最爱去的公共空间，是以漫展和动漫周边产品商店为主[①]；而他们的"公开活动"主要是漫展，那是促进"御宅族"与同好进行交流、促进情感的机会。

社团活动一方面可以进行兴趣和资源共享，另一方面可以建立为大家所认同的圈内秩序。广州公认的"御宅族"就是最早的动漫社团领袖。

他们的领袖地位是自然形成而且价值中立的，他们既不能从中牟利，也无需专业的知识背景或教育资历，他们现在也会被其他动漫迷称呼为"元老"。费孝通先生在《长老统治》[②]一文中曾指出：文化就像一张生活谱，我们可以按着问题去查照，凡是比自己年长的，他就是"我师"。尽管"长老统治"反映的是中国传统社会的"无政府而有秩序"的一面，但在现代都市广州，动漫圈的"元老"——御宅族对于动漫文化有着比其他人更深的认识和体会，同样也因为他们的资历、专业知识积累和经验而受到尊重。

尽管他们都迷恋动漫文化、依赖网络交流，但与日本不同的是，几乎每个御宅族都有参加社团活动的经历，建立了自己在动漫方面的人际网络，一部分御宅族更具有卓越的领导和组织策划能力。事实上，御宅族发起和组织了广州最早的动漫节（1996年），后来这些御宅族散入各个动漫经营机构，在产业的支持下，继续主导广州的动漫活动。网络空间没有让他们自闭，反而能够帮助他们更好更畅通地组织活动和进行交流。

"御宅族"是"动漫迷"中的佼佼者，作为动漫圈中的"时尚"人士，"御宅族"的喜好倾向是动漫圈的流行指针，他们对动漫亚文化有着相当清楚的认识——这些认识是研究广州动漫必须要参考的"主位的视角"。他们不仅不是"幼稚"的、"疯狂"的存在，甚至也不是个体的、孤立的存在。特别是电脑网络在中国大城市的普及促进了新的互动形式的出现，增加了新的、重要的交流可能维度。

---

① 最近广州更向日本学习，开了一家女仆咖啡店，店内服务员全部作女仆打扮，迎合了御宅族们的审美心理。可见御宅族的消费能力正得到认可，更重要的是这说明了御宅族的审美观对社会主流文化已经开始产生影响。

② 费孝通：《长老统治》，载《费孝通选集》，天津人民出版社1988年版，第114～119页。

此外，由于他们在动漫知识的积累和动漫社团活动方面有着更多的经验，也就比一般的动漫迷拥有更多的可调配的社会资源，而他们也会积极主动地开发和组织自己的社会网络、寻求认同。一旦有强势的商业力量或者政府力量出现，御宅族会主动积极地寻求与之合作。他们还是动漫社团的领袖人物，其相互关联形成社团之间的互动。御宅族是动漫亚文化群体内的核心力量，在社会主流力量介入漫展之时，他们代表亚文化群体跟主流力量发生了多样的接触，为了在情感诉求和利益诉求之间保持平衡，他们的态度既坚持又妥协、既合作又对抗，在这复杂的过程中，漫展经历了巨大的变迁。

（三）漫展的变迁史

1. 1998—2000 年：漫展雏形

1998 年，广州各个地下漫画社团经过 6 年的发展，已经较为成熟，都创作出了一定水平的同人志或者原创作品，有的甚至已经自费出版了自己的作品。但是他们的作品只能在社团内部互相交流，得不到更多的认同，同人志社团虽然为数不少，但都处于"地下"的状态，社团之间"老死不相往来"。在这种焦虑之下，几家动漫社团联合起来组织起了广州最早期的漫展。旨在促进动漫圈内的创作交流，同时借此传达他们的"文化意味"给普通大众。

1998 年，广州首届漫展由一家漫画社团发起，以同人志作品展示为主。每年两度的广州漫画展，举办场地主要集中在市内大型图书馆的展览厅，最初的目的在于展示漫画创作者在过往半年里辛勤劳动所得的新作，以及在同好之间交流创作经验和心得，吸引了"许多躲在角落的漫画社团从这次漫展开始纷纷出巢"。广州漫展策展人 Mel 回忆：

> 1998 年到 2000 年，是尤其难忘的两年，广州一年两次定期举办的同人画展。参展的社团来自全国各地，浓郁的漫画创作的氛围，一本本并不精美但极尽心思的同人志，社团之间密切的联系和交流，理想的画展莫过于此。

而 1998—2000 年的漫展，是同人志一枝独秀的时代，漫展的参与者全部都是动漫圈内的同人志创作者或者资深动漫迷（御宅族）。漫展的形式也较为简单，不需要太高的成本。

与"同人志"的发源地日本不同的是，日本从 1975 年就有了最早的漫展，被称为"同人志即售会"，顾名思义，是以同人志作品的出售为主。23 年后中国出现了最早的漫展，但只是同人志作品的展示，没能够成功地销售①。

2. 2001—2006：商业化漫展时代

（1）2001 年 8 月海印漫展：海印集团介入漫展。

2001 年，商业力量首次介入广州漫展的举办，而漫展的内容立刻一改同人志一枝

---

① 同人志创作者们曾经试图推销自己的作品，但是购买者只有相熟的动漫圈内人士。中国无论是在广州还是在北京、杭州，始终没有形成同人志的销售渠道。

独秀的局面，虽然还是被定义为"同人聚会"，但为了丰富漫展的内容，主办方除同人志交流之外，还举办了其他的大量活动来吸引观众，例如角色扮演比赛、现场摄影比赛等。

2001年8月的广州漫展命名为"海印动漫奇妙之旅"，第一次不是在市内图书馆举行，而是市内商业中心林立的海印广场举行；场地也不只是一个展览厅，而是独占海印广场的一层楼。各漫画社团的摊位就在走廊两边一字排开，而其他相关的活动（即场漫画大赛、Cosplay大赛等）就特别分出一个舞台举行。

这次漫展盛况空前，从全国各地送来同人志作品参展的漫画社团有150个之多，亲自来参展的漫画社团有近30个。

而另一方面，对于非动漫圈内人士而言，Cosplay、视觉系表演，以及各类临场比赛则成为最大的亮点，"客流量大到堵塞了海印广场巨大通道的程度"。因此从这一次漫展开始，广州动漫迷从日本借用过来另一个很重要的术语："Cosplay"开始流行，Cosplay在漫展的"风头"逐渐压倒同人志作品。一辉这样回忆①：

> 这次漫画展有近30个大小漫画社团参加，展出的漫画水平都较以往有进步。从2000年广州漫画展才兴起的Cosplay（动漫角色扮演），今年似乎"妹仔大过主人婆"，抢过了漫画展本身的风头成为最大的主角……现场另一个吸引人眼球的活动就是现场的漫画比赛了。今年的漫画比赛是画黑白稿，题材不限，限时2个小时完成。大家可以看到高手们即时作画的过程……但最吸引人的不是画本身，而是画画的人——一身Cosplay打扮的女护士、豹女郎竟然拿起画笔画起漫画来……

于是在部分漫画社团内部的成员之间，对社团活动应该以漫画创作还是角色扮演为主发生了分歧，这种分歧直接导致了很多社团的分化：倾向于角色扮演的社员退出漫画社团，成立了新的角色扮演社团。在大中校园中，角色扮演社团也如雨后春笋般大量涌现，成为了近年来广州动漫社团的主流。他们主要用舞台走秀的方式，还原和展示动画、漫画或游戏作品中的人物服饰、关系和情节。与此同时，动漫摄影社团也开始出现。

如果说2001年秋季漫展最大的意义是Cosplay对于圈外人士的巨大吸引力得到体现、诱使动漫社团走向分化的话，那么这次漫展与从前漫展相比较最重要的变化就是：此次漫展的"东家"不再是地下动漫社团，而是由财雄势大的海印集团联合一些大广告商的赞助。

（2）2001—2006年间的漫展变迁。

2001年以后的广州，漫展的主办方越来越多，但在前期影响力和号召力最大的还

---

① 参见雅卡漫协网站：http：//cache.baidu.com/c? word=%C9%ED%3Bcosplay%3B%B4%F2%B0%E7%3B%B5%C4%3B%C5%AE%3B%BB%A4%CA%BF%2C%B1%AA%3B%C5%AE%C0%C9%3B%BE%B9%C8%BB&url=http%3A//www%2Eyaca%2Ecn/archiver/%3Ftid%2D14724%2Ehtml&p=8e759a42d38452e00be2977b4d4ccc&user=baidu。

是 YACA 漫展①。2006 年以后,属于国家部门的广州青少年宫举办的青宫漫展经过数年的积累后终于可以和 YACA 漫展平分秋色。

1）2001—2002：YACA 漫协经营漫展。

自 2001 年海印漫展的空前成功之后,时为海印集团老总的邓国坚②,通过此次漫展结识了 1998—2000 年间地下漫展的策展人一辉。在邓国坚的协助下,广州出现了第一家正式得到了民政局的批准牌照、正式通过确立了动漫画协会的章程、实现了合法化的动漫社团,这就是 YACA 广州动漫画协会。来自动漫圈外的邓国坚成为了 YACA 广州漫协的首任会长,来自圈内的策展人一辉,则是副会长。

2002 年的 YACA 漫展是 YACA 漫协主办,在寒暑假期间各举行一次。漫展主办方依然是以同人志交流为侧重点,而且举办了诸如"YACA 新人赏"之类的竞赛,鼓励漫画的创作者。现场还开设了动漫交流论坛,交流国内漫画的现状与展望今后漫画市场前景。角色扮演更加受到观众热捧。

2）2003 以后。

邓国坚担任漫画协会的会长,直接代表了商业力量介入动漫亚文化。

2003 年,邓国坚注册成立广州市雅卡文化传播有限公司,公司是在 YACA 广州动漫画协会基础上成立的专门从事动漫运营为主的经营机构。YACA 广州漫协被作为品牌进行经营,漫协的成员顺理成章称为公司职员。这也是广州第一家发展成公司法人的动漫社团。雅卡文化传播有限公司除了将 YACA 漫展作为动漫品牌继续经营之外,还开始向演艺和商业营销策划等领域发展。公司成员虽然以 YACA 漫协的成员为主,但随着公司在演艺和商业等领域的扩展,也出现了相应的扩张。

因此 2003 年以后的 YACA 漫展,由简单的"同人聚会"变成了商业性质的同人加商家展示会,模式与概念逐渐稳定下来,成为了广州漫展最主要的举办商家。

2003 年,漫展最大的变化出现在角色扮演上。角色扮演大赛开始进行了新的转型,将 Cosplayer 走马灯式的上台变成剧场版的形式,将漫画中的故事情节重现于舞台,进行真实的动作、对白,让漫迷对漫画有了新的体验,加深了对某一情节的印象,产生了共鸣。

当年暑假的 YACA 漫展上,共计有 150 多家华南地区的漫画团体参展,这些参展社团多由广州各大高校、中学有志于漫画创作的年轻人组成。这些社团除了漫画作品的自身展示之余,还销售手绘襟章、书签、信纸、壁挂等动漫周边产品和漫画原稿。而展示的作品除了同人志作品外,还包括大量原创漫画作品。漫展为了鼓励本地的原创作品也举行了相应的评选活动。

2004 年以后,YACA 漫展的权威地位逐渐巩固,动漫迷的同人志作品、原创漫画

---

① 雅卡漫协是广州市越秀区动漫画协会（Young Animation and Comic Association）,英文缩写为 YACA,简称为 YACA 广州漫协。它成立于 2000 年,是广州地区目前为止唯一在政府机构注册的合法动漫民间机构。也是中国首个荣获联合国教科文组织授权认可的民间组织。

② 邓国坚是本文仅有的一个真实姓名,因为他并没有像其他动漫迷一样有自己的"昵称",而由于邓本人在动漫圈内外具有巨大的知名度,因此本文没另行为他取一个假名。邓国坚是广州最早介入动漫亚文化圈的商业力量的典型代表。

作品和角色扮演在漫展上三分天下，入驻漫展的商家也形成了比较固定的类别：动漫画产品、动漫周边产品和社团作品（包括动漫画作品和其他手工饰物等）。

角色扮演逐渐成为了漫展吸引圈外人士的卖点，漫展出于商业考虑也在不断推波助澜，吸引更多的角色扮演社团加入到漫展中来。很矛盾的是，由于漫展的策展人——御宅族们最早都是漫画社团的参与者或者领袖，他们出于对同人志的一种原生性的情感，不得不和漫展主办方进行交涉，有意识引导观众，提高他们对同人志作品和原创漫画作品的关注度。

（3）2006 年以后。

广州市青年文化宫经过 3 年的积累，在 2006 年春季的漫展中终于得以和 YACA 漫展平分"春色"。这时的广州，动漫亚文化的影响力越来越大，其身体表演的娱乐性价值、动漫创作的商业空间和巨大的消费潜力逐渐被认知，成为一块被各种商业力量觊觎的"蛋糕"。在"幕后"，出现了各种商家"各取所需"，与各类动漫社团的经济合作；而在"台前"，就体现为漫展的仪式过程被大量拷贝、仪式中的商业性质越来越明显。

广州的漫展一般是一年 4 次，寒暑假期间和五一、国庆①，主要举办者就是上文介绍过的雅卡文化传播公司、广州市青年文化宫。广州市青年文化宫是属于国家支持的官方机构，雅卡文化传播公司旗下的雅卡动漫协会则是广州唯一的正式注册过的动漫协会。青年文化宫和雅卡动漫协会是多年的漫展竞争者。在青年文化宫和雅卡之外，更多的广州文化机构也正在积极跻身于漫展的筹办。从以下的历史档案可以很清楚地看出漫展数量的递增趋势：

2006 年 2 月和 5 月分别都是 2 场漫展，且都为 YACA、青年文化宫主办。

8 月份暑假期间为 3 场漫展，在 YACA 和青年文化宫的漫展之外，增加了"广东动画漫画艺术节 2006"，该活动的策划和承办为一家动漫社团注册的商业公司②，而主办单位则包括了来自来自政府、部队和商业的多方面的法人单位③。

2006 年国庆恢复到 2 场漫展，主办方为 YACA 和 BOPOMO 动漫界。

2007 年 2 月则诞生了 4 个相类似的漫展，既有必然举办的 YACA、青年文化宫两大宿敌，又有新加入的广州市电台与私人机构——源子文化传播有限公司，这是广州漫展有史以来碰车最多的一次。广州市电台（青少年频道）是第一次举办漫展，主要依靠雇用动漫圈中的新策展人策划举办。

漫展越来愈多，竞争也越来越激烈，在漫展场内进行问卷调查或者散发传单都有可能被主办方视为获取商业机密而被制止。

在 2000 年以前的漫展是不售票的非营利性漫展，2000 年以后的漫展都开始售票，而售票数量成为了主办方严守的商业秘密，因此对漫展的人流量统计是非常困难的。报

---

① 一场漫展的持续时间在 3～5 天不等。
② 该公司为源子文化传播有限公司，后文中将有介绍。
③ 主办单位：中华民族文化促进会、广东省电视艺术家协会、广州市新闻出版和广播电视局、广州军区政治部文化工作站、广东红蓝影视文化有限公司。承办单位：广州市精心广告有限公司。特约承办单位：广州源子文化传播有限公司。

道人一辉在他的博客中分析如下①：

> 据本地一份动漫报纸《漫×》的内部报告，可以得知 2007 年春季 4 个漫展的大概人流量。《漫×》是本地唯一参加了 4 个活动的动漫媒体，而且都在活动现场派发他们的免费报纸，所得出的报纸消耗数字能从一个侧面反应出爱好者的参与热情度。2 月初在地王举办的飞扬漫展，《漫×》消耗了约 4 000 份报纸；春节过后的青宫嘉年华，总共消耗了 7 000 份；其后，地王玩具狂欢节总共派出 5 000 份；然而 YACA 在锦汉办的活动，《漫×》发生了一个小意外，仅在正式开展的第一天上午派出 2 000 份，之后就被主办方禁止继续派发，所得数字就不能归纳得完整。这些派发数字不代表正确的门票销售数量，只代表在正式入口内的派发记录，那些没有领取报纸，又或者从其他通道进入的人数，则无法统计到。以上数字加起来，就是 18 000 份，也是过往每届 YACA 漫展的平均人流量，从数字上面大概能反应出广州地区观看漫展的格局，同期竞争的后果导致人流分散，而且不能继续扩大用户群。

3. 2007 年"五一"：御宅族所不知道的漫展

随着国家机构和商业力量越来越深地介入漫展，广州御宅族们的作用空间有越来越狭窄的倾向。从作者 2006 年 4 月份开始田野调查以来发现，广州的很多资深社团和御宅族们在漫展期间很少涉入甚至不参加本地的漫展活动，越来越多地受到外地漫展邀请而"走出广州"。

2007 年五一期间，广州地区的很多动漫社团都前往宁波、东莞等外地参加漫展。广州地区的动漫社团和御宅族的经验和实力在全国依然处于领先水平，但是亚文化的"仪式"——漫展已经彻底被商业力量介入。

2007 年五一漫展的数目回落为 1 场，YACA 漫协由于在 3 月份承办了一场较大的动漫活动而没有按照惯例在五一举办漫展。这次的五一漫展由数家国家传媒机构（广东南方广播影视传媒集团、广东电视台、南方电视台等）举办的"2007 粤港动漫节"，这些机构是脱离大部分御宅族、在对广州地区动漫受众了解非常肤浅的情况下，首次举办的动漫节，甚至作为广州动漫圈元老的一辉等人也不认识该动漫节的主办方，该动漫节在前期新闻通稿中宣称："预计入场人数将达 20 万人次。"②

（四）一位御宅族的个人史

本节将在整体论述的基础上结合一位重要报道人——一辉的个人履历进行说明。

---

① 参见报道人一辉博客：《一辉笔记：漫画新观察》，网址为 http：//cache.baidu.com/c? word = % C9% ED% 3Bcosplay% 3B% B4% F2% B0% E7% 3B% B5% C4% 3B% C5% AE% 3B% BB% A4% CA% BF% 2C% B1% AA% 3B% C5% AE% C0% C9% 3B% BE% B9% C8% BB&url = http% 3A//www% 2Eyaca% 2Ecn/archiver/% 3Ftid% 2D14724% 2Ehtml& p = 8e759a42d38452e00be2977b4d4ccc&user = baidu。

② 参见 BOPOMO 动漫界网站稿件：http：//www.bopomo.cn/comic/comic_news/huodong_info/2007 - 04 - 25/1177471941d80202.html。

一辉是广州动漫圈内无人不知的资深御宅族。作为广州动漫亚文化多年变迁的重要见证人，他保留了广州自1992年以来最早的同人志作品以及1998年漫展以来最齐全的历史资料。更重要的是，一辉也是这些活动的重要参与者和策划者之一，他高中以来的个人履历与广州动漫亚文化的发展变迁交织融汇、不可分割。按他自己的说法，他是"广州漫画行业的同行者"[①]。

一辉的身份很多元：动漫策展人、YACA漫协创始人、源子文化传播公司董事，以及动漫网站主编。

社团领袖一辉。1996年，时为学生的一辉创办了广州影响力最大的漫画社团"WIN CLUB"，WIN CLUB一开始就有50人以上的成员，目标也十分明确，就是做最纯粹的"同人志"。与WIN CLUB同时期出现的还有多个漫画社团，不同的漫画社团各有风格，并且都积极自费出版社刊，发表自己的同人志作品。WIN CLUB没有正式解散，只是随着成员们逐渐成家立业而自然消失。2002年11月，一辉与另外一位御宅族合作，创办了原子漫画社团，当时是挂靠在YACA漫协名下，3年后注册为独立的法人商业公司。

动漫策展人一辉。1998暑假是广州同人动漫展的开始，一辉是主要策展人，他召集了几个熟悉的漫画社团，以1 000元钱的成本在中山图书馆举办了广州第一次漫展。这场漫展没有售票，也没有统计参观人数，漫展最大的意义是让许多躲在角落里的漫画社团从此开始纷纷出巢进行交流。这种纯粹的同人漫画展以一年两次的形式举办到2000年，一辉一直担任主要策划人。2001年暑假，商业力量——海印集团赞助了他们的漫展。不久，海印集团和一辉合作，注册成立了中国第一家动漫协会，全称为YACA广州动漫画协会。海印集团老总担任会长，一辉担任副会长。2001年—2005年间，广州也出现了其他机构举办的漫展，但YACA广州动漫画协会举办的漫展一直保持了最大的号召力和影响力，这些漫展的策展人一直都是一辉。一辉每年都会抽时间去参加香港的漫展，购买他喜欢的动漫画产品，了解香港和日本动漫界的趋势和资讯，同时学习香港漫展的场地布置、参展商家、赛事赛程设计等经营模式。

源子文化传播公司董事一辉。经营YACA漫展的同时，一辉开始向动漫产业转向。他在"原子动力漫画社团"[②]的基础上注册了一家商业公司——广州源子文化传播有限公司，并开始策划漫展。注册后的商业公司中，一辉是董事的身份，与此同时，他还在其他动漫网站担任总编。从2005年开始，源子文化传播公司为商业公司或者政府部门策划组织漫展以及其他商业活动。作为动漫产业的一员，通过组建公司、策划漫展、推进同人志创作等方式，一辉希望可以成为这一"朝阳产业"的直接受惠者。但是他也在和作者的访谈中不无不满地提到：政府对于动漫产业的优惠政策并没有让他们这些草根御宅族受惠。

[①] 参见一辉博客首页个人介绍，网址：http://blog.sina.com.cn/u/1196458040。
[②] 该协会成立于2002年的11月，是集合全国各地优秀漫画人的原创漫画社团，一辉是创立人之一。社团组织者和主要画手分布于全国各地，以网络为交流平台。作为一个原创漫画创作团体，他们一直鼓励社员进行创作和交流，激发社员间的竞争意识。

媒体工作者一辉。一辉从2002年开始进入南方动漫网担任总编，3年后他进入刚成立的BOPOMO动漫界网站担任总编。通过这些网站，动漫的最新资讯、御宅族的审美观和生活方式得到了宣传和普及。在非动漫圈内的人看来，一辉是神秘而沉默的，他也承认自己有一些"自闭"的倾向。和所有其他御宅族一样，他的生活离不开网络，而他与人的交流也往往主要通过网络进行——交流对象通常只限于动漫圈内的朋友。所以其他的御宅族会告诉作者："一辉人很好。"一辉对动漫界的影响力，不仅仅是体现在多年来一直举办漫展，带动动漫圈内的交流，并一手推动漫展的多元化，一辉还一直致力于通过网络途径来传播动漫亚文化，使之获得主流文化的认同——BOPOMO动漫界网站现在已经成为"全国青少年网络协会指定动漫交流网站"。

一辉的生活方式和个人经历是广州御宅族的典型代表，他们是广州动漫亚文化多年以来的变迁的推动者，是重要的动漫社团领袖或者漫展策展人。他们进入动漫亚文化是出于单纯的对于动漫的喜爱，在漫展中他们也尽力维持动漫圈内多种社团的利益制衡。但是今天他们也希望能够从漫展或者社团活动中获得一定的经济利益，这种现实的需要推动他们与主流商业力量或者政府相关部门合作，将动漫亚文化带上被"收编"的路途。

四、动漫亚文化：非抵抗的亚文化

伯明翰学派的文化研究中，将亚文化的出现与阶级、霸权结合起来分析，把"抵抗"作为亚文化的关键词，但是动漫亚文化群体的出现并没有伴随明显的阶级差异或者与父辈文化的矛盾，特别是近几年越来越多的家长支持动漫迷发展他们的兴趣，学校也对动漫社团的发展予以鼓励。

因此本文认为，动漫亚文化是一种非抵抗的亚文化。他们的出现，更多的是寻找具有共同兴趣的同好，建立认同，并通过集体性的活动来进行他们对于动漫的情感表达。

（一）动漫亚文化："爱"的情感表达

在漫展舞台上和舞台周围，观众们明显地被角色扮演、洛丽塔和动漫摄影所吸引。此外在漫展内摆摊的动漫迷还包括动漫画创作爱好者和周边产品鉴赏爱好者。——动漫迷为什么要在漫展中展示他们的动漫创作作品和收集的周边产品[①]，为什么要进行奇观似的"身体表演"？这是否就是动漫亚文化的特有"抵抗"方式？本文认为，这首先是他们表达自己对于动漫亚文化的"快乐情感"的特有方式。这种情感表达，类似的也出现在美国电视迷身上。

"迷文化"的相关研究：

美国肥皂剧迷和科幻电视剧迷是受到最多关注的"迷类型"[②]，他们体现出了不同

[①] 一部分也会用于出售，但商业因素不在本章探讨范围之内。
[②] "迷"类型来自英文 Fandom。见 Jenson J. *Fandom as pathology: the consequence of characterization*. Tin L. Lowis. *The adoring audience, fan culture and popular media*, London: Routledge, p9～29.

的亚文化情感表达方式。哈瑞特和贝利研究肥皂剧迷，他们强调肥皂剧迷的理性和原因："肥皂剧迷的观看选择和观看实践产生于各种各样的理由，其中包括快乐和情感体验。[1]"

这种观点强调肥皂剧迷的观看行为背后的理性原因，最大的因素在于"快乐和情感体验"，动漫迷也是如此。

在哈瑞特和贝利的研究中，由于肥皂剧迷多为家庭主妇，因此肥皂剧的文本的"女性消费者发现比较容易认同这些文本，并在原来的叙述中发现了快乐，所以他们才很少生产派生性的文本"[2]。

肥皂剧迷们形成了与归属对象——肥皂剧的情感联系，这种快乐的情感体验在本质上是私人性的，但是她们通过参与迷一族的午餐、通信等活动而变得更加公开，并共同分享这种情感体验。

"情感体验的分享"同样发生在动漫迷身上，受动画漫画产品的强烈影响，他们形成了自己特有的语言风格、审美和服装风格，他们在漫展上、在晚餐餐桌上、在网络上，共同分享着对于动漫文化的快乐体验。这种分享的过程，有时候是可观的、公开的，例如在漫展的身体表演上；有时候又是封闭的，因为他们独特的风格对于主流文化具有相当的排斥作用，这种排斥可能会被理解为文化的抵抗。

而相比起肥皂剧迷，美国科幻小说迷们有另外一种情感表达方式：改编电视文本。卡米尔·培根-史密斯[3]曾考察了一部分电视文本，如对科幻电视剧系列《星空奇遇记》[4]中的挪用和重新利用的情况，研究这些文本如何被当作新的文化形式的基础：一部分对这些电视文本着迷的女性会同这些文本对话，把自己扮演为演出中的人物，写作和演奏关于它们的音乐，描绘剧中的人物肖像，制作关于他们的音乐光盘等。而另一部分迷一族则通过对文本的改编来进行对话，其方式是：将这部电视文本放置到新的情景和空间中进行改变，从而发展了原有的人物关系，甚至衍生出了新的人物形象和人物关系。卡米尔考察了《星空奇遇记》的4种主要改编模式，其中有对人物形象的改编、也有对人物关系的改编（将其中的人物关系改编为异性恋乃至同性恋）等。

动漫迷们对动漫的高度痴迷必然也导致他们需要寻找一种甚至更多的方式来表达他们的情感。非盈利性的角色扮演（私影[5]）和同人志，如今已成为广州动漫亚文化最引

---

[1] 同上，p178～179。

[2] Harrington C. Lee, Bielby D D. *Soap fans: pursuing pleasure and making meaning in everyday life*, Philadelphia: Temple University Press, p21.

[3] Camille Bacon-Smith. *Enterprising women: television fandom and the creation of popular myth*, Philadelphia: University of Pennsylvania Press.

[4] 美国一度家喻户晓的科幻题材电视系列长剧。这一电视剧一共有6部，还有10部电影，以及无数的电脑游戏。它描述了一个乐观的未来世界，在那时人类已经战胜了地球上的疾病、种族、贫穷、偏执与战争。主角们探索银河系，寻找新世界并且与新的文明相遇，同时也帮助散播和平与理解。

[5] 私影队伍是动漫迷中对拍摄角色扮演有浓厚兴趣的一部分人。他们是角色扮演者的重要合作者，角色扮演的作品通过私影的作品得以流传和传播。在广州，一部分私影者甚至开始不满足于静止图片的拍摄，也不满足于只是在漫展上进行拍摄，他们组织角色扮演者进行户外拍摄活动。一支名叫"shot me"私影队伍开始招募角色扮演者，还原演出经典的动画片，拍摄角色扮演电影，他们调动的角色扮演者可多达四五十名。由于这种活动方式在全国都还属少见，本文将不做重点介绍。

人注目的外在表现形式。尽管漫展中出现了大量的以盈利和商业宣传为主要目的、出售动漫产品和动漫周边产品（服饰、模型、公仔）的档口，但大量出现的文本改编的"同人志"和动漫的身体表演，都是以动漫迷结交同好和情感表达为主要目的。

同人志是动漫迷最早的情感表达方式：出于对一种动画或者漫画作品文本的喜爱而对其进行改编和仿写。

此外，身体的表演也的确是漫展上动漫迷情感表达的重要方式。

角色扮演是动漫迷对于快乐情感的一种自由表达方式，他们在最大限度上追求表演服饰和妆容的精美"华丽"度。在此基础上，他们有"还原"、"改编"、"恶搞"等不同表达方式：可以忠于动漫原著作品，追求对于原著作品的人物形象、人物关系乃至背景设置的高度"还原"，或者忠实地再现原著中的某一个故事情节；也可以在某一部同人志作品的基础上，对经典原著的故事情节或者人物关系进行改编，将不幸的结局改为团圆的结局，或者重新调整、改变人物之间的关系。而随着"恶搞"风的流行，角色扮演中也出现了单纯以追求谐谑效果为目的的表演，他们抽取原著中的人物形象，对这些形象加以适当的丑化或者夸张，或者赋予其截然不同的性格或者命运，在荒诞的拼贴和语言组织中，营造出滑稽可笑的效果。

角色扮演除了"还原"、"改编"、"恶搞"经典原著，还可以扮演社团的原创动漫故事，这种类型叫做"原创Cosplay"。近几年的漫展上，角色扮演的风头大大盖过动漫创作，因此漫展主办方有意识地强调动漫创作的重要性，并通过竞赛鼓励本地原创作品。在这种氛围下，一些动漫创作社团不仅努力制作原创作品，而且还会对其作品在漫展中以角色扮演的形式进行宣传，"原创Cosplay"应运而生。

身体表演是漫展最引人注目的部分和重要组成环节：表演的内容既有动漫作品的角色还原，也有体现动漫亚文化独特审美观的内容如洛丽塔、视觉系。于是漫展的观众们看到，在化妆品、假发和华丽的动漫服饰下，这些动漫迷群聚在漫展的结果，就形成了一种"巨大的奇观积聚"[1]。观众很容易被这独特的奇观所吸引，尽管他们并不理解这种"奇观"的内在文化符码。

不仅仅是广州，整个中国内地的角色扮演，都体现出了鲜明的"团体合作"特色。一场角色扮演，动用20多个扮演者非常常见，即使是经典作品中戏份很少的小角色，他们也不惜人力物力要展演出来。这种情况让日本和香港的角色扮演者感到非常意外，因为日本和香港的角色扮演一般都只是个体性的活动，只有在中国内地才会大规模集体性地出现。

对于动漫迷的这种"奇观积聚"，可以参照上文所介绍过的哈瑞特和贝利对美国肥皂剧迷[2]的考察进行理解：迷一族的感受和认同在身份的生产性建构中占据着核心地位，首先应看作是一种"爱的情感"。"爱"是御老族们使用率很高的一个词，在看到一支非常努力地进行角色扮演舞台表演的队伍的时候，他们会评价说："这是一支很有

---

[1] Guy Debord. *The society of spectacle*, New York: Zone Books, 1995, p12.
[2] Harrington C. Lee, Bielby D D. *Soap fans: pursuing pleasure and making meaning in everyday life*, Philadelphia: Temple University Press, 1995.

爱的队伍。"

尽管"奇观积聚"的原因有很多种，包括参展展位的促销方式，参加主办方举办的各种展演比赛（如 Lolita 公主比赛、Cosplay 比赛等），以及个体的情感表达等，但本文认为，"情感表达"——用身体表演的方式表达对某些动漫作品的喜爱或者从中获得的快乐情感，以及"建构认同"是最大的原因。角色扮演的这种集体性运作，帮助个体动漫迷找到了一个和社会进行对接的衔接点，同时奇观的积聚，有利于吸引更多的社会关注。

（二）非抵抗的动漫亚文化

结合社会阶级、种族等社会背景，伯明翰学派研究英国的工人阶级亚文化认为，风格代表着边缘群体和弱势群体如工人阶级、黑人、亚裔、女性的特殊抵抗方式，代表了一种反霸权的意识形态，其目的就是为了"抵抗社会"[①]，或者说，"资本主义共识的破灭和瓦解"[②]。

那么动漫亚文化的风格也具有抵抗社会的功能吗？事实上，在和多位报道人进行深度访谈的时候，他们参加漫展没有一位曾经受到家长或者老师的阻扰。几年前他们参加动漫活动的时候，父母或者老师是"不反对"的态度，现在漫展越来越引人注目，并且参加漫展可以让他们获得一些经济上的好处，因此父母的态度已经转变成为"默默支持"。有的父母会让报道人和报道人的社团伙伴到他们家中制作道具，父母甚至会帮助制作道具。

在此基础上，本文认为，动漫迷与主流文化并没有根本利益或价值取向上的分化对立，在大多数情况下它并非与主流文化互不相容，甚至是依赖主流文化的。这种依赖体现在：

（1）大多数动漫迷从中学时代就开始迷恋动漫画或者电游，他们必须依靠家庭提供支持才能拥有消费能力，而角色扮演、洛丽塔服装和动漫周边产品的开销更是惊人，所以他们必须想办法让包括学校、家庭在内的主流力量接受并支持他们的兴趣。

（2）动漫迷所迷恋和消费的动漫画或者电游，本来就是国家政府或者商业力量所重视的所谓"动漫产业"的产物。国内动漫产业的产品生产和流通直接受国家产业政策和商业投资决定和影响，而境外如日本进口的动漫文化产品的引入和流通则受国家文

[①] Stuart Hall, Paddy Whannel. *The popular arts*, Boston: Beacon Press; New York, Pantheon Books, 1967, p280～282.

[②] Dich Hebdige. *Subculture: The meaning of style*, London: Methuen, 1979, p17. 作者认为，亚文化是与身处的阶级语境相联系的，青年亚文化产生于社会结构和文化之间的一个特别紧张点，它们可能反对或抵制主流和主流的价值和文化。更为准确地说，亚文化可能产生于经济混乱的地方，或产生于由于再发展引起的社会迁移的语境中。在 20 世纪六七十年代，在生产确实发展和生活条件确实改善的条件下，英国社会所允诺的"富裕"和"中产阶级化"，并没有给青年们的生活带来根本的变化，工人阶级并没有消失，阶级差别和贫富分化等不平等依然严重，青年们依然要面对低微的薪水、令人厌烦的周期劳动和不能接受教育的现状。这一观点或许可通俗地概括为：哪里有主文化的压迫，哪里就有亚文化的反抗。

化管制政策的影响①。因此动漫亚文化必须向主流的文化形式进行适当的妥协和争取，这样才能把文化工业提供的文化消费品转化为自己的目的——例如建构内部的认同——而服务。

当然，年轻的动漫迷并没有以一种被动的、不经反思的方式来消费所有的动漫或者电玩产品。他们运用自己所能得到的通俗文化材料来建构属于他们自己的动漫亚文化风格想象，他们绝不会直接地被这些动漫产品中的文化材料所建构。因而，从上文所解析的动漫亚文化的生活方式和审美风格中我们可以看出，他们以一种积极的、有意义的和富有想象力的方式来消费文本、形象和服装的风格，从而转换成了独特的亚文化趣味和亚文化风格。而且它还是一种"有意为之"的交流，动漫迷用自己独特的方式、在特定的场合，展示自己的文化风格，将主流文化的注意力引向自身。所以尽管动漫亚文化在风格上与主流文化截然不同，但它本身对于主流文化的态度是友好的而非抵抗的。所以英国工人阶级亚文化会被英国的媒体称为"街头恶魔"，而动漫亚文化则被中国的媒体称为"时尚"。

动漫亚文化中被大众接受得最快、流行得也最快的是洛丽塔服饰。今年年初，广州首家女仆店②的开张，成为了媒体的热点话题。

一部分人，包括御宅族们察觉到了大众对动漫服饰的追捧，他们开始经营服饰制作。2007年"五一"前，广州地区知名的角色扮演者"E感应少年"在他的QQ签名档上写道："重新接受Cosplay服装定做"。另一位角色扮演者兼动漫摄影师Kelly则在他的个人相册上发布他和他的搭档制作、并将在"五一"漫展上出售的一些洛丽塔服饰和饰物。

（三）亚文化与主流商业力量的合作

这种迎合体现在御宅族对商业力量的合作态度，而动漫社团的分化变迁也往往是随着商业漫展的需求而动。

1. 社团的转化和变迁

动漫亚文化通过漫展的形式主动向大众进行自我展示，而一旦他们的价值被确认后，亚文化的"次级群体"——社团，便出现了数种转化和变迁。

一部分强势的动漫社团，如YACA广州漫协、冬日漫画社团，主动将在社团组织的基础上注册成为企业法人，并且主动谋求与商业力量的合作举办漫展，或者进行其他的活动策划、动漫创作和设计。而广州的社团从整体上表现出了迅速的分化，以下表1的数字是概略的，并且没有收入鉴赏类社团，但大致可以体现出社团分化变迁的一个趋势：

---

① 现在网络的发达在很大程度上带动了动漫产品的信息发布和速度，但必须考虑到目前国家的网络管理法规还未臻完善这点因素。

② 所谓的女仆店中，所有服务员都身着日本动漫作品中的女仆服装，即及膝长裙+白色围裙+白色帽子的搭配。女仆装是动漫亚文化的一种特殊审美倾向，很多御宅族都很钟爱这种服装。

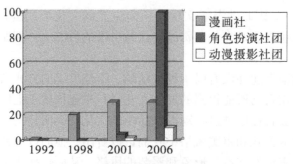

表 1　动漫社团规模演变示意①

类似的，大部分社团（无论是同人志社团还是角色扮演社团）都会在漫展上以贩卖周边商品或手工制品的方式来获得收入，更有的社团并不是由动漫迷组成，只是作为"社会实践"到漫展内摆摊设点。这是最近几年在漫展上出现的"泡沫"社团，其成员几乎不需要有对动漫文化的认识，成为很多中学生假期"社会实习"的一种。严格说起来这种社团不是动漫亚文化的一种"次级群体"，但它的大量出现、并在漫展的主办方那里登记入册，是动漫亚文化走向"大众化"的重要象征，对于这类社团的群起，报道人 Imier 在她的博客中写道②：

> "漫展如花市"也早已不是片面之词了……这些十三四岁的初中生，似乎都是买票进过两次漫展，了解了一些状况，抱着社会实践的目的就来参加漫展了。这边选完展位，那边就去一德路入货，流程跟摆花市无异。他们多数以同班同学为依据而非与志同道合，他们以社会实践为目标而非与任何动漫相关，他们多是 90 后，是物质更为丰裕的一群人。

不可否认的是，以上种种社团的分化变迁、非专业动漫社团的出现，以及社团之间的关系，一直受到了漫展的制约。作为漫展主要策展力量的御宅族，必须维持较好的动漫生态，以保持社团力量的均衡发展。像 Imier 这样的漫展筹办人常常都是从早期漫画社团的领袖发展而来，由于他们对于漫画社团的情感因素，所以即使漫展上漫画社团和漫画作品并不受到其他圈外观众的追捧，但漫画社团一直被策展人置于一个超然的象征性主导地位，创作出色的漫画人也会被屡屡邀请作为嘉宾出席签名会或者相关论坛。另一方面，因为单纯的平面漫画作品不足以支撑漫展，所以需要通过角色扮演社团的舞台表演效果来吸引观众、发展市场。

1998—2001 年这段时间，御宅族通过自己的力量组织和筹办了漫展，从中催生了角色扮演社团和动漫摄影社团，并帮助它们壮大。然而现在当角色扮演成为漫展的主流

---

① 这些数据和信息为报道人一辉提供。这里的数据是根据近年参展社团的数量统计而来的。绝大多数的动漫社团和角色扮演社团、摄影社团都是没有进行官方注册的自发性组织，从初中生到高中生、大学生和在职社会人，每个年龄阶段都可以组建，因此很难有更精确的统计。

② 参见报道人 Imier 的博客：http://imier.spaces.live.com/blog/cns!130bddd0a91a71f6!1664.entry。

和焦点的时候，御宅族们又通过改变漫展的中心，通过漫展积极号召关注原创，为漫画社团宣传漫画作者和作品，以维持其超然地位。御宅族一直在致力于通过对漫展的模式进行微调来保持社团之间的平衡。

2. 御宅族与商业力量的合作

显而易见的是，当动漫亚文化逐渐形成自己的风格的时候，商业力量、政府力量就开始了对他们的不懈的收编（incorporation）。最早的收编例子就是 YACA 作为公司的注册。而另一方面社团自身具有一定的自觉，例如"冬日漫画社团"就是从民间社团直接注册成文化公司的，而类似冬日漫画社团那样从社团转为公司法人的社团为数不少。

作为动漫亚文化组织核心力量的御宅族们，或者作为社团领袖、或者作为公司聘用的策展人，开始加入到政府力量和商业力量中去，举办各种规模的漫展。这体现在数家"御宅族"领导下的动漫社团自动注册为企业法人，一部分"御宅族"更是成为了商业漫展的策展人和操作人，不同的漫展由于策划人"御宅族"的不同倾向而呈现不同的风格。

2003—2005 年间，广州仅有的两个一直延续的漫展，分别是由商业公司和国家文化部门举行的。前者是由御宅族与商业力量合作、旨在同人交流和商业展会，而后者则是共青团委员会依样操作、旨在"引导动漫文化"和商业展会。青宫漫展①终于得以和 YACA 平分秋色是在 2006 年，有了御宅族的加盟参与策划之后。成为众人看点和媒体焦点的洛丽塔公主选举，也是御宅族策划的结果。

（四）动漫亚文化的主动商业化

角色扮演和洛丽塔是漫展的最大"看点"。所谓"看点"，即吸引观众买票入场的方式。角色扮演对于动漫迷而言，是一种情感表达；但在非动漫迷看来，却成了一种需要付资的"被看"的"奇观"。这其中尤其是洛丽塔经过媒体的浅层宣传（作为一种"美丽"的着装方式、一种优雅的都市美少女的形象），已经不仅仅是动漫迷专属的情感表达方式，而是一种即使是非动漫迷少女也可以尝试的着装风格。漫展上的很多档口，都以销售洛丽塔服装和饰物为主，洛丽塔的服装风格已经从动漫界跳脱出来，真正成为了一种流行的时尚：这是亚文化的符号被商品化、物质化的典型。

动漫亚文化的商业化倾向越来越明显，对于经济利益的诉求成为了社团活动的另一个驱动力。

20 世纪 80 年代之前，伯明翰学派的学者认为亚文化群体对商业收编是拒斥的，一旦被收编就意味着死亡。例如赫伯迪格揭示亚文化的宿命道：亚文化群体生产出新的、对抗性的意义的方式，然后这些意义却被资本和市场加以整合和利用，当蔓延世界的商品经济把亚文化符号转化为利润丰厚的商品时，这对亚文化无疑具有毁灭性的打击②。

---

① 广州市青年文化宫是共青团广州市委员会的直属单位，简称"青宫"。由于青宫的政治背景和定位，青宫举办的漫展相比 YACA 漫展，往往都具有很特别的"嘉宾"——广州市政府官员，而相比起 YACA 早期的动漫迷交流聚会性质，青宫一直都以"引导"动漫亚文化为己任。

② Dich Hebdige. *Subculture: the meaning of style*, London: Methuen, 1979. p96.

然而这种看法未免有失偏颇，因为亚文化的"意义"并不是被动地被利用。在这个过程中，亚文化群体有其自身的利益诉求，应该说他们本身对于商业化是迎合的，他们本身亦希望其文化符号能够转化为利润丰厚的商品。

这种迎合出现在本文所研究的动漫亚文化群体身上——他们自己动手制作洛丽塔服饰和配饰、印刷同人志创作作品，甚至直接去批发动漫周边产品，并将其带到漫展的现场进行销售，也出现在20世纪80年代的朋克亚文化群体身上。麦克卢比在研究"朋克现象"中的"一手衣服"和"旧货市场"时指出："这种浪漫化的观念（即'亚文化群体对商业化的态度是拒斥的'这一观点）未免太理想主义了。实际上，整个朋克文化都在利用大众传媒宣传自己，并且'从一开始就开了一系列商店直接卖衣服给年轻人'"[1]。

赫伯迪格认为亚文化的表达形式通常通过两种主要的途径被整合和收编进占统治地位的社会秩序中去：商品的方式和意识形态的方式[2]。第一种：商品的方式。把亚文化符号（服饰，音乐等）转化成大量生产的物品。第二种：意识形态的方式。支配集团——警察、媒介、司法系统——对异常行为贴"标签"并重新界定。

尽管赫伯迪格忽视了亚文化群体自身的利益诉求，他对这两种整合途径的总结依然有一定的参考价值。动漫亚文化同样经历了这两个途径的整合：极力宣扬动漫亚文化的"时尚"价值，将动漫亚文化变成年轻人的一种消费时尚。

在进行意识形态渲染的同时，如上所述，在文化符号层面也就逐渐出现商业化倾向，典型如洛丽塔服装出现仅短短一年时间，就已经开始成为街头流行服饰；而角色扮演服饰中的一些符号也开始泛滥，如高中生校服也开始成为流行服饰的模仿对象，女仆装也成为一些食品店的服务员装扮。

而表达快乐情感的身体表演——角色扮演，也逐渐受聘成为大型文娱演出的常客。商业化的漫展更将动漫亚文化的风格，通过角色扮演、Lolita等身体表演转化成可观看的商品。从1998年广州第一届漫展开始举办以来，漫展迅速经历了从单一到多元、从交流性质到盈利性质的变迁。

动漫亚文化主动商业化的几个案例：

以下列举的是几个从动漫社团转向，注册为商业公司的案例。当动漫社团逐渐成长，对经济利益的诉求盖过了对情感空间的寻求，于是他们主动转型为商业公司，进入动漫产业，进行与动漫相关的创作设计、进行大型展览或娱乐活动的策划。

1. 冬日文化传播有限公司

冬日文化传播有限公司的前身——冬日漫画社团，主要是以推广漫画为主的未注册民间社团。冬日漫画社团成立于1999年，以原创动漫画创作为主，并于2004年1月正式注册为冬日文化传播有限公司，公司的目标为"全力打造中国一流的漫画品牌"[3]。

冬日漫画社团，后来的冬日文化传播有限公司，拥有数十位知名的原创动漫画家，

---

[1] 安古拉·默克罗比：《后现代主义与大众文化》，田晓非译，中央编译出版社2001年版，第205～206页。
[2] Dich Hebdige. *Subculture: the meaning of style*, London: Methuen, 1979, p94～95.
[3] 该漫画社长期处于亏损的状态，近年已经少见活动。

并通过出版、漫画周边形象设计等在推动原创动漫画发展上起到过巨大作用。

在同人志盛行的时期，冬日漫画社团在早期曾主办过以动漫画作品交流为主的漫展，但其后就很少作为漫展的主办方出现，而是不断应邀参加全国各地的漫展，在广州它也一直是 YACA 和青年文化宫的重要合作对象，向漫展提供必要的原创作品参加展示。

2. 源子文化传播有限公司

广州源子文化传播有限公司的成立方式类似于冬日，也是从漫画社团转变而来，前身为成立于 2002 年的"原子动力漫画社团"，公司法人成立于 2005 年。公司核心价值是"成为动漫行业的专业营销专家与传播策划者"。

源子文化传播与冬日文化传播的另一个相似之处在于，二者都没有独立组织和举行商业漫展的财力，因此只能为有财力支持的漫展提供策划方面的支持服务。例如在 2005 年 6 月到 2006 年 5 月，杭州连续两届中国国际动漫节都聘请了"源子文化传播"作特约原创作品征集单位、动漫名家项目总负责以及大会特别顾问。2005 年 7 月，"源子文化传播"参与组织了第三届青岛国际动漫展等。

除此之外，他们还为其他综艺型商业活动提供动漫演出。

结语

"漫展"在广州定期举办（从每年 2 次到每年 4 次），作为处于"社会"与"动漫社团"之间的一种特殊联系，从漫展"仪式"变迁中可以看到商业力量和政府力量如何成功介入并改变漫展的性质；可以看到动漫社团如何在"社会"主流力量的影响下分化、竞争和角力；还可以看到动漫迷中的精英力量——御宅族——主动向主流力量靠拢并被"收编"的过程，他们在"收编"过程中的合作态度和重要作用大大加速了整个过程的前进速度。

动漫亚文化群体，尤其是其中的精英力量"御宅族"，在与主流商业力量合作的路上，不只是改变了他们的"仪式"——漫展本身，而且还改变了这种亚文化的风格、动漫迷的"身体的表演"等等。

一部分御宅族对这些现象的出现深感不安，他们发表文章指责不懂动漫却去玩角色扮演或洛丽塔的人，他们也指责只冲着奖金而四处参赛的角色扮演队伍。他们甚至努力地通过在漫展中举办专门的单元、做很多工作来引起人们对同人志的再度关注，但是似乎无济于事。

所以御宅族们是尴尬的，他们出于自身的经济利益诉求，努力地迎合、适应和企图左右介入的商业力量，但最后他们发现：动漫亚文化最早也最纯粹的社团——同人志正逐渐被角色扮演和洛丽塔挤出公众视线，而角色扮演和洛丽塔本和同人志一样，是表达对动漫作品的热爱的一种身体表演方式，现在却成了大众眼中的"时尚"，以一场表演数百元的价格成为广州各大商厦举行商业庆典的"表演队伍"。特别是洛丽塔，已经逐渐不被看成是动漫迷的象征符号，而成为街头女性的流行服饰。御宅族的权威已经不被漫展举办商和新出现的动漫社团所重视。

令他们尴尬的还不止如此,如果说在商业漫展的头几年,御宅族们还受到相当的重视的话,那么随着一批熟悉漫展流程的职业漫展策划人的出现,现在广州的漫展越来越有脱离御宅族的趋势。过去的漫展是靠御宅族在圈内的人脉组织起来,而现在的漫展主办方参差不齐,往往不会找御宅族作为合作伙伴,而是靠高额的角色扮演、洛丽塔比赛奖金来吸引社团参与。

而几家以御宅族为主要力量成立的动漫文化公司,虽然有策展能力,却往往没有资金办漫展、也很少有项目找他们策划。政府在动漫产业上的一些优惠政策,也很难真正落实到这些公司上来。

在中国,动漫亚文化在北京、上海、广州、成都等大型城市影响力相对较大,中小型城市动漫迷的声音则极为微弱。是布迪厄所论述过的"场域"① 的存在,即包括政府力量、商业力量、传媒以及动漫迷等在内的多维度的社会力量和因素的综合体,帮助大型城市里的动漫迷形成了一种具有自己风格的亚文化。在各种力量角力的多维度空间内,御宅族们只处于最低的社会地位②。

御宅族在这场博弈中处于绝对的劣势。过去几年他们主动迎合、与商业力量合作的结果是动漫亚文化的"时尚"化,而"时尚"化之后的漫展操作难度在表面上降低,于是一时群展并起,虽然有很多失败的案例,但是成功漫展的受益人也不是御宅族。

动漫亚文化由于其在文化符号和表现形式等方面的商业价值、以及动漫迷隐含的巨大消费潜力而受到主流文化的收编,在收编过程中亚文化的独特性将逐渐减少——正如洛丽塔和角色扮演社团准入度的降低。

当赫伯迪格看到商品化的朋克服装的配件上写着"使人震惊就是时髦"时,他说:"这一点预示着亚文化正一步步逼近死亡"③。朋克亚文化和摇滚音乐在被商家发掘和收编之后,其叛逆的音乐精神流失,因此被认为已经"消亡";动漫亚文化作为一种先天不具备叛逆性、反而具有多重依赖性(依赖家庭提供经济帮助、依赖动漫产品丰富文化内涵)的亚文化,在经济利益的驱动下,不仅仅出现了亚文化符号的商品化,它还诱发了亚文化内精英力量和动漫社团的自发性商业化——尽管他们在和主流的政府机构或者商业力量的博弈中处于劣势。所以本文认为,动漫亚文化极有可能重蹈覆辙,丧失其独特性而逐渐成为一种大众流行文化。

---

① 大型城市中的动漫"场域"不是本文的研究重点,因此也只能在脚注中稍加说明。布迪厄认为,场域在一方面表现为行动者的位置和地位所结构化的空间,而这些结构化空间的性质依赖于行动者在这些空间中的位置;场域概念的最基本要素在于多面向的社会关系网络。在布迪厄看来,社会空间是由人的行动场域所组成的,场域是在某一个社会空间中,由特定行动者的相互关系网络所表现的各种社会力量和因素的综合体,而决定着一个场域的,主要是其中的游戏规则和专门利益。

② 布迪厄认为,首先场域内不同行动者的不同社会地位是依据他们所掌握的资本总量来决定的,然后在第二个层面上则是依据他们所掌握的资本的组成成分,也就是说,依据在他们的整个资本总量中不同资本的相对比例。动漫迷们所能拥有的各种资本,相对于商业力量、政府力量和媒体力量来说,是非常微弱的。

这也就是为什么政府的决策支持,或者大型商业公司的介入,往往可以改变一个城市的动漫亚文化在全国的地位的原因。杭州动漫亚文化的崛起是最明显的例子:近三年来,由于杭州市政府对动漫产业的大力扶植,杭州市的动漫产业在全国开始遥遥领先,而且政府全力支持在杭州举办大型的、全国性的动漫节。因此,杭州每年的动漫节成为了广州动漫迷们心中的"宝地",杭州本地也涌现了非常出色的动漫社团。

③ Dich Hebdige. *Subculture: the meaning of style*, London: Methuen, 1979, p96.

本文的研究背景限于广州，并未对全国其他城市的动漫亚文化群体以及日本动漫亚文化进行文化比较研究，视野较为狭窄，有局限之处，但请允许作者以广州地区动漫文化的民族志为基础，对伯明翰学派的若干观点进行总结性回应：斯图尔特·霍尔认为亚文化的"风格的解读实际上就是对亚文化的解读"，然而本文认为，亚文化的风格仅仅是其"皮肤"，对亚文化的解读还需要深入了解其社会整合方式。

本文从家庭、社会和虚拟空间三个层面论述了动漫亚文化的整合方式，尤其重点考察了动漫社团在社会层面上的整合方式和作用。

伯明翰学派的文化研究倾向于将亚文化的出现与阶级、霸权结合起来分析，将文化的"抵抗"作为亚文化的另一关键词——本文的案例研究结果与这一设定是矛盾的，本文在正文中论述了动漫亚文化群体首先是一种快乐的情感表达，他们不仅不"抵抗"主流文化，而且具有对父辈文化、教育体制的多重依赖。

本文研究尤其着重论述了亚文化群体，特别是其中的精英分子御宅族，出于对经济利益的诉求而主动寻求商业化的过程。而且这个商业化过程还在继续，动漫亚文化的命运有两种走向：一种走向或许正如朋克文化一样，以商业化的、流行文化的面目继续存在，然而其内在的文化特性，或许将要一点点被消耗掉；另一种走向是假设中国的动漫产业得以极大发展，来自中小城市的越来越多的受众加入到亚文化群体行列中来，他们学习和继承广州等大城市的动漫亚文化群体的活动和组织模式，使动漫亚文化得以继续。

参考文献：
（1）期刊与论文。
[1] 陈健民，邱海雄. 社团、社会资本与政经发展 [J]. 社会学研究，1999（4）.
[2] 崔丽丽. 体育社团的民间性、盈利性刍议 [J]. 山东体育学院学报，2003（4）.
[3] 贺立夫. 晚清广州的社团及其近代变迁 [J]. 近代史研究，1998（2）.
[4] 户晓辉. 自我与他者 [J]. 广西民族学院学报，2000（2）.
[5] 胡卫东. 转型期民间社团组织生存与发展的若干问题 [J]. 学会月刊，2004（5）.
[6] 胡鸿保，杨玉珍. 文字 VS 图像——兼谈视觉人类学的边缘性 [J]. 广西民族学院学报：哲学社会科学版，28（1）.
[7] 孟宪实. 唐朝政府的民间结社政策研究 [J]. 北京理工大学学报：社会科学版，2001，3（1）.
[8] 唐常杰，刘威，等. 社会网络分析和社团信息挖掘的三项探索——挖掘虚拟社团的结构、核心和通信行为 [J]. 计算机应用，2006.
[9] 唐戈. 论族群——社会组织的层次性及过渡关系——以中国境内北方通古斯人为例 [J]. 满语研究，2006（1）.
[10] 曾少聪. 民族学视野中的海外华人——两岸三地民族学的海外华人研究述评 [J]. 民族研究，2003（5）.
[11] 黄剑波. 作为"他者"研究的人类学 [J]. 广西民族研究，2002（4）.
[12] 王绍光，何建宇. 中国的社团革命——中国人的结社版图 [J]. 浙江学刊，2004（6）.

[13] 杨文炯. 回族形成的历史人类学解读 [J]. 民族研究, 2006 (4).
[14] 叶春荣. 人类学的海外华人研究——兼论一个新的方向 [J]. "中央研究院"民族学研究所集刊, 1993 (75): 170.
[15] 曾玲. 调整与转型: 当代新加坡华人宗乡社团变迁 [J]. 暨南学报: 人文科学与社会科学版, 2005 (1).
[16] 张健. 民国科学社团与社会变迁——以中国科学社为中心的考察 [J]. 史林, 2003 (5).
[17] 周大鸣, 秦红增. 参与发展: 当代人类学对"他者"的关怀 [J]. 民族研究, 2003 (5).
[18] 周大鸣. 都市人类学三题 [J]. 中山大学学报, 1991 (4).
[19] 周辉湘. 近代中国政治中的民间宗教与秘密结社论略 [J]. 南华大学学报: 社会科学版, 2001.
[20] 朱英. 20世纪中国民间社团发展演变的历史轨迹 [J]. 华南理工大学学报: 社会科学版, 1999 (4).
[21] Whiting H. The politics of NGO development in China [J]. Voluntas, 1991, 2.

(2) 网络。
[1] 陶东风, 金元浦. 视觉文化与个案研究——文化研究二人谈 [EB/OL]. [2003 - 04 - 22]. http://www.fromeyes.cn/Article_Print.asp?ArticleID=47.
[2] 王志弘. 视觉文化研讨 [EB/OL]. http://cc.shu.edu.tw/~e62/class/M6241801.doc.
[3] 广州市青年文化宫官方网站: http://post.baidu.com/f?kz=189445158.
[4] 广州源子文化传播有限公司官方网站: http://www.yz.gz.cn/.
[5] 广州市雅卡文化传播有限公司官方网站: http://www.yaca.cn/sblog/?action_channel_name_company.html.
[6] 南方动漫网: http://www.591ac.com/.
[7] BOPOMO 动漫届网站: http://www.bopomo.cn/.
[8] 动漫鉴赏社团 HOTGAME 的官方网站: http://www.avg-hotgame.net/.
[9] 报道人一辉的博客: http://blog.sina.com.cn/u/1196458040.
[10] 报道人嘉美由的博客: http://kamiyu.ki.china-host.net/.
[11] 报道人 Imier 的博客: http://imier.spaces.live.com/.
[12] 报道人 Yuno 的博客: http://www.bopomo.cn/.
[13] 报道人 E 感应少年的博客: http://yes100net.blog.163.com/.
[14] 报道人鸡毛的博客: http://www.topkt.com/ycxc/2007/0402/content_77.htm.

(3) 著作。
[1] (英) 阿恩雷·鲍尔德温, 布莱恩·朗赫斯特, 斯考特·麦克拉肯, 等. 文化研究导论 [M]. 陶东风, 等, 译. 北京: 高等教育出版社, 2004.
[2] (美) 埃里克·H. 埃里克森. 同一性: 青少年与危机 [M]. 孙名之, 译. 杭州: 浙江教育出版社, 1998.

[3] 安东尼·吉登斯. 现代性与自我认同［M］. 赵绪东, 方文, 译. 北京: 生活·读书·新知三联书店, 1998.
[4] 安东尼·吉登斯. 现代性的后果［M］. 田禾, 译. 南京: 译林出版社, 2006.
[5] 安古拉·默克罗比. 后现代主义与大众文化［M］. 田晓非, 译. 北京: 中央编译出版社, 2001.
[6] 陈祥水. 纽约皇后区新华侨的社会结构［M］. 台北: 中央研究院民族学研究所, 1995.
[7] 费孝通. 费孝通选集［M］. 天津: 天津人民出版社, 1988.
[8] 侯克明. 中国动画产业年报 2004［M］. 北京: 海洋出版社, 2006.
[9] （英）吉姆·麦克盖根. 文化民粹主义［M］. 林万先, 译. 南京: 南京大学出版社, 2001.
[10] 姜华. 大众文化理论的后现代转向［M］. 北京: 人民出版社, 2006.
[11] 克利福德·格尔茨. 文化的解释［M］. 韩莉, 译. 南京: 译林出版社, 2002.
[12] 克里福德·格尔茨. 地方性知识［M］. 王海龙, 张家瑄, 译. 北京: 中央编译出版社, 2004.
[13] 克里斯蒂安·麦茨, 吉尔·德勒兹, 等. 凝视的快感: 电影文本的精神分析［M］. 北京: 中国人民大学出版社, 2005.
[14] 李明欢. 当代海外华人社团的研究［M］. 厦门: 厦门大学出版社, 1995.
[15] 列维·布留尔. 原始思维［M］. 北京: 商务印书馆, 1997.
[16] 林惠祥. 文化人类学［M］. 北京: 商务印书馆, 1991.
[17] 刘健清. 中华文化通志——社团志［M］. 上海: 上海人民出版社, 1998.
[18] 娄胜华. 转型时期澳门社团研究——多元社会中法团主义体制解析［M］. 广州: 广东人民出版社, 2004.
[19] 麻国庆. 走进他者的世界［M］. 北京: 学苑出版社, 2001.
[20] 马林诺夫斯基. 巫术、科学与宗教［M］. 台北: 协志出版社, 1996.
[21] 马戎. 民族社会学: 社会学的族群关系研究［M］. 北京: 北京大学出版社, 2004.
[22] （英）麦克·费瑟斯通. 消费文化与后现代主义［M］. 刘精明, 译. 南京: 译林出版社, 2002.
[23] 冈田斗司夫: オタク学入門［M］. 日本: 新潮社, 2000.
[24] 乔纳什·弗里德曼. 文化认同与全球化过程［M］. 郭建如, 译. 北京: 商务印书馆, 2003.
[25] 社会学人类学论丛. 社区与功能——派克、布朗社会学文集及学记［M］. 北京: 北京大学出版社, 2002.
[26] 陶庆. 福街的现代"商人部落"［M］. 北京: 社会科学文献出版社, 2007.
[27] 涂尔干. 社会分工论［M］. 2 版. 渠东, 译. 北京: 生活·读书·新知三联书店, 2000.
[28] 瓦尔特·本雅明, 苏珊·桑塔格, 等. 上帝的眼睛: 摄影的哲学［M］. 北京:

中国人民大学出版社，2005.

[29] 王颖，孙炳耀，折晓叶. 社会中间层：改革与中国的社团组织［M］. 北京：中国发展出版社，1993.

[30] 维克多·特纳. 仪式过程——结构与反结构［M］. 黄剑波，等，译. 北京：中国人民大学出版社，2006.

[31] （美）威廉·A. 哈维兰. 文化人类学［M］. 瞿铁鹏，张钰，译. 上海：上海社会科学院出版社，2006.

[32] （美）威廉·A. 哈维兰. 当代人类学［M］. 王铭铭，等，译. 上海：上海人民出版社，1987.

[33] 萧湘文. 漫画研究：传播观点的检视［M］. 台北：五南出版社，2002.

[34] 薛晓源，曹荣湘. 全球化与文化资本［M］. 北京：社会科学文献出版社，2005.

[35] 雅克·拉康，让·鲍德里亚，等. 视觉文化的奇观——视觉文化总论［M］. 北京：中国人民大学出版社，2005.

[36] 约翰·费斯克，等. 关键概念：传播与文化研究辞典［M］. 北京：新华出版社，2004.

[37] 曾玲，庄英章. 新加坡华人的祖先崇拜与宗乡社群整合——以战后三十年广惠肇碧山亭为例［M］. 台北：唐山出版社，2000.

[38] 张继焦. 城市的适应［M］. 北京：商务印书馆，2004.

[39] 周大鸣. 现代都市人类学［M］. 广州：中山大学出版社，1996.

[40] 朱英. 辛亥革命时期新式商人社团研究［M］. 北京：中国人民大学出版社，1991.

[41] Arnheim, Rudolf. Visual thinking［M］. Berkeley：University of California Press，1969.

[42] Bacon-Smith C. Enterprising women：television fandom and the creation of popular myth［M］. Philadelphia：University of Pennsylvania Press，1992.

[43] Stangor C. Social groups in action and interaction［M］. New York：Psychology Press，2004.

[44] Hebdige D. Subculture：the meaning of style［M］. London：Methuen，1979.

[45] Wilson G L. Groups in context：leadership and participation in small groups［M］. 4th ed. U. S. A. ：McGraw-Hill, Inc.，1996.

[46] Debord G. The society of spectacle［M］. New York：Zone Books，1995.

[47] Harrington, Lee C, Bielby D D. Soap fans：pursuing pleasure and making meaning in everyday life［M］. Philadelphia：Temple University Press，1995.

[48] Baudrillard J. Simulacra and simulation［M］. Ann Arbor：The University of Michigan Press，1994.

[49] Gelderand K, Thornton S. The subcultures reader［M］. London，New York：Roultedge，1997.

[50] Banks M, Morphy H. Rethinking visual anthropology［M］. New Haven，London：Yale University Press，1999.

[51] Wilson S. Informal groups: an introduction [M]. U.S.A.: Prentice-Hall, Inc., 1978.
[52] Hall S, Whannel P. The popular arts [M]. Boston: Beacon Press; New York: Pantheon Books, 1967.
[53] Hall S, Jefferson T. Resistance through ritual: youth subculture in post-war britain [M]. London: Hutchinson, 1976.
[54] Lowis T L. The adoring audience, fan culture and popular media [M]. London: Routledge, 1992.
[55] Hodgkinson V A, Sumariwalla R D. The nonprofit sector in the global community: voices from many nations [M]. San Francisco: Jossey-Bass Publishers, 1992.

附录

附录共收集了若干图片和 5 篇文章。

附图 1　一个角色扮演者家里的鞋柜
都是角色扮演所用过的鞋和道具。

附图 2　两位报道人
角色扮演者嘉美由与一辉（右）。

附图 3　一位女性报道人家里的书橱
漫画书和人偶。

附图 4　漫展中的洛丽塔与摄影师

附图5　角色扮演所扮演的漫画作品人物原形象

附图6　角色扮演比赛获奖社团"非限定人形馆"

附图7　漫展中观看角色扮演表演的观众

附图8　漫展中出售的洛丽塔鞋

附录中收入的 5 篇文章分别是关于广州动漫亚文化历史、角色扮演、动漫社团活动、漫展评论和同人志的文章。5 篇文章的作者都是本论文的重要报道人。

附录一：一辉　广州漫展回忆录①

一辉是何许人也？一个在广州漫画展赫赫有名的人物，却又恰恰不是画手；他是广州首次漫画展的搞手之一，现任 YACA 漫协副会长；他是漫画频道的网络编辑，同时也是资深业界评论员，现在在《漫画家》杂志有专栏《一辉漫画新观察》；他游走于广州漫圈的各种角色，甚至在广州原创漫画广播剧《岁晚英雄》里面也有他的配音演出……

广州漫画展从 1998 年起，热热闹闹地年复一年，到今年已经有 6 年了。一辉引用了一句 DJ 李西投（《岁晚英雄》的创作人之一）的话："现在广州的学生每年有三大趁墟赶热闹的节日：一是春节花市，二是赛马场招聘会，三就是漫画展。"每次搞漫展之前都会有人问一辉，你觉得这次会搞得怎么样？一辉会答：这次怎么样我不知道，不过这么久以来广州漫画展是"未衰过"（没砸过）的。

6 年来漫圈几番人事变迁，一辉可能是把广州历届漫展资料保存得最完整的人了

---

① 参见 http：//biz.163.com/05/0621/15/1MPGS4SK00021E59.html。

吧,以致于他回忆起漫展时总有种热血青春、友情岁月流逝种种复杂情感杂糅起来的伤感,也是繁华深处看忧患。从他口中讲出来的漫展回忆,竟已充满 70 年代人的怀旧色彩!

第一次吃螃蟹的渊源

你第一次的广州漫画展记忆是什么时候?对于我来说,回想起来原来恰好就是一辉他们在中山图书馆所搞的首场广州漫画展。那场漫展到底有多少人看过,现在已经无从考究了,因为当时是没有收门票也没有统计人数的。但似乎差不多每个同年代的人对漫展的印象都是从中山图书馆那里开始的。"现在大家(指当时一起搞漫展的朋友)对当年的漫画回忆都有点渺茫了,不过当有很多同年代的人提起他们去过那场漫画展时,还是很开心的。"一辉说。

第一次吃螃蟹的渊源,可以追溯到 1998 年广州几个最早期的漫画社团应邀到江门办同人漫画联展的事,一辉提起当时的心情犹如发现新大陆。当时"江门的明日画社"邀请广州的漫画社团一起搞联展,他们便带着玩的心情赴约,结果受到了很大的触动。"当时才发觉,原来除了出书搞同人志,还可以搞画展。"在算好一盘极为经济的账之后,他们便每人凑了 100 多块钱,在广州拷贝了一场同人漫画联展,一共才 8 个同人志团体参加。第一次搞漫画展,一共才花了 1 000 块钱,今日说出来恐怕也没人会信,然而最后出来的效果却是超出自己想象的,虽然小小展厅里说不上人山人海,但是一天下来也绝无冷场。

梦想在进化,还是在退化?

后来,更多的商业文化和流行文化渗入,元素越来越多,人流也越来越多,广州的漫展文化在迅速膨胀。

在搞漫展的同时,一辉亦尝试了不少其他的事:曾为一家朋友搞的漫画杂志当下手,又曾在鸡毛和李西投制作的漫画广播剧《岁晚英雄》里充当声优,在漫画频道当网络编辑,也写漫画专栏。他说"取胜之道在于无争之心",只要不计较,就可以做下去。他把鸡毛的漫画事业称为"一种商业社会的进化型梦想",这个概念似乎仍暗暗流露出他对当年同人志团体那种少年热血式的原始漫画梦想的思恋。

跟今天以玩 Cosplay 居多的玩乐型社团相比,他们当年热血地凑钱搞同人志,立志发展原创,希望让更多人了解自己,也不知同人漫展将何去何从。"以前搞同人志的心态很单纯,也没什么前瞻性,不知道会发展成怎么样,也不知道什么时候要收手。"看着今天的玩乐派对式的漫画展,一辉只感慨道:"今天的社团不明白我们当年的艰难。现在的人热衷搞社团玩 Cosplay,而不是搞原创。"

一辉一边讲着广州漫展史,一边把他保存的漫展海报给我看。那些早年的同人志画展的旧海报逐一翻找出来时的感觉,是一颗珍藏宝贝般小心翼翼的心:"恐怕没有别人像我这样一直去保存着这些东西了!"也许那些当年的热血漫画梦,其中有些已经被生活改变或遗弃,或者进化了,或者退化了。只有记忆,还是那么郑重地收藏着,等待有一天,哪一个曾经看见过它的人,重新对它注目,或致礼。

附表1　广州历届同人漫展大事记

时间	事件
1998年7月25日	"江门明日画社"联合广州美术学院"天堂空气"主办"江门广东同人漫画联展"
1998年8月29日	"广州同人漫画联展"在中山图书馆地下展览厅举办。广州"漫联"协助漫画同人志"WIN CLUB"主办。共计8个同人志参加
1999年1月30日	"冬日漫画展"在中山图书馆展览厅举办
1999年4月17日	广州各大专院校同好者发起"广东校园漫画展",在广州美术学院展出了许多诙谐、讽刺类作品
1999年8月	"广州同人展"再次在中山图书馆举办
2000年1月20日	首届"广州冬季漫画同人祭"。新增了Cosplay大赛,滑板、街舞表演
2000年7月28日	"广东同人漫画展"分别在中山市图书馆和广州市图书馆举办。内容新增了漫画技法讲座、动漫歌曲MTV点播。8位香港漫画人组成"香港够八"来粤参展
2001年2月（及4月）	首届"广州原创漫画展"在天河电脑城举办,主办方是"广州网易"163.com
2001年8月1日	海印广场主办了"海印动漫奇妙之旅"
2002年2月22日	由广州市漫画协会主办、广州视窗协办"YACA冬季漫展2002"在广州画院美术城举行
2002年8月1日	由广州市漫画协会主办、南方都市报协办"YACA动漫拉阔2002"在广东省博物馆举行
2003年8月1日	由广州市漫画协会主办、信息时报合办的"YACA动漫拉阔2003"在广东省艺术博物馆举行

附录二：不要拿什么都当Cosplay[①]

首先，请先了解Cosplay是什么。

什么是"角色扮演"。

角色扮演是有扮才有演，和时装秀、时尚秀之类的奇装是没有关系的。

角色扮演在广义上，泛指一切变装行为，如化妆舞会、明星模仿秀等等，涉及到很多不同的人。而角色扮演在狭义上，是在说一群自己动手制作自己喜爱角色的服饰并去扮演的人，他们都有个共同点——动漫fans这一群人，我们都称他们为Cosplayer，他

[①] 是角色扮演者"E感应少年"关于Cosplay的文章，这篇文章在网络上被多处转载，本文出处参见 http://www.idggame.com.cn/html/2006-6-1/200661103623.html。

们的扮演行为，叫做 Cosplay。Play 过去大家一直都认为那是玩家的意思，玩的意思，实际上还有一个现场的意思，就是"玩 ing"，最初在日本同人祭里为了吸引大家注意自己社团的活动，一批自愿者扮成漫画中的角色，只有现场的才叫 Cosplay，它是起源于现场的。要想成为一个 Cos 人，不看动漫，是不可能的，Cosplay 的只有动漫人。在论坛里发照片问大家自己适合 Cos 谁的你，赶潮流来参加 Cos 的你，如果不是一个动漫 Fans，你不可能成为一个 Coser，充其量就是个跑龙套的临时演员。

Cos，绝对不是潮流。

Cosplay 是基于动漫、游戏发展而来的一种变装行为。表面上是从服装、道具、化妆上去模仿其中的人物，后来逐渐地成熟和细化，Cos 大致分为 ACG（动画、漫画、游戏）和艺能 Cos（Cos 电影人物和明星）还有人型 Cos。

（1）ACG 的 Cos——对照动漫或游戏里的人物进行模仿的行为。

（2）艺能的 Cos——对照现有的明星包括电影故事中的人物、明星、乐队等。

（3）人型的 Cos——对照现有的如 SD 娃娃、模型等。

由此可见，Cos，是要在这世界已经有了存在的作品角色之后才出现的扮演行为。而以上类型，并不包含时下非常之火热的 lolita、punk 等穿着方式。Coser 不是明星，当你正在 Play 的时候，你才是一个 Coser，而你没在 Play 的时候，你和正常人没什么两样。Cosplay 是对一个作品中角色的热爱，一种狂热的热爱方式，并不是你出风头的工具。

Coser 们在对热爱的角色进行模仿时，也许会因为一块布料的细微颜色偏差、一个钮扣的形状而花上好几天跑遍大江南北，为了守时而通宵达旦。对，这就是 Cos 精神，对自己热爱之角色的 Cos 精神，对自己同伴们的 Cos 精神。以上这些，时下所谓的"原创 Cos"是根本不会去做的，那他们凭什么要自称 Cos？另外，喜欢用电脑把自己懒得去做的道具或装饰处理上去的家伙，也不能算是 Cos。顺带说说，Coser 们如果不是出于对某一角色的热爱，是不可能面面俱到地自己跟进制作过程的。一个合格的 Coser 应该是由制造（Cos）到扮演（play）都要亲力亲为，就算不会做衣服，也应该自己亲自去找布或找材料找裁缝，亲自画图亲自沟通。这里特别说说许多有天份的孩子们，他们有灵巧的手，会自己制作衣服，喜欢穿洋装，lolita、punk 会自己给自己做许多时髦的服饰。但这些行为，和 Cosplay 完全没有关系，我已经说过 Cosplay 不可能概括世界上的所有变装行为，以上行为，只能说你是一个 lolita，你是一个 punk 佬等等（我就常被人说是 punk 佬，其实我只是个载体）。现在到处都很容易见到有人说"我想 Cos lolita"，这么说实际上对 Cos、对 lolita 都没有什么影响，不过这一说法表现出了对 Cosplay 和 lolita 特别是后者的理解太少，所以我觉得如果一个喜欢 lolita 的女孩子，应该多去阅读有关的书籍和网页，lolita 并不是一个表面的东西，不是一种穿着方式。lolita 是一种生活态度，一种理想，正是有了以上的这些，一个女孩的心才是 loli，自然而然地，她的衣服也是 loli 化的。外表可以学，但是 loli 之心不是每个人都能够领悟的。由此可见，做一个 lolita 要比做一个 Coser 更难，自称这些是原创 Cos 的人，不挂 Cos 这个词并不丢脸啊。各位如果觉得自己是爱这些，而非 Cos 的话，请在这些方面努力地加油吧。

当然啦，Cos 也好，Lolita 也好，Punk 也好，欢迎大家来漫展一起玩！

另外，还有一个比较深奥的问题：视觉系。一说起视觉系，许多人就联想到了很浓的妆容、华丽的衣服。但那样大家就都错了，视觉系和视觉是两回事。真正的视觉系也未必是浓装艳抹的。我这里说的视觉系（VR）并不是 Cosplay 的视觉一系，而是实实在在的一种音乐文化，所以我每当见到 Cos 论坛里出现所谓"原创视觉系"，就只能苦笑。因为只是外表看起来像，没有音乐这一灵魂的话，是不可能有原创的视觉系的，只有 Cosplay 视觉系。那，视觉系有原创吗？有，但原创视觉系就是原创 Visual Rock，如果你可以自己创作音乐了，直接可以签公司出唱片了，当然就更不属于 Cosplay 这种扮演行为咯。注意："视觉系"和"视觉"可是完全两个概念哦。

最后，还要指出现在的歪风。在我国，Cosplay 现在出现了许多怪事：

（1）Cos 团人数越发庞大。这种现象在国外是极少的，但在中国似乎出现了斗人数的现象，这里希望各位组团的人们能够重视质量、宁缺勿滥，初玩 Cosplay 的朋友也不要完全不知道怎么回事就参团比赛，如果不了解一个角色而为了凑数去扮演，一个动作就会让内行人看出你是外行的。（我印象最深的是某个 Cos 水瓶座黄金圣斗士在使用绝招时两手掌合并后，两拇指却交叉的，苦笑）

（2）以貌取人。国外许多比较胖的 Coser 被人贴出和嘲笑，国人认为 Cosplay 都要专业的，而且美美的。没错，登台的 Cos 的确要做到以上 2 点，但不登台比赛的话，以上要求是根本不存在的。Cosplay 的是 Play，不是 Cos Professional，玩家们都是自娱自乐的，他们的照片，我们是不可以随意转载的。

一个不上台参加比赛的 Coser，我们是没有权利批评他的。因为那是他对其热爱的角色的热爱行为，他并不是要和人比。所以扮演得不好，也没有理由说他的不是，就像我们经常去唱 KTV，但许多人唱 KTV 都是 Play 水平的，只要不参加歌唱比赛，唱得多难听我们都应该鼓掌。

（3）不能正确区分商业 Cos 和同人 Cos。现在许多商家特别是游戏商会高额制作衣装道具请模特来演绎角色，这和自产自玩的 Cosplay 是不同的，不可以相提并论。

（4）分帮结派，明争暗斗。许多社团开始抢人，比较美丽的 Coser 常成为社团间的斗争导火线。还有一些 Coser 与 Coser 间也出现争风吃醋的局面，如某个角色某个 Coser 扮演以后，他会很在意别人去扮演相同的角色，如果有人扮了，有些不成熟的 Coser 会在背后攻击和评论，前段时间在论坛还有些谁扮得好的投票，这一点是非常不好的。如果 2 人都是因为喜爱一个角色去扮演的话，2 个人应该是同好，应该在一起合影才对呢。这一点在 3 年前的广州是普遍的，但在今天几乎没有。所以希望 Coser 自己以及 Coser 的粉丝们都要成熟一点对待 Coser 这一爱好行为，因为这不是明星行为。

（5）Cos 比赛。将 Cos 拿来比赛，是中国的一大特色，因为比赛可以让活动有声有色，而且可用有限的奖金吸引更多的人上台。实际上，比赛对 Cosplay 的确起到了促进作用，也增进了许多队友间的协作和友谊，不过比赛也让许多根本不了解 Cos 的人来展示，副作用是会误导更多不了解 Cos 的人来凑热闹。但最近我听说日本似乎也有比赛了。参加比赛的 Coser 应该纠正心态，比的不是别人，是自己。每次上台都要问自己，是否比上次进步了。服装你准备得比上次好吧？道具你做得很用心吧？音乐你准备得如何？排练你用了多少时间？最重要的，你对角色有多热爱？

（6）PS Play 盛行。自从电脑网络发展起来以后，许多原来用电脑创作漫画的人因为在漫画圈里得不到满足，开始大量涌现到 Cosplay 圈。有很多人借助自己原有的电脑绘画技术，把自己或朋友的样貌和身材用电脑修改得非常美丽和接近漫画原著，这一点表面看来是能满足到广大喜爱看 Cosplay 的网友，但是这样做实际上拉低了 Cosplay 的水平，比如说一些道具，自己不会做，不想请人做，完全靠电脑加上去，这对许多真正动手的 Coser 是非常不公平的。另一方面，网络虚拟偶像大量涌现，有点可笑的是，很多网络偶像到漫展走一圈是没人认识的。放眼日本和港台，会发现其实他们都不会像我们内地那样做，所以希望我们的 Coser 圈也能有个好风气。我并不反对用电脑处理图，但是这必须有个限度，一些人品不好的 Coser 甚至会在漫展里借用别人辛苦制作的华丽道具照相后，电脑处理一下颜色和形状就当自己的发表，就算这个 Coser 长得再怎么好看，此行为也是 Cosplay 圈内的污点。注意：一般电脑处理图只在视觉系和意识流等范围内。

附录三：广州动漫圈策展人 Imier 的两篇博客[①]

1. 2007年1月22日：《感慨》

2月地王的漫展进入最后的冲刺阶段，自月初接手工作以来进度表已经一再修改。这两个星期不少时间坐在地王的招租中心，能直接接触到客户可以看到更多东西，而一段时间以来接触到的客户让 Imier 感慨不已。

随着一月底大中小学相继放假，所谓的"学生社团"多了起来，这也符合我们最初的期望与预期。但是让 Imier 感到意外的是，来租展位的并非原本概念上的"学生社团"，我们参展表上的三栏"同人社团"、"原创社团"、"小商家"，他们似乎只能勾最后一栏，甚至，不少根本不知道另外两个是什么。而这些学生的年龄也令 Imier 觉得困惑，我已经接待了 N 个猜错年龄或者惊愕于年龄的来客：一手掏出一叠人民币的初中生在填表的时候问要不要大人来填，拿着最新款手机却凑不出150元的初中生，浓妆叼烟边填表边讨论初三补课的初中生……

这些"学生社团"给我的冲击实在不小，虽然 Imier 也知道现在已经不是怀念"峥嵘岁月"的时候，但是去年才刚刚吹回来的原创风让人精神为之一振之后似乎一切又再度烟消云散。"漫展如花市"也早已不是片面之词了，但是如此赤裸裸地出现在眼前，说不难过是假的。这些十三四岁的初中生，似乎都是买票进过两次漫展，了解了一些状况，抱着社会实践的目的就来参加漫展了，这边选完展位，那边就去一德路入货，流程跟摆花市无异。他们多数以同班同学为依据而非志同道合，他们以社会实践为目标而非与任何动漫相关，他们多数是90后，是物质更为丰裕的一群人。

上周同一天来的两个"社团"，分别是省实与一中的两家中学的初中生，他们同样的一个状况是：填参展表的时候，连社团名都没有，幸好他们也都没有现场给我来一个什么×年×班之类的花市常见名，都认真地回去集体商量去了。省实几个小妹妹的社团名我忘记了，一中的一群小学弟学妹又是现场会议又是电话巡访，最后给我报上来的是

[①] 参见 Imier 的博客：http://imier.spaces.live.com/。

"鸟の诗",呼……阿弥陀佛,他们还是跟动漫有关系的。

还记得去年8月之后,火鸟大的"兼收并蓄"仿佛带来了一些希望,但是眼前这种"大融合大兼并"实在叫人心灰,尽管我们都在很积极地思考转型与创新,但还是不免恐惧。Lolita 的养分已经在去年一年间被榨干,有 Lolita 爱好者指出比赛变味,形如选美,再来什么女仆、制服都不过是变着花样的噱头。展期相冲相近,小展泛滥,参展资源匮乏,形式趋于流俗……全都不是新问题,却一路走来变得越来越无趣。星城漫展的空前盛况成了昙花一现,路在何方还有待探索。

2. 2007年1月20日:《宅男聚会》

HOTGAME① 的聚会果然还是一如既往的经典。

说起来我没有参加过多少次人齐的饭局或者聚会,只是跟其中几人小聚的比较多。最早的时候是觉得自己不算社员,不好意思去,后来发现只有我一个是女生好像也不太好意思。不过后来对社里的事比较上心,也算是作过一些贡献(当然这是我自己说的,人家要是不承认那也没有办法),于是就自来熟了,也没有不好意思了。可惜的是去年七八月份的几次聚会都因为这样那样的原因缺席了,我对这次的聚会可谓十分期待。

说回昨晚那个经典的饭局吧,6点开始人陆续来了,晚饭那一轮只有7个人,我、Yuno、芳树、兰斯、社长、Kuso、不良牛。不良牛和 Imier 是初次见面,其余众人也是半年没见了,社长大人的领导形象那个非凡啊!夜茶时间公孙、Ymoon、Dun、龙二、白河愁陆续到了,好热闹。实在说不准到底是纯男性聚会会出现的状况还是宅男聚会会出现的状况,因为我知道男生聚在一起的确会海阔天空漫无边际地狂侃一通,但是席间的话题绝对把宅性淋漓尽致地体现出来了,不信你看:社会、城建、治安、军事、Game、NDS、PSP、武器、里屋、陈主任、广东话、变形金刚……当你低头吃点东西或者跟旁边的那位讨论一下,一抬头,就会发现话题已经不知转到哪里,又或者其实已经是几个话题同时在进行,甚为有趣。不过,我是插不上嘴的,几乎一直是当听众,有些我听得懂但没兴趣谈论,有些是压根就听不懂,不过没关系,已经习惯了,即使是小众几个人聚会状况也差不多,哈哈。

我发现所谓的网友见面会跟网上表现很不一样的说法是不准确的,平时在群里说得最多的现场也是说得最多的。哈哈,发现 Yuno 跟不良牛侃得最欢了,然后芳树只负责笑,当话题转向纯 ACG 向时我发现快要当爸爸的公孙就成局外人了(好吧,其实我全程都是局外人),然后兰斯其实话很少,寿星 Kuso 一直低头在联机耕田,我间中打了两局游戏。

在我没有出席的几次聚会中好像不知不觉有了"十年"、"十鸡"的规矩,那当然是很恐怖的规矩,不过竟然有人勇敢地接下了"21挞"的光荣任务!太伟大了!21岁生日的伪正太 Kuso,一年一挞,华丽丽的7碟蛋挞,一共21只,在圆形的桌子上摆了一圈。我们勇敢的少年就这样吃了15个,差点吃吐了。而芳树的26鸡(糯米鸡)是不大可能的,留下成了笑言。

虽然我没怎么发言,不过听得还是很高兴的(听懂的部分)。曾想过,如果阿牛来

---

① 广州的一个动漫周边鉴赏协会。

的话我就给他做同声传译，不过不良牛那些话题（N 种型号的枪、××特种部队）我就真是 OTL 了。饭局从晚上 6 点一直侃到 11 点半，众人尽兴而归（呃……好吧，我是尽兴了）。至于这个饭局宅不宅我看是不用我说了（掩嘴笑）。又快到漫展，希望大家还有时间一起玩吧。

附录四：2007 广州漫展周总评[①]

不知从何时开始，广州地区的漫展喜欢扎堆，大家都在抢那么几个固定的档期，然而形式、档次、规模都不比往年优胜，导致市场格局无法拓展，其中的关键要点只怕年年总结次次重犯。经历过 2006 年暑假两大漫展的辉煌之后，2007 年的早春，也诞生了 4 个相类似的展会，既有必然举办的 YACA、青年文化宫两大宿敌，又有新加入战圈的公营电台与私人机构，至于如何点评这 4 场活动的成败得失，则要从多角度入手。

据本地一份动漫报纸《漫×》的内部报告，可以得知 2007 年春季 4 个漫展的大概人流量。《漫×》是本地唯一参加了 4 个活动的动漫媒体，而且都在活动现场派发了他们的免费报纸，所得出的报纸消耗数字能从一个侧面反应出爱好者的参与热情度。2 月初在地王举办的飞扬漫展，《漫×》消耗了约 4 000 份报纸；春节过后的青宫嘉年华，总共消耗了 7 000 份；其后，地王玩具狂欢节总共派出 5 000 份；然而 YACA 在锦汉办的活动，《漫×》发生了一个小意外，仅在正式开展的第一天上午派出 2 000 份，之后就被主办方禁止继续派发，因此所得数字就不能归纳得完整。这些派发数字不代表正确的门票销售数量，只代表在正式入口内的派发记录，那些没有领取报纸，又或者从其他通道进入的人数，则无法统计到。以上数字相加起来，就是 18 000 份，也是过往每届 YACA 漫展的平均人流量，从数字上面大概能反应出广州地区观看漫展的格局，同期竞争的后果导致人流分散，而且不能继续扩大用户群。（具体事例说明会在后面继续介绍）

在 2006 年春季的漫展点评，我是用了"自主创新"来形容，而 2006 年暑假，则是以"兼收并蓄，资源整合"来总揽全局。到了目前的 2007 年，我想用"温故知新"来体会这 4 个活动与去年的差别就很合适。回顾 2006 年，与现在有好多的相同点，现总结出来供大家参考。

这次"温故知新"的点评不以活动来分类，而是以活动场地来区分。因为锦汉展览中心、青宫商场、地王商场都是 2006 年—2007 年活动的主要集中地，所以相互比较更显得清晰。我们中国人做大事总是讲求"天时、地利、人和"，三者不可或缺。

附录五：同人志在广州[②]

在这个城市里，有一批少年，他们就是快乐的追随者。他们不需要知道粗口与方言有多大的区别，不要明白汉堡包的卡路里是有益还是有害，他们听港台歌，淘国外打口碟，他们喜欢涂鸦，更喜欢虚拟漂亮的东西，在里面没有概念，更没有成人字典里的崇

---

① 参见一辉博客：http://blog.sina.com.cn/winclub。
② 本文为一辉提供，是他为 2006 暑假 YACA 漫展的总结海报所写。

洋媚外、玩世不恭。他们不需要定义，因为他们需要的只是快乐，一种纯粹的快乐。

然而他们都离不开漫画，在广州的每一个角落，他们都爱着同样的事情，漫画。收集漫画，追逐漫画资讯，被漫画所感动，试图架构自己的漫画世界……我们就是那群少年。

问及这一切的开始，人脑搜索器就回到了20世纪的80年代。那时，我们还没有看过有线电视，若要看缤纷多彩的海外电视，还得在楼顶的天台上竖上一支支的鱼骨天线。我们那时还分不清漫画与卡通有什么区别，更含糊地称它为"动画片"。然而《足球小将》、《相聚一刻》、《魔神英雄传》等卡通片名字已经变成了一笔一笔的颜料涂在了我们的心里。时至今天，每当有人提起这些名字，心里仍是一阵阵的亢奋。在漫长的成长旅程中，漫画、卡通片和玩具、游戏一样，已经成为了我们不可分割的思维方式，深深地烙印在我们的心坎当中。从此，我们把动漫变成了心里的图腾，从喜欢到尝试，一切都来得水到渠成。

和很多年轻人一样，广州的漫画迷爱上漫画，是从香港电视里的卡通片到后来的日本漫画书，喜欢得疯狂，但一直以来只是个人在喜欢着这些玩意，身边长期缺乏同伴。后来国内的漫画杂志开始流行交画友，于是大家开始知道原来漫画的追随者不只自己一个，于是在认识的人越来越多的过程中，组社成了一个必然。

于是在那一年——1992年，我们在自己的老巢——广州搞起了第一个漫画组织，就是日本漫画圈内所讲的"同人志"组织。初生牛犊不怕虎，也因为有了这份勇气，广州本地漫画的发展拥有了一批肯吃苦、肯开荒的快乐少年。

广州最早诞生的"同人志"就是"NO.2漫画俱乐部"，也即是"TNT漫画社团"的前身。当时两位伟大的社长姐妹在广州某中学，凭着这股勇气和敏锐的时代触觉，他们大胆地向当时广有影响的香港《漫画周刊》杂志提出了出版内地首本同人志的计划。果然，这个计划如重磅炸弹在广大漫画爱好者中炸响，很快就获得了广泛的支持和关注。于是"NO.2"从一个学生社团迅速成长为拥有成员上百人，其成员遍布全广东省的大型漫画组织。有了这么好的反响，"NO.2"同好们兴奋不已，加紧工作，终于在1993年夏天推出了《TNT》创刊号！同样，这也是中国内地第一本同人志，而且是彩色胶版印刷的漫画同人志刊物，一时间广州校园内众说纷纭，刮起了一阵《TNT》旋风！

翻开《TNT》创刊号，大家就会发现那份固执的动漫心，还有着渴望尝试的热情。当时初尝办同人志的艰辛和快乐的"NO.2"的成员们，没有在创办初期的困难前却步，而是加倍努力，在3年时间里推出了4本《TNT》同人志。

随着"NO.2"两位社长的北上求学，广州的同人志又好像失去了重心，反而中国内地就开始了第一波的同人社热潮。一个个冠冕堂皇的口号在小孩子团体里面出现，事实上大家又能做到多少呢？从1996年开始，广州出现了一个跨时代的漫画社团——WIN CLUB，这个社团的一举一动足以影响广州漫画圈的发展方向，和别的社团不同的是，WIN CLUB一开始就有50人以上的成员，目标也十分明确，就是做最纯粹的"同人志"。

WIN CLUB的创办人一辉如是说："当时组社就是为了出书，大家都把自己喜欢的作品放在一起。那时自己还有点坚持，就是不好的作品就尽量不放上去。我们也尝试过把自己的漫画书拿到附近的摊档摆卖，当然也只卖出过一本，而且还是成员的朋友友情支持。不过，这一切都已经好满足了。"

想起当初，腼腆的一辉也开始有点雀跃起来："记得在1996年的暑假，我们第一本会刊终于印了出来，我可是骑着自行车在海珠区的街巷内奔驰着，不断地送会刊到社员的家里，因为那时海珠区的社员特别多，即使好累，但是真的很开心！见到社员接过会刊的那种惊奇而兴奋的表情，我可是至今未忘的。"

只要有坚持，就会有尝试，1996年至2000年这段时光是广州漫画同人志发展的黄金时代。那时的漫画社团虽然不多，可是每一个团体都在努力地做同人志，而且排版形式、内容质量都毫不马虎、有始有终。《天堂空气》的幽默独到、《TNT》的沉稳大气、《WIN CLUB》的兼收并蓄、《小不点》的精致活泼、《119黑火炎》的华美绮丽、《秘密》的雄心壮志，描绘出了广州同人志时代的美丽篇章。

1998暑假是广州同人动漫展的开始，作为投石问路来说，这个首次无疑是成功的，许多躲在角落里的漫画社团都从这次开始纷纷出巢，而少年的锐意和创意也由此找到了天马行空的快乐。如今广州地区拥有的动漫组织已达五六十个。1998年的这一举措仍未使一辉他们有更多的想法，他们只希望每年都有搞活动的机会，使得理想可以延续。但原来影响并不是个人可以控制的，不过也使多少喜欢漫画的孩子，除了六一之外，得到了两个更让自己开心的节日——一年两季的广州同人志漫画展。

然而漫画展的成功，并没有给同人志的发展带来什么新的机遇，一年又一年的参与阵容越来越鼎盛，令人眼前一亮的作品却越来越少。漫画展在商业展与同人展之间的游离态度，使漫画创作人感到迷惘的同时，更加失去了方向感。什么是同人？什么是漫画？难道不是让自己画得快乐的理由吗？

其实，要得到快乐也是非常简单的，做到了自己喜欢做的事情就一定会快乐。正如我们爱漫画那样，完全从零开始，尽力打造出自己的漫画世界。毋庸讳言，中国的动漫画土壤并不肥沃丰美，但广州年轻的漫画人却怀着一颗单纯而生动的心，发掘了一方水土。在那里，和一群同自己一样对漫画爱得纯粹、爱得虔诚、爱得骄傲的人，一起用美丽的幻想、用年轻的智慧、用辛勤的努力，让共同的对漫画生生不息的热忱，自由而热烈地生根发芽、开花结果！在这里，可以自由地爱我所爱，可以骄傲地否定世俗对漫画的一切可笑规范，这里充满了自由、鲜活、具有灵气的思想，充满快乐的创造，这片美丽的国度，就叫"同人志"！

国产"御宅族"的生活方式
——浅谈以御宅族为主的亚文化群体*

祝硕**

内容提要：在网络、网络游戏等新媒体文化哺育之下成长起来的中国"御宅族"，已经成为一种新的亚文化群体。他们在自身文化的约束力之下，对外来的文化能接受到一个什么样的地步呢？通过对"家里蹲""NEET 族"生活方式和思想、行为的考察，我们看到，忙碌的肉体与精神世界的迷失，是他们普遍存在的问题。他们相对扭曲的价值观，容易衍生出各种犯罪与社会问题，而他们自己，也容易在社会压力之下产生各种心理问题。

关键词：御宅族　生活方式　亚文化群体

一、引言

"御宅族"的称呼，起源于 20 世纪 80 年代的日本，记作"Otaku"（原文为"お宅"，原意是对对方的尊称，中文一般称之为"御宅族"）。狭义来说是指一批沉溺于动画、漫画和电子游戏的世界中，以至于和外界失去正常的交流，足不出户的人。他们可以是极偏执的动漫精英，多数对动漫以外的其他事完全没有兴趣，拒绝与现实世界接轨；但广义而言的御宅族，其兴趣是跨越动画（animation）、漫画（comic）、游戏（game）（即所谓的 ACG）世界的。只要是对某些对象拥有超出常人的热情与兴趣，连周围相关的知识、信息及情报都详加研究，成为了该范畴中的专家，便可以算是御宅族。比如火车、机械、洛可可风格的服饰等，都是御宅族推崇的目标。在"原产地"日本，御宅族大多是年纪在 20 到 40 岁的男性，近年来也有越来越多的年轻女性加入这一行列。

由于在 1989 年，日本曾发生了给大众心理上造成阴影的宫崎勤事件①，再加上媒

---

* 中山大学社会学与人类学学院人类学系 2003 级本科生毕业论文。

** 中山大学社会学与人类学学院学生。

① 1988 年 8 月至 12 月之间，在日本崎玉县陆续发生了 3 起 4～7 岁女童失踪案，并发现了其中一名被害人的尸体。翌年 2 月，一名署名"今田勇子"的嫌犯将骸骨寄到死者家中并附上作案声明。6 月，东京一名 5 岁女童失踪，后来发现时已被分尸。该事件引起了日本警政当局的重视，经过布线追查之后，于 7 月逮捕了当时 23 岁的凶嫌宫崎勤。警方在他的住处收集证据时，意外地搜到许多动漫画相关资料，以及大量描写性变态与性虐待的漫画、同人志及色情录像带，和他诱拐女童拍下的变态录影带，而他也坦承杀害 4 名女童并将其分尸。经精神鉴定，证实宫崎勤有分裂性多重人格的倾向。本案在当时轰动一时，所有的媒体几乎都借着这个事件大作文章。1997 年，东京地院宣判宫崎勤死刑。

体的大肆炒作，"御宅族"一度在日本成为了一个颇有些贬意的词语。他们被认为是躲在家里只看动漫的怪胎，加上近年的御宅族群不断膨胀，难免让人抱有"只懂得盲目消费，同时又不事生产"的想法，到现在还有很多人无法认同这种生活方式。

但我们不能忽略了御宅族的成因。除了直观的"社交能力低下，怕与人交往，宁愿躲在虚构世界"的解释外，恐怕高度发展的社会所带来的压力是另一主要原因。在社会中经受打击和挫折后，无从建立自信，于是状况每况愈下，开始恶性循环。心理承受能力更弱的，直接把自己关在房间里做鸵鸟人生。而现实是，社会一边说要关注弱势群体，一边却拒绝了解他们，更别说接纳。说得残酷点只是把他们圈地归类，贴上一张属性的标签，打包堆在一边后就此打发了事，或者等待有兴趣的人们前来挖掘。

然而城市总是包容的。随着一个城市的兴起，各种文化也一并涌入城市，以自己的方式发展着。主流的、非主流的、易被接受的、剑走偏峰的，并行不悖。多种文化得以存在且发展，反映的其实是人们对文化的选择与接受，得益于城市营造出的相对宽松的环境。因此像御宅族这样的兴趣群体，虽然难免遭受异样的眼光，但总归是热热闹闹地存在着的。不可否认，就在相邻的中国，御宅族也正在受到越来越多的关注。而且在中国，上述恶性伤害事件的阴影没有笼罩太多人，御宅族正无所顾忌地成为一种新的潮流生活方式。

当代社会正在经历一系列的转变。人们对自己的认识，对自己所在群体的认识，其定义都经常在变更。什么样的定义才能具有持久的权威？处于群体中的个体又是如何看待周遭环境的呢？借用结构主义学派学者拉德克利夫-布朗的学术思想来说，人类学研究的主要任务是把文化作为一个有机统一体来考察，并弄清楚这个有机体各组成部分对整体所做的贡献及其相互之间的关系。

调查背景被放在现代的城市，多元文化的共生的时代。周大鸣教授发表在广西民族学院学报上的《论城市多元文化的共生态》一文中，对于多元文化的共生态作出了如下诠释："指的是伴随城市化而聚集到城市的各种文化都可作为一个相对独立的文化系统，与其他文化系统一道平等地享有生存、传播、弘扬和发展的权利与自由。其表现出的是城市多元文化的和谐关系，实质上反映的是人们在选择、认同、创造文化方面的权利与自由。"[①]

由于城市多元文化具有较强的容纳性，在城市这种相对宽松、自由的文化环境中，群体的意识也高涨起来。弱势群体、边缘群体、地下群体的意识开始复苏，主流媒体上也不时能听见来自这些群体的呼声。群体意识在群体认同感加强之后更能显现出来，而群体认同也是以文化范畴来建构的，所以基本可以认为它是文化认同。谈到群体内个体的感受，也离不开该群体的文化背景，以及对该种文化的自我认同感。

把御宅族视为其中的一个群体，而研究其内部个体的著作，很遗憾在这方面尚未能有足够的资料给我以相关认识。但我参考了威廉·富特·怀特的《街角社会》一书，从典型的城市边缘青年群落的描述中得到启发，通过对身边"御宅族"们生活的实地考察，尝试作出我的初步研究。

---

① 周大鸣：《论城市多元文化的共生态》，载《广西民族学院学报》2004 年 4 月期，第 17 页。

二、背景环境分析

近年来,动漫产业在我国的地位保持上升姿态。面对如此巨大的市场商机和文化影响力,为了使民族动画产业奋起直追,国家相继制定出台了一系列扶持动画产业振兴发展的政策措施[①]。在国家政策和市场的引导下,中国动画产业应该说正面临着一个很好的发展环境与机遇。不过现实却是危机和机遇同时存在,在发展的同时也接受着挑战,是停滞不前或是跨越的关键时刻现在还说不准。问题很多,自身很稚嫩,然而动漫市场确实是在一点点地壮大。本文将要提及的,就是这个环境所催生出的国产"御宅族"。

在中国的动漫产业还在探索性地寻找出路时,广州的动漫活动似乎提前步入了春天(见表1)。1998年,广州出现了第一个真正意义上的动漫展示活动(以下简称"漫展"),只有数个社团参加,或许称之为"墟"更适合。这样只有寥寥数个摊位的狭小的展厅,意外地热闹了一整天。渐渐地,分散在城市各个角落的爱好者聚集了起来,气氛也就在这个时候开始形成。次年的活动便初步具备大规模漫展的雏形,操作得颇具声色。至于后来 YACA 和青宫等组织机构[②]举办的例行漫展,以及一窝蜂侵入的商业化,给前来观展的爱好者带来的希望与失落,动漫人一辉[③]在他的博客里已经作了一番分析,这里不再赘述。

在这种环境中,广州的动漫界这条路走得备受关注。2006年的统计,仅我国华南地区的动漫团体就有近200个。而2006年初的广州动漫节,前来参展的动漫社团更是多达160个。

表1 广州历届同人漫展大事记

时间	事 件
1998年7月25日	"江门明日画社"联合广州美院的"天堂空气"主办"江门广东同人漫画联展"
1998年8月29日	"广州同人漫画联展"在中山图书馆地下展览厅举办。广州"漫联"协助漫画同人志"WIN CLUB"主办。共计8个同人志参加
1999年1月30日	"冬日漫画展"在中山图书馆展览厅举办
1999年4月17日	广州各大专院校同好者发起"广东校园漫画展",在广州美术学院展出了许多诙谐、讽刺类作品
1999年8月	"广州同人展"再次在中山图书馆举办

---

① 数据出自2007年中国动漫产业分析及投资咨询报告,内容简介第三段。
② YACA,是在广州动漫画协会基础上成立的以专门从事动漫运营为主的经营机构,是集动漫、演艺、商业三位于一体的互动营销平台,历年来是广州漫展的主持者之一。
③ 一辉,广州漫画行业的同行者,在广州策划组织了大大小小街知巷闻的多届动漫画展。资深动漫行业管理与传播策划师。先后担任美术设计、编辑记者、新闻总监、执行主编、编辑部经理等职务。通晓新闻传播、动漫展会项目与策划、互联网策划项目等,在全国范围内动漫行业或主流网络媒体,拥有良好的媒介关系。

续上表

时间	事　件
2000年1月20日	首届"广州冬季漫画同人祭"。新增了Cosplay大赛，滑板、街舞表演
2000年7月28日	"广东同人漫画展"分别在中山市图书馆和广州市图书馆举办。内容新增了漫画技法讲座、动漫歌曲MTV点播。8位香港漫画人组成"香港够八"来粤参展
2001年2月及4月	首届"广州原创漫画展"在天河电脑城举办，主办方是"广州网易"163.com
2001年8月1日	海印广场主办了"海印动漫奇妙之旅"
2002年2月22日	由广州市漫画协会主办、广州视窗协办"YACA冬季漫展2002"在广州画院美术城举行
2002年8月1日	由广州市漫画协会主办、南方都市报协办"YACA动漫拉阔2002"在广东省博物馆举行
2003年8月1日	由广州市漫画协会主办、信息时报合办的"YACA动漫拉阔2003"在广东省艺术博物馆举行

三、Cosplay 御宅族

在一个动漫社团里，会员与会员间通常有明确的默认分类。例如同样是对动漫感兴趣，有的人重点在于绘画临摹，有的人在于摄影和影片鉴赏，有的人在于收集与制作模型。还有一类人，用惹眼的衣服道具武装自己，配上犀利的眼神和夸张的动作，宛如从动漫作品里走出来一样。

这样的扮装活动，动漫界管它叫做Cosplay，简称为Cos。从事Cosplay活动的人称为Cosplayer（通常简称为Coser），大多是年龄在14～25岁范围内的青少年动漫爱好者。Cosplay这个词来自日文的"コスプレ"，而这4个字分别取自"コスチュム"（costume）和"プレ"（play），意即一种穿着舞台用衣装的聚会。一般装扮成电玩、动漫画的角色，中文译为角色扮演。近年的Cosplay活动也涵盖了视觉系乐团与电影，台湾还有布袋戏等，还有自我原创的角色造型扮演，其实范围并不受限。

Cosplay文化起源地首推日本，一开始作为商家活动招徕顾客的手段而存在。模特儿打扮得青春可人，或者扮成商家吉祥物的样子，站在档口吸引人前来参观。到了后来，Cosplay更多地以动漫人物的形象在漫展出现，不再只是为了帮商家和社团促销，反而转向以单纯地角色扮演的人为出发点，藉由对热爱的角色的扮演，让虚构人物存在于真实世界里。扮演者也由此获得置身于漫画世界中的错觉，达到"过瘾"或者逃避现实的效果。Coser近年来热衷的角色和服饰，主要集中在朋克（Punk）[①]、洛丽塔（Lolita）[②]、魔幻与传统服饰系列。这些令人眼花缭乱的"包装"，不只是因为好看而形成潮流、受到追捧。借着角色的表现，参与Cosplay活动的人们得到了一条宣泄情感的途径，或是从角色中寻回自信心。发展心理学家艾力逊（Erik Erikson）的心理社会发展理论（theory of psychosocial development）提出，每个人在不同的人生阶段，都要处理不同的心理社会任务。而年青人正处于"自我认识与迷乱"的阶段，往往同时拥有童真梦想与对摆脱现实规限的渴求，需要寻找自我，因此常以不羁和野性挑战传统，期望得到别人关注、了解、认同和真正接纳。

随着全球化进程日益加深，作为动漫文化的一项代表，Cosplay在我国也有着一群爱好者与追随者。虽然国内Cosplay活动的兴起是最近不过10年的事情，但其发展势头却异常迅猛。动漫爱好者们纷纷组织了自己的Cosplay社团，相关的网站、期刊等媒体也纷纷开辟了专栏，各类动漫展览中的Cosplay比赛或表演更是极大地推动了Cosplay文化的流行。

广州的动漫圈子内，社团虽然多，但基本是出于兴趣爱好而结成的团体，不具备经济或法律方面的功能。Cosplay活动是一项以群体性为特征的文化活动。一个人也可以很出色，但要想获得舞台上的气势与角色的高还原度，还是离不开Cosplay团队。Coser们因为对Cosplay或动漫游戏的热爱而结成社团，除了舞台表演以外，更是一个成员相互交流、相互支持的兴趣群体。现在，Cosplay在我国社会上还处于不被大众认可的初期阶段。被人不理解、骂浪费钱、出风头，甚至面对更大的打击，而形成"抱团"的状态有助于参与者们渡过难关。在建立了自己的组织后，Coser们对自己的这一特立独行的活动便积累起了充足的信心甚至是自豪感。

他们结成的圈子越紧密，其对抗外来压力的能力就越强，使Cosplay在动漫游戏爱好者间传播的速度也就越快。可以说，在当今社会，对于这些青少年群体而言，兴趣群体的影响已经越来越超过家庭、学校等传统的社会机构。像Cosplay社团这样以兴趣为中心而建立起来的群体越来越成为青少年寻求群体认同的方式。他们往往不仅在Cosplay中成为亲密的伙伴，而且会在现实中发展出较深的友谊，成为日常生活中的好友。这与人们在网上建立的虚拟社区相比，显然更具有现实交往的意义，不仅扩大了青少年交往的范围，而且为其提供了群体归属感。

此外，Cosplay之所以吸引人，是因为它具有视觉性的文化特征。动漫作品本身就是读图时代的产物，而Cosplay更是其反映在现实社会中的视觉性文化的体现。眩目和

---

① 兴起于20世纪70年代的一种反摇滚的音乐力量。Punk在中国内地被译作"朋克"，在台湾被译作"庞克"，在香港则被称为"崩"。在西方，Punk在字典里是指小流氓、废物、妓女、娈童、低劣的等意思（虽然现在它的意思有了一定的改变）。从最早由Leg McNeil於1975年创刊《PUNK》杂志，之后由Sex Pistols将此音乐形成潮流距今已有25年历史了。Punk一族穿上磨出窟窿、画满骷髅和美女的牛仔裤；男人们梳起鸡冠头，女人们则把头发统统剃光，露出青色的头皮；鼻子上穿洞挂环；身上涂满靛蓝的荧光粉，似乎非得让人对他们侧目而视才满意。其实他们什么也不为，只是要以此表现他们的与众不同，表现他们的叛逆，表现他们对这个现实社会的不满罢了。

② Lolita一词源自著名作家纳博可夫（Vladimir Nabokov）于1955年出版的小说《Lolita》，描述一位中年教授与12岁少女的纠缠情欲关系。Lolita风格是以蕾丝、花边为主要元素的复古少女扮相，1997年电影《Lolita》被重拍后，在日本原宿街头开始兴起这种宫廷娃娃的时装潮流。

独特是它的两个标志，视觉的唯美性是它追求的主要内容。其实，Coser 们对 Cosplay 活动的热爱在很大程度上也是源于对视觉文化的认同，更进一步说是源于对自我外在形象塑造的兴趣。然而，除了停留在视觉静态层面的摆摆姿势、拍拍照片，Cosplay 活动的视觉性更是常常集中在它的舞台表演上。在 Cosplay 的舞台剧中，Coser 们以作品中虚拟的形象出现，其极具视觉冲击力的奇装异服、极具想象力的人物造型、极富表现力的动作表情，配上灯光、音乐、剧本和台词，有时候还有配音等舞台效果，使得现场总是弥漫着一种浓厚的节庆气氛甚至是狂欢的氛围。也正因为这样，Cosplay 活动在各大漫展长盛不衰。

关注 Coser 怎么说

他们为什么玩 Cosplay 呢？是单纯地玩 Cosplay 还是想玩出名呢？对于他们来说，玩 Cos 是自我满足还是自我表现引人注目呢？抱着这些疑问，结合前段时间在 YACA 论坛做的一项投票调查，来看看 Coser 们的看法（见表2）。

表2 投票调查：为什么要玩 Cosplay？

选项	人数	百分比
因为喜欢动漫	114	32.57%
因为觉得好过瘾	44	12.57%
因为可以训练动手能力	30	8.57%
因为可以结识朋友	60	17.14%
因为可以上台，甚至出名	10	2.86%
因为可以表现自我	31	8.86%
因为别人都玩我也要玩	14	4.00%
因为想逃避现实世界	16	4.57%
其他（请写明）	15	4.29%
无解	16	4.57%

（截止时间 2007 - 06 - 01）

一些评论：

穿着 Cos 衣服时就有一种不是这个世界的人、而是动漫世界的人的感觉……对于一个不喜欢现实世界的女生来说，躲进动漫世界是最好不过的了……

Cosplay，我从来都不是玩的，我很认真的！曾经为了一个角色留了2年的头发，最后还是夭折了。喜欢就是喜欢，出名自然会出名，想太多没有意义。出名需要 Cosplay 的么~呵呵~总之就不要想得太复杂就可以了。

因为中意动漫，因为觉得好过瘾，因为可以训练动手能力，因为可以认识朋友，因为可以上台、甚至出名，因为可以表现自我。

因为本人很少照相，而 Cosplay 给了我一个照相的机会，可以顺便留念，一举两得。

穿起 Cos 的衣服后，会觉得自己变得完全不同了……很容易融入这个角色里去……我很享受这种感觉。

纯属为兴趣为梦想～没有为什么。而且真是认识了很好的朋友，志同道合，好开心。不过都有点逃避现实的嫌疑……因为现实中自己太平凡，想找点生存目的。

刚开始是为了展现自己，让别人注意到自己。大家请原谅当年那个14岁不到的幼稚孩子。现在渐渐是为了喜欢动漫，为了给自己信心，就是这样。

四、我身边的国产"御宅族"现状描写

玩动漫，谁是生力军？相比起中学生较繁重的常规课业和囊中羞涩，大学生们成了最好的答案。大学4年，除了班级活动，大多数学生选择加入各种社团或学生会。发挥兴趣、结交朋友、锻炼能力是他们的主要目的。高校内的动漫类社团，理所当然地成了动漫迷们甚至御宅族们相互认识与交流的平台。下面以本校的"WILL"动漫社团（以下简称"WILL"）和我的3位朋友（已经征得本人同意）为实际参考，希望能客观地将现状呈上。

2002年，WILL 在几位创始人的一股热情中成立，理由是单纯的"想要参加漫展"。得益于其管理方式，会员们往往团结得比较紧密，也有较多的常规性活动，因此成立5年以来会员已经超过1 500人。在这样一个基数较大的动漫兴趣群体中，虽然比例不大，但还是有这么一群人能被称为狂热份子，也就是通常概念上的御宅族。

他们沉迷，而且活跃。不同于一般会员局限于资源的索取，他们更愿意共享资源，操办节目，制造话题。不满足于校内的交流与传播，积极地进入更大的动漫圈子是他们的目的。由于这些特性，无论他们的舞台是校内的小圈子还是地域性的动漫界，御宅族都轻易成了圈子内的领头人。通过网络这一自由架构的通信桥梁，动漫的信息以廉价快捷的方式传布开来。漫展活动、Cosplay、引起话题的动画、新产品发售，基本都是通过这种方式传播的。

在这个对物质的追求刚刚起步、比成熟的资本主义社会单纯得多的环境下，年轻人还是无可避免地想要追求与众不同。因对主流文化熟视无睹而被视为变态，认为自己开辟的道路才最前卫。不否认有部分人是出于这种心态才加入动漫社团的，尤以玩 Cosplay 的这一群体最盛。直观来说，因为玩 Cosplay 就经常要穿着抢眼而怪异的衣服，摆出各种姿势供人拍照，或者是上演自编自导的舞台短剧。这种容易被人接受的视觉刺激默默地引导起一股潮流：对 Cosplay 感兴趣的年轻人学着扮演者的化妆、服饰甚至动作；舞台剧中的一些台词或桥段成为流行用语。这股潮流，改变了一部分人心中"御宅族们都是狂热到可怕的生物"的看法，另外一部分人甚至不知道御宅族这一词原本的尴尬处境。于是在我们这样的环境之下，御宅族成了一些年轻人乐意往自己身上贴的一个标签。虽然扭曲了原本的含义，但得益于此，本土的御宅族们为尚不成熟的中国动

漫市场起了不可小觑的推动作用。

  案例一，A 同学。
  性别：男
  专业：中文系
  地域：澳门
  口头禅：如果世界不能尽如人意的话，那就创造一个你自己喜欢的世界好了。

  出生在澳门的 A 同学看上去是个喜欢针砭时事的文弱书生，高瘦的个子再戴一副眼镜，几乎让人有种他就是穿着旧式读书人青蓝长衫的错觉。然而一聊到他心爱的动漫角色便双眼放光、气势惊人。得益于澳门开放的动漫环境，他在资讯方面总是快人一步。从小时候跟着电视台的播放时刻表追看动画，到后来盯紧杂志上登出哪些新出的模型，直到现在热切关注新动画的导演、人物设定、配音演员与音乐。他不满足于做一个单纯的旁观者。购买模型，收藏相关物品，自己编写同人志，写评论。家里的收藏品琳琅满目地摆了两大柜子，笑称"那是我的心头好，若有地震一定先救它们出来"。
  最近在做的事是和另一个人合伙写一本日语语法教程，并用动漫场景作为对话范例。他对动漫相关以外的活动很少参与，坦言没兴趣。在联合了一名指导老师与 6 名同年级的学生，经过数月的努力之后，这本书的初稿已经交付台湾一家出版社商定出版。虽然是自费的，但若把它视为一本进阶的同人志的话，可以肯定的是 A 同学对动漫的热情。
  以下是 A 同学在召集写手时在社团的论坛上所发出的帖子。

  欢迎 03 级同志的加盟！
  本人想在学校申请一个名为《面向动漫游戏迷的日语教材的市场潜力研究》（题目暂定）的科研项目。现在正在寻找有共同兴趣的 03 级同学的加入。
  现在中国学日语的人越来越多，去年的国际日语能力等级考试几十万个参考名额全部被报满。在学日语的人当中，自学的占绝大多数，对于自学的人来说，有一本通俗易懂又能引起自己兴趣的教材是非常重要的。顺应这股趋势，市面上出现了一些像《看日剧学日语》这样的针对哈日族的教材，这种方式很快就被一些韩语教材模仿了来用，并且取得了不错的市场效果。
  目前全国正有大量的群众媒体透过各种途径接触日语的动画、漫画和电子游戏，而且不少人都有想学日语的冲动，这时如果有一套能投其所好的教材，肯定能把他们的心动变成行动。而且日语比韩语好入门，如日语元音只有 5 个，韩语便翻了一倍，动漫游戏迷应该能比哈韩族更快地进入学习的氛围。
  本项目就是研究这样一种小众化外语学习市场的可行性及具体推广策略，如果有能力的话，本人还希望能率先制作出两本针对动漫游戏迷的日语词汇手册，分别针对国际日语能力等级考试的 2 级和 3 级，全部例句均选取动漫游戏作品的经典对白或动漫游戏迷的日常生活用语。

03级的各位同学如有兴趣的话请尽快把真实姓名、学号、手机号码及所在院系用短信发给我。专业不限，要求有一定的日语基础又或是对动漫或游戏有丰富的积累。

主要涉及学科：营销学、传播学、日语。

A同学说："没错，我是个充满正义感，在网络上颇强势，但在现实生活中'弱气'的家伙。对现实发生的不公平的事很不满，但是没办法阻止，没办法避免，又眼睁睁地看（这种事）发生了一次又一次。郁闷之余我就把自己丢进动画里面。看着虚幻又神奇的魔法，无所顾忌的冒险，拼上生命的热血战斗，我就有一种被安慰了的感觉。有点'鸵鸟'吧？把头埋在沙子里躲避现实，我承认。不过要是没有这些动漫的开导，每天都郁郁在怀，我大概会变成不理智的愤青。"

除去动漫，他的课余生活简单得几乎三点一线：课室—宿舍—图书馆。和班上的大多数同学只限于点头之交，班级活动很少参加。在社团的论坛上结识了一帮志同道合的朋友，有时候围绕动画细节的一番论战彼此争得脸红脖子粗。偶尔会参与大家的聚会，香港、澳门和广州的漫展是他最为热衷的活动，租一个摊位，贩卖模型和自己创作的同人志，能赚的钱不多却乐此不疲。

前几天得知，A同学又鼓起劲展开了一项网络问卷调查，目标是所有认为自己是御宅族的网友。御宅族都在做些什么，怎么看待自己，是他最想要了解的。由于调查在2007年8月才结束，现在无法知道结果，故现将调查问卷作为附录以供参考。

案例二，B同学。
性别：女
专业：计算机系
地域：湖南
口头禅：谁说我没追求？游戏和足球就是我的人生！

白净瘦弱的B同学看起来，只是个兴趣与其他同龄女孩无异的年轻人。然而玩电脑游戏却是她最喜欢的事情。所学专业的引导让她接触了较多的游戏并沉迷其中，经常通宵玩游戏。拿一个月的工资去买一台游戏机，然后省吃俭用或者干脆蹭饭，这类事情她做了不止一次。2005年毕业的B同学，同年开始从事酒店电脑服务器的管理工作。由于工作要求常常上夜班，值班之余正好联网玩游戏（见表3）。

工作一年之后，B同学决定重返校园。最近刚到日本东京学习酒店管理的她，课余会去御宅族的圣地——秋叶原①电器街打工赚生活费。与她聊天得知，工读的日子过的不轻松，但言语间难以掩盖兴奋之情。人缘颇好的B同学一方面因交不到男朋友而感到苦闷，另一方面继续保持男孩般直爽的性格。

---

① 意指在日本秋叶原的电子商城区，是日本家电计算机信息产品的主要商场。现在逐渐成为动画、漫画、游戏和周边精品店铺的聚集地，被称为御宅族的圣地。

表3 不用值夜班时B同学一天的生活时间表

时间	内容
8:00	起床并赖床一会儿
8:10	正式起床,梳妆占用至少20分钟,收拾背包。PSP①一定是随身物品。不吃早餐
9:00	上班打卡。打开电脑后,顺手点开常去的游戏论坛和聊天工具
11:00	早晨的繁忙过去了,有空闲拿出PSP来折腾一番
11:30	吃饭,在公司午休
13:00	开始下午上班。由于晚上睡得晚,这时候通常都精神不振,先去论坛上逛一圈,聊得开心
13:30	下午的工作也开始繁忙起来。被迫重返工作岗位,解决突发事件
16:00	下班,换下制服,直接回公司宿舍
16:15	打开自己的电脑,一边下载新发布的游戏资源和动画,一边聊天
19:30	饿了,想起来还没吃饭。叫外卖或者自己随便煮一点什么
20:30	被室友催促去洗澡,不然会忘记这件事
21:00	重回电脑前面,联机玩网络游戏直到深夜
1:50	退出游戏,最后在聊天工具上留连一番
2:05	睡前不忘保养皮肤
2:10	倒头睡觉。由于睡得太晚第二天通常很难起床

案例三,C同学。

性别:男

专业:管理系

地域:广州

口头禅:命运是什么?我爱手办,我要女朋友。

被社团内的朋友戏称为"移动标志物"的C同学体型惊人,一米七的个子,体重却是普通人的两倍,是广州本地人。除了动漫和游戏外,他更沉迷于台湾布袋戏②。热衷于收集市面上的碟和图书,并高价定做服装参加Cosplay,每年奔走于广州、香港各

---

① PSP全称为Play Station Portable,是索尼公司出产的新一代掌上游戏娱乐平台,于2004年12月12日上市。尺寸为长170毫米×宽74毫米×高23毫米,拥有高精细屏幕。可以玩专门为其设计的电子游戏之余还能看电影、听音乐等,是一部在电玩族之间非常流行的可移动的娱乐玩具。

② 布袋戏又称作布袋木偶戏、手操傀儡戏、手袋傀儡戏、掌中戏、小笼、指花戏,是一种起源于17世纪中国福建泉州或漳州,主要在福建泉州、漳州、广东潮州与台湾等地流传的一种用布偶来表演的地方戏剧。台湾布袋戏多取材于我国古老的,尤其是汉、唐、宋、元、明、清等朝代的历史故事和民间传说,时下受年轻人欢迎的布袋戏,故事内容多以武侠、奇幻为主。

大漫展。为人真诚易交朋友却多年来一直打光棍。在"没托拍"的问题上比前两人更苦恼。看起来敦厚老实的他向来待人和善,对同学和朋友的请求几乎不懂拒绝,可以说是老好人一个。C同学对布袋戏有异于常人的热情,整天挂在嘴边的词汇都是出自布袋戏的术语,让不明就里的人听得一愣一愣的。

虽说看了这么多仁心侠骨,C同学的观点倒有些偏激。稍微失意的时候便感慨命运不公、自怨自艾,若是强迫他接受现实,多半又会感叹一句命运弄人然后抱头逃窜。像这样的例子在我认识他的4年间,每年都有那么几回,直到让人无从安慰、哭笑不得。

C同学酷爱收集各式人偶、模型,家中收藏品的数目不在A同学之下。不光是收藏,有时还买黏土回来自己捏塑、烘烤、上色、喷漆,一个模型往往要花上三五天。问起为何对这些看似玩具的小物件倾注这么大的心血,C同学说:"在论坛上和他们(其他的爱好者)交流新做好的哪一个模型的时候,讲到过去做过哪一个自己最满意的模型的时候,又或者讲到花了好多心机(功夫)、结果还是很残念(遗憾)的模型的时候,这些'时候'就是我所追求的满足感。好多时候,我宁愿什么也不考虑,就把模型摆出来陪我坐着或者妄想。这样做才让我觉得,能在压力里生存下来。"

C同学很害羞,这大概是御宅族面对异性的一项通病了。习惯于单方面交流的他也不例外,与心仪的女生相处4年都无法开口表白。在大学毕业走上工作岗位后,C同学更是感叹结识同龄异性的机会减少了。

(如何创造机会结识异性?)"搭讪,但是我可能没那个胆子。决定对象方面应该会是那种倾向于侧面印象,也就是完全不看总体,只凭部分细节就决定'啊!这就是我的类型!'这个样子……"

(会去主动约会吗?去哪里?)主动约会还是有过的,应该就是看电影呀、唱卡拉OK之类的吧……绝对不会带去漫展呀、越富呀、海印[①]这些地方……"

(是否有信心展开追求?)他笑着说,"不太可能吧,开口都不知道该说些什么,更不用说约人家出来。应该还是跟以前一样(的结果)"。虽然经常抱怨没有女朋友,生活无趣,C同学却不打算做点什么改变,而是期待着家人安排相亲。

(对于相亲是怎么看的?)"实在没办法下,为了完成父母下达的任务的一种比较快捷的交往方式。基本上除非没朋友介绍,不然真的不想用这种方式……不过最近好像想开了,觉得有人要我,我已经觉得很开心了,还挑什么。"

说这些话的时候他一直笑着,眼睛却直直地盯着地板。

附录中展示了部分C同学十分宝贝的收藏品,其中以女性玩偶和机械人模型为主。

五、地下群体/亚文化群体研究

有人指出,"御宅族"是青年一代缺乏自信的表现。因为害怕在正常的人际交往中

---

① 广州的动漫市场集中地。

被伤害、被拒绝，他们宁愿投入动漫和游戏世界中寻求安慰。借着与这些 2D 人物的"交流"，躲进自己虚构的天地里不肯出来，自然也很少考虑自己在外界的形象。事实上，很多御宅族坦言自己要主动和陌生人开口说话是有难度的。但是由于生活中的需要，身为社会人必须与其他人接触，即使是无法顺利地做社会上的交往还是得硬着头皮来。但是当御宅族们聚集在一起，讨论最近所热衷的某个游戏或者角色，气氛却往往热烈得令人侧目。社交在一定的圈子之内进行得很顺当，只是严格遵守着圈子内看不见的游戏规则。

是否能从族群性（ethnicity）这个概念引申出去谈谈我的观点呢？由于族群并不是单独存在的，它存在于与其他族群的互动关系中。无论是由"族群关系"或"族群本质"来看，我们都可以说，没有"异族意识"就没有"本族意识"，没有"他们"就没有"我们"，没有"族群边缘"就没有"族群核心"。[①] 那么放在同一个社会里，各种或大或小的群体也在遵从这一概念。通过行为、言语、习惯、兴趣等来区分彼此。有上班族这样的主流群体，也有黑社会之类的非主流群体。这些群体彼此间相去甚远，但其文化的形成都是一致的。具备了在一定地域（可能是网络上的虚拟空间）的社会群体或者社团，在经过长期共同生活之后所沉淀形成文化的这一条件。这种文化，体现了该社会群体所共同拥有的世界观、价值观、道德准则、行为模式等等，以及重要的归属感。

我们可以把御宅族看作一个与其他文化群体并行的群体，或者我们可以用"亚文化群体"这个词来指代。请允许我借用社会学家克里斯托弗·杜（Christopher Doob）给"亚文化群体"下的定义："……一群于文化中持与一般大众文化相异之信念、价值与观点，并付诸于行为者。年龄、种族、职业、宗教、兴趣嗜好、社会阶层、生活方式等都可能是组成次文化族群的基础。"[②]

是的，御宅族文化是这样一种特有的文化。一般不与主文化相抵触，在文化权重的划分上又占据比较次要的从属地位。这些多样的社会群体文化的存在，构成了亚文化存在的基础。单从属性上来说，御宅族文化和成百上千个其他的群体文化没有什么不同。那么，群体内部又是如何取得一致的自我认同呢？

亚文化群体往往有其内部流通的术语、指代和暗号，这除了能够表达他们的特殊兴趣和属性（例如 IT 族常用的的"C 语言"、"补丁"、"网络端口"等电脑术语），更是划分群体与外界的一道界线。说着别人听不懂的话语，彼此之间产生认同感并保持该次文化群体的"血统"纯正，外界难以随意插足。例如御宅族常用的"同人志"[③]、"角色

[①] 王明珂：《华夏边缘》，社会科学文献出版社 2006 年版，第 1～10 页。

[②] Christopher Doob. *Distorted image: racial minorities in the mass media*. In: *Racism: an american cauldron*, New York: Harper Collins College Publisher, 1996, p117～200.

[③] 源于日本，原本指的是"一群有着相同兴趣的人，共同创作自己的文艺著作"。也就是说，只要志同道合的朋友们，将各自发表的文艺著作集结成册，不由商业出版社出版发行，而自己掏腰包印刷，在同好间流通者，均可称为"同人志"。

扮演（即是 Cosplay）"、"萌"① 等等。文化的功用在于给予其会员以情感和社会的支持，拥有相同兴趣的御宅族，在这种支持下，即使完全封闭在自己的世界中也不会觉得自己的行为没有意义。在这个网络文化盛行的时代，一旦某种事物兴起，相关的网络词语也会很快地被造出来。以御宅族这个词为例，外来语被迅速地借用、改造成为具有本地特色的网络语言，同好们将其简称为"宅人"，自称"宅男"、"宅女"。沉溺于动漫和游戏的行为被形容为"宅"，词性可褒可贬，作贬义时通常用作同伴间的戏称。能理解"宅"这个词含义的人，很容易被接纳为圈内人或者是在圈子周围游走的中立者。

人类的基本交际来自动作、语言和眼神的交流，然而御宅族却只顾埋首于虚拟的 ACG 角色，单方面地主动与对方进行交流。一旦面对真正的视线便感觉浑身不对劲，不惯于被注视，所以当受到观察对象反过来的注视的时候，往往就产生畏缩心理。这种人际交往上的缺陷，与隐蔽青年的表现一致，因此普通人也容易把二者混为一谈。值得感谢的是，御宅族与网络的联系非常密切。虽然不能在现实中随心所欲地交谈，在隐藏了身份的网络上通过诸如个人主页、BBS、博客等途径进行对外沟通还是很容易的。由网络上认识的人聚集起来的网络群体，有时候也会在现实中会面。由于彼此有相近的兴趣爱好甚至缺陷，御宅族群体内部的交流并不是难事。

但是，值得注意的是，御宅族对虚构世界比现实世界有更直观、更强烈的感觉。他们通常的交流也集中于资源共享、信息交换等方面，而真正涉及内心情感的时候少之又少，也就很难做到更深一步的交往了。

六、其他相近的亚文化群体

（一）NEET 和"家里蹲"

NEET 的全称是：Not currently engaged in education, employment or training。如同字面意思，指的是没有好好接受教育、不就业、也不参加任何培训的一个群体。主要在发达国家和经济高增长、生活素质高的国家和地区的青年阶层中产生。在中国内地称为"家里蹲"或靠老族；在美国称为归巢族（boomerang kids），意指孩子毕业又回到家庭，继续依靠父母的照顾及经济支援；在香港则称之为双失青年（失学兼失业的青年）。

"家里蹲"，又称隐蔽青年或者自闭族，日文原意为"引篭もり"。专指 20 世纪 80 年代后期，从日本开始逐渐蔓延到世界各地的，埋首于电脑、电视或者电子游戏，靠着网上邮购等方式购置物品，由家人提供食物而尽量足不出户的人们。他们认为自己难以在社会上拥有地位，以及对社交冷感。隐蔽青年常常拒绝离开家长的房子，又或者把自己关在房间很长一段时间。

---

① "萌"本来是指草木初生之芽，但是后来日本御宅族和其他的动漫喜好者用这个词来形容极端喜好的事物，"萌え"一字是由"燃え"所变化而来，来源是出自日文的 IME 输入法。"萌"本意是指读者在看到令人喜爱的角色时，产生一种热血沸腾的精神状态，喜爱的心情如同草木萌芽。

根据日本政府 2003 年的调查显示，该有关现象涉及 300 万人，平均年龄 27 岁，其中 1/3 超过 30 岁。论其原因，六成人是在学校被欺负排挤或对前途感到希望渺茫，从而令他们对社会也产生恐惧感，另外四成人则还未找到原因。虽然尚未能找到明确的中国隐蔽青年的相关数据，但我通过从身边和网络上认识的群体的交流得知，真正意义上闭门不出的人还在极少数，这极少数的人之中，对动漫抱有很大兴趣、或者已经有御宅族倾向的人几乎是百分之百。

试究其原因，可能是对于新鲜事物本身就抱有较大好奇心的年轻一代，或许会经历一段"网络世界比现实更吸引人"的时期，有条件的话可造成短期的"家里蹲"行为。若在此时遭受了现实中的打击，便难免将现实世界与虚拟世界作对比，失落之下难以保持自己原本正确的价值观，从而转投向轻松得多的虚拟世界。而以三电（电脑、电视、电子游戏）为主构成的虚拟世界中，动漫占了相当大的比例。由于我国的教育一向比较严谨，在此种大环境下成长起来的年轻人不太容易走极端，故大部分的"家里蹲"可能只是轻度或者中度的。倘若在现实中给予他们鼓励和正面的引导，那么，使他们重回现实生活也不是做不到。这种状况下，动漫对他们来说可以说是一种精神麻痹，却并不像御宅族们那样全心喜爱甚至想深入了解、主动创作。与之相比，御宅族仍然会为购买爱好品而外出工作并较愿意接触社会，尤其是同好者间的交流。

从御宅族和"家里蹲"关注的重点来看，两个群体则相去甚远。前文已经提过，不同于"家里蹲"是为了打发时间，御宅族往往对动漫和游戏抱有超出常人的热情并且主动研究。譬如影像，这是接触动漫最直接的方式。不满足于电视上只播放一次的节目，御宅族们收集视频资料的的第一来源通常是连接到电视上的录像机，其次是有大量彩页的各种动漫刊物。刊物让御宅族们更方便地交流如制作群体、原画设定、配音等相关资料，而录像带则提供了反复研究影片的机会。暂停，慢动作，重放。在长期接受这种眼力的挑战后，观众本身对作品的分析能力提高了，甚至深入到进一步探讨拍摄手段。表情、画质等细节均为他们所津津乐道；如何用色调烘托气氛，如何去把握剧情的节奏，怎么设置打斗场景的分镜，配音演员的心理状态等等，也在讨论范围之内。这是御宅族较"家里蹲"积极得多的一面。

（二）社会问题的引申

在主流社会的眼中，"家里蹲"、NEET 这些群体的存在本身就是社会问题。而看起来相去不远的御宅族也不幸被归类其中，虽然对社会群体无大碍却遭人非议。因为他们相对扭曲的价值观，非常容易衍生出各种犯罪与社会问题，日本经历过"宫崎事件"的人们抱有这种担忧也是在所难免。由一国之表现引申到眼下社会之间的共有问题，可以看出：御宅族自身力量的不足，加上危机意识和社会意识的严重缺乏，使得他们在与传媒进行的这场战争中，从一开始就处于劣势。掌握传媒公器的卫道人士认为，御宅族不敌是因为真理不在对方手中，借着宫崎事件，又给卫道士们一个肆无忌惮攻击与中伤御宅族的武器，而一向没有自主性思考、爱跟风的大众受到传媒影响也自然以为御宅族是一群阴暗的、反社会的、极危险的族群。

一味受到排挤的群体，在社会压力之下容易产生新的心理问题，就是自卑感。用主流价值观衡量这些亚文化群体的成员,他们可能没有过人之处,却也说不上行为有什么错误,本身不抱有负罪感。然而在遭到社会的再三否认后,心理承受能力较弱的部分人有可能选择自杀这种方式,快捷而直接地逃避问题。

网络自杀是一种新型的自杀方式。现在常见的情况是一些想自杀的人通过互联网认识,在互联网上制定自杀计划,然后相约集体实现计划。

在普通民众还未习惯咨询心理医生的中国,去做心理治疗的人常常被认为是异类,会招来街坊的谣言,甚至与精神病划等号。"家里蹲"也好,NEET 也罢,都只被当事者的家人认为是不好外扬的家事,或只是简单地看作孩子对于社会环境与身份转换的短期不适应表现。很少有家长会在开端就正视这一症状并采取治疗手段。埋怨和责备成为了他们认为的最直接的解决问题的手段,他们期望乃至迫使子女随着时间的转移能够逐渐更改这一行为。有很多父母都会先观望较长的一段时间之后,才去寻求医生或者心理学家的帮助。在一段时期内若不能解决问题,当事人的心理反而会遭受更大的压力。不得要领的家庭教育与没有成就感的学校/社会生活为他们的压力加码,当压力积累到一定程度而找不到突破口的时候,便很容易想到自杀这条路。我在偶然的机会下购得一本书,名为《遗书——五个年轻人留下的最后话语》(暂译),靠着蹩脚的日文水平了解到,书中五名自杀的少年(13~19 岁)走上绝路的原因竟出人意料地统一:生活压力。"被同学欺负"、"我活在世上没有用"、"看不到未来"等看似容易跨越的坎,永远把他们阻挡在人生展翅高飞的前夕。

便利的网络成为他们得以宣泄的场所。抱着想死却又怕自己会放弃的心情,选择与别人一起自杀,那么自杀的成功率便大得多了。例如 2005 年 10 月 12 日,在日本神奈川县横须贺市和埼玉县皆野町分别发生的 2 起集体自杀事件。9 名自杀者均为年轻人,在网络上约见后共同赴死。最大的 33 岁,最小的只有 20 岁。据日本埼玉县地方警署调查消息显示,这些自杀者多是被就业和升学压力所迫。

七、结语

群体认同,其实是个敏感且复杂的问题。自我认同则更是敏感。我国源远流长的传统文化,走到 21 世纪的时候,已经受到了来自多方面的冲击。作为在这种文化哺育之下成长起来的新一代年轻的中国人,在自身文化的约束之下,对外来的文化能接受到一个什么样的地步呢?纵使我国现在还处于社会主义初级阶段,尚未面临像美国、日本这种高度发达的工业社会所不可避免的一些问题,但也并不是说就可以安心地忽视该问题潜在的可能性了。忙碌的肉体与精神世界的迷失,我们已经从"家里蹲"、"NEET 族"身上看到了。

探讨了这么多,我认为能够成为御宅族本身就是一种奢侈:不用花费大量的精力就有人养活自己,以至于成为了部分人眼中的"米虫";轻松地就能找到方法来逃避不喜欢的社会;能坚持自己的爱好而做到无视他人的眼光等等。说得严重点,人类自卑、懦弱、懒惰的部分,通过御宅族这一极端的方式,展现在了世界面前。要克服自己的懦弱、自卑和懒惰,说起来很容易,听起来也很简单。但等到某一天,真的要让自己脱离曾经的世界而面对现实的时候，又有多少人能够坦然地站出来说愿意舍弃？太多的道理，让人们变得麻木。而能让人们从麻木中苏醒过来的仅仅是血淋淋的现实。为了能让后人不再面对血淋淋的现实，人们又留下了更多让人变得麻木的所谓道理。人们便在这样的矛盾与循环中挣扎着、等待着，苟且地度过了本可以更丰富多彩的人生。御宅族们的心里，或许往往也会有这样一块矛盾的部分存在着，无法抹平吧。

至于更深一步的网络自杀，则是一处社会隐藏的严重问题。这会否在不久的将来由于某些契机而浮出水面，引起人们关注的同时又勾起另一些人的认同呢？井然有序的社会之下犹如深邃的海底，暗藏危机。从文化着手挖掘问题、研究问题，可以让我们社会的文明更积极地散发她的魅力，让生活在其中的人们感受到包容性与归属感。各种群体之间互利共存，才是解决问题的关键所在。

参考文献：

［1］Doob C. Distorted image：racial minorities in the mass media［M］// Racism：an american cauldron. New York：Harper Collins College Publisher，1996.
［2］安东尼·吉登斯. 现代性与自我认同［M］. 赵绪东，方文，译. 北京：生活·读书·新知三联书店，1998.
［3］克利福德·格尔茨. 文化的解释［M］. 韩莉，译. 译林出版社，2002.
［4］庄孔韶. 人类学通论［M］. 太原：山西教育出版社，2003.
［5］verb. 遺書 5 人の若者が残した最期の言葉［M］. 東京：幻冬舎文庫，2004.
［6］威廉·富特·怀特. 街角社会［M］. 北京：商务印书馆，2005.
［7］王明珂. 华夏边缘［M］. 北京：社会科学文献出版社，2006.
［8］容观夐. 跨文化比较研究——人类学方法论研究之一［D］.
［9］陶东风，金元浦. 视觉文化与个案研究——文化研究二人谈［EB/OL］.［2003 - 04 - 22］.
［10］陈仲伟教授关于柯南的影视分析"文化全球化与在地生活实践"讲座（三）［R］. 台中：东海大学台湾研究室，2003.
［11］周大鸣. 论城市多元文化的共生态［J］. 广西民族学院学报，2004.
［12］广州市雅卡文化传播有限公司官方网站：http：//www. yaca. cn/sblog/？action_channel_name_company. html.
［13］报道人—辉博客：http：//blog. sina. com. cn/u/1196458040.
［14］案例社团官方论坛：http：//will. sysu. edu. cn/bbs/index. php.

附录

所有图片均由朋友及自己现场拍摄。

附图 1　狐狸猪猪（网名）与她的原创角色
摄于 2004 年冬季漫展。

附图 2　中山大学珠海校区社团招新现场
摄于 2003 年 11 月。

附图 3　坦然摆出姿势的 Coser 和围观者

附图 4　漫画《圣传》的 Cosplay 团队
当时室外温度只有 5 ℃左右，他们仍然赤脚披纱。

Hello Kitty 的全球化及其在中国的本土化过程研究[*]

池敏[**]

内容摘要："可愛い"文化源自日本，并伴随着日本文化产业的发展而走向世界各地。Hello Kitty 是日本的"可爱大使"，也是日本可爱文化的典型代表。由于其对世界各国的社会文化生活产生了广泛的影响，目前已得到学术界的重视，海外已有多位学者从各学科角度探讨本国的 Hello Kitty 现象，但此研究在国内尚未发展起来。本文从"可爱"、"cute"、"可愛い"的对比入手，探讨日本可爱文化的代表——Hello Kitty 的全球化和本土化过程，重点研究其在中国的本土化过程及中国消费者赋予 Hello Kitty 的意义，并分析以 Hello Kitty 为代表的日本可爱文化给日本国际形象所带来的影响，以期通过 Hello Kitty 的成功经验为中国形象宣传提供借鉴。

关键词：Hello Kitty　中国　可爱文化　全球化　本土化

一、引言

二战结束后，日本流行文化取得了显著发展，并在世界领域内占据了重要位置。特别是以"可爱主义"为代表的日本流行文化，通过动漫、游戏、服装、电影等产品，在世界各地广为流传且深受世界各国欢迎，甚至与以迪斯尼、华纳兄弟、好莱坞等为代表的美国文化相抗衡。流行文化的输出除了要思考如何占领海外市场外，还涉及到如何传播本国的文化元素，使本国的文化元素与当地的价值观念相融合的问题。

中国作为东亚一个日益崛起的发展中国家，其广阔的市场空间对日本有无限的魅力，但是中、日两国之间的历史遗留问题始终是两国之间交流的障碍。对此，笔者将以日本的可爱大使"Hello Kitty"为代表，研究 Hello Kitty 全球化和本土化的过程，以及可爱文化对于日本的国际形象的影响。重点分析 Hello Kitty 在中国"80 后"、"90 后"中的流行原因及其赋予 Hello Kitty 的意义，并试图解决以下几个问题：第一，不同文化中，对于"可爱"的价值判断和表现形式的差异；第二，中国年轻消费者赋予 Hello Kitty 的意义及 Hello Kitty 的流行原因；第三，Hello Kitty 的全球化是否是一种新的殖民现象，其貌似"可爱"的文化是否会对人们的思想观念造成一种"和平演变"。可爱的 Hello Kitty 能否改善中国年轻人心中的日本形象。由于国内对此话题的研究尚无，这篇

---

[*] 中山大学社会学与人类学学院人类学系 2007 级本科生毕业论文。
[**] 中山大学社会学与人类学学院学生。

文章的参考资料主要来自国外学者的相关研究成果、网络、论坛，以及本人在"80后"及"90后"中所做的田野调查资料。

二、Hello Kitty 研究简述

"可爱主义"源自日本，并随着日本文化产业的发展而走向世界各地。由于其对世界各国的社会文化生活产生了广泛的影响，众多学者对此产生了浓厚的研究兴趣。Hello Kitty 是日本的"可爱大使"，也是日本可爱文化的典型代表。因此，Hello Kitty 成为了这方面的重点研究对象。

目前，国内针对日本可爱文化的研究极少，而提及 Hello Kitty 的学术文章也多从经济学、市场营销、视觉艺术等角度分析，人类学在此方面的研究基本为零。国外，关于 Hello Kitty 和日本可爱文化的研究开始的较早、成果较多。具体说来，目前国内外学者的研究主要集中于以下几个方面：

（一）"可愛い（かわいい）"、"可爱"与"cute"之间的区别

四方田犬彦的《"かわいい"論》分析了"かわいい"一词的起源和演变过程，及"かわいい"的深层构造。他认为"可愛い"代表"小巧、脆弱、需要人庇护的感情，对自我的一种媚态"，"可愛い"的对立面是"美しい"。"美しい"太美丽以至于高不可攀，所以我们把手伸向了容易亲近的"可愛い"。它唤醒了我们心中想要保护他人、支配他人的欲望。

汤祯兆的《整形日本》把"可愛い"作为日本亚文化进行分析，并与当代的香港文化进行比较。他在书中介绍了"cute"与"可愛い"的区别，"可愛い"与汉语"可爱"在具体使用情景上的区别。

陈晶的《日本的"可愛い"文化》对日语"可愛い"和汉语"可爱"在语义学上做了较为详尽的比较分析，并介绍了日本的"可爱文化"。其主要侧重于语言学上的分析，而对日本可爱文化的研究则仅仅停留在简单地对其现象的列举分析层面上。

（二）可爱文化产生于日本的原因

Brian McVeigh 的《日本的日常用品中的商业化情感、权利与性别》从性别的角度出发，分析日本人观念中的妇女形象、物品所反映出来的性别意识，以及"可爱"在日本的商品化、商业化过程。他运用特纳的符号学，分析文化价值观念是如何通过物品渗透到生活的方方面面，并使人们在潜意识中接受这些信息，成为潜意识中的价值判断的。

《日本的千年产品》中的第三章"可爱主义"由 Anne Allison 所作，此文涉及以下几个问题：①日本人眼中的"可愛い"价值观念与美国的区别；②日本的可爱文化产业（主要介绍了动漫、游戏）的发展，并与美国的动漫产业进行比较；③日本可爱文化深入人心的原因。她提出西方的价值观念是清晰的、界限分明的，善与恶、美与丑、成人与儿童等等，但这些在日本价值观念中则是模糊的，两者可以相互转换。而这种模糊性使得日本的可爱文化延伸至生活的方方面面，它甚至模糊了"参与"与"不参

与"、"消费"与"不消费",因为可爱文化无处不在。

(三) Hello Kitty 的全球化发展

《玩具、游戏和影视》中的第五章——Christine R. Yano 所著的《Kitty:日本的"可爱"文化在国内与海外》分成三部分:①日本人眼中的"可爱い"及其与"cute"的区别;②Hello Kitty 在成年世界中的意义;③Hello Kitty 在全球化市场中的本土化转向。作者运用了大量的访谈资料对日、美消费者给 Hello Kitty 所赋予的情感意义进行了分析,并探讨可爱文化给日本国家形象造成的影响,而对此作者得出众多美国人对日本的评价是"可爱、友善"。

Benjamin Wai-ming 的《新加坡的 Hello Kitty 狂热:文化与比较分析》主要针对 21 世纪初,麦当劳在新加坡推出 Hello Kitty 礼品系列,结果引起了年轻人对 Hello Kitty 的狂热追捧。这一促销活动引发了暴乱,甚至发展到由当地政府介入才得以平息的地步。在这篇论文中,作者主要分为 4 部分:①Hello Kitty 在日本的历史发展过程;②Hello Kitty 在新加坡的发展及其流行原因与日本的比较分析;③2000 年初期新加坡的 Hello Kitty 热潮分析;④以全球化和本土化的视角看新加坡的 Hello Kitty 热潮发展。

Yu-Fen Ko 的《Hello Kitty 和其在台湾的政治身份》把 Hello Kitty 置于台湾地区的文化背景下,结合当前台湾地区所面对的社会问题解析 Hello Kitty 在台湾地区的意识形态中的危机。这篇文章主要解决关于 Hello Kitty 的 3 个争议:①精英文化和大众文化的区别;②Hello Kitty 的殖民问题;③文化消费中的社会性别问题。作者认为 Hello Kitty 只是一个符号,本身并没有产生任何新的文化认识或意义,而对其的消费行为是我们最为熟悉的日常活动与社会规则。其目前所包含的意义是人们根据自己的社会经验所赋予的, Hello Kitty 的危机不在于其自身的身份危机,而在于其所派生出来的身份与内容。

蔡瑶升、赖宜呈的《青少年对流行性商品的购买行为之研究》以台湾地区国中一年级学生为研究对象,探讨青少年对 Hello Kitty 的购买行为。其研究结果发现:喜爱 Hello Kitty 的青少年,大部分为女生,主要透过电视和同学朋友之间的讨论,得到相关的信息,并有 27.3% 的 Hello Kitty 迷,喜爱时间超过一年以上,显示 Hello Kitty 的生命周期很长。此外,他们还发现拥有 Hello Kitty 的青少年,其对流行脉动的把握胜于其他人。

前人的研究成果给予我很大的启示,西方的人类学家已开始从身份危机、社会性别等角度对此问题进行研究。但国内关于 Hello Kitty 全球化与本土化的研究尚是空白,而中国内陆的社会环境及中国文化与日本文化的历史渊源关系都决定了 Hello Kitty 在中国的发展有其自身的特殊性,这也促使我对此进行尝试性的研究。

三、你、我、他眼中的"可爱"

(一) 什么是"可爱い"

1. 日本人眼中的"可爱い"

"可爱い"是日语词汇,意指可爱、娇小的意思。其具体的使用范围包括:①用在小动物身上。②用在小孩子身上。③用在精美、小巧玲珑的，蓬松、柔软、温暖的东西上。④用在性格好，有趣的人身上。⑤用在长相乖巧可爱的女孩子身上。⑥用在比较帅气、长相很卡通或者性格比较活泼、有点小孩子气的男孩身上。⑦用在自己喜欢的人身上。⑧用在造型小巧别致，具有粉色、黄色等比较鲜艳、柔嫩的颜色的物体上。⑨用在表示重视、宝贵的东西、事物上。⑩用在感受到深厚的爱时。①

自1994年日本漫画《美少女战士》风靡全球后，世界各地掀起了"可愛い"的潮流。可爱主义源自于日本，日本古典名著《枕草子》中平安时期的清少纳言指出"凡是细小的都可爱"，而且《可爱的东西》一章不断以稚趣作为例子。在日本传统美学观念中对"可爱"的鉴定，早已包含及孕育出对细小及童稚的"可愛い"意识。

而在当下的日本社会，正如一位旅日的外国友人说"日本人每天都在说'可愛い'，日本到处都是'可愛い'"。在日本的语境中，"可愛い"时常与老人家扯上关系。裕仁天皇以87岁高龄离世时，市面上的女性杂志上就曾出现过"天皇意外地很'可愛い'"的回响——大概对于海外人士来说，甚难接受将"可愛い"与和二战直接相关的历史人物联系起来。但在日本女性眼里，她们看到的是眼前平和慈祥的长者面容——他已经和发动战争造成巨大破坏的历史形象无涉，反而被人怜惜成那种和宠物无别的状况——无自我照顾的能力，要人怜恤而且一脸可爱温柔。

日本媒体也尽显"可愛い"。《Cawaii!》杂志时常以滨崎步做封面，以14至17岁的少女为销售对象，内容大量涉及如何可以有"可愛い"的打扮，如何谈恋爱以及性行为的注意事项等等。《JJ》等以20岁以上的女性为主的杂志，对"可愛い"的描述开始出现了变化，其利用"可愛い"谋取商业利益的目的开始突出。《YuuYuu》以50岁以上的女性为读者群，其同样爱找演艺圈人物做封面，特别是日本电影黄金时代的老牌明星杉村春子等，在这里强调的则是属于她们的人生智慧——如何通过生活的磨难而成就出泰然自若、从容风韵的"可愛い"来。这种意义上的"可愛い"对海外人士而言是难以理解的。

2. "可愛い"的表达：Hello Kitty中的日本元素分析

日本的卡通形象特征：宽前额、大眼睛、低鼻梁、小唇（动物形象通常没有嘴）。头部比例大，手、脚短小。这种"可愛い"形象极易让人联想起婴儿的形象，促使人萌生一种渴望保护、关怀这些幼小、天真无邪的小生命的悸动（见图1）。

图1 四种卡通形象

---

① 陈晶：《日本的"可愛い"文化》，载《日语知识》2007年第11期。

日本对卡通形象设计的精细之处，还体现在其卡通形象是"人格化"的符号。每个卡通形象都有它的姓名、出生日期、身高、体重、血型、性格特征、兴趣爱好，甚至还包括其朋友和家庭成员的信息。

这些卡通形象简洁之至，甚至连嘴也成为多余。然而，这种所谓的"多余"恰是一种缺失之美。令人称奇的是，没有嘴的卡通形象，显得格外纯真，且"五官"比例恰到好处。在田野中，少数访谈对象记不清 Hello Kitty 是否有嘴，也有人回答说"Hello Kitty 没有嘴，它的脸似乎就只有三个点，不过你不会觉得她少了些什么"。没有嘴的 Hello Kitty 一问世，就意味着它的信息是不完整的。微笑的 Hello Kitty 又或是忧伤的 Hello Kitty，其具体的形象需要消费者自己去想象、自己去建构属于自己的 Hello Kitty。Hello Kitty 没有嘴，这恰恰给消费者留下了无限的想象空间，它就像一个安静的倾听者，且与你心灵相通，你喜则喜，你愁亦愁。

日本的卡通形象通过简洁的线条、简单的动作，再配上明亮的、柔和的色彩从而达到温馨、可爱、童真的视觉效果。根据田野访谈资料，大多数访谈对象认为，记忆中的 Hello Kitty 是一只面带"微笑"的猫咪。其原因有二：一方面，Hello Kitty 常被置于一个温馨浪漫的背景中，这种背景下的各种符号元素促使人形成 Hello Kitty 是快乐的总体印象。另一方面，Hello Kitty 本身常给人以温馨、愉悦、轻松的感觉，这一愉悦的感官感受被直接投射到 Hello Kitty 上，使其在消费者记忆中留下微笑的美好印象（见图2）。

图2　Hello Kitty 的形象　　　　图3　能乐面具

而这种无表情的设计理念，与日本传统的审美标准有莫大的联系。"以'哀'为中心的'物哀'、以'幽玄'为中心的'空寂'和以'风雅'为中心的'闲寂'这三种精神相通的特殊形态的艺术美，是日本艺术美结构的三根支柱，是日本人审美意识的主体。"[①] 这种艺术效果很早已在传统艺术——能乐中的面具设计上体现出来（见图3）。能面是能表演外侧的直观的属性，将一个角色的内心逼真地刻画在"脸"上，而不再需要任何多余的表情，既是"无表情"，又是"无限表情"。[②] 而以一种表情涵盖所有的可能性也正体现了日本民族强烈的缩小意识思维模式。

---

① 钱锐：《无表情中的无限表情——日本"能乐"中的面具艺术》，载《艺术理论》2008 年第 9 期。
② 同上。

（二）"cute"与"可愛い"的区别

"可愛い"在英语中大致可以翻译成"cute"，但是两者在使用语境上有着很大的区别。"cute"一般仅限于"形容机灵、可爱以及活泼的意思，至于通常包含在日本动画人物中的幼小童稚、根深蒂固的可爱孩子气却一概流失"（《Yahoo！辞书》），相比之下，日语中的"可愛い"有更广的使用范围，英语中用罗马字母拼写出来的kawaii才能表达出日语中"可愛い"的真正含义。

这里，我将列举网络论坛中，多国网友对"可愛い"与"cute"的理解。

> 英国爱丁堡男性网友Bluepliot：
> 在欧洲，所有东西看起来都是严肃的，你不会看到可爱的东西或者明亮的颜色，除非在孩子当中。在人们的观念中，Hello Kitty被认为是可爱的。16、17岁后我们被要求有义务成为一个严肃的成年人。而在美国，他们只看见可爱事物的性感一面。可爱，正因其可爱，它并不适合我们，因为那是给孩子们的。如果一个女孩在它20岁的时候依旧穿非常短的裙子和明亮颜色的短袜，那是一种性感的打扮，或者她精神错乱，这不能够称其为"cute"。我认为日本的kawaii是典型的，在其他国家不会如此大范围的存在。

> 美国男性网友Cicatriz esp：
> 这是令人毛骨悚然的事情。在我的文化中，"cute"只适用于孩子、小狗、娃娃等等。它完全不用于描述成年人的任何东西。

> 美国男性网友Grapefruit补充说：
> 这确实，但也有一些特殊情况。Wolksvogen Beetle是可爱的，尽管它为成年人所使用。这不是美国的车，但美国人看起来非常喜欢它（至少在女性中）。

> 美国男性网友shadowspirit：
> 作为一个美国男人，但不代表所有西方男人，我会用"cute"形容男孩，或者带有柔弱气质的男性。我们并不经常使用"cute"形容事物，除非形容小的、年轻的生物，如婴儿、小狗、小鸡等。作为成年人，我们使用"cute"作为对女性外貌的描述。"sexy"用于描述女性性感，"beautiful"用于一个女人穿着随意的态度、或者其服饰外表。"cute"形容一个女人害羞或有羞怯的举止，或者穿着比较谨慎。但作为一个美国男人，我很难用"cute"随便去形容我所列举之外的其他事物。

> 美国女性网友Aurura：
> 可爱在美国似乎还跟其态度有关，无论这种态度是好还是不好。很多时候，一些娱乐节目或者孩子的玩具，他们都有他们自己形式的可爱，但是却没有丢失"我们是最好的"信息。可爱是表现天真无暇，似乎只是用于一些蹒跚学步的孩子或婴儿产品的广告。据我所知，在日本，男人和女人都重视保持天真、可爱。而在美国，我支持用可爱来表述一些个人行为，比如当她深思的时候她看起来是可爱的，或者他低头笑的时候是可爱的，在这方面，人们有很多很多的方式看起来是可爱的。

美国女性网友 Molestthyguitarists：

我不确定当我是一个成年人时，我还会思考这个问题。但当我17岁的时候，我曾经一度喜欢上可爱的东西。我穿 Lolita 衣服去上学，我还 Cosplay。我有可爱的气质，但我不想做得太过。这是一种生活态度，但你知道这不是在日本，我不能这么做。尽管我必须说，我们学校有很多女孩喜欢可爱的东西，但大部分而言，她们是可爱的亚洲小姑娘。尽管我会感到生气当我看见一些女孩做得太过分的话，总看起来怪怪的。但是我想我喜欢可爱，却并不是非常喜欢。如果它流行开来，我想我会喜欢。

澳大利亚女性网友 Miss-Maya：

我曾经在 Gyaru 的论坛上看过她的个人经历，她打扮得非常可爱，这种"可爱"潮流在美国可能会被男人们起哄，但这种情形在日本是不会有的。因此其在日本的俱乐部是不允许西方男人进入的。目前的澳大利亚和法国流行着一股关于 Anime 和 Cosplay 的热潮。Gyaru 的圈子出现在美国和夏威夷，很多孩子跟着模仿，这才被大众所注意到。目前，Cosplay 和"扮可爱"始终被看作是不成熟的，但很多日本爱好者包括孩子与成人都在努力改变人们对其的态度。

阿联酋杜拜的男性网友 Remixer：

我只用"cute"形容婴儿、小猫，除此之外不用于其他事物。

日本男性网友 Ashikaga：

"cute"只是用于儿童和小狗，但我几乎每时每刻都能听到这个词。我困惑的是，是否我不能找到合适的词汇去描述他们的"cutness"。那些吸引孩子的可爱的东西对成年人没有吸引力？我相信这是取决于我们生活的社会和他们对待可爱的态度。我认为从这些事物中寻找安慰和愉悦是正常的。不像其他的社会，在日本社会你可以去拥抱可爱。可爱适合每一个人，成人与孩子，男人与女人。日本人成长于这样一个社会。你可能会说有些人就是简单地不喜欢可爱，他们更喜欢 cool、性感或者其他。但我认为可爱与性感、cool 有着很大的差别。可爱与人类内心最初的情感有关，而性感或 cool 在不同的社会是不一样的，因为它是一个学习的过程。不管你喜不喜欢，我们都无意识地受到我们所处社会的影响。在日本，当你达到一定年龄时你并不需要抛弃可爱，成熟与可爱可以很好地共存，日本给你提供了一个自由的环境让你成为你想成为的人。

日本男性网友 Dogen Z：

事实上，比起西方那疲惫的、愤世嫉俗的同仁们，你会发现那些穿着可爱的姑娘通常更有礼貌、更精力充沛。

纵观上述观点，"可愛い"在日本人眼中主要指某事物具有甜美的、依赖的、优雅的特性，而其适用对象不仅仅是儿童或小东西，甚至还能用于成年人，包括男人与女人。这是"cute"所不涉及的范围。

尽管"可愛い"适用于男人与女人，但其在具体使用时却有本质上的差异——女性在面对"可愛い"价值观时，既可以是主体也可以是客体。一方面她们以"可愛い"

作为评语，另一方面也期待着他人称自己"可爱い"。对女性来说，她们具有对可爱商品的消费倾向，但同时她们的身体也成为这些商品的塑造对象。相反，对于一般男性而言，"则确认主体为男、客体为女的文化逻辑，只会用'可爱い'来置于女性身上"①。男性观察女性，女性自身也在时刻注视着自己。这不仅决定了大多数的男女关系，还决定了女性自身的内在关系。她们把自己变作观察的对象——而且是一个极为特殊的视觉对象：景观。

在欧美国家，"cute"多用来形容小生命、小事物，如婴孩、小宠物等，极少用于成人。与日本追求一种含糊的、未成熟之美相比，西方崇尚成熟之美，且要求每个年龄段都要有与自己年龄相符的行为方式。文化的消费有着一种"倾向性的、有意识的、蓄意的……"来履行将社会差别合法化的社会功能。② 因此，在这样的价值观念指引下，当西方的年轻人长到16、17岁时，他们就会自觉地把过去孩童的玩物丢弃到一边，宣布自己已经成人，即将拥有成年人的权利与义务。文化消费带有利性质，当儿童化的行为因被视为不成熟而遭到周围人的非议与歧视的目光时，不少人会选择压制自己的童心，而选择一条"社会最小阻力路径"——走大众路线。

以上是关于"cute"的主流价值观念，但并非所有西方青年人都不喜欢可爱，正如并非所有日本人都喜欢"可爱い"。"可爱い"在欧美依旧作为一种社会亚文化而存在，并逐渐影响和改变着社会主流价值判断。少数网友谈到"cute"可以用于形容成年人的某些行为或事物。有位女性网友点到"可爱不仅是外表，可爱更是一种生活态度"。而这些"cute"中原先所包含的意义正是"可爱い"的渗透表现。

（三）"可爱"与"可爱い"的区别

韩国学者李御宁提出"要找出真正独特的日本式的东西，不应通过西方人的眼睛，而应该通过在语言、风俗、文化等方面酷似日本且自古对其文化影响颇深的韩国人的眼睛去发现才对，才是种常识性的行为"③。鉴于此，我把中国人对可爱的理解与日本的"可爱い"进行对比，以此作为对日本"可爱文化"在中国内地流行原因的背景性分析。

汉语中"可爱"一词的基本释义是：①天真无邪；②令人喜爱；③形容心灵单纯的意思；④单纯有点幼稚却富有爱心。相比日语，"可爱"的基本释义则少得多。原则上，"可爱"不适用于描述成年人，但在现实生活中，"可爱"一词的使用早已相当灵活，其具体含义须根据具体语境来判断。以下几个对话材料由个人的田野观察所得。

对话一：两个女生在车上讨论谁是班上的班花。
女生甲：A同学挺漂亮的。
女生乙：嗯，C同学也不错啊，很清纯。

---

① 汤祯兆：《整形日本》，山东人民出版社2008年版，第14页。
② 夏建中：《当代流行文化研究：概念、历史与理论》，载《中国社会科学》2000年第5期。
③ 李御宁：《日本人的缩小意识》，张乃丽译，山东人民出版社2003年版，第9页。

女生甲：确实，不过跟C同学相比，我更喜欢B同学那类型。
女生乙：啊?! 她也算漂亮啊，从来就没有听人说过她漂亮。
女生甲：额……可爱型的吧。
女生乙：哦，那还差不多。
对话二：某女厕所内。
女生甲：哇，你今天穿得很可爱啊。
女生乙：谢谢，这周刚买的。
女生甲：我也喜欢这种风格。
对话三：宿舍区。
女生甲：我觉得你蛮可爱的。
女生乙：（很委屈）啊，怎么可能？
女生甲：呵呵，你最近穿的衣服都很可爱，穿啥都可爱。
女生乙：（笑着说）好，我明天就换风格，看你还说不说我可爱。
对话四：宿舍区。
女生甲：肚子饿了，想吃东西。
女生乙：忍着，晚上吃东西容易肥。
女生甲：（片刻过后）不行，太饿了，我就吃一块饼干……
女生乙：没你办法……（片刻后）你不是说只吃一片吗，怎么又吃了一包？
女生甲：拿你没办法，一打开就想吃完，放在旁边不吃的话，就觉得自己很委屈。
女生乙：哎，你太可爱了。
对话五：学生甲一坐到凳子上，就喜欢不停摇凳子，有天突然从椅子上摔下来。
学生甲：哎呀，痛。
众　人：哈哈……你真可爱……。

汉语中，"可爱"具有令人喜爱的意思，但可爱并不等于漂亮。日常生活中，使用"可爱"一词去描述事物也相对安全，易为人接受。"可爱"一词也包含着童稚、幼稚的意思，所以部分成年女性拒绝接受这个词。可爱并非贬义词，对于一些成年人所犯的低级错误、窘态，人们也会用"可爱"形容。

简而言之，可爱多用来形容儿童或活泼好动的少女，有时也用来形容宠物、小动物、图片、阳光型大男孩，很少用来形容成年人或老年人。可爱也可指心灵美，如天真的小孩或拥有童心的老顽童。在文学作品中，"可爱"还有可敬的意思，如魏巍的《谁是最可爱的人？》。

比较以上3种语言，日语"可愛い"的使用范围最广、频率最高。而较之于"cute"，"可爱"更接近于"可愛い"。我认为这种现象与两国价值观念的相似性有关。而这种相似性，使得中国人更容易理解和接受日本文化产业中所传递的"可愛い"。

（四）"可愛い"共感的形成

当代日本的价值观念正通过其文化产业源源不断地输送到其他国家，直至有一天我们会不自觉地使用"可愛い"作为我们衡量事物的标准。"可爱"和"cute"所表现出来的"可愛い"趋同化，正是"可愛い"全球化的表现，世界"可愛い"共感正在形成。

"可愛い"共感，一方面得益于日本物质精神文明的传播，另一方面又推动了日本物质精神文明的传播。日本"可愛い"形象勾起了人们对于婴孩的想象，引发了人们对无忧无虑的童年时光的怀旧情结，激发起了人们潜意识中对幼小、柔弱事物的关爱之情。而这种感情跨越了国界，是基于人本能的反应。Hello Kitty 在中国，乃至全球的传播得益于这种情结的特殊性和"可愛い"共感的存在，但"可愛い"、"cute"、"可爱"毕竟是用3种文字书写的文化，因此 Hello Kitty 在进入异文化过程中也必须作出本土化适应。

四、Hello Kitty 在中国的本土化传播

Hello Kitty 这只日本猫咪，有着大眼睛、棉花糖一样的大脑袋，左边的耳朵上带着一个红色的蝴蝶结，总是给人以甜美、温馨的"可愛い"感觉，俘获了无数年轻女性的芳心（见图4）。这只猫的形象隶属于日本三丽鸥公司，自1974年诞生以来，早已成了家喻户晓的宠儿。从20世纪80年代开始，Hello Kitty 陆续走出国门，进入了韩国、新加坡、美国、香港、台湾等国家和地区，并于2004年正式进入中国内地，短短30年这只猫创造了10亿美元的价值。

这只猫除了其巨大的市场价值外，它还拥有丰富的文化内涵。1983年和1994年，Hello Kitty 两度被选为联合国儿童基金会的形象代表。而2007年，日本麻生外相推行"可爱文化"外交手段时，穿着和服的甜甜的 Hello Kitty 成为了当之无愧的可爱大使，日本的"旅游形象大使"。

图4　三种 Hello Kitty 形象

当然 Hello Kitty 这个形象进入中国绝不是 2004 年的事。早在此之前，Hello Kitty 已经通过各种非三丽鸥公司的产品走进中国消费者的日常生活中，Hello Kitty 陪伴着中国的"80 后"、"90 后"走过了童年、少年，且至今人气不减。

根据前文的分析，我们知道"可爱"置于不同文化背景下有着不同的含义。不同文化有其自身的审美标准与价值判断，不同的个体亦有不同的审美需求。即使是同一个体看待同一事物，在不同的时期，其态度也会有所变化。在这样的条件下，Hello Kitty 依旧跨越了文化障碍，且风靡全球，不愧是一个成功的商品和经典的全球化符号。Hello Kitty 是如何全球化的？Hello Kitty 如何在中国走红的？中国消费者赋予了 Hello Kitty 怎样的情感呢？以下是具体分析：

（一）没有嘴的 Hello Kitty

前文提到过，没有嘴正是其魅力所在。没有嘴的 Hello Kitty，赋予了观看者无限的想象空间。相反，面部表情固定的卡通形象是从被观看者的角度出发，抑或是说从设计者角度出发，它把观看者置于接收固定信息的被动地位，以吸引观看者的眼球和操控观看者的情绪。这实则缺乏了双方的交流。而 Hello Kitty 因为没有嘴，这使其看起来更像是一个安静的倾听者，温文尔雅的伴侣，它愿意倾听你的诉说、愿意与你交流。它的形象与意义不仅仅是设计者赋予的，其意义的发生与建构的过程依赖于观看者与它的心灵沟通，由二者共同完成意义的建构，而这种建构起来的意义是独一无二的，完全属于观看者个人的物语。没有嘴的 Hello Kitty 更能走进观看者的心灵世界。另一方面，Hello Kitty 没有嘴却显得更加柔弱而童真，这更能激起观看者对其的爱怜与呵护。

（二）廉价的复制产品使 Hello Kitty 进入了"草根"生活

田野中，有访谈对象提到"Hello Kitty 日本原装产品价格颇高，尽管非常喜欢，但也不可能全都购买正版"，也有人认为"没有必要购买正版，有 Hello Kitty 图案的商品到处都是，买了也没人在意"。事实上早在 Hello Kitty 进入中国前，其形象已经广泛出现在各类商品中。廉价的复制技术与巨大的市场利益使得市场上充斥着各色 Hello Kitty 产品。而正是这种廉价的复制品，打破了社会精英文化与草根文化之间的界限，使得由品牌建构起来的社会身份认同方式受到冲击，而原先为上层社会所独享的生活模式逐渐下移，从而促使精英文化平民化、潮流民主化。廉价的复制技术创造、推动了流行，使 Hello Kitty 跨越了国界，跨越了社会各个层次，甚至在官方正式采取行动时，Hello Kitty 早已通过民间自发力量深入到了"草根"社会生活中。

（三）Hello Kitty 创造了 Hello Kitty 的生活

Hello Kitty 的第三代设计师山口裕子做了一个重要的创举，使得三丽鸥公司获得了巨大的市场收益。她以粉色为主色调，将 Hello Kitty 形象设计融入到了各种各样的商品中（见图 5）。这包括：Hello Kitty 的餐具、床单、书桌、闹钟、笔记本、钱包、背包、首饰盒、服装、手机、键盘、电话卡、银行卡，甚至轿车也是 Hello Kitty 款式，山口裕子为 Hello Kitty 的爱好者们创造了一个粉色的 Hello Kitty 景观世界。

此外，三丽鸥公司力邀本土明星加盟，例如蔡依林、五月天等就代言了 Hello Kitty 中国版广告。明星广告不但成功地赢得了受众的注意力，也增加了受众对 Hello Kitty 的好感。三丽鸥公司对 Hello Kitty 做了准确定位，并通过一个个煽情的广告，力求使消费者相信"Hello Kitty's happy life"（Hello Kitty 给你美好生活）的美丽神话。

图5　四种 Hello Kitty 周边产品

三丽鸥公司通过各种方式，结合物品的特性与功能，巧妙地把 Hello Kitty 形象融入其中。这些商品有的力显粉色情调、有的突出 Hello Kitty 的可爱形状，但不管何种方式，Hello Kitty 已远远超越了其物质本身的意义，而上升为一个精神符号。我认为这种把 Hello Kitty 扩展至生活方方面面的构思与日本武士的家徽文化有异曲同工之妙，日本的家徽象征着个人身份的归属、象征着一个家族的精神文化，并产生了巨大的家族凝聚力。日本人把所有的精神意义凝聚到一个简单的符号中，再把这个符号延伸到日常生活的方方面面，使人一看到这个符号，一看到 Hello Kitty 就能立刻领会到其所代表的精神、其所代表的生活态度。生活精致到了极限，以致细微到渗入生活的方方面面。

（四）Hello Kitty 的世界是一个完整的世界

Hello Kitty 是一个商品符号，但其设计者不仅仅设计了这一单一形象，她还创造了一个完整的 Hello Kitty 世界。Hello Kitty 是昵称，其中文名叫凯蒂猫，英文名叫 Kitty White。它生于1974年11月1日，天蝎座、A 型血、5个苹果高、3个苹果重。它甚至有自己的家庭成员：爸爸、妈妈、双胞胎妹妹。它性格开朗活泼、温柔热心、调皮可爱，喜欢交朋友，最擅长打网球，钢琴也弹得非常好，最擅长的科目是英语及音乐，最甜蜜的梦想是跟丹尼尔在一个浪漫的海边小教堂结婚等等。

设计者不仅仅创造了一个符号，而且还让这个符号成为一个有血有肉的实体，并由此构建了一个完整的 Hello Kitty 梦幻世界。通过这些细节，我们仿佛认识了一个新的朋友；我们不仅认识这个朋友，我们还能走进她的世界。这是一个别具匠心的设计。现代社会是一个景观社会，一切事物都不再是一个单纯的实体，而是具有特殊存在意义的符号。因此，Hello Kitty 的身份内涵及其身后的虚拟世界对其取得消费者的认同发挥着至关重要的作用。

在田野访谈中，有位女生说：

我初中时非常喜欢 Hello Kitty，但是自从知道 Hello Kitty 的起源后，就感觉变味了。这个故事是在网上看到的。Hello Kitty 原来是一个惨死的女孩的冤魂。因为这个女孩死的时候嘴被人封起来了，所以 Hello Kitty 是没有嘴的。

我并不认为这个故事是 Hello Kitty 的真实起源，倘若如此，Hello Kitty 肯定会失去很多追求者。我想以这个例子说明一个完整的、美好的、甚至能让消费者以假乱真的形象设计对于 Hello Kitty 的成功是何等重要。它给消费者提供的不只是一个仅限于"好看"层次的图案，它更提供了一个完整的世界——一个可以为消费者理解和进入的世界。这也是 Hello Kitty 的迷人之处。

（五）Hello Kitty 是一只日本猫

田野访谈中，有位女生说："当我不知道 Hello Kitty 是来源于日本的时候，我想不到日本。但当我知道它是来源于日本的时候，我就会把自己对于日本的所有印象都结合起来看这只猫。Hello Kitty 一旦走出国门就被看作是一只日本猫。而消费者对于日本发达的经济和高科技产品、日本的自然人文风光、日本料理等方面的好感也促进了消费者对于 Hello Kitty 的好感。这两方面的好感是一个相互作用的过程。消费者对于日本的总体印象属于其潜意识的范畴。而这种潜意识中的对日本形象的理解也直接作用于消费者对于 Hello Kitty 的理解。作为消费者我们从不单单注视事物本身，我们总是在审度物我之间的关系，并将事物置于围绕它的事物链中，从而基于自己对其的整体认知构造出眼前的事物形象。

（六）年轻人的俱乐部

"Hello Kitty 是一个观念化产物，它跨越了多个年龄层。对孩子来说，它是可爱的；对少年来说，它是 cool 的；对二十多岁的年轻女性来说，它可以说是一个俱乐部。"[①] Hello Kitty 的触角延伸到了我们生活的方方面面，爱上 Hello Kitty，你甚至可以过上一个 Hello Kitty 的生活。

Hello Kitty 对于不同的年龄层有着不同的含义。若问"小时候为什么会买 Hello Kitty 产品？"得到的普遍答案是"可爱、好看"、"粉粉的、嫩嫩的"或者是"曾经有人赠送过，之后就喜欢上这个图案"。对于孩童来说，"可爱、好看"的直观感受是最主要的原因。少年时期，"可爱"是一种潮流，"初中时，班上有好多人有 Hello Kitty 的东西"。少年时期，"可爱"是 cool，而且是一种会传染的 cool。当这群与 Hello Kitty 一同成长的"80后"步入青年时代时，依旧有不少人热衷于 Hello Kitty。若问"你现在会购买 Hello Kitty 产品吗？"得到的答案普遍是"看到好看的，我会买。"若问"你会偏向于挑选 Hello Kitty 吗？"这个问题否定的居多。"不会偏向于，重要的是好不好看。""我还没到这个地步，只是看到喜欢的款式才买。""要看我需要的是什么产品，有些产品我喜欢带有 Hello Kitty 图案的，有些就不一定。"

---

① Brian J. Mcveigh. *How Hello Kitty commodifies the cute, cool and camp*: "consumutopia" versus "control" in Japan, Journal of Material Culture, 2000 (5): 225.

若问"你现在对 Hello Kitty 的感觉与你小时候看到 Hello Kitty 的感觉是一样的吗?",这个问题得到的答案比较模糊,"没有特别大的区别,都觉得它可爱","现在还是觉得它可爱,小时候觉得它更可爱吧","也许那时看觉得更加粉嫩"。若问"再过10年,你觉得这种感情还能维持吗?"这个问题得到的答案否定居多。"再过10年,我不敢想象我还会用 Hello Kitty 的东西。""我觉得如果那时我还喜欢的话,天啊……""上一代也许不会有这种情况,但我们这一代似乎什么人都有,我也不知道我会不会喜欢。"

在中国消费者看来,Hello Kitty 所代表的童真、梦幻并不属于成年人。这一方面是受到来自于周围社会的压力的影响,而另一方面则来自于中国消费者自我约束。Hello Kitty 的童稚化与中国的消费者从小耳濡目染的传统价值观念是相悖的。而这一点与日本社会不同。日本的"可愛い"是全民性的,他们出生自出生起就被"可愛い"所包围。与中国相反,他们的压力来自于"不'可愛い'"。生活在集体中的个人,在"集体潜意识"机制的作用下,会表现出明显的从众心理。[①] 因此是我们所处的社会文化环境影响了我们对"可爱"的价值判断,是我们的社会文化决定了我们能否拥抱"可爱"。

对此,Hello Kitty 为这类消费者创造了一条可行的路径,其一系列延伸性产品,既允许消费者张扬其"可爱",也允许消费者含蓄地表达"可爱"。它并不需要我们全身心地投入,它就像一个俱乐部,任何人可以依据自己的需求和喜欢的方式加入到这个俱乐部中。

其实,并非所有的受访者都喜欢 Hello Kitty。有不少人回答,特别是男性受访者说"我对它没有感觉"。而部分购买了带有 Hello Kitty 图案标志的人也回答说"我买这个东西,只是碰巧它上面带有这个图案"。但若是问"你觉得 Hello Kitty 是一只可爱的猫咪吗?""看到这个图案会让你觉得轻松愉悦吗?"关于这两个问题的答案则肯定居多。这也许就是 Hello Kitty 的魅力。也许你认为你对它没有感觉,但也许你有点喜欢它,它至少能给人带来愉悦的感受。当你面对无数商品时,你也许会无意识地选择了它,你对它也许有一点好感,至少你不排斥它。

Hello Kitty 是一个符号,标志着我很友善、很阳光、很有活力、心态还非常年轻。有部分年轻女性坦言喜欢 Hello Kitty 是因为它有一种"对童年的依恋"和"不想长大"的感觉。一位往日扮相相当成熟的年轻女性告诉我"我手机桌面就是 Hello Kitty 图案",这使我顿感惊讶。抱着 Hello Kitty 大娃娃,也许会让你招来他人侧目,但是使用 Hello Kitty 的钥匙、书签、银行卡等等也许是一个更加安全的表达方式。Hello Kitty 是一个俱乐部,当人们疲于现实生活的压力时,这个温馨浪漫、童话般的世界能给人以精神上的能量释放,人们在其中得以恢复元气,重新面对现实生活。

Hello Kitty 从一只猫的形象开始,延伸至各式各样的商品,并融入人们生活的方方面面,创造出一道庞大的、独特的景观现象,为年轻女性建立了一个温馨、童话般的俱乐部。正如其广告中所言"Hello Kitty 给你温馨浪漫的体验,Hello Kitty 给你一个难忘

---

① [法] 勒庞:《乌合之众——大众心理研究》,冯克利译,中央编译出版社2004年版。

的周末","Hello Kitty's happy life"。

（七）本土化适应

田野访谈中，一位女生告诉我"Hello Kitty虽然看起来都是同一只猫的样子，不过Hello Kitty它有很多套不同款式的衣服"。确实，三丽鸥公司通过一些细节性的变化使得Hello Kitty款式多样，以适应大众不同口味的需求。Hello Kitty产于日本，但在田野考察中，普遍人反映"单从这只猫看，看不出有什么日本元素"，"很小的时候就接触Hello Kitty，但从来没有想过它是哪个国家的"，"知道Hello Kitty是日本的以后，我才觉得它像日本的"，"除非是Hello Kitty穿着和服，否则我想不到它是日本的"。

Hello Kitty产自日本却为什么不像日本呢？究其原因，可以从诞生的源头来看。在20世纪70年代的日本社会里，包含日本传统文化元素的商品并不能称为cool，当时普遍人喜欢欧美风潮，认为那才叫cool。所以Hello Kitty最初形成之时，它被设计成一只伦敦猫，这只可爱又洋气的猫咪很快红遍全日本。

但一旦Hello Kitty走出国门进入欧美市场时，洋气的Hello Kitty会经历怎样的考验呢？三丽鸥公司只有20%的产业分布在日本。于是，为进入异文化市场，适应当地文化需求，三丽鸥公司要求各国的子公司把当地社会文化的信息反映给总公司，并以竞赛的方式征集各个分部的创意设计方案。此外，三丽鸥还邀请消费者参与到对产品的挑选与设计上，当然主要来自于年轻的女性消费者。如今市场上出现了各式各样的Hello Kitty，例如穿着和服的Hello Kitty，穿着印度服装的Hello Kitty等等。

Hello Kitty是一个文化符号，而不仅仅是一个单纯的图案。这只猫在日本和海外的长相虽然大体相同，但它所代表的意义是完全不一样的。在日本，Hello Kitty是一只欧洲猫；但出了国门，它就成了日本猫，只是由于其洋气的外表使得很多人并不知道它是一只日本猫。

三丽鸥公司作为一个全球化的公司，其所推广的Hello Kitty虽然在中国消费者看来并没有特别多的日本元素，但是三丽鸥公司本身一直强调自身坚持日本文化传统。三丽鸥公司的副总裁说：

> 保持日本特色是非常重要的。我们产品细致的做工、可爱的风格、对色调的把握和装饰品的选取等等都体现出了我们自身的特色、日本的特色。我们并不想失去这一点。我们是一家日本公司，日本是我们的根。尽管我们的公司在逐步走上全球化，但我们并不想失去自己的根本。

另外，其高级设计师Dan Peter也谈到：

> 我认为三丽鸥公司的一大魅力正是其日本的特性。我并不喜欢迪斯尼的美国式文化，那是一种叙述性、线性的，如美国的睡美人故事。相反我更喜欢日本文化，它是独特的、奇异的、给人以幻想的。这种文化也反映在三丽鸥产品中，这是它的一大魅力，至少对我来说。

Peter 的话虽然没有明确指出日本文化与三丽鸥产品的关系，但它提到"奇异"这一元素或多或少与日本的"可愛い"有一定联系，与"cute"相比，"可愛い"更趋于梦幻、孩子气。

田野访谈中，几位女生说道"对美式幽默有时会感到难以理解"，"感觉日本动漫更加可爱"，"日本那种可爱的感觉比较有亲近感"。这种感觉可能是由于中国与日本同属于东方文化圈，都深受儒家思想的熏陶，两个民族的文化有着很深的历史渊源关系，所以文化隔阂相对于欧美来说要小得多。也许正因为这一点使得中国消费者认为 Hello Kitty 不像日本的。

Hello Kitty 对于日本文化的表达是相当含蓄的，Hello Kitty 所反映的可爱气质是一种典型的日本"可愛い"，而 Hello Kitty 在走向全球化的道路时，又不得不选择本土化适应策略，但这种调整并不像美国的芭比娃娃那样实施削减身高、缩小乳房的整容手术，它仅仅给 Hello Kitty 换了套装束，从而适应了各个社会文化背景的人——甚至是个人自己不同的成长阶段的需求。这种对细微之处的关注体现了日本精细化的思想意识，这种社会文化的产物——Hello Kitty 不仅关怀到了社会不同的阶层，甚至关注到了个体本身在不同阶段的需求。

上文讲述的是人们喜欢 Hello Kitty 的几点理由，但并非所有人都喜欢 Hello Kitty。在田野调查中，我多次尝试让被调查者把 Hello Kitty 与美国的米老鼠做对比分析。米老鼠在中国消费者中人气颇高，究其原因主要是以下几种观点：①"米老鼠更家喻户晓"；②"米老鼠更大众化"；③"跟米老鼠接触得比较早，接触得更多"；④"米老鼠有动画片，Hello Kitty 的动画片基本没看过"；⑤部分男性认为"Hello Kitty 太女性化"。有趣的是，当把米老鼠与机器猫放在一起让这些男生比较时，机器猫又占了上风。其中"梦幻、百变、神奇"是机器猫赢得年轻人青睐的重要理由。Hello Kitty 诞生于实物化的商品，而并非源于动画片，它的成名之路完全不同于美国迪斯尼的动画形象。我认为早期缺乏动画宣传是一道硬伤。

田野访谈中，一位女生表示她"不知道什么是 Hello Kitty"，但我发现她正使用着一个带有 Hello Kitty 图案的文具袋，于是我告诉她这个就是 Hello Kitty，她才恍然大悟地表示，"这个图案到处都有，只是一直不知道，也没有留意过它叫什么名字"。关于不知道这只图案叫 Hello Kitty 的原因，她回答：

> 我家那边（云南腾冲）电视节目比较少，小时候主要看国产动画片，例如《大头儿子小头爸爸》就很好看，米奇唐老鸭这些动画片也有看过，但 Hello Kitty 的动画片基本没看过，这类商品也接触得很少，这个图案的东西在我家那边比较少。现在上大学有条件上网看片子，却已经错过看动画片的年龄。

Hello Kitty 的动画片确实很多受访者都没看过，除了地域上的限制外，还主要是因为 Hello Kitty 原先是以商品为依托的。Hello Kitty 的第一部动画片出现于 2006 年，这正是受访者的高中时代，在中国高考严酷的竞争考验下，这群"80 后"是甚少去接触动画片的。另外，Hello Kitty 动画片的知名度在中国内地、新加坡等地的反响也并不大。正因为缺乏动画片的支持，其对生活渗透性的力度在这一点上明显逊色于美国的米奇老鼠。可见影视艺术的宣传力度是不容忽视的。

但不管如何，Hello Kitty 已经成为了全球公认的最具价值的猫。这个超过30年历史的经典卡通明星，下至服饰、文具和装饰物，上至电子产品、家居品和汽车，甚至还出现在了2006年两岸春节包机的机身上。其所造成的影响力已经远远超出了商业范畴，它已进入到了人们的社会生活当中，成为了民间、大众文化的一部分。

五、对 Hello Kitty 的批判与反思

Hello Kitty 不仅有着巨大的商业价值，而且其影响力已进入到外交、社会文化生活等层面，引起了学术界的重视。目前对于 Hello Kitty 的看法褒贬不一，Hello Kitty 在传播过程中被判以种种"罪状"，面临着种种社会"危机"，如有学者批评 Hello Kitty 其实是日本文化殖民主义的象征，Hello Kitty 有着可怕和不为人知的一面。它以貌似无知、柔弱的面容策略性地隐藏了她的巨大的能力，伪造了无害的假象。这种文化导致当代年轻人社会责任感的缺失，国民素质的下降。Hello Kitty 甚至成了女权主义的批评对象，她们反对女性以这种柔弱的媚态去吸引男性，依附于男权统治。对此，我将根据自己的田野调查所得对这些问题给出自己的理解。

（一）Hello Kitty 的日本殖民化问题

Hello Kitty 本身并不能给消费者留下太多关于日本文化的印象，甚至有部分 Hello Kitty 迷并不知道 Hello Kitty 来自日本。在访谈中，若问"你在购买 Hello Kitty 时，会想起这是日本的产品吗？"，可以得到以下几种答案："我知道 Hello Kitty 是日本的，但是我在购买的时候我不会想它是哪里的，我只是看重商品本身"，"不会，两个概念联系不到一起"，"有意识到是日本的，但这也不影响我购不购买"。若问"Hello Kitty 是个日本产品，这会影响你购买吗？"得到的答案也是趋于否定的："我只看这件商品好不好，喜欢不喜欢，不管是哪个国家的"，"我只看产品本身"，"我不排日"。

由此可见，中国消费者看重的主要是个人对于产品的感受，这种感受既有来自于产品本身的直观感受，也有个人对于童年的回味，对于亲情、爱情、友情表达的诉求。Hello Kitty 的消费者购买的是 Hello Kitty，而不是日本意识形态。

对符号信息的解读离不开具体的语境。一个符号一旦脱离了自身的社会文化环境进入到另一个环境中，它就失去了原本的符号意义。Hello Kitty 本身虽然包含了不少日本文化元素，但中国人对此不易察觉，消费者会根据自己的文化系统去理解建构 Hello Kitty 的意义，书写属于消费者个人的故事。这也许会偏离了设计者本身的意图而进入新一轮意义的生产过程。

日本社会产生了大量可爱的卡通形象，若问中国的年轻人，"你觉得这些可爱的动漫形象是否会增进你对日本的好感？"关于这个问题的回答主要分为两派，喜欢、接触日本动漫多的年轻人更倾向于支持的观点，而较少接触日本动漫的人则普遍持反对意

见，他们认为"不能把日本动漫与日本国家形象结合起来"，或说"我不认为动漫中的那种可爱的形象是日本的真实形象"，"也许动漫中的可爱形象主要偏重于日本的女性吧"，"我不会因此而认为日本人是可亲近的、可爱的，只是我看到他们的动漫的时候，觉得他们的动漫产业非常发达而已"，"我不认为日本人是可爱的，但我认为它的动漫产业非常发达，这是中国人需要学习的地方"。

而如果让这些年轻人用几个词汇来形容他们心中的当代日本人形象时，他们主要使用以下词汇：压抑、坚韧、严谨、谦卑、保守、论资排辈、严厉、固执、精明、自杀率高等，极少数人提到"军国主义"。这些访谈对象大多没有真正接触过日本人，这些印象主要来自日本的影视作品。

由此可见，中国年轻人极少把可爱的动漫形象与真实的日本形象联系起来，他们多沉浸于自己的感官享受中，而忽略了这些产物的来源。但我认为文化的传播是一个潜移默化的过程，这些受访者也许仅仅只是没有意识到，却不代表他们潜意识里没有接受。当然，我是站在完全中立的角度来说这句话的。弘扬传播本国优秀的物质精神文明，无论是中国、美国还是日本等其他国家都会这么做，也有义务这么做。这种意识形态的国际传播在提高本国知名度的同时，也促进了世界文化的繁荣。

一定程度上说，Hello Kitty 在全球化过程中传播了日本的文化元素，但 Hello Kitty 远不止停留在传播本国文化的层面上。相反，它做到了与本土文化相融，进入到当地普通人民的生活中。在中国，Hello Kitty 是父母给孩子的温情，朋友间的友情，自我对童年美好生活的回忆，自我情感表达的需要，它带给人们的是温馨、愉悦的情感体验。此外，它与中国传统的节日联系在一起，例如 Hello Kitty 的月饼在市场上就非常流行。2008 年《Hello Kitty 梦幻之光》在中国地区巡演，这部剧在保留日本原版卡通人物性格的同时也对剧情做了一定的本土化调整，中国的羚羊卡通形象和中国的杂技表演也融入到了这部舞台剧中，堪称中日文化相融的经典之作。Hello Kitty 在传播日本文化的同时，也促进了中国本土文化的传播，这是一个双赢的局面。

（二）Hello Kitty 责任感的丧失问题

不少网民对当代年轻人民族责任感的丧失表示担忧。他们认为顾炎武时代的"天下兴亡，匹夫有责"的强烈的民族责任感在今天的年轻人中已严重缺失。当代年轻人以"我喜欢，有什么不可以"为口号，拒绝长大，拒绝承担应有的社会责任，转而玩"Hello Kitty"等等，这种无限延长个人青春期的放任自流的现象是一种自由的过度泛滥、社会责任感的缺失。

Hello Kitty 使人玩物丧志？但这未免给所有喜爱 Hello Kitty 的年轻人都带上了"责任感缺失"的高帽子。在田野中，我就这个现象访问了几个大学生，主要可归纳为以下几类答案：

（你认为这种现象是当代年轻人逃避现实、缺乏责任感的表现吗？）
某男生：我不会这么认为，这只是他们个人的成长过程，是暂时的。
某男生：我觉得有些人就是偏向于喜欢可爱的东西，但他个人能力在某方面也许会特别优秀吧。

某男生：我不喜欢这类型的人，我觉得每个人都要有与自己年龄相符合的行为方式。这种行为我不喜欢，如果是女生的话就算了，如果是男生的话真难以接受。

某女生：女生扮可爱我觉得还挺正常，若是男生的话，真觉得恶心。

某女生：我认为有这种倾向，至少对于我来说。

某女生：Hello Kitty 感觉有点幼稚，但我不会将玩 Hello Kitty 跟责任感缺失联系起来，还要看这个人其他方面的表现。

某女生：女生就喜欢这些粉粉的、可爱的东西，很正常。

某女生：这种粉粉的东西，很可爱、很清纯，以后工作就不能再用了，要趁现在年轻多接触。但工作的时候，我还是很努力。

Hello Kitty 能给年轻人以温馨、轻松的体验，这确实促使大量的年轻人依然追捧 Hello Kitty。但这仅仅只是年轻人生活的一部分，Hello Kitty 是一个俱乐部，一个暂时的避风港。它可以充当生活的调味剂，起到缓冲生活压力的作用，有助于年轻人恢复力量从而更好地承担起自己的社会责任。而对于部分消费者而言，她们自身保持着多种风格，既需要成熟，又渴望"可爱"。Hello Kitty 的产生也是一种童心未泯的表现。没有民主、文明的土壤，Hello Kitty 是很难成长起来的。正如布迪厄所说，社会定义了我们的口味，没有独立于社会文化之外的艺术标准。倘若再早几十年，这种成年儿童化的现象恐怕会遭到无数责难。Hello Kitty 在成年世界的出现是社会更加包容化、多元化、民主化的表现。环境的多元性才能创造出性格的多元性、文化的多元性。

（三）Hello Kitty 的性别气质问题

Hello Kitty 没有嘴及女性化的特点被女权主义学者视为是女性话语权缺失的表现。而粉色调更被视为是女性柔弱的表现。女权主义者也因此一度掀起了反 Hello Kitty 浪潮。其中日本著名女性主义学者上野千鹤子批评"可愛い"，认为"可愛い"是当代女性通过行使媚态的催情包装，以继续依附在父权制的社会框架中，从而去扩大生存空间的不恰当手法。这种说法遭到了很多 Hello Kitty 爱好者的反对，他们认为这种说法实质是一种社会歧视。

文化是通过符号手段获得理解的。视觉图像的成败取决于我们能在多大程度上成功地阐释它们。[①] Hello Kitty 给消费者所带来的真正体验，不是由其设计者设计出来的，而是消费者自身与 Hello Kitty 接触的点点滴滴。设计者绞尽脑汁地把各种各样的符码融于产品中，而消费者则完全根据自己的体验和文化知识背景去解读这些符码，这种被解读出来的符码，却极有可能偏离了设计者原先的意图。换句话说，观看者与产品之间的交流亦是一种解码与编码的过程。

这种解码与编码离不开具体的社会文化背景。Jean Marie Bouissou 指出"日本的女性可爱气质在欧美是不存在的。两个地区的女性气质有明显的差异，欧美的女性有一种

---

① ［美］尼古拉斯·米尔佐夫：《视觉文化导论》。

不输给男性或者要像男人一样强大的志向，但在日本这样的要求是没有的。日本的女性没有受到男性文化的影响，而是独自孕育出自身的文化"①。

Hello Kitty 仅仅是一个符号，而不是问题所在，关于它的争论在于它是如何被消费者所理解的。一个社会若已经存在这种行为，则必然是 Hello Kitty 出现之前即已存在。Hello Kitty 是一个时代的精神产物，这不是 Hello Kitty 的错。

而在中国的年轻人中，Hello Kitty 之所以备受欢迎，主要是由于消费者内心的情感需要。在他们看来，没有嘴的 Hello Kitty 使其成为消费者耐心的倾听者，这正是其极具魅力的地方。"这是很多年轻女性都会有的一种喜欢可爱的、粉嫩东西的情结"，一位女生说道。这是一种一言难尽却又深深埋藏于年轻人内心的情结——亲情、爱情、友情、对童年的依恋等等，因人而异。总之，自我的情感需求与表达是中国年轻人选择 Hello Kitty 的最主要的原因。

六、对 Hello Kitty 现象的反思

东西方的价值观念差异巨大，西方的"cute"极少涉入成年人的范畴，而在日本"可愛い"则相当普遍。西方明星的价值观在于他们会被观众幻想成为"性对象"，而东方明星的价值观则往往是被观众幻想成为自己的子女。在两者差异如此巨大的前提下，Hello Kitty 能够打进西方市场不能不说是一个巨大的成功。

以 Hello Kitty 为代表的日本可爱文化是日本的软实力的代表。承载着日本意识形态的日本流行文化，正以动漫、音乐、游戏、服装、电影等形式广泛地流传到世界各地。美国新美洲基金会研究员道格拉斯·麦克格瑞在外交杂志《外交政策》（2002）上提出"国民酷值"指标，其用意在于将文化这一无形资产综合起来，评价一个国家的国力。而日本被认为全球最 cool 的国家。日本的饮食业率先响应政府提出的"软实力"战略，开辟新的文化外交局面。随后动漫、游戏产业、时装纷纷加盟，日式"禅"风甚至成了上流社会所推崇的高档生活方式。今天的日本已不再单单是制造业经济，而是转换成了利用无形的国家魅力和文化价值创造财富的后现代主义经济。②

在田野中，多数消费者回答说 Hello Kitty 等日本可爱文化对于提升他们心目中的日本形象作用并不大，作为消费者他们懂得如何区分动漫人物与现实的关系。他们更多地注重自身的情感体验、他们购买的是"可爱"而不是"日本"，也极少把它与日本联系起来。但文化的交流与传播是建立在平等、相互信任的基础上的，"可爱"文化毕竟赢得了人们的好感，而价值观念和意识形态的渗透是潜移默化的过程，加之中国与日本文化有太多的相似性，两国的文化交流中的意识渗透很容易为人所忽略。因此，从这一层面看，Hello Kitty 等日本可爱文化的输出对提升日本的国际形象还是起到了一定作用的，这至少已经反映在中国的日本动漫迷上，只是说这种力量还未波及全民。流行文化

---

① Jean Marie Bouissou，《海外が見る日本のイメージをどう活用するか》，Japan Fashion Weekシンポじワム "世界が見る日本— cool Japanのファッションと文化"。
② 韩勃、江庆勇：《软实力：中国视角》，人民出版社 2009 年版。

是一个极为有效的宣传工具，却不能仅靠流行文化。

英国前首相撒切尔夫人曾表示，"中国不可能成为一个世界强国，因为中国没有足以影响世界的思想体系"。这句话虽然让一直以中国灿烂辉煌的历史文明为自豪的国民顿感不平，但我们不得不承认在国家形象的宣传上存在着不少问题。我们重视国际地位，却忽略了国际形象，最终造成的结果是中国有"威"而无"望"。

面对当前的国际形势，中国应该如何宣传自己国家的良好形象？如何让中国文化走出国门，如何让他者接受自己国家的文化？这是时代给我们提出的问题。而本文正是试图通过对 Hello Kitty 的研究来深入理解日本企业是如何实现自己产品的全球化和本土化，以推进日本文化的全球化和提升日本的国际形象。我认为其在处理异文化隔阂上的态度和方法是值得国人学习借鉴的。

七、结论

本文探讨日本可爱文化的代表——Hello Kitty 全球化和本土化的过程，重点研究其在中国的本土化过程及中国消费者赋予 Hello Kitty 的意义，并分析以 Hello Kitty 为代表的日本可爱文化给日本国际形象所带来的影响。

东西方文化对于可爱的理解差异巨大，这一点不仅表现在语义学上的差异，而且表现在审美标准、表现方式、性别气质等方面。Hello Kitty 是日本可爱文化的代表，其在日本国内是以潮流的欧美风格出现，在国外则迎合本土口味推出不同的系列产品。Hello Kitty 之所以备受欢迎的原因主要包括 Hello Kitty 产品设计开发上的成功和 Hello Kitty 对本土文化的成功适应，此外中国的盗版商和复制技术对于 Hello Kitty 的流行、日本经济实力和高科技力量等因素作为一个大环境也对 Hello Kitty 的宣传起到了一定的推动作用。Hello Kitty 在中国的消费市场的形成依赖于它实现了与中国年轻人（特别是年轻女性）之间的心灵相通。Hello Kitty 的成功不仅在于商品本身的性质，而在于这些商品符号激发了消费者对童年的回忆与留恋，消费者通过购买纪念品的方式来构筑一种属于他们自己的个人物语。这种怀旧和不想长大的情结促使消费者对于 Hello Kitty 的温馨梦幻产生了深深的依恋。消费者以怀旧的名义建立起一个内向的空间——温馨、浪漫且充满安全感，他们陶醉在由这些情感所构造的缩小的模型世界中，其实就是对一个巨大的现实世界的换喻。这个缩小的模型世界使得他们得以暂时摆脱现实生活的压力，从而获得精神上的抚慰与自身能量的恢复。

Hello Kitty 的全球化和本土化也引发了不少国民的忧虑，这包括 Hello Kitty 的殖民文化渗透问题；Hello Kitty 使年轻人丧失社会责任感问题；Hello Kitty 的社会性别问题等等。Hello Kitty 仅仅只是一个符号，其意义的解读最终依赖于消费者本人及其所处的社会文化环境的影响。就消费者本人而言，中国消费者对 Hello Kitty 的热爱主要是基于自身的情感体验，而甚少与政治、意识形态问题联系在一起。但文化的传播是一个潜移默化的过程，依托于日本发达的经济和科技力量，以 Hello Kitty 为代表的日本可爱文化正源源不断地传播到世界各地。这种对"可愛い"的审美意识正通过这些商品文化左右着人们的审美标准，世界"可愛い"共感正逐步形成。

参考文献：

[1]（美）尼古拉斯·米尔佐夫. 视觉文化导论[M]. 倪伟, 译. 南京：江苏人民出版社, 2006.

[2] 贾树枚, 陈龙. 视觉文化传播导论[M]. 上海：上海三联书店, 2006.

[3]（英）约翰·伯格. 观看之道[M]. 戴行钺, 译. 桂林：广西师范大学出版社, 2005.

[4] 福柯. 规训与惩罚：监狱的诞生[M]. 刘北成, 杨远婴, 译. 北京：三联书店, 1999.

[5] 本尼迪克特. 菊与刀：日本文化的类型[M]. 吕万和, 熊达云, 译. 北京：商务印书馆, 1990.

[6] 让·鲍德里亚. 消费社会[M]. 刘成富, 全志钢, 译. 南京：南京大学出版社, 2001.

[7]（美）Severin W J, Tankard J W. 传播理论：起源、方法与应用[M]. 郭镇之, 译. 北京：华夏出版社, 2000.

[8] 郭庆光. 传播学教程[M]. 北京：中国人民大学出版社, 1999.

[9] 居伊·德波. 景观社会[M]. 王昭凤, 译. 南京：南京大学出版社, 2006..

[10] 李思屈. 广告符号学[M]. 成都：四川大学出版社, 2004.

[11] 菲斯克. 理解大众文化[M]. 王晓珏, 宋伟杰, 译. 北京：中央编译出版社, 2001.

[12]（法）勒庞. 乌合之众——大众心理研究[M]. 冯克利, 译. 北京：中央编译出版社, 2004.

[13] 韩勃, 江庆勇. 软实力：中国视角[M]. 北京：人民出版社, 2009.

[14] 汤祯兆. 整形日本[M]. 济南：山东人民出版社, 2008.

[15] 新渡户稻造, 戴季陶, 彭凡. 日本四书：洞察日本民族特性的四个文本[M]. 北京：线装书局, 2006.

[16] 白岩松. 岩松看日本[M]. 北京：华艺出版社, 2007.

[17] 李御宁. 日本人的缩小意识[M]. 张乃丽, 译. 济南：山东人民出版社, 2003.

[18] 里斯·特劳特. 定位[M]. 王恩冕, 于少蔚, 译. 北京：中国财政经济出版社, 2002.

[19] 希夫曼, 坎纳克. 消费者行为学：第五版[M]. 北京：清华大学出版社, 1997.

[20] 李思屈. 东方智慧与符号消费——DIMT模式中的日本茶饮料广告[M]. 杭州：浙江大学出版社, 2003.

[21] 陈晶. 日本的"可愛い"文化[J]. 日语知识, 2007（11）.

[22] 钱锐. 无表情中的无限表情——日本"能乐"中的面具艺术[J]. 艺术理论, 2008（9）.

[23] 项梅. "可爱"所折射出的日本社会现象之管见[J]. 林区教学, 2009（9）.

[24] 孙长军. 巴赫金的狂欢亿理抢与新时期中国大众文化研究[J]. 江汉论坛, 2001

(10).

[25] 朱云涛. 断裂还是延续——论现代大众文化与传统民间文化的历史关联 [J]. 重庆大学学报, 2005, 11 (16).

[26] 张爱萍, 何静. 日本的对外文化宣传 [J]. 对外文化交流通信, 2002 (3).

[27] 黄芳芳. C 产业风潮——从 Hello Kitty30 年看成功视觉偶像影响现代人生活 [M]. 企业家天地: 理论版, 2007 (2).

[28] 蔡瑶升, 赖宜呈. 青少年对流行性商品的购买行为之研究 [J]. 科技与管理学术研讨会论文集, 2001.

[29] 夏建中. 当代流行文化研究: 概念、历史与理论 [J]. 中国社会科学, 2000 (5).

[30] Heywood L. Bodymakers: a cultural anatomy of women's body building [M]. Rutgers University Press, 1998.

[31] Goldstein J H, Buckingham D, Brougere G. Toys, games, and media [M]. Routledge, 2004.

[32] Allison A. Japan's Millennial Product.

[33] Knell S J. Museums in the Material World: Leicester readers in museum studies [M]. Routledge, 2007.

[34] Mcveigh B J. How Hello Kitty commodifies the cute, cool and camp: "consumutopia" versus "control" in Japan [J]. Journal of Material Culture, 2000 (5): 225.

[35] Ko Y F. Hello Kitty and the Identity Politics in Taiwan [J]. 2000 (10).

[36] Ng B W. The Hello Kitty craze in singapore: a cultural and comparative analysis.

[37] McVeigh B. Commodifying affection, authority and gender in the everyday objects of Japan [J]. Journal of Material Culture, 1996 (1): 291.

[38] Cochrane J. Asian tourism: growth and change [J]. Elsevier, 2008.

[39] 四方田犬彦.「かわいい」論 [M]. 东京: 筑摩书房, 2006.

[40] Menkes S. 日本のファッション: 西洋からの展望 [J]. Japan Fashion Weekシンポじワム「世界が見る日本— cool Japanのファッションと文化」.

[41] Bouissou J M. 海外が見る日本のイメージをどう活用するか [J]. Japan Fashion Weekシンポじワム「世界が見る日本— cool Japanのファッションと文化」

老广摄影,从商业到娱乐
——一种影像媒体的视觉人类学研究

魏乐平[*] 何靖[**]

内容摘要：摄影是一种传统的商业谋生手段。时至今日，摄影不但继续保持原有的谋生形式，更从原来的谋生手段，进入到文化、社区等领域，还发展出自娱自乐的新形态。摄影群体与摄影方式，从原来单一、趋利、物质性，转为互利、多元化等形式。

摄影作为一种现代媒体，从谋生到半谋生半娱乐、再到娱乐与休闲的变化形式，不但反映了时代技术进步，同时还反映出了人类社会发展和文化变迁的过程。老广摄影活动体现了摄影在广州人的物质生活、社会生活和精神生活等三个不同层次的功能，并构成了不同层次的文化意义。老广摄影的研究，不但成为了探究现代人类社会与日常生活中的重要窗口，对研究今天现代人类生活与文化变迁也有着一定的意义。

关键词：老广摄影 商业 娱乐 影像媒体

虽然历史记载人类对光的利用已有相当长的历史，但摄影术却只有短短170年的历史。摄影术的出现不但带来了一系列与光影密切相关的技术与社会进步，更使人类开始可以自觉地审视自身与周边的世界。从物质角度来说，技术进步对摄影来说意义非凡，但从文化角度来看，社会的变迁给摄影带来的变化更为明显。在视觉符号泛滥的年代，人们不但渴望技术的便利、更期望有更多强烈和刺激的视觉体验，数码摄影技术的发展恰好满足了人们的需求。从每日不停产生的影像中，我们不但可以看到人们审美情趣和精神状态的变迁，同时还可以看到叠加在这些影像中的社会因素。摄影，这种承载着人类记忆的技艺从原来的谋生手段发展到今天群体热衷的集体游戏，其变迁过程承载着丰富的视觉文化含义。

广州人俗称老广，是众多摄影群体中最能体会摄影这种舶来文化变迁的群体。地处珠三角发达地区的广州人，对摄影充满着执着的热爱。老广摄影师是中国最早从事摄影行业的摄影家，老广摄影有着悠久的历史，发展至今大致呈现出三种不同的形态：早期大部分影友皆为谋生而奔波，后来演变为既谋生又娱乐的摄影，今天逐步发展为主要以娱乐为摄影的目的。老广摄影的文化变迁，不但揭示了摄影在形式上的变迁，同时还反映了广州人社会、生活，以及精神上的变化。本文试图以摄影在广州人生活中所呈现的三种形态展开分析，并引用了广州本土的各种资料分析老广摄影圈的文化变迁，尝试探

---

[*] 华南农业大学艺术学院。
[**] 华南农业大学艺术学院学生。

讨与分析摄影对于今天都市人日常生活的影响与意义。

一、作为谋生手段的老广摄影

老广摄影最早源于本地人开办的照相馆。据文献记载，最早在中国开设照相馆的摄影师，就是广州本地的画师张老秋。据文献记载，广州人张老秋在广州率先开设了我国最早的照相馆。19世纪中期，张老秋原来在香港与人合伙经营油画业，后拜师外国兵营的摄影师学习摄影术。张老秋学成后回到广州，并于清代同治元年（1862年）开设了一间名叫"宜昌"的画楼①。1880年后，广州的照相馆不断增加，"黎镛"、"兆南昌"、"容芳"等照相馆先后开业，彼此间竞争激烈②。

旧日广州照相馆内的照相机多为木制的大型镜箱，感光材料大部分是使用涂满药液的玻璃底片。冬日的广州日照经常不足，城区内高楼林立，位于市中心的影楼往往采光不足。使用自然光照明的摄影室只好设在顶楼，广州照相馆因而获得"影楼"的称呼。老摄影师常说："当时要拍一张令人满意的照片，对摄影师来说并不是一件容易的事。"影楼拍照的曝光时间长达两三分钟，顾客不得不用一支金属叉在顾客颈后固定。摄影师一边打开镜头盖，一边敲二十多下木板子，以完成一张照片的曝光③。先拍板、再照相的老照相方法为摄影赢得了"拍照"的新名词。

当时老广摄影师主要采用湿版摄影从事商业摄影（见图1）。湿版摄影源于19世纪中英国的古老摄影技法。首先摄影师在玻璃片上涂上沥青，再通过长时间曝光使玻璃片载体上留下影像。后期摄影师对湿版的感光材料做了改进，开始在玻璃片上涂上火棉胶

图1　湿版摄影作品

Joni Sternbach 湿版摄影作品。④

---

① 梁婵：《广州照相馆的历史》，载《广州日报》。
② 王继雄：《上海早期照相业里的广东人》，载《新民晚报》2007年11月27日。
③ 梁婵：《广州照相馆的历史》，载《广州日报》。
④ 参见 http：//fotomen.cn/2011/07/joni-sternbach/2/。

药膜。由于湿版摄影的玻璃片在影像感光的十多分钟内一直处于湿润状态之中,因此这种摄影技法被称为"湿版火棉胶术摄影"。由于湿版火棉胶使用的感光剂的调配过程复杂,加上在玻璃片上的涂抹手法会根据每个摄影师的技法而有所不同,特别是感光剂药膜脱落、以及药膜涂抹不均带来的底片厚薄不一和颜色误差等变化,造成湿版摄影的照片有非常丰富的自然影调。时至今日,湿版摄影还在不少怀旧的老广摄影师中流行。2013年6月,100多名湿版摄影爱好者来到广州大沙头海印摄影城,参加哈尔滨师范大学湿版摄影师于翔的湿版摄影作品展示会。

清末民初的广州的照相馆除了拍摄人像,还经营摄影器材。早期摄影的原材料均需进口,照相价格自然不菲。当时照相馆服务对象多为男性,不过由于青楼女子需要照片作为推销自己的广告,因此不少影友保存的照片多为青楼女子的照片(图2)。二次大战后,广州的照相馆发展迅速,竞争也更加激烈。各照相馆为谋求出路,在经营和技艺表现方面逐渐形成了自己的特色。当时广州知名照相馆有越秀区的"昆仑照相馆"、"艳芳照相馆"、"雄志照相馆",荔湾区的"琳琅照相馆",东山区的"华华照相馆",海珠区的"海燕照相馆"等。这些照相馆所处地段不同,服务对象也各有特色。如"艳芳照相馆"以拍集体相著称,"凌烟阁"以拍艺术人像见长。中山四路原儿童公园门口旁的"雄志照相馆"是全市唯一的儿童摄影室。陶陶居、莲香楼旁边的"琳琅照相馆"是西关居民、粤剧艺人常去的地方。"昆仑照相馆"位于南方大厦附近,不少南海、番禺、顺德等四乡的群众从珠江上岸后,都来这里拍照,每天都络绎不绝、门庭若市。

图2 清朝拍摄的女性合照

新中国成立后,老广经营的照相馆经历了两次较大的改造。一次是建国初照相馆的改造。当时的观念认为照相馆不应追求商业利润而应该是为社会主义工农兵服务的艺术。革命年代商品是资本主义的产物,摄影不能作为牟利手段,照相馆的收入自然很低。第二次是1984年左右照相馆设备的改造。为了适应照相馆向自动化发展的需要,老广照相馆开始引进新技术、照相馆逐渐开展彩色扩印业务，彩色摄影开始普及，而黑白照相一时间备受冷落。20世纪80年代广州的照相馆开始使用彩色胶片冲印机，不少商人携带资金进入广州，相继开设了一大批新潮的婚纱影楼。1995年广州的影楼开始放弃原有的传统银盐冲洗，逐渐与数码技术结合采用数码相机和数码影像冲洗系统，不少影楼也开始把婚纱影像编辑制作成VCD光盘，并且配上音乐以吸引更多的客户前来拍照。

时至今日，摄影器材与照相馆经历了几代的变迁，从湿版摄影到黑白胶片摄影，彩色胶片冲洗再到今天的数码摄影打印，但是这种传统的谋生技艺却没有消失，广州这个国际大都市的街头巷尾，依然可以看到各种大大小小的照相馆。摄影，这个外来的谋生技艺，在现代化广州依然顽强地生存着。

二、既谋生又娱乐的老广摄影

虽然说大部分摄影师经营婚纱影楼、时装摄影广告公司都要购置价格昂贵的摄影器材，且从事婚纱影楼、时装摄影广告公司的开销不菲，有的甚至亏本经营，但众多从事影楼生意的老广摄影发烧友却乐此不疲。为什么这些摄影发烧友乐于自己支付租用模特和冲洗的费用？是何种因素导致老广发烧友亏本经营？

对于北方摄影师来说，摄影可能只是单一的谋生手段，然而对于老广摄影发烧友来说，摄影不但是赚取利润的途径，更是一种自娱自乐的游戏。这些在其他行业获得较高收入的老广摄影发烧友看来，摄影实际上也是一种不需要太认真的活动，影友参加各种旅游摄影比赛，虽然付出了许多技术、体力和脑力，但他们追求的是一种娱乐，甚至可以说是一种成年人的游戏。在摄影比赛中，摄影成为摄影发烧友把谋生与游乐、竞技混为一体的娱乐活动。不过老广摄影发烧友要维持摄影带来的各种开销，首先必须要赚取一定额外收入方可维持。

老广摄影发烧友借助摄影赚取谋生的手段颇多，有的借助经营照相馆、冲洗店维持摄影开销，有的积极投稿给各种杂志社赚取稿费，有的借助参加摄影比赛赢取奖金维持摄影带来的各种开销。摄影沙龙比赛是老广摄影师借助从事摄影行业获得的高超技能，赢取比赛奖金的重要渠道。影友通过加入本地的各种摄影协会等团体组织，迅速提高摄影技能，获得赢取比赛奖金的捷径。广州市拥有众多的摄影团体，一直举办各种不同层次的摄影比赛，借助摄影沙龙奖金吸引众多的影友参与自己的组织。作为广东重要的政治、经济和文化中心，广州市自从"五四运动"开始就拥有"广州摄影公会"等摄影团体。广州摄影工会于1919年成立，前身即广州摄影公会，它是广州市的照相馆职工自己建立的同行工会。1920年前后，广州已有数十家照相馆，从业人员近400人。广州摄影工会成立后，成员不仅有广东各县的摄影从业人员，还有香港、澳门的部分同行加入。广州市内摄影团体林立，各协会会员遍布各行各业，成为了举办各自摄影比赛活动的中坚分子。各协会举办的摄影比赛除了有十分严格的选拔流程以外，还有十分丰厚的奖金与奖品。

早期的摄影比赛比较简单，而后期老广摄影沙龙比赛愈演愈烈，甚至出现了专门依靠赚取比赛奖金生活的参赛者。原来在广州经营传统摄影冲洗店的老广摄影师黄楚中就是其中一员。黄楚中是广州番禺人，广东省十大摄影家，曾先后获得第二十届国展银奖、第二十一届国展铜奖和最佳数字影像艺术奖、第二十届广东省展金奖等，被称为老广摄影发烧友中打沙龙、拿奖金的大师，他创造的画意摄影技法因为构图精美被誉为"黄氏花布"（图3）。黄楚中说："要在摄影比赛获得大奖，关键是要让评委注意到你的作品。""作品要获奖，首先就要强调视觉冲击力，要使事物本身的特点和特色充分表现，自己拍出来的东西应该是与众不同的，这样才能立异，让人印象深刻，才能让别人把目光多投注于自己的作品上。"① 他常说，"能够获奖的摄影作品，关键在于捕捉评委的视线。摄影沙龙要获奖，关键在于出奇制胜"。"我认为最重要的是要突出自己的风格，不然你的摄影只是复制美景而已。""获奖照片要吸引人，就要给人联想的空间。好的照片一看不知道是什么，再看似乎知道是什么，三看才知道是什么。相片就会有内涵，人家才知道你的意图。"黄楚中的拍摄心得逼真地反映了摄影发烧友在比赛中如何运用心理学捕捉评委心理的打沙龙技法。

图3　黄楚中的"黄氏花布"摄影作品

老广摄影发烧友除了通过沙龙比赛赢取奖金外，不少人还十分注重在摄影刊物发表照片，赚取发表摄影图片获得收入。摄影爱好者涉足的摄影杂志，大部分都是与摄影相关的图片杂志。《摄影杂志》是真正的泰山北斗，它是我国第一个传播摄影科学技术的刊物，由张雨苍编辑，广州摄影公会出版。该杂志分"阐明学理"、"改良技术"、"介绍利器"、"解答疑问"等栏目。当时的《摄影杂志》主要是以文字为主，附有少量照片和绘画的摄影杂志。第一期刊出的《摄影术史略》记载了1922年广州摄影家组织工会于广州举办"全数人会"集体活动。继《摄影杂志》后，当时在广州颇有影响的还有几本与摄影密切相关的刊物，如《良友》等。《良友》是我国现代新闻史上第一本综合性的新闻画报，《良友》画报对广州摄影的影响主要表现在以下几个方面：对中国初期摄影社团的宣传与支持，对摄影理论与技巧的研究，对世界摄影作品和摄影流派的宣

---

① 引自黄楚中2013年11月在天河区摄影协会沙龙的讲座。

传与介绍,对以郎静山为代表的现代摄影家进行广泛的宣传与扶植①。《良友》第15期刊载了林泽苍的《人像摄影之要诀》中指出:"人像摄影所宜注意者,有两大要点:光线之配合与姿势之摆布是也,两者尤宜并重,若缺其一,则不足以言人像摄影。"②《良友》初创时征稿启事仅标明影片类稿酬,第15期扩展为时事摄影,富有意趣照片等;第61期《良友》的征稿启事,对照片类稿件要求为"如时事摄影、美术作品、珍奇事物、风土人情、名胜风景、体育、戏剧、名人、名媛、儿童表情、家庭学校或社团之生活(见图4),及一切能增人见识或美感之摄作,皆所欢迎"③。这反映了《良友》当时已经开始向当时广州摄影师约稿各类图片题材,并且采取一律同酬的稿费酬谢。

图4 《良友杂志》封面

三、作为发烧友热衷游戏的老广摄影

摄影自产生之日起就注定了是一种娱乐方式,照相机发明初衷就是为了给自己带来快乐的同时,也给他人带来快乐。对于收入高的老广摄影群体来说,摄影不是为了获得收入,而是自娱自乐。人们发现摄影者会有一种驾驭被摄对象、用照片代替"掠夺品"的体会,照片一时间也变成了权力的象征。有摄影发烧友说,"足球大战代替了昔日的世界大战,摄影也开始替代枪支满足人们的进攻和射杀欲望"。对于广州人来说,昔日的长枪短炮转换为相机镜头,弹匣子弹转换成胶卷。摄影,一时成为了广州男人热衷的另外一个形式的"战斗"。

---

① 赵昊:《良友画报与中国现代摄影的发展》,载《浙江艺术职业学院学报》2010年。
② 林泽苍:《人像摄影之要诀》,载《良友》1927年第15期。
③ 参见《良友》征稿启事,载《良友》1931年第61期。

(一) 在乎"摄"而不在乎"影"的发烧友

俗话说:"玩摄影,穷三代。"广州摄影发烧友聚会首先必须交流的就是摄影器材,无论这些影友是否曾经相识,无论资历身份,也无论器材档次,大家都乐意展示和鼓吹自己的器材,大家对少见的名牌器材更是少不了赞誉。器材发烧是摄影发烧友漫漫发烧之路的起跑线,新手首次进入发烧圈要得到老影友的肯定,而最容易获得其他人肯定的捷径就是抱着一大堆尼康、佳能等高端摄影器材给其他发烧友来一个下马威。许多老广发烧友走上摄影之路都是从酷爱器材入门,随后才开始摆脱对摄影器材的追求,开始向探究摄影技术方向发展。有位发烧友谈到自己的摄影的时候说:"以摄影为爱好,为消遣,为享受,享受其美妙而艰辛的过程。我们渴望成功,但明白不是人人都能成功。"在乎"摄"而不在乎"影"的发烧友在数码相机大量普及的年代,却反行其道放弃了简单的摄影操作,热衷于黑白摄影、大画幅摄影、银盐冲洗等传统的摄影工艺。张衍飞是老广发烧友中典型的老相机收藏家,他对古董相机的痴迷反映了老广摄影发烧友中对机械时代的执着和对数码产品的抗拒。张衍飞曾经说,"有句话叫穷玩车,富玩表,疯子背着相机满街跑",他对自己收藏的古董机了如指掌,认为古董相机的玩家通常对老相机有独特的感情,不少古董相机发烧友对收藏古董相机都有深刻体会,称把玩老相机有一种"举手投足均有心领神会的默契"。张衍飞称:"除了老相机的使用,银盐摄影的每一步也都蕴含着思想和智慧。银盐摄影用的传统机械相机,拿在手上的质感也无可比拟。""当原本一片空白的相纸在显影液里飘荡,黑白影像魔术般出现,那种兴奋和欣喜就会让他激动不已。即便到现在,他也把在暗房里冲洗的过程当成一种放松方式。"[①]

(二) 在乎"意"而不在乎"景"的画意摄影

针对目前商业圈普遍追求昂贵器材的潮流,原广东省摄影家协会会长胡培烈说,"昂贵的哈苏、卡尔蔡司、莱卡等镜头动辄上万元,甚至10余万元。那些有志于走摄影创作之路的人烧器材是不对的。摄影不仅仅靠的是牛头[②],而靠的是镜头后面的那个头。并不是好的器材就能拍出好的照片。我现在常用的是最便宜的折返镜头,一个250 mm,外加一个500 mm折返镜头"[③]。尽管大部分老广摄影发烧友钟情于摄影器材,但不少影友还是可以从冰冷的摄影器材中脱身出来,追求难以描述的摄影技法。纵观老广影友热衷于其中的花卉摄影,可见老广发烧友的技艺追求。闻名老广摄影圈的花卉摄影家郎静山出生于1892年,早年曾在杂志社担任摄影记者,后转为专业摄影比赛与创作。郎静山最具代表性的就是集锦照相[④],其作品对老广摄影师的画意摄影影响最深(图5)。郎静山曾经说过说:"我想利用摄影这个国际语言,把中国的山水风景展示在外

[①] 靳颖姝:《张衍飞 与老广州黑白痴恋半生》,载《南方都市报》2011年12月3日。
[②] 商业圈术语,意指个头大、大光圈和价格昂贵的镜头。
[③] 载《广州日报》2009年2月。
[④] 集锦摄影是指采用各种技法把两个以上的镜头影像经过构思设计,重新组合成一张新的照片;也指以技法合成为基本特征的创作风格;还指以技法合成为主要创作方法的摄影门类。

国人眼前。"① 其典型的作品是利用国画的叠影法把数张底片叠在一起，创造出新的意境。

图5　郎静山摄影作品

20世纪80年代，香港摄影三杰中的陈复礼，是继郎静山之后在花卉的画意摄影方面有所建树的摄影师。陈复礼早期认为郎静山先生的作品对他产生了巨大的影响。他一开始认为不同的摄影素材经过简单的剪接拼合，做成"集锦"的"画意"风景摄影，是一条学习摄影艺术的"捷径"②。经过分析，陈复礼悟出了"一幅照片的制作并不只是感光正确、反差适宜就算了事，黑白照片是要靠层次、靠影调来体现其艺术素质"。他把风景摄影同中国画意结合起来，开拓了一条新的中国画意摄影的道路（图6）。

图6　陈复礼摄影作品

---

① 雷茂奎：《摄影文化与摄影家研究》，第169页。
② "集锦摄影"创作手法由郎静山最早运用，并在国际上受到公认。其技法以多底合成为主要创作方法。

胡培烈利用数码相机多次曝光的先进技术在前人的画意摄影基础上作出新的尝试。胡培烈的《心中有花》摄影展现了在数码技术取代传统银盐技术时对摄影创作的新体验。"胡培烈技术上的多次曝光,时间的多个界面在图像中不断重叠,从而造成了一种迷离扑朔的魔幻效果,在摇曳的形象中,一个生命周期的运动节奏得以保存,虚幻的表象下隐藏着最为真实的生命质地。胡培烈老师把镜头对准相对静态的花簇林丛,更加准确地导向整个艺术观念的探索方向。"① 胡培烈为了让胶片影像达到绘画的效果,采用摄影技法中多次数码相机曝光技术与花卉摄影中的移焦技术,在数码相机的感光元件上的反复曝光和移焦,使之多次曝光形成独特的成像。"貌似丹青高手不厌其烦地一层覆盖一层地渲染,这种手法产生的意外效果,竟然与泼墨和油画毫无二致,精彩绝伦,每一个观众初次看见作品以后根本不相信这是一幅摄影作品(图7)。"② 胡培烈作品由"绿池烟影"、"追春逐影"、"红粉丽影"等六个系列展现了花卉的画意摄影。从郎静山、陈复礼、黄贵和三人之后,老广摄影发烧友对花卉摄影的再一次探索,也充分体现了老广影友对画意摄影的追求。

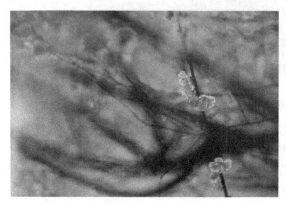
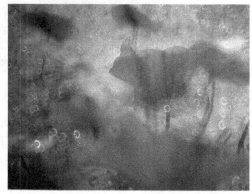

图7 胡培烈摄影作品

郎静山、胡培烈等人对摄影创作的探索、舍弃这种对事物真实的反映而追求意境的探索,并不令人难解。古人素来以礼、乐、射、御、书、数为六艺,孔子在《论语·述而》第六章说:"志于道,据于德,依于仁,游于艺。"从字面上看"游于艺"是指对某种技艺的掌握,其最高境界是不但要在技术上熟练,而且要在对六艺的掌握基础上游刃自如,才可以从中体会到精神的愉悦。商业摄影追求的是真,是一种宣传效应,而摄影发烧友则追求意境的发挥,追求个人对艺术创作的表现。陈望衡也曾经认为古人对艺术创作的"游"的理解是轻松愉悦、无功利、带有明显的娱乐特性,这种追求艺术创作上的"神游",超越了物质功利进入更高的精神享受,美的自由是融化在境界中的自由感。它是精神的,而非实践的,作为自由感,它不是抽象的,而是感性的、体

---

① 引自王璜生(广东美术馆馆长)在胡培烈《心中有花》影展的评论,载《信息时报》。
② 载《广州日报》2009年2月。

验的①。

老广摄影中的画意摄影追求"花非花"的意境正是这种思想的体现，而不是单纯对被摄对象的直观表现。今天，越来越多的老广放弃了从事商业摄影，转到娱乐摄影的活动中正是这种倾向的体现。其具体表现为以下几种形态：一是参与摄影活动或者摄影创作并非为了奖金与名利，仅仅是旨在参与；二是越来越多的机关干部、企业高层进入到摄影协会、摄影活动中，成为了各种摄影活动的赞助商与组织者；三是摄影活动与公益事业的联系愈加密切，到边远山区一边扶贫、一边摄影创作的比例加大；四是摄影创作的题材从原来的产品摄影、美女人体，过渡到关注环境、关注社会与民生的创作主题。纪实摄影、公益摄影成为了老广摄影的创作新主流。

四、老广摄影多元化的视觉人类学分析

从视觉人类学角度来看，许多不同的人类活动都存在着的文化现象，展现出了不同文化。不同功能的文化随着社会变迁而不断发生改变。正如大家都很熟悉的钓鱼、狩猎、栽花等活动，其功能最早都是以谋生手段呈现的，但随着历史的发展，这些人类活动逐渐演变为半谋生半娱乐，直到成为以娱乐为主要形式。老广摄影从商业谋生、社会活动与娱乐等变化的过程，体现了摄影这种外来文化，在广州不断演进和不断丰富的变迁过程。

早期老广摄影只是单纯作为一种谋生手段，但随着人们生活水平的不断提高，摄影发生了变化，逐渐成了现代娱乐休闲活动或竞技的项目。摄影成了提高艺术修养、强身健体、陶冶性情的一项活动，深受人们欢迎。特别是当摄影成为政府、机构相继关注的一种社会活动以后，摄影更加成了一种受制于各种机构，包括商业机构、政府结构等的大众文化，社会一度出现了空前的摄影热潮。

摄影从谋生，演变到娱乐和社会活动的变化过程中，充分展现了文化的三个从高到低的三个层次的变化，即物质文化层面、社会文化层面和精神文化层面。摄影所蕴含的三个文化层面，并不是孤立的，而是相互影响和相互渗透的。这种文化渗透的过程是错综复杂的，每一层面的内容实际上还渗透着其他两个层面的内容。如摄影器材普遍被视为物质文化，但摄影器材中包含了许多社会层面和精神层面的内容。摄影群体的活动，一方面反映了摄影人的社会交往、集体群欢的意义，同时又反映了相当大的精神层面的内容。例如常言说，"佳能镜头注重色彩表现、尼康镜头注重线条层次"，这些对不同器材的区分，实际上也是一种对消费群体的划分。摄影发烧圈所谓的"莱卡相机反映是摄影的态度"②等，一方面说明了德系莱卡相机与日系相机的消费群体的划分，也从另一个层面反映出了摄影器材作为物质文化的同时，又具备相当丰富的社会文化和精神文化的内涵。近期大画幅相机和胶片摄影技术的回归，更反映出对传统文化的追溯。

人类学素来善于把社会活动用不同层面来加以区分，以便更好的对各种社会活动展

---

① 陈望衡：《美在境界——一种美本体论》，载《武汉大学学报：人文社科版》2000年第7期。
② 莱卡是德国制造的高品质相机，该品牌相机价格不菲，注重品质而不是实用。

开分析。摄影似乎更符合传统意义上一种生产，或者技艺，但从今天的摄影活动来看，摄影除了仍然具备传统的功能以外，更多展现的是一种精神文化及社会交往文化的意义。老广摄影确实体现出了文化的三大层面的内容关联与变化。具体来说，摄影器材制造、销售、交换等，属于物质文化范畴，但摄影人之间的关系、摄影组织和摄影比赛的规则、摄影活动的组织等，特别是摄影的网络传播与网站，正成为越来越多人参与的重要社会活动。与摄影有关的网络文章、摄影体验、摄影作品展现，反映出摄影已大量进入了人们的精神生活与文化生活。

老广摄影的人类学分析充分展现了文化变迁的过程。人类学一直把文化变迁看成是人类学研究的永恒主题。技术提高、外来文化入侵、周边环境的影响，加上广州地处珠三角的地域优势，各种文化交融和各个民族交往，摄影师、模特、广告设计师对各种摄影活动的改革、吸收和创新，都使摄影有了丰富的发展。商业机构、摄影器材销售商对器材的推广活动，特别是政府部门摄影这种文化艺术的推广等，对摄影，乃至摄影群体都产生了巨大的影响。摄影活动的演变过程，展现了摄影丰富的内涵与蕴含其中的文化演变过程，为理解文化变迁和解释社会变迁规律提供了良好的研究案例。

五、结论

近年频频引发热潮的摄影活动，让我们不由得思考，摄影发展至今为什么会呈现出从为谋生的商业摄影，发展到既为谋生又为娱乐，再到主要为娱乐的三个阶段？视觉人类学除了关注视觉媒体传播的方式与途径，更关注视觉媒体与人类社会的关系。老广摄影的三种形态的变迁，体现了技术进步、社会引导以及精神需求等各种因素的合力结果。

首先，技术进步使摄影普及成为现实。相对于笨重且步骤繁多的老式摄相机，我们当然会选择方便小巧的数码相机。同时也因为生活节奏的加快，拍照、修相和冲洗都可以在短短的十分钟内解决。相机制造成本日益下降，几乎每个人都能购买相机与手机用于拍照。其次，社会影响也是不可忽视的重要原因。比如各种摄影比赛，不管是盈利还是非盈利性质的都会引起回响。摄影协会的林立，急于扩大了组织，摄影杂志刊物及摄影网站的推广，为摄影的普及提供了开放的环境。正是各种组织的推动、摄影比赛的刺激，以及人们不断满足自身需求的欲望使摄影逐渐脱离了商业形态，成为了娱乐的一种重要方式。最后，人们借助摄影寻求精神上的寄托，获得艺术创作上的体验促进了摄影向娱乐、游戏方向发展。影像在我们的生活中成为了不可或缺的一部分，它表达了我们的情感和经历，容纳了我们的内心感受。人们渴望在自己的镜头下表现自然神韵、表达自己对社会的体验。摄影从一个少数人的消遣变成了一种大众文化。摄影这门年轻的技术，不但改变了我们用二维来表达时空的方式，也成为揭示文化变迁与社会发展规律的一面镜子。

参考文献：

[1] 宿志刚，林黎. 中国摄影史略 [M]. 北京：中国文联出版社，2009.

[2] 雷茂奎. 摄影文化与摄影家研究 [M]. 乌鲁木齐：新疆人民出版社，2009.
[3] 林路. 跳出镜头的局限——文化现象与摄影方式漫谈 [M]. 北京：中国工人出版社，2000.
[4] 陈运飘. 从谋生手段到娱乐方式——钓鱼活动的人类学分析 [J]. 广西民族学院学报：哲学社会科学版，2002.
[5] 靳颖姝. 张衍飞 与老广州黑白痴恋半生 [N]. 南方都市报，2011 - 12 - 03.
[6] 王继雄. 上海早期照相业里的广东人 [N]. 新民晚报，2007 - 11 - 27.
[7] 梅常青，王绘. 郎静山艺术思想和美学观念对当今摄影艺术创作的启迪与借鉴 [J]. 文艺评论，2012 (3).
[8] 陈望衡. 美在境界——一种美本体论 [J]. 武汉大学学报：人文社科版，2000.

广州 LOMO 摄影爱好者群体研究*

谢从旸**

内容提要：LOMO 可看作是把心理空间（梦）投射于现实空间的实践，便无法规避"做梦"的主体以及他们所处的社会环境。作为主体的青年，在逐渐从家庭、学校步入社会的过程中经历着社会角色、生活体验的转换，他们需要为自身创造调适与缓冲的心理空间和争取话语空间。LOMO 呈现出多元的特征和权威的消解，进而使群体中的人际关系相对松散、疏离。LOMO 作为需要调动情感和智力的"游戏"，其诞生和流行必以城市"生态"为基础。城市地区由于各类媒体的高度发达，以模式化"批量生产"的大众文化形式得以大行其道。个人如欲从审美活动中确证"与众不同"的自身，则必诉诸于求异，追求小众趣味。这些因素共同决定了"梦"的内核：逃逸感；异想天开以及多元主义。

关键词：LOMO 青年群体 小众趣味

荷尔德林说："人诗意地栖居在大地上。"

如果把这句话的状语抽空，同时为主语加上一个未定的修饰语，变成一道填空题——

（……）人（……）地栖居在大地上。这似乎便是许多人类学家毕生致力研究和阐明的问题：某个特定的群体，以怎样的物质基础、精神气质于世间一隅生息？这或许是人类学最根本的问题，这一调查亦无例外。

本文主体部分的资料主要通过参与观察与深度访谈的形式获得，同时以各网络论坛、QQ 群的发言资料以及相关出版物作为参考。LOMO 的发展历程及组织机构建立情况等资料通过网络获得。

本研究共进行过三次较长时间的参与观察：

（1）协助 OWN-LOMO 展览布展活动。该展览于 2010 年 2 月 28 日—3 月 7 日在天河正佳广场举办，主办者是华南农业大学、华南师范大学的几位本科二年级学生，她们本身是 LOMO 摄影爱好者，自发筹备资金、协商展览场地，从网络上募集志愿者协助布置展览，展览照片通过网络发布信息征集。布展工作从中午十一点开始，一直到晚上十二点半。在合作布展的漫长而疲惫的过程中，我与几位玩家建立了友好的关系，并获得了一些初步的资料，为调查方向和问题的设定以及调查的开展奠定了基础。

---

* 中山大学社会学与人类学学院人类学系 2006 级本科生毕业论文。
** 中山大学社会学与人类学学院学生。

（2）参加 2010 年 4 月中旬于 Lomography 店内举办的讲座活动。主讲人为多年专职从事摄影的 LWM 先生（下文表格访谈人 5），主题为 Diana 相机的各种使用小窍门，也包括摄影理念漫谈。通过讲座了解 LOMO 爱好者内部的部分主导理念，并观察成员在这类活动中的互动情况。

（3）参加 2010 年 4 月 25 日 Lomography 官方店组织的"Sprocket in a Pocket"外拍活动。该活动由北京、上海和广州的官方店在同一天举行，集合本市的 LOMO 爱好者，相约到城中指定的地点进行摄影活动，并进行聚餐。活动经费由 Lomography 公司提供，玩家自带摄影器材。广州站的选址为海珠桥和江滨"塔影楼"酒吧。活动从下午四点开始，十二点结束。亲身参与使我能直接观察 LOMO 爱好者的具体行动，令许多问题有了鲜活直观的答案，也让我从聊天中获得了许多信息。

在通过各种场合和渠道认识到约 30 名 LOMO 爱好者以后，综合年龄、性别、职业及接触 LOMO 的时间长短等各方面因素考虑，选择出 10 位玩家作为重点访谈人。下表（表 1）为重点访谈人的基本资料：

表 1　重点访谈人基本资料

编号	昵称	年龄	性别	玩 LOMO 的时间	备注
1	芝古雳	26	男	3 年以上	Lomography 店长
2	Punk fish	24	女	3 年	平面设计专业毕业，现从事平面设计
3	Thomas	23	男	2 年	景观设计专业大四学生，现于某设计公司实习
4	NINGZHI	22	女	2 年	平面设计专业大三学生
5	Linhaf	45±3	男	若干年	专职摄影师
6	苏	27	男	3 年以上	学过建筑设计、服装设计，现在仍未就业，全脱产学日语
7	Teddy	35±3	男	若干年	Lomography 中国大使
8	宝团团	21	女	1 年	法学专业大二学生
9	子君	21	女	几个月	建筑设计专业大二学生
10	Cherry	22	女	若干年	经济学专业学生，兼职为某杂志撰稿

以上所列访谈人 1～8 以相约面谈和 QQ 聊天的方式进行结构性访谈（访谈问卷见附件），每位访谈人的访谈时间平均约为 3 个小时。访谈人 9、10 则以随机的方式作非结构性访谈。

一、LOMO 的外显形象与主位定义

（一）LOMO 概略

这一部分主要从"外部人"的眼光审视 LOMO 相机，介绍 LOMO 的拍摄动作和"行为规范"；LOMO 在广州的市场情况以及 LOMO 文化在国际、国内的简要发展历程。

（二）"行为规范"——"黄金十条"

也许每个 LOMO 初学者或希望了解 LOMO 的人都会从各类介绍文字中读到著名的"LOMO 黄金十条"：

(1) 机不离手。
(2) 不分昼夜，随时使用。
(3) LOMO 是你生活的一部分。
(4) 近摄！尽可能地接近你期望中的物件。
(5) 不要想。
(6) 快。
(7) 你不用完全知道你正在拍什么。
(8) 你也不用记起你曾拍过什么。
(9) 从头顶或屁股位置拍照。
(10) 忘记以上守则。

（三）LOMO 发展经过[①]

LOMO 相机诞生于 20 世纪 50 年代的列宁格勒光学机械联合企业（Leningrads-koje Opitiko Mechanitscheskoje Objedinenie，缩写即 LOMO），是一种应用于苏联间谍部门的体积小、操作简单的相机。而 Lomographic 热潮始于 1982 年的圣彼得堡。设计者 General Kornitzky 和 Panfiloff（即 Lomo 苏联军事及光学制造厂总监）希望能生产一部全功能全天候的相机，旨在为全苏联人民提供乐趣之余也可用此纪录社会主义生活和祖国的光荣。这促成了 Lomo LC-A 的诞生，百万部相机迅速售罄。苏联、越南、古巴及东德人民于 20 世纪 80 年代也开始参与进来。

1991 年，两名奥地利维也纳的美术学生 Wolfgang Stranzinger 和 Matthias Fiegl 赴布拉格度假，于旧货店内购得一台 Lomo 相机 LC-A。旅行中，他们以 LC-A "快拍"一番，意想不到的是，相片鲜艳、快乐、蒙胧的效果让他们非常震惊，引起了人们空前的关注。1992 年，他们在维也纳成立 LOMO 官方组织：Lomographic society，目的是要向全球发布有关 Lomography 的讯息。Lomography 不仅仅是 LOMO 爱好者交流的平台，同时，

---

① 本节资料主要来自网络资料，包括百度百科"LOMO"词条及 Lomography 官方网站 http：//www.lomography.cn/home/。

它也是网上发行与销售 LOMO 照相机的机构，也就是"LOMO 官方店"。

在 1994 年，第一次国际 Lomography 展览在莫斯科和纽约两地同时展览。几个月后，第一个 Lomographic 大使馆在柏林建立，成为了一个为本地 Lomographic 成员活动服务的地区性前哨。在它成功的基础之上，Lomographic 大使馆开始遍布全球，目前大概有 60 处。

1997 年，网络平台 Lomography.com 正式发布运行，并成为因特网上全世界 Lomographers 的家。新的网站提供了互动社区、令人激动的设计和服务、一个互动的在线世界档案馆、一个集合所有商品的店铺。同年，第一届 Lomographic 世界大会在西班牙马德里举行，地址就在洞穴状的 Atocha 火车站，这次世界大会安置了前所未有的巨大 LomoWall——超过 120 米长，包含了超过 35 000 张 LOMO 照片。

此后，LOMO 不断推出各类机型和各类出版物，逐渐成为时尚新宠，在欧洲年轻人之间迅速传开，成为了地下艺术圈、文化圈的新宠儿。

在中国境内，LOMO 最早于 20 世纪 90 年代在香港开始流行。后来逐渐在大陆普及。LOMO 文化进入中国大陆是在 2002 年年初，最早在北京的设计师群体中流行，而开始广泛普及则是在 2003 年。同年，Lomography 官方店正式进入中国。而在广州，见于文字记录的 LOMO 历史则始于 2005 年。目前中国境内共有北京、上海、广州、香港四个 Lomography 官方店（亦称"大使馆"）。

从上文表格中我们可以了解到各类相机的价格水平。除了购买相机，还需购买相关的配套设备，因此若在官方店购买相机，实际消费额要在相机价格基础上多出 200 元左右。根据广州官方店店长（访谈人 1）介绍，从官方店购买相机的人们平均消费在 500 元左右，目前的主要消费人群为年龄介乎 20～30 岁的年轻人，以大学生居多。

值得说明的是，虽然 LOMO 作为一个国际性品牌，在世界各地有固定的生产厂商和相应的官方销售点（即"大使馆"），但目前在中国大陆，打着 LOMO 标签销售的各类杂牌"玩具相机"亦大有市场。这些相机具备 LOMO 相机特殊的成像特点和夸张的外形设计，主要通过各类购物网站进行销售。因此现今国内的 LOMO 市场呈现出"正牌"与"杂牌"鱼龙混杂的局面。在许多玩家的观念中甚至不知道有所谓"正牌"与"杂牌"之分，而这一区分也并不构成 LOMO 玩家身份的认同障碍。因此，在本文中资料的出处并不仅限于持 LOMO 品牌相机的玩家，不局限于围绕 LOMO 品牌衍生的群体文化，而是取 LOMO 之广义，将其作为一种特殊的视觉风格、一类文化现象来把握。

二、内部定义：主位视角中的 LOMO

在调查过程中笔者发现，尽管许多人都认同自身"LOMO 爱好者"的身份，但是他们对 LOMO 的定义和理解却存在很大的差异和分歧。从外部人的视角来看，LOMO 具有归一的风格和行为特征，但从 LOMO 爱好者的主位视角出发，却对 LOMO 有着千百种的阐释。

最狭义的 LOMO，指使用特殊类型的照相机（LOMO 品牌相机），以胶卷成像，造成特殊成像效果的一类摄影。而最广义的 LOMO 定义则是：不拘于相机的品牌、不限于使用的器材是什么（可以是任何相机甚至手机摄像头）、不限于照片的效果，决定性的因素是拍摄时的态度——随性的自我表达。"随性"指轻松懒散的心态和不拘一格、突破条条框框的思维模式；"自我表达"指摄影的主观性，偏重个人的主观感受而非美学形式、客观记录。

我们基本上无法从器材、成像材质、画面效果等方面概括出能得到玩家普遍认可的定义。而上述两类极端的定义都未能使我们建立对主位视角中的 LOMO 哪怕是模糊的一点印象。如果无法从正面对"什么是 LOMO"作出精准的回答，那么不妨稍作迂回，先看看在玩家的心目中，"LOMO 不是什么"。

在调查过程中笔者发现，由于许多 LOMO 爱好者同时具有数码相机（DC）或专业单反机（包括数码或胶卷成像），他们对相机的分类不仅简单地体现在不同的场合选择使用不同的相机，而且也赋予每一类相机以一连串的行为规范和"精神气质"。于是，每一类相机都成为了一种符号，一种表征，对应于一套身份、态度、行为和价值观。那么，把 LOMO 与其他两类相机放在一个对照体系中，附着于 LOMO 的一套观念就能够凸显出来。这些对立有些是直接的——访谈人明确地以对比的句式提及，有些则是通过话语的逻辑间接归纳的。以下（表 2）是比照的结果：

表 2 LOMO 与专业相机的二元对立体系

LOMO	专业相机
轻、快	重、慢
随意、轻松	庄重、严肃
不确定性	确定性
大众文化	精英文化

LOMO 相机与传统专业相机在体积和重量上的差别不言而喻。从这一物理性的差别出发，LOMO 被认为适于以随意、轻松的态度对待，而专业相机则对应于庄重、严肃的场合。这类戏谑玩乐的态度被竖立为 LOMO 的典型精神特质，我将具体描述这一现象，并分析其成因。

由于相机的机具特点，LOMO 的成像效果与拍摄者预期之间往往存在或大或小的差别，许多玩家认为，这一不可控性正是 LOMO 相机与专业相机相比最引人入胜的部分。在下文的分析中，我将对这一心理作出分析。

最后，LOMO 在玩家心目中被界定为相对易于普及的机器（仅从价格考虑便是如此），因此它能够为较多人拥有，作为记录生活、创造乐趣的工具。相对而言，专业相机是一种被少数精英垄断的机器：它昂贵、需要专业的技术。于是，LOMO 由于是属于多数人的，便被赋予了多元主义的性格，让更多的人能够拥有以自由的影像形式表达自身的权力。

"等待、珍惜"/"即获、挥霍"这一组对立表述的是从拍摄照片到看到照片最终成像效果的时刻之间的时间长短以及拍照过程中的不同态度。对于 LOMO 摄影而言，由于有实体的耗材（胶卷）玩家们会非常珍惜每一张胶卷的成像，在按下快门之前往往要花很长时间琢磨快门的速度以及构图。机器上没有显示屏，拍摄的照片要等到整卷胶卷用完，送到冲印店，或许还要等上一两天，才能看到最终的效果，在此等待过程中倾注着感情和期待。但对于数码相机而言，由于能立即成像，欣赏图片的快感可以在拍摄之后马上获得，不喜欢的照片可以立刻删掉而且耗材不需要成本，因此容易导致一种因批量机械生产而变得麻木、冷漠、无感情投入的拍摄行为。

"即时性"／"后期制作"指的是 LOMO 玩家对于运用数码技术对照片进行后期制作、篡改的一致厌恶。与以往不同，在技术上，通过"扫底"，可以把胶卷照片转化为数码格式，因此，通过电脑对照片进行后期加工是可能的，但 LOMO 玩家们大多拒绝这种做法。

"审美性、创造性"／"记录性、事件性"是指在 LOMO 玩家的分类体系中，LOMO 之于他们是有别于日常生活的创作活动，他们在用 LOMO 相机拍摄时也会倾注更多的审美因素、创造性思考和艺术想象，主导因素在于拍摄者通过画面传达的主观意念。而数码相机对应的是对日常生活的客观记录，着重点在于对所发生事件的呈现。

"小众"／"大众"不仅是指 LOMO 在当下相对于中低档数码相机来说较低的普及度，也与这一群体对自身的身份建构相关。在与 LOMO 玩家的接触中，可以感觉到他们对于自身处在人皆有之、缺乏个性的大众文化之外的独特地位所持有某种微妙的优越感。

由此，如果把以上两个表格的右半部分遮盖起来，我们便可以看出主位角度，即玩家心目中关于 LOMO 的观念，主要包括：轻快、随意、不确定性、等待与珍惜、注重即时与当下的感觉、审美性和创造性，定位则介于精英文化与大众文化之间（表3）。

表3 LOMO 与一般数码相机的二元对立体系

LOMO	一般数码相机
等待、珍惜	即获、挥霍
即时、当下	后期制作、可被修改
审美性、创造性	记录性、事件性
小众趣味	大众趣味

至此，上文对 LOMO 的外部特征和主位视角中的 LOMO 作了简要介绍，下文将转入对 LOMO 影像的分析和对 LOMO 爱好者群体行为的描述。

三、四维度交互分析

王建新老师在《宗教民族志的视角、理论范式和方法》[①]一文中把人类学宗教研究的理论取向及方法论归纳在"整体－个人"与"行为－观念"两条主轴交叉所得的四个维度以内。群体层面与个人层面、图像学解释与创作行为描述都在本课题关注的范围之内。因此，我认为王老师的框架对于本课题资料的组织十分具有启发性，因此在借鉴的基础上作出调整，划定以下框架。需要说明的是，在创作行为的维度，我发现个人在独自进行摄影活动时的行为模式与集体拍摄活动中众人奉行的行为模式有明显的差别，有必要分别作陈述；而在图像维度，个人层面的表达方式和心理也是群体影像制造"范式"形成的基础，为求逻辑上的连贯，不作分别叙述。图1划定了每个维度之内探讨的主要议题。

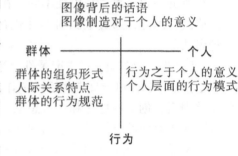

图1　四个维度

（一）基于图像的话语分析

这一节中，我试图回答一个简单的问题：LOMO对于热爱它的人们来说，具有什么样的意义？

1."意义"的消逝和再生

对于一般摄影来说，在物象维度中，所选取的物象需要有一定的典型性和独特性，有充分的记录价值；而在时间维度中，对事件的记录性叙述存在着一个"决定性瞬间"（图2，图3）。然而，在LOMO摄影中，特定物象、特定时刻的独特性被消解，或者说，所有的物象、所有的时刻变得具有同等的记录价值。

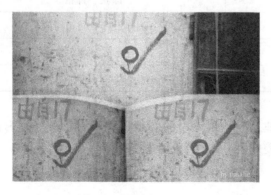

图2

图3

[①] 王建新：《宗教民族志的视角、理论范式和方法》，载《广西民族大学学报》2007年。

在物象的维度，LOMO 把大量日常经验中常见而平凡的事物列入了值得拍摄的可能对象，那些平常在视野中一扫而过的事物，被特写镜头框住，放在简洁的背景里。观看者由此"被迫"认真地观看它：它的光泽质感、它的情感意蕴，以及它勾起的联想。

在时间的维度，摄影或许可以表述为：在时间流中选取特定的、有意义的瞬间，使其凝固成永恒的存在（图4，图5，图6）。LOMO 对摄影时间观念的颠覆之处在于它认为拍摄的瞬间未必要有特殊的意义。例如，在一段旅途中，起点和终点具有明确的意义，而"在路上"的意义却是暧昧的；在一个人的生命体验中，狂喜的时刻、悲痛的时刻是明确的，而无所事事、糊里糊涂的时刻是模糊的；对于观看者来说，一个人连续的动作和面部表情，在定格的时刻具有明晰的意义，而在表情与动作变换的间隙中，意义则是未知的。LOMO 摄影把目光从意义明晰的"时刻"扩展至充斥于这些"时刻"之间的大量暧昧、模棱两可的"时段"，于是我们可以发现大量充满流动性，但方向未明、意义模糊的图像：走在路上的双脚、路标、电线杆、表情转换中的人……

图4　　　　　　　　　图5　　　　　　　　　图6

然而，LOMO 对世界作出"去意义化"的呈现，最终目的并不在于形成意义的"真空"，反而在于使意义得到解放，即为影像注入大量阐释的可能。正是由于画面意义模糊不明，因此能够留给拍摄者以及观看者大量的想象空间。例如，对于这张照片（图7），拍摄者予以这样的阐释：

图7

"你可以拟人化地想象它（Diana 相机）坐在一张凳子上，你就会觉得——也不能说是你觉得，应该是我觉得——像是一个穿着粉红色衣服的女人坐在椅子上。会有一种想象空间，看照片都是主观的，每个人看到的都会不一样，不会是很客观的……"（访谈人1）

事实上，在 LOMO 这个时而光怪陆离、时而稀松平常的世界中，没有一张照片没有意义，因为玩家们总会为它附着回忆、感觉与故事——这是创作的过程，是作品不可见的组成部分。在这个空间中,事物原有的意义显得不重要,重要的是新意义的创造过程。

2. "异次元"空间的建构

因此,与其说LOMO是在找寻现实生活中真正的罕见之物,不如说它试图在熟悉的空间中创造奇观,把熟悉的空间和事物重新陌生化,以孩子般的目光和想象力给予事物新的阐释,使世界看起来像是另外一个空间。或许正是基于这一机制,以下题材成了备受LOMO摄影青睐的几大主题:

怀旧:城市角落中隐匿的老房子、老房子被拆卸后的废墟、被淘汰的老式家电、衣饰复古的老人家、各式LOMO相机本身……因为如Diana等相机的造型设计本身就融入了仿照老式相机的复古元素。

童稚:婴儿和小孩、任何玩具、卡通化的事物(如上文图3中葵花卡通造型的垃圾桶)、童年游玩的场地(游乐场、水泥地上用粉笔画的用于"跳飞机"方格子)、手法稚嫩的涂鸦、孩童般无拘无束的鬼脸和笑脸……

旅行:旅行途中经过的道路,路旁的一切事物;旅行用的各种用品(尤其是箱子);异域情调或田园韵味、乡土气息——一切相对于城市生活体验而言的"别处"……

玩乐:盛宴、狂欢气氛、迷醉的表情、夸张的肢体语言……

这些主题之间相互交叉,以自身现时的生活体验为原点,怀旧与童稚代表时间上的遥远,旅行和玩乐则喻示着场域上的抽离。笔者认为,这种渴望脱离常规和现状的"不安分",正与LOMO爱好者共同的价值取向和生活态度相契合,图像是其内在精神的外部镜像。

以上皆节选自三位访谈人对于"你认为玩LOMO的人们有没有共同的性格特征?"、"请简要描述你的生活态度和理想的生活方式"等问题的回答。由于他们也是LOMO爱好者中的一员,因此,他们对于这个群体共同性格特征的描述,也是他们自己所认同的性格特征的投射。于是,这些回答共同勾勒出了他们的价值取向和生活态度,我们可以从中发现一致性:不想长大。

> (我认识的LOMO同好们)有一个共通的特点就是……我用广州话说,就是"大唔透",他们会有一种童趣,心里还是很喜欢玩,很想玩,去参加活动,去一起玩某件事,又或者很喜欢一群人一起去拍一些很特别的东西。(访谈人1)

> 他们(LOMO同好)对于稀奇古怪的东西更加感兴趣,他们的思想比普通人更加开阔。他们对身边的事物更加留心,比较敏感。生活态度方面……可能做事比较随性,内心世界比较丰富吧……我自己喜欢一些比较简单的生活,我不追潮流,没有兴趣知道现在最流行什么东西……我比较懒散,喜欢慢节奏。最好晚上能够晚一点睡,然后早上能够睡晚一点起床。因为我在白天的时候精神不能很集中,反而到了晚上,越夜越精神。我希望把所有事情在夜晚集中做好。白天可以到十点左右才起来工作……(访谈人4)

> 他们跟其他人肯定会不一样,如果说共性的话,他们会更加懂得珍惜生活中的

每一件事，例如其他人只会想着赚钱、买房子、买衣服，但他们会有一种很个人，很认真的爱好……（我理想中的生活是）离开城市，避开每天朝九晚五或者加班，整天要为生计伤脑筋……离开这种问题。我想去一个很舒适的小城市，那里有海、有花草，我会在那个地方住得很舒适、很安静。那里的人不会对物质方面太追求，最好是简单一点（访谈人2）

香港学者潘国灵曾在《城市学》一书中曾讨论流行文化中广泛的"kidult"现象，"kidult"，"kid"与"adult"的合成词，指在生理上已完全成熟，却无意或刻意地希望在心理上保持童稚的成年人。他们"装嫩"，他们不愿意进入"大人"的生活轨道——经典的描述是"朝九晚五"；他们不愿意烦"大人"通常会烦的事情——通常我们把那些事情叫做"柴米油盐"。借助LOMO，他们在内心得以保持一个"孩子的角落"，在里面玩耍、欢笑、哭泣、探险、观察、思考、做梦……

至此，我们或许能够部分地解释LOMO爱好者的年龄何以集中于18～30岁：在这一年龄段，多数人将经历社会角色意义上从"孩子"蜕变为"大人"的过程。离开家庭、学校进入社会，他们真正地直面社会赋予个人的责任以及由此而来的身心压力。在不适与阵痛中，他们需要为自己创造一个与现实保持距离的心理时空——确切地说，一个存在于"孩子"与"大人"的角色之间的"阈限"。

3. 本体的化身

我们不难在LOMO照片中发现拍摄者——"我"的存在。"以物代人"的手法频繁出现在大量的LOMO图像之中。

图8

图9

……会想象自己躺在一堆花里面，希望自己以这样的形象出现……想象我自己坐在花朵上照相，而玩偶替代了我的形象。（访谈人1）

在这些照片中（图8，图9），拍摄者把自身"替换"为画面中的某件对个人具有象征意义的物品，如自己使用多年的相机、穿着的鞋子或某个珍藏多年的玩具，置于环境中，表示"我在这里"。事实上，这就像游客们到了一个新的景点"到此一游"。只是，当主体由个人变为体积更小更轻便的物体，它们便能成为个人的延伸，代替个人探索更多微观空间。如图9，玩偶替代的个人仿佛置身于卢梭笔下的热带丛林中。

4. 终极的逃逸：超现实空间

如果沿着上文的阐释方向，LOMO 的世界是制造它的人们从现实中逃遁的空间，那么如果走得更远，就能看到心理空间如何介入现实空间，胶片中的"现实"可以被修改、塑造和超越，LOMO 影像最引人注目的特点之一——超现实感由此形成。

基于 LOMO 相机的性能特征，最常见的"超现实"效果主要有三类：拼贴、偏色和物体的夸张变形。由于后两种效果往往取决于相机本身的成像特点，虽然也具备强烈的超现实色彩，但是拍摄者的创造性在这类图像中并非主导因素。相对而言，拼贴过程中涉及主观因素较大，因此将在此作重点分析。

德裔法国画家、雕塑家马克斯·恩斯特以拼贴画著称，他曾把拼贴界定为"两种遥远的现实在两者都陌生的平面上相遇"，这一定义对于概括 LOMO 影像中的拼贴现象十分贴切。通过在同一胶片上进行多重曝光，原本在时空中毫无关联的物体被叠加在同一画面中，这是拼贴的一种形式，也是较常见的一种。同样的效果也可以通过巧妙的借助玻璃的反光获得（见图10）；而另一种形式，是通过精心的设计和布置，有意把两件或以上的物体组合起来，呈现戏剧性、荒诞感（见图11）。

图10

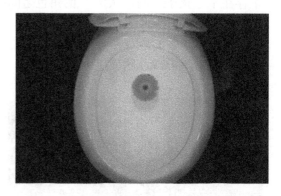

图11

在浅层意义上，异想天开的拼贴带来抽离现实之外的新奇视觉体验，本身就是快感的来源。图11是一位玩家（访谈人7）的得意之作，瓷质马桶那异乎寻常的洁净光泽的质感颠覆了常规思维对于马桶的想象，马桶边缘叠加上炫目的彩色光晕，画面充满了不可思议的元素。仅从感官层面，画面也已提供了足够的新鲜愉悦。而画面最让人惊异的部分在于马桶与鲜花的组合，完全颠覆了人类常识中对于这两个物品所属"范畴"的分类。即使在叙事层面上，画面的意义依旧模糊，但或许这种让人"倒抽一口凉气"的新奇体验，就是画面所有的意义。

在深层的象征意义上，图像中的各种物件，无论对于观看者还是拍摄者而言，都可视作一种符号，在不同人的脑海里勾起来自集体回忆或个体回忆的一系列联想。

图10来自访谈人4，采用了多重曝光，把可口可乐汽水箱与上海街区的影像叠加

起来。访谈人说，可口可乐是她最喜爱的饮料，附着着她许多快乐的童年记忆；街区的影像来自一次快乐的旅行，当时的景象让她回忆起童年时生活的街区。于是，她有意地选择了这两个元素进行拼贴，使当下与往昔的回忆都浓缩于照片之中。

如果说"摄影引用生活"，拼贴的本质便在于"引用"不同时空中的物象，意义从被"挪用"的符号的组合中罗织。如上文所述，意义再造的过程，那些由画面勾起的联想所建构的故事，构成了作品的不可见部分。

在这一节的末尾，我们回到最初提出的问题：LOMO对于热爱它的人们来说，具有什么样的意义？或许现在我们可以给出一个答案：它是一个可供逃遁的空间，一个"孩子"的角落。

（二）群体-行为维度——群体的组织形式、人际关系和集体活动

1. 组织形式和人际关系特征

> 老实说，我觉得广州人的性格都是属于比较散漫的一类，很难集结起来。LOMO在这里已经发展了几年，虽然前几年聚集到一群人，但突然又由于某种缘故各散东西，又要重新组织。……严格的架构是没有的，完全只是大家因共同的爱好聚在一起，我们也不想做得太正式。（访谈人1）

目前，广州的LOMO爱好者尚未形成规模较大、联系紧密的固定团体或组织机构。借助于互联网，玩家们可以通过大量以LOMO为主题建立的QQ群和论坛进行交流，而不必在现实生活中相互认识。虽然一些QQ群中的成员偶尔会组织集体外拍或聚会，从而在现实生活中缔结友谊，但这类活动并不普遍，成员的参与度也不高。

Lomography官方店开设有QQ群，成员为200人。从聊天记录来看，联系较紧密、参加集体活动较踊跃的仅有10位左右核心成员①，这些人会在群上讨论LOMO以外的话题，包括各自的生活琐事或对其他事情的看法。约2/3的成员只是偶尔提问一些有关LOMO的技术问题或产品信息，近1/3的成员几乎从未发言。从官方店组织的几次活动参加的成员来看，固定参加的不超过10人，其他人则较为松散，每次活动除了几位核心成员以外，几乎都是不同的面孔。

除了官方店提供的平台，LOMO爱好者也会自发地建立QQ群。在每个网络群体内部，联系密切、经常相约一同外出摄影或聚会的成员至多仅有十几个。对此，一位报道人说："摄影是比较个人的活动，圈子大了反而不那么好玩。"

按照Lomography官方店的说法，目前在广州，LOMO品牌的相机只能通过官方店购得，因此，理论上所有的LOMO玩家都应该知道官方店的存在并了解其情况。然而实际上，由于前文提到的市场环境，许多LOMO玩家通过其他渠道购得器材，他们对

---

① 通过发言频率、发言内容等综合判断。

官方店组织的各类活动态度漠然，也有部分玩家完全不知道官方店的存在。

今年二月中旬，几位 LOMO 爱好者①自发在天河正佳广场举办 LOMO 展览，在网络上公开征集照片，以广州第一次面向大众的 LOMO 摄影展览的名义向外界宣传，并得到潮流刊物《可乐报》的采访报道。

然而，官方店对这次展览活动态度也十分冷淡，没有关心、合作的意愿。在向店长提起这次展览时，他的回应是："我不认识他们（展览的几位主办人），那些是由他们自发搞的活动，跟我们这里没有关系。"

笔者与展览主办者（访谈人 8）有较长时间的接触，她的两台相机都是从网上购买的。在一个周末，我得知官方店将举办讲座，便问她是否前去。刚开始时她说她不知道那里有一家 LOMO 用品店，过了好一阵子她才回想起来，当即表示说她不认识那里的人，也没有参加过那边的活动，对讲座也不感兴趣，不会去参加。

可见，虽然 LOMO 摄影作为一种兴趣爱好，正逐渐在青年人中普及，形成了众多"各自为政"的小圈子，但并没有集合起来创立大规模社团的趋势。这显然与各团体组织者的态度有关。

在现实生活中联系密切的 LOMO 爱好者之间通常也具有其他类型的社会关系（如朋友、同学、同事），在 10 位重点访谈人中就有 8 位明确提到他们通过朋友或同学认识到 LOMO，也就是说，"同好"关系建立在原有社会关系的基础上。

然而，以"同好"为基础发展出深厚友谊的情形并不多见。许多玩家都曾表示，通过 LOMO 爱好结识的朋友都不属于最亲密的好友之列。究其原因，笔者通过进一步的观察，推断出了两类因素：外在条件与内在特征。

外在条件已在上一节中指出，目前同好群体以网络为主要平台集结的组织形式，以及分散、松散的局面皆不利于成员在现实生活中缔结深厚的友谊，这是客观因素。

内在特征指的是 LOMO 摄影本身的特性使交流不易深化。LOMO 摄影带有很强的主观性，拍摄者固然有自身的创作思想，观看者的解读也是多元的，但是，两者之间不需要达成任何共识，没有一方认为达成共识是必要的，因此拍摄者与观看者之间不需要就作品的内涵进行交流。使他们发生关联的因素在于作品的视觉冲击力以及背后的技术操作。根据观察，同好们在一起谈论 LOMO，一般只涉及技术层面，达到某种效果要采取怎样的方法，而极少关注照片本身的内容和拍摄者本身的思想。

此外，LOMO 同好的聚会多数是众人纵情玩乐的盛宴，而非私密的情感交流，探讨的话题不可能深入到各人生活中的喜怒哀乐，因此成员之间不易对彼此有深入的了解从而形成深厚的友情。相反地，同好之间仅仅维持表面的友好，一起吃喝玩乐，内心彼此心存芥蒂和隔阂，却是可以观察到的情况②。

然而，LOMO 的特性一方面使各人之间存在距离，另一方面也营造出了彼此宽容的氛围和平等的权力关系。LOMO 的主观性使其必然导致多元主义——风格的多元、手法

---

① 他们是几位大二学生，自行与正佳广场协商租用场地，自费举办此次展览，在网络上募集志愿者协助宣传和布展工作。

② 由于访谈人要求对他提供的这部分信息保密，出于对访谈人的尊重，在此不详述事件的细节。

的多元、思想的多元……在任何一个层面上都不可能形成绝对的权威，也没有人渴望被视作权威。LOMO 使各人成为围绕自身运转的小星球，每个人有自己运行的轨道，相互尊重彼此存在和发声的权利。

> 有句话说，我不赞同你说的每一句话，但我将誓死捍卫你说话的权利，这就是 LOMO 的魅力所在。大家都可以用自己喜欢的方式表达自己，你喜欢这样做，他喜欢那样做，都无所谓。如果没有了这个前提，LOMO 就不是 LOMO 了。
> 所以我喜欢跟他们这些年轻人在一起，没有那么多的条条框框，规定什么是好的，什么是不好的。他们也经常请我去给他们做讲座，有什么问题也会来问我。我会给他们一些意见，毕竟还年轻，我觉得他们对社会的关注度不足……其实他们听不听都无所谓，反正每个人有每个人的方式，我也不能说我就是最好的，你们大家只能按我说的去做，这是个人选择的问题。（访谈人 5）

这位访谈人在同好圈中年龄最大，多年从事专职摄影工作，被圈中年轻的玩家们视作"灵魂人物"。后辈们在言谈中对他的态度虽然亲切，却也透着仰慕和尊重。以上谈话反映了他对于自身"权威"地位的态度。

2. 集体活动

在笔者调查期间，Lomography 官方店举办的集体活动共有四类：展览、主题讲座、外拍和派对宴会。其中，外拍是举办次数较多、成员参与度较大的一种。根据了解，其他 LOMO 爱好者的同好圈也以集体外拍作为成员聚集与交流的主要形式。在这一节中，我将以亲自参与的一次外拍活动为例，呈现 LOMO 的群体活动形式，这种相对于个人私密的摄影活动而言所具有的独特的气氛和特征。

（1）群体的基本功能。

首先，与所有集体活动一样，集体行动消除了个人单独行动可能感到的孤独和紧张。由于 LOMO 相机本身奇特的外形和选材的需要，初学者通常会对旁人异样的目光感到不自在。然而，当一大群人在一起做一件奇怪的事情的时候，原本的心理压力就得到了大大的减轻，甚至转变为微妙奇异的满足感。

> 拍照片的时候我最大的障碍是路人的眼光。例如有的时候我很想照下有些人瞬间的表情，但人家可能会用某种眼光看着你……（访谈人 4）
> 哇，一个人拿着相机到处跑乱照一通，人家简直当你是傻子啊，自己心里面就会觉得不自在，不那么好玩。但一大帮人在一起的时候就不一样了。（访谈人 6）
> 跟大家一起背着三角架走在街上，这样让我感觉很好。觉得自己跟一般人不一样，很特别，也很威风。（访谈人 9）

当我与五个身材高大的玩家（他们像扛枪一样扛着自己的脚架，胸前挂着各自心爱的相机）并肩走在路上的时候，的确能感受到一种自信和得意。我们大声地说话和谈笑，像一群豪爽的侠客，路人好奇的目光让我们心中窃喜。这是笔者参与其中的感受。

（2）"狂欢节"。

然而，集体外拍活动中最令人难忘的部分，在于它似乎形成了一种"场"，参与其中的人们忘记了自己的年龄和身份，忘记了日常交往中需要遵守的礼仪，忘掉了一切"规范"。

场景1：傍晚六点半左右，海珠桥的行人及自行车通道上。在拍照的间隙，几位玩家（都是二十多岁的男性）拿着各自的闪光灯，在人来人往的行人道上互相追逐奔跑，对准对方的脸部闪光（闪光灯的强光会令对方面目扭曲）。他们嬉笑着，状态很放松，丝毫不顾忌碰撞到路人以及路人投来的异样的目光。整个场面让我感到他们就像一群拿着水枪互相喷射的小男孩，人行道就是他们的游乐场。

与此同时，在50米之外桥的另一段，人行道上密密麻麻地挤满了看热闹的人群——桥的钢铁结构圆拱上坐着一个声称要跳桥的人，救援人员正在劝导说服，电视台的记者也来到了现场，但这一场面却丝毫不能引起LOMO玩家们的兴趣。几位年龄稍长的玩家把相机架在三角架上，对着华灯初上、流光溢彩的珠江面，热烈地探讨着曝光时间等各种技术参数。每当有闪着彩色灯光的船只经过桥下的江面，便在他们中间引起轰动，欢呼着"有船！有船！"，忙乱地取景、对焦——移动的船只可以制造画面色彩绚烂的效果（图12、图13）。

图12　　　　　　　　　　　　　　图13

图12、图13：专心致志在桥上摄影的LOMO玩家。笔者拍摄。

在这几个小时里，圈子内部弥漫着融洽而互信的氛围：在互相不甚熟悉的几位玩家间，各人平日视作宝贝，钟爱不已的相机、器材，都可以相互借用把玩，甚至随意拆卸拼装。当天稍晚的时候，一位玩家突然发现自己的一台数码相机不见了，而他甚至不能回忆起最后大约是在什么时间用过自己的相机、把它借给过哪些人。后来证明是虚惊一场，但由此可以推想，在那几个小时里，似乎连"私有财产"的观念都在这群人的头脑中消失了。

场景2：晚上十一点左右，滨江"塔影楼"酒吧中。他（访谈人6）把自己的一只鞋子脱了下来，放在地上，想把它拍下来。他调整着鞋子摆放的方向和自己身体的姿势，希望取得最佳的拍摄角度和光线——有一段时间他几乎胸腹贴地趴在地上。我随意地跟他聊着天。他无意间抬起头望向我（我当时正在说话），脸上的表情马上定住了，喊道"停！不要动！"我错愕不已，停止了说话。他仰着脸，目光游离在我和我身后的空间，几秒钟以后，他轻声说："行，你就这样定着不要动，这样看起来感觉很好。"语速很快，听得出来满是激动。然后，他开始摆弄他的相机和三角架对准我。

灯光十分昏暗，他设定曝光时间为30秒，这就意味着我在30秒内必须保持静止。在这段时间中他紧盯着我，喃喃地说："不要动，你千万不要动……"双手手掌朝下，做着微微下压的动作，看得出来很紧张。我配合他，尽可能静止，直到曝光结束。他用快门线闭合快门（Diana 的长时曝光快门需要手动控制），松了一口气——当然，我也是。这是我们第二次见面，第一次交谈，他近乎神经质的行动令我感到惊讶，第一次见面的时候，我对他的印象是腼腆而内向。

可以说，这几个小时不仅为个人提供了不受其他因素干扰，尽情挥洒创作激情的时间，同时也默许了个人以忘记自己的身份的状态存在。抹去了身份，也就抹去了对应于身份的一套"规范"，当圈子里的人都以模糊的身份存在的时候，相互之间的各种区别也渐趋消失，平等和无拘束的自由气息便随之而来。

（3）行为规范。

一个人若处于一个群体中而且希望在群体中获得认同，就必须首先表明自身与群体共通的立场和态度。于是，他/她需要"表演"。对于 LOMO 群体而言，他/她需要"表演"的是：他/她什么都不在乎。

我们可以看到，在 LOMO 的集体活动中，小心翼翼、畏首畏尾的谨慎被彻底摒弃：在拍照的时候，他们不使用取景器；运动的身体不为按下快门的瞬间作任何停顿；一边走一边随便地单手举起相机对准任意一个角落快速按下快门；出其不意地把相机凑到别人的鼻子跟前去拍照（作为一种亲昵的恶作剧）……因此，大量凌乱参差的画面，成为这类行动下无意识但必然的产物。

值得强调的是，这样的摄影习惯并不是多数玩家个人的习惯，而是一种"表演"。许多玩家在单独拍照片时，会对每张照片有所考究，有些人甚至会费上好几分钟的时间琢磨为达到某种效果所要运用的技术。然而，当进入 LOMO 的"群体场域"时，似乎所有人都必须刻意通过自己的动作和言行表现出漫不经心的态度，执着认真、小心翼翼甚至会被众人取笑。

场景3：在拍摄活动后的聚餐中，坐在我身边的一位玩家（访谈人9）拿出她的相机想要拍下聚餐的场面，她是一位新手，这是第一次参加集体活动。她曾说过自己的理念："要珍惜每一格胶卷。"于是她认真地摆弄着她的机器，对焦、调整光圈、构图，每个步骤一丝不苟，于是遭到了在场其他玩家的起哄嘲弄，"等你照出一张照片来，人都死光了"，"玩 LOMO 何必那么认真"……但其实，在单独拍照的时候，说这些话的玩家甚至比她还更加细致地估算各项参数的配置，所用的时间绝对不比这位新手所用的少。

可见，所谓 LOMO"黄金十条"——求快、不假思索、无厘头等——只在描述 LO-

MO 群体行为特征时适用，而对个体单独的摄影行为则缺乏普遍概括性。

（三）个人-行为：动机、感受、意义和影响

上文主要从群体层面对 LOMO 的图像范式、集体活动、人际关系的特点等进行了描述和分析，从共性和概括性的角度出发，描述作为整体的核心价值观和群体活动。以下将转入个人层面的阐释性论述，主要通过访谈资料的分析，揭示 LOMO 爱好者自身如何解释和理解自己的拍摄行为，这些行为在他们生活中的意义以及影响所在。

1. 叛逆的立场

从画面效果上看，大部分 LOMO 摄影作品都会被贴上"废片"的标签：照片中出现暗角、曝光不足或过度、对焦不准、构图取景不符合审美标准，或照片空洞无物、主体不突出……昏暗的光线、有悖常理的构图、失焦模糊、漏光，几乎成为 LOMO 的标识特征。

可以肯定的是，大量的"废片"不能归结为技术不成熟的产物，反而是许多人刻意放弃"技术"去追求的效果。至少有两点依据可证明这一判断。

首先，目前在广州，LOMO 爱好者群体的主要构成部分是从事视觉媒介设计行业或就读各类设计专业的大学生，还有就是以摄影为职业的人们，这些人所从事的事业或学业必然要求他们掌握专业的摄影技术，笔者接触过的玩家基本上都同时拥有专业相机或一般数码相机，在使用非 LOMO 相机拍照时他们能纯熟地驾驭摄影技术，拍出符合一般审美尺度的高质量照片。

其次，笔者翻看过介绍 LOMO 摄影的出版物，在一本指南书式的册子中，就有诸如"切掉头部"（只拍身体或脚的部分）、"如何造成暗角效果"等说明。可见，LOMO 是有意识地把"不合格"确立为自身的范式。

那么，应该如何理解这种技术上的"返祖"现象呢？

对于一部分玩家来说，生产"废片"的意义在画面效果中生成："废片"是对传统审美尺度的刻意反叛。

> 你把一堆这样的东西（LOMO 照片）拿给那些——有个词不那么好听——有点自我为中心、不愿意接受新事物的"老一辈"摄影家去看，他们会说，这些都叫摄影吗？……从"专业角度"来看我们的照片的确是不合格，……为什么会有暗角呢？因为你的相机曝光不足，你的镜头质量差，透光不够清晰，所以你的照片会有暗角。为什么你的照片拍出来模糊不清呢？因为对焦不准，持机不稳。为什么你的照片会偏色失真呢？因为你的镜头不好，或者你根本掌握不了颜色技巧。……所以他们本身就有抗拒的心态，不愿接受新的事物。……前后景对比清晰、构图清晰、曝光准确，这些照片在他们心目中才叫好照片。没错，你拿着一台几万块的单反相机，当然一定要照出这样的照片，照不出来简直是辜负了相机；可是我们是在故意追求另外一种效果，真的是故意的（笑）……LOMO 发展下去一定能改变这个摄影界，……不会一直局限在一个小圈子里面，会为越来越多的人所了解。（访谈人1）

从这段话中可以总结出一部分 LOMO 玩家对于"老一辈摄影家"的看法和态度。他们认为，传统审美尺度把评判摄影作品的话语权赋予这样一些人：他们通过多年经验累积达到高超的技术水平，他们通过富足的经济基础获得精良的器材。在这样一些人的审视之下，缺乏经验、"没钱"因而只能买得起"玩具相机"的这群年轻后辈自然会遭到排挤和轻视。于是，在摄影作品评判中存在的"老人政治"，影响了年轻人在摄影中的自我价值实现。

面对这样的局面，LOMO 玩家试图宣告：技术、器材——这都没什么了不起的！LOMO 的策略不是亦步亦趋地模仿，隐忍着在漫长光阴的历练中逐渐融入主流，而是走向另一个极端，以彻底的决裂竖立自身的"范式"——通过刻意为之的"粗陋"表达对"精致"的嘲弄。这就使自身的缺憾找到了合理化的渠道，从而摆脱在传统审美尺度下的被动地位。LOMO 在此承载着拍摄者对于自我价值实现的迫切诉求，这可以部分地解释大量作品"不合格"效果的刻意成分。

2."探险小旅行"

在上文中我已经论述过 LOMO 如何通过制造图像，创造出与现实空间并存却抽离于现实空间的心理空间，在这个空间中，人们得以产生逃逸于现实时空之外的"幻觉"。本节所描述的现象可作为以上论点的补充。我们可以看到，在个人层面，玩家们如何通过对自己的拍摄活动的解释和"建构"，强化关于"在别处"的幻觉。

> 我觉得自己去拍照很过瘾，有点像探险小旅行。比如我自己会去动物园，或者一些小地方。带上相机的时候，感觉就会变得特别敏锐，一切事物看起来都很新鲜。（访谈人 4）
>
> DC（数码相机）一般用来做记录性、马上要有效果的场合，例如大合照；如果专业或者严肃的场合我会用单反机；如果是自由一点，懒散一点的场合，比如说你在中大，那么多花花草草、人、风景，如果我在那样的校园里面散步，我就会用 LOMO 相机去拍照。（访谈人 1）

"在别处"的幻觉最好的具象诠释就是"旅行"。因此"旅行"成为了 LOMO 活动中贯穿群体与个人层面、反复出现的母题。从以上引文可以看到，不仅在相机的种类中，LOMO 与（真正意义上的）旅行对应起来，而且也被赋予了一种"魔力"：带上 LOMO，无论到哪里都"像是"在旅行。

于是从"旅行"这个词语出发，便引申出对于 LOMO 态度的设定和描述：它应该是轻松的，应该是快乐的。

> LOMO 就是随便拍的，不是拿来"研究"的，搞得太认真就没意思了。（QQ 群发言）
>
> 根据我的理解，LOMO 是比较欢乐、玩乐的心态，不太适合表现沉重、严肃的题材。即使照片的主题不一定是开心的，但也要有快乐的元素，你能想象的令人开心的事物。

当然，显然不能把 LOMO 的玩乐态度归于"旅行"一词从纯语义的角度引发的联想。事实上，闲散、放松的心态产生于逃逸感：当他们在自己搭建的心理空间中徜徉时，内心自然能产生闲适愉悦的心情。

3. "人造波浪"

> 像我们玩了摄影那么久，如果用专业相机拍，是完全有把握能够拍好的，不会有什么变化，这就不好玩了。但是 LOMO 由于相机比较特别，它总是会带给你一些无法预料到的惊喜。（访谈人 7）

如果要问，你认为 LOMO 最大的吸引力是什么？几乎所有玩家的回答里都将有两个字："惊喜。"由于 LOMO 相机的特点，照片的最终效果与预期效果间有可能存在很大的差别。而使用胶卷成像，从拍摄照片到看到照片的效果之间有较长的时间间隔。于是，在漫长的等待之后，在累积下的期待与最终效果的趋近与落差之间，玩家们品尝着狂喜与沮丧、满足与失落。

> 拍到一张——哪怕是一卷胶卷里面只有那么一张——满意的照片，哇，那个感觉简直是觉得连饭都不用吃了，一直看着它就足够了。（访谈人 6）
>
> 我有一次用 Holga 照了很多烟花、过年的热闹场面，但是到最后冲印出来，两卷胶卷，只有一张（成功）。因为当时过年，都是阴天，我一直没有注意曝光的长度……那次的经历印象很深，是很心痛的。当时很期待（冲印的照片），你越期待，而得不到它的时候当然就越心痛。（访谈人 4）
>
> 用 DC 拍照的话，所有的参数，电子程序都会为你计算好了，而且你马上就可以看到效果，一看效果不错，马上多照几张，效果不行就马上删掉。久而久之就觉得麻木了，因为想要的东西得来得太容易。（访谈人 5）

通常我们认为，情感是各种外部原因在我们的心中引起的波澜，人在这个过程中的角色往往是被动的。然而，最后一段引文却让我们看到，实际上是玩家们主动地选择了通过 LOMO 把各种情绪加入到自己的生活中，无论这些情绪是积极的，还是消极的。在这里，情感的生成几乎是人为的。我们不禁要问：为什么？

最简单的逻辑是：如果人们主动地制造某些东西，那么原因很可能是所造之物数量不足或缺失。回到最后一段引文，可以看到数码相机成为了消费时代与快餐文化话语的符号：快感能够迅速地获得并消费掉。但是这样的过程却使人的神经逐渐麻木：我们似乎能轻易获得一切，却没有产生预期中那种快乐的感觉。于是，LOMO 吊诡地舍近求远，选择了在可控与不可控的感觉之间游移。当快乐的感觉重新变得来之不易——需要漫长的等待、需要投入智慧与行动的时候，感觉神经才重新被激活起来。

LOMO 爱好者认为照片作为当下情绪的记录，必须忠实于产生感觉的瞬间，他们倾向于抗拒后期制作，认为这是对瞬时感觉的扭曲。同时，某个瞬间的感觉不可能在时间流中通过摆拍重构，认为每个瞬间都是唯一的、不可复制的。

4. 人生经验的镜像：不确定性

在访谈中我发现，通常能听到把 LOMO 与人生作类比的表述：

> 就跟生活一样……一个人如果长期处于一个顺利的状态里面，并且认为这都是理所当然的话，就会觉得没有什么值得开心的事情。可是如果经历过一些困境，再回到这个自以为理所当然的状态的时候，就会明白开心其实很简单……这就是为什么 LOMO 有时让我很痛苦，我还会一直继续的原因。（访谈人 6）

> 当你用完一卷胶卷，你会有一种很期待但又忐忑不安的心情去等待胶卷冲洗出来，有时可能有些照片你没想到效果那么好，LOMO 会给你惊喜；但有的时候你预期中的色彩是某种样子，但它出来的效果却不是这样，你又会觉得，啊，怎么会这样，心情也会有点奇怪。不过也是心态的问题。生活也是这样，毕竟不是自己想怎样就能怎样的。（访谈人 3）

照片效果的不可控性就有如生活的不可控性，期待经常会落空，而在另一些事情上却无心插柳柳成荫，你必须要有足够的幽默感去适应和接受各种可能性，把最初的期待忘掉，欣然享受意外的收获，才能把 LOMO（生活）继续下去。在一定程度上，LOMO 塑造了这一群体对待生活的态度和心理机制。

四、结 论

在结论部分，或许我们应该回到最初提出的问题，作为对以上各节论述的总结：LOMO 既可看做把心理空间（梦）投射于现实空间的实践——这一点已在第三部分第一节"基于图像的话语分析"中论述——那么我们若希望把这个"梦"解析得透彻，便无法规避"做梦"的主体以及他们所处的社会环境。LOMO 流行于城市青年群体——尤其是初步入社会的青年群体中，关于"梦"、"主体"与"社会环境"的相互关系，笔者有如下看法：

（1）作为主体的青年，在逐渐从家庭、学校步入社会的过程中经历着社会角色、生活体验的转换，他们一方面需要为自身创造调适与缓冲的心理空间，另一方面亦有着为自身争取话语空间的诉求——在摄影作品中体现为对"传统"审美尺度的刻意反叛。

（2）基于偏向于个人内心表达的特性，LOMO 必然地呈现出多元的特征和权威的消解，进而使群体中的人际关系相对松散、疏离。

（3）对于"上班族"而言，城市中的典型生活体验是：每周五天，每天朝九晚五的工作日，钟摆般往来于住处与工作地之间——时间与空间都严整规律，以至于机械，令人触觉麻木。LOMO 作为需要调动情感和智力的"游戏"，其诞生和流行必以城市"生态"为基础。

（4）城市地区由于各类媒体的高度发达，以模式化"批量生产"的大众文化形式（最典型者莫过于流行音乐、网络歌曲等）得以大行其道。在此等文化土壤中，审美和自我表达手段易于趋同，而个人如欲从审美活动中确证"与众不同"的自身，则必诉诸于求异，追求小众趣味（如独立音乐、DIY 等）。因此，LOMO 有着自身的悖论：既希望推广自身的美学意念，增强自身在社会的能见度，却又谨慎地保持自身的"小众"性质。

（5）以上来自主体的、来自生态的种种因素，共同决定了"梦"的内核：逃逸感；异想天开以及多元主义。

以上为本次研究对 LOMO 文化现象之内核和生成机制的粗浅分析和判断。以下略谈研究过程中的一点体会。

阐释人类学方法强调"话语分析"，试图从象征之林中还原出"意义"。笔者认为，意义的言说不仅体现于最终生成的作品中，也渗透在作品的创作过程中，甚至围绕在作品创作的日常活动中。例如，在 LOMO 活动里，作为逃逸感的表征——"旅行"的意象，不仅在摄影作品中以各种形式反复表达，也被玩家们在日常生活中刻意"搬演"——通过使摄影动作变得轻松、新奇，他们事实上是在"表演"一场旅行。因此，笔者认为，不囿于探讨作品本身的静态形式，而把创造作品的实践活动纳入视野，对人类学研究视觉文化而言是基本的立场。

后　　记

"media anthropology",国内译为"媒介人类学"或"媒体人类学"。不同译法,各有自己的道理,本书不做统一。在某种程度上说,media anthropology 与 visual anthropology(影视人类学或视觉人类学)及 cyber anthropology(或 the anthropology of cyberspace,网络人类学)有较大关联性,它们都对媒介转型、媒体世界或"新媒体"对人和社会的影响感兴趣。

互联网等新媒体都已经并且正在塑造一个新的社会、新的传播文化、新的国家以及新的市场,最终它将塑造一种新的文化方式与知识建构的过程。正因为此,欧美学术界从 20 世纪 90 年代中期以来就极为关注对新媒体的研究。围绕新媒体研究,文理结合开展相关的社会实验研究成为了当前重要的学术前沿。

对于"新媒体",目前国内主要从传播学方面进行研究,但对其学科定位还不甚了了。为此,2006 年起,国务院学位委员会办公室专门召集北京、上海、广州和南京几所著名大学的部分学者和院系负责人,成立了"全国新媒体艺术系主任(院长)论坛执行委员会",每年轮值召开相关研讨会,为新媒体研究进入学科规划做准备。我曾作为执行委员参与其事,拟从媒介人类学角度推动这方面的研究。

为了开拓这片领域,我们努力开展了一些探索。从 2002 年起,在中山大学人类学系的支持下,我建立了一个视觉(影视)人类学工作室,开设了影视人类学课程;2003 年受学校委派筹建中山大学传播与设计学院并主持学院行政工作,在学校领导和各部门的帮助下,与学院同事一起在新媒体及其人文研究方面做了一些尝试性的工作,如鼓励学生开展新媒体及其虚拟社区和人群的研究、对学生新媒体兴趣社团"飞天创意工作室"进行指导、人类学虚拟博物馆筹建、四川地震灾区羌族非物质文化遗产的数字化保护、贵州苗族吊脚楼测绘和拍摄计划、云南怒江傈僳族移民数字化故乡重建(虚拟的网络互动空间——"花村故乡")、广州国际纪录片大会大学展映、广东抗战时期儿童教养院老人多媒体采访、中山大学老照片整理,以及国家社会科学基金重大项目"中国宗教艺术遗产调查与数字化保存整理研究"等。这些尝试,有失败的,也有初见成效的,它们使我们获得了一些这方面的宝贵的经验和教训。2012 年,在视觉(影视)人类学工作室、"211 工程"的新媒体人类学实验室和全媒体研究院媒介人类学研究中心的基础上,我们整合社会学与人类学学院、传播与设计学院、软件学院等研究力量,成立了中山大学媒介人类学研究中心,以便进一步促进学科建设和队伍建设。

为了在传统人类学田野考察中多一种虚拟社区的"田野",多一种可"重新界定"的"访谈对象"(马库斯),多年来我一直鼓励研究生和选择我做指导老师的本科生,从影视人类学或媒介人类学角度做些尝试。令人欣喜的是,这一代年轻人仿佛天生与电脑、手机和网络有缘,各种新媒体被他们掌握得十分熟练。所以,他们也乐于舍弃安全的民族志写作，在这片荒地里探索。说实话，研究类似 animation、cartoon、game、Cosplay、Hello Kitty 这样的流行文化或年轻人群体，已非我这把年纪（"50 后"）的人所了解的了，更谈不上什么"指导"。我之所以支持同学们做这样的研究并愿意承担"指导"之责，无非是希望在传统的民族志考察中，多辟出一块"田野"，让学习人类学的学生在研究历史的同时，也关注当下，特别是关注他们自身的世界。而这样的探索均被允许并完成了，这的确应该归功于同学们的努力，归功于中山大学开放包容的大学气度和人类学务实宽厚的学术氛围。如果有什么问题，责任自然在我这个指导老师身上。

本书收录的一些论文，已事过多年，也有些时过境迁之感。但我觉得把它们束之高阁有点可惜，所以，借学校支持探索性研究和交叉型学科建设的机会，把部分存货公诸于世。为了编辑这个文集，我让一些学生对他们多年前的论文再做一点整理。当他们面对自己多年前的论文，也不由感叹："当我重新看 8 年前的这篇论文，有些太 oldschool 了……今日社会，信息过度爆炸但是却碎片化，并不连贯。大数据的刻板性、规律性、可重复性使我们觉得各种认知都存在于这一串串的数字中。因此，我们极大的相信了数据化，最后把所有的认知都存于电脑中、网络中，这不得不说是一种悲哀，但是又难以改变。"（刘晓斯）

的确，时代变得让人猝不及防，许多事，还不等看明白，就已经过去了。但我觉得，幸好我们记录了过程中的某个碎片，无数这样的碎片可能可以折射出社会进程中的某些镜像。这就是价值，这也是中山大学人类学系一直坚持田野的好处。几年前的二手流行理论现在的确一文不值，但几年前来自现场的记录，就是一种有意义的文献。

本书的出版，获中山大学"985 工程"人文社会科学出版基金和"芙兰跨界学术研究基金"资助，谨此致谢！

编　者
2014 年 9 月